Holger Lindemann

Konstruktivismus, Systemtheorie und praktisches Handeln

Eine Einführung für pädagogische, psychologische, soziale, gesellschaftliche und betriebliche Handlungsfelder

Mit 38 Abbildungen und 4 Tabellen

Vandenhoeck & Ruprecht

Bibliografische Information der Deutschen Nationalbibliothek:
Die Deutsche Nationalbibliothek verzeichnet diese Publikation in der
Deutschen Nationalbibliografie; detaillierte bibliografische Daten sind
im Internet über https://dnb.de abrufbar.

© 2019, Vandenhoeck & Ruprecht GmbH & Co. KG, Theaterstraße 13, D-37073 Göttingen
Alle Rechte vorbehalten. Das Werk und seine Teile sind urheberrechtlich
geschützt. Jede Verwertung in anderen als den gesetzlich zugelassenen Fällen
bedarf der vorherigen schriftlichen Einwilligung des Verlages.

Umschlagabbildung: Oleksandr Hnatenko c/o rudolfphotographie.com;
Nr. 070808 – Portrait mit Fischen 04

Gestaltung, Satz und Litho: SchwabScantechnik, Göttingen
Druck und Bindung: ⊕ Hubert & Co. BuchPartner, Göttingen
Printed in the EU

Vandenhoeck & Ruprecht Verlage | www.vandenhoeck-ruprecht-verlage.com

ISBN 978-3-525-40675-5

Für die großen Alten meines konstruktivistischen Universums:
Ernst, Heinz, Humberto und Niklas

»Wie alles einzelne mir erscheint, so ist es für mich,
wie dir, so ist es für dich.
Der Mensch ist das Maß aller Dinge,
der seienden, daß sie sind,
und der nicht-seienden, daß sie nicht sind.«
Protagoras (490–411 v. u. Z.): Fragment 1

»Nicht die Dinge selbst,
sondern die Meinungen von den Dingen
beunruhigen die Menschen.«
Epiktet (50–138): Handbüchlein der stoischen Moral

»Und ich sah, dass man kein Fundament für die Wahrheit habe,
außer in Anschauungen, deren Materie die sinnlichen Dinge sind
und deren Form die Dinge des Verstandes sind.«
Abu Ali al-Hasan ibn al-Haitham (965–1039): Autobiografie

»Die Kommunikation teilt die Welt nicht mit,
sie teilt sie ein in das, was sie mitteilt,
und das, was sie nicht mitteilt.«
Niklas Luhmann (1927–1998): Die Wissenschaft der Gesellschaft

»Wahrheit ist die Erfindung eines Lügners.«
Heinz von Foerster (1911–2002): Gespräche für Skeptiker

Inhalt

Vorwort 11

1 Eine Einführung in den Konstruktivismus 17
   1.1 Ausgangspunkte konstruktivistischen Denkens 19
   1.2 Ontologie und Epistemologie 22
   1.3 Konstruktivismus als Epistemologie ohne Ontologie 31
   1.4 Die Konstruktion von Wirklichkeit 34
   1.5 Wissenschaftstheorie 39
   1.6 Kernthesen des Konstruktivismus 44
   1.7 Kritik am Konstruktivismus 46

2 Lebende, kognitive und soziale Systeme 51
   2.1 Allgemeine Systemtheorie 52
   2.2 Lebende Systeme 58
      2.2.1 Die Bedeutung von Ereignissen 59
      2.2.2 Das Grundprinzip des Lebens: Autopoiese 63
   2.3 Kognitive Systeme 67
      2.3.1 Kognition 70
      2.3.2 Zur Einzigartigkeit menschlicher Kognition 73
   2.4 Soziale Systeme 75
   2.5 Der ökosystemische Ansatz 78
   2.6 Die Dynamik der Veränderung komplexer Systeme 81

3 Wahrnehmung und Bewusstsein 89
   3.1 Wahrnehmung 89
      3.1.1 Der Zweck der Wahrnehmung 89
      3.1.2 Die Kodierung in den Sinneszellen 91
      3.1.3 Die Erregungsleitung 94

       3.1.4 Das topologische Prinzip 96
       3.1.5 Gestaltkriterien der Wahrnehmung 99
       3.1.6 Die Stabilität der Wahrnehmung 105
       3.1.7 Die Welt als Konstruktion 108
       3.1.8 Die Konstruktion des Selbst 114
  3.2 Bewusstsein 118
       3.2.1 Formen von Bewusstsein 119
       3.2.2 Ort des Bewusstseins 121
       3.2.3 Funktion von Bewusstsein 126
       3.2.4 Willensfreiheit und Autonomie 130
       3.2.5 Zu einem neurobiologischen Verständnis von
            Willensfreiheit und Verantwortung 134

4 Kognitive Entwicklung, Kommunikation und Gesellschaft 137
  4.1 Kognitive Entwicklung als interner Ordnungsprozess 137
       4.1.1 Äquilibration: Lernen auf der Grundlage subjektiver
            Erfahrung 140
       4.1.2 Re-Präsentation, Abstraktion und Reflexion:
            Die Ordnung von Erfahrung und Wissen 145
  4.2 Sprache und Kommunikation 150
       4.2.1 Sprache 150
       4.2.2 Kommunikation 156
  4.3 Subjektive Entwicklung und Gesellschaft 165
       4.3.1 Die soziale Konstruktion von Wirklichkeit 165
       4.3.2 Sozialisation und Identitätskonstruktion 170
       4.3.3 Intelligenz und Kompetenz als gesellschaftliches und
            individuelles Konstrukt 173
       4.3.4 Selbsterfüllende Prophezeiungen 178

**5 Systemtheoretische und synergetische Interaktions- und
Veränderungsmodelle** 185
  5.1 Triviale und nicht-triviale Systeme 186
       5.1.1 Triviale Systeme 187
       5.1.2 Nicht-triviale Systeme 190
       5.1.3 Triviale und nicht-triviale Handlungslogik 196
  5.2 Interaktion zwischen Trivialisierung und Komplexitätsakzeptanz 199
       5.2.1 Der geschlossene Kreis von Reiz und Antwort:
            »Mehr desselben« als Prinzip des Handelns 199
       5.2.2 Der Wechsel von Beobachterperspektiven 202

        5.2.3 Der kreative Zirkel von Vorschlag und Gegenvorschlag 204
        5.2.4 Handlungskoordination als Frage der Macht 208
    5.3 Systemveränderung als Übergang zwischen stabilen Zuständen 214

6 Praktisches Handeln als Frage der Ethik 227
    6.1 Ethik, Moral und Recht 229
    6.2 Konstruktivismus und Ethik 231
    6.3 Konstruktivistische Kriterien ethischen Handelns 234
        6.3.1 Ethische Postulate 235
        6.3.2 Ethische Implikationen der Theorie lebender Systeme 238
        6.3.3 Konsequenzen des Konstruktivismus 241
        6.3.4 Der ethische Imperativ 243
    6.4 Konstruktivistische Ethik? 244
    6.5 Systemisch-konstruktivistische Werte- und
        Handlungsorientierung 249

7 Reflexion, Handlungsorientierung und Handlungsleitung 259
    7.1 Wirkungsebenen von Theorie und Praxis 259
    7.2 Beobachtung I: Ausgangssituation 266
    7.3 Erklärungswissen und Reflexionsleitung:
        Der epistemologische Perspektivenwechsel 266
    7.4 Orientierungswissen und Gestaltungsleitung:
        Werte, Bedürfnisse und Motive 267
    7.5 Handlungswissen und Handlungsleitung:
        Einstellungen, Leit- und Glaubenssätze 272
    7.6 Praktisches Handeln 278
    7.7 Beobachtung II: Handlungsfolgen 284
    7.8 Legitimation als reflexiver Verantwortungsprozess 286

8 Fazit 291

Anhänge 293
Glossar 295
Literatur 305
Sachregister 327
Informationen zum Autor 331

Vorwort

Konstruktivismus und Systemtheorie haben seit Anfang der 1980er Jahre in sozialen, therapeutischen, pädagogischen und betrieblichen Zusammenhängen eine zunehmende Bedeutung für die Theoriebildung gewonnen. Ihre Bedeutung für die Handlungswissenschaften und für das praktische Handeln wurde ausgiebig und kritisch reflektiert. Ging es zunächst um eine Auseinandersetzung mit Grundbegriffen der Wahrnehmung, der Erkenntnis, der Entwicklung, des Lernens, der Kommunikation sowie um soziale und gesellschaftliche Prozesse und um ein Verständnis der Dynamik komplexer Systeme, so entwickelten sich schon bald erste »Ableitungen«, die versuchten, basierend auf diesen Grundlagen, handlungsleitende Modelle zu begründen.

Systemische und konstruktivistische Handlungstheorien

Mit Hinweis auf ihre Grundlagen bezeichnen sich viele handlungsorientierte Ansätze als »systemisch«, »konstruktivistisch« oder »systemisch-konstruktivistisch«. Die hierbei geführten Auseinandersetzungen mit den pragmatischen Fragen der Handlungsleitung bilden einen äußerst heterogenen Diskussionszusammenhang und keinesfalls eine einheitliche Deutungsrichtung. Die Grundlagentheorien des Konstruktivismus und der Systemtheorie führen keineswegs zu linearen Ableitungen von Handlungsgrundsätzen oder gar Methoden. Die Kritik am Konstruktivismus geht sogar so weit, zu behaupten, er sei für praktisches Handeln gänzlich unbrauchbar und würde einen unhinterfragten Pluralismus und eine Beliebigkeit möglicher Handlungen mit sich bringen.

Konstruktivismus und Systemtheorie können – so die in diesem Buch entwickelte Auffassung – tatsächlich nicht für eine lineare Ableitung von Handlungsanweisungen Verwendung finden – auch wenn dies in einigen Fällen verkürzter Darstellungen »systemisch-konstruktivistischer« Handlungstheorie so postuliert wird. Vielmehr dienen Konstruktivismus und Systemtheorie für eine reflexive und kritische Grundhaltung gegenüber jeglicher Begründung praktischen Handelns, gegenüber jeglicher Festlegung mit dem Anspruch auf allgemeine Gültigkeit. Sie liefern zwar zahlreiche Modellvorstellungen davon, wie Menschen, ihre Interaktionen, ihre individuellen und sozialen Entwicklungen funktionieren, beinhalten jedoch keine Hinweise darauf, wie dieses Funktionswissen zu nutzen sei.

Konstruktivismus und Systemtheorie führen – bezogen auf unser Handeln – zunächst zu gar nichts. Sie sind geeignet, unsere Sichtweise der Welt zu verändern, enthalten aber keine Hinweise darüber, wie wir diese veränderte Sichtweise in praktischen Handlungsfeldern nutzen können oder sogar sollen. Die Frage nach dem »richtigen Handeln« bleibt eine ethische Entscheidung, die nicht theoretisch vorweggenommen werden kann. Zu begründen, wie man dennoch oder gerade deswegen zu fundierten Handlungsentscheidungen kommen kann, ist – neben der Darstellung der Grundlagentheorien – das zentrale Anliegen dieses Buchs.

Entstehung und Geschichte des Buchs

Dieses Buch durchlief in den vergangenen zwanzig Jahren zwei Metamorphosen. Zunächst erschien es 1999 im Luchterhand Verlag unter dem Titel »Die Behinderung liegt im Auge des Betrachters« als Kritik an linearen Denkmodellen der Sonderpädagogik. Im Jahr 2006 erfolgte dann eine Verallgemeinerung der darin vertretenen Positionen als komplette Neufassung unter dem Titel »Konstruktivismus und Pädagogik« im Reinhardt Verlag. In der jetzt vorliegenden Fassung wird ein weiterer Schritt der Verallgemeinerung umgesetzt. Es werden nicht mehr nur Aspekte der Pädagogik reflektiert, sondern ganz allgemein jeder Wissenschaft, die auch eine Handlungsorientierung bedingt. Hierzu gehören neben den verschiedenen Theoriebereichen der Pädagogik – wie dem Lehramt, der Sonderpädagogik und Sozialen Arbeit – die Psychologie, Psychotherapie und Medizin sowie alle gesellschaftlich und betrieblich orientierten Wissenschaften der Betriebswirtschaft, des Managements und der Unternehmensführung, Politik, Medien und Kulturwissenschaft. Neben einer notwendigen Streichung des pädagogischen Schwerpunktes in der Frage der Handlungsorientierung und seiner Ersetzung durch allgemeine Reflexionen, wurde der Grundlagenbereich um weitere wesentliche Aspekte der Systemtheorie und Synergetik ergänzt.

Aktualität des Themas

Der Bezug auf Konstruktivismus und Systemtheorie ist nicht mehr neu und sicherlich keine Mode mehr, sondern in vielen Bereichen ein Standard. Als

Grundlagentheorien werden sie bisweilen sogar – vor allem in Pädagogik und Psychologie – als »Establishment« und »Mainstream« bezeichnet (Pongratz, 2009). Ein Buch, das sich ausführlich und verständlich den Grundlagen dieser Denktraditionen widmet, ist daher nach wie vor wichtig. Vor allem auch um die zahlreichen kurzen – und teilweise verkürzten – Darstellungen, die in den Grundlagenbüchern der verschiedenen Handlungswissenschaften enthalten sind, zu ergänzen und zu erweitern.

Die Begriffe »Konstruktivismus«, »Systemtheorie« und »praktisches Handeln« werden im Titel dieses Buches bewusst additiv nebeneinandergestellt, da es – so die hier vertretene Auffassung – so etwas wie ein »konstruktivistisches oder systemtheoretisches Handeln« nicht geben kann. Dieses Buch beleuchtet die Zusammenhänge zwischen Konstruktivismus, Systemtheorie und praktischem Handeln aus verschiedenen Blickwinkeln, um den Leserinnen und Lesern eine eigene Positionierung zu ermöglichen. Es zeigt Wege auf, wie man – ausgehend von konstruktivistischen und systemtheoretischen Denkmodellen – zur Definition praktischen Handelns im eigenen Handlungsbereich kommen kann, ohne dem Trugschluss einer direkten Ableitung zu erliegen.

In erster Linie bietet dieses Buch hierzu eine – so hoffe ich doch – verständliche und angemessen umfangreiche Einführung in die Grundlagen von Konstruktivismus und Systemtheorie sowie eine kritische Auseinandersetzung mit Fragen der Ethik und Handlungsorientierung.

Selektivität der Darstellung

Die hier dargestellte Auswahl der Theorien und Modelle sowie der Autorinnen und Autoren, die diese entwickelt haben, ist zwangsläufig selektiv. Sie entspricht meinen Zugängen und Präferenzen sowie dem, was ich in einer grundlegenden Darstellung der Theorien – nicht der Entstehung und Geschichte – des Konstruktivismus und der Systemtheorie für essenziell erachte. Es fehlen beispielsweise ausführlichere Darstellungen der Theorien von William Ross Ashby, George Spencer Brown, Gregory Bateson, Peter L. Berger, Ludwig von Bertalanffy, John Dewey, Ranulph Glanville, Nelson Goodman, George Kelly, Karin Knorr-Cetina, Thomas Luckmann, Talcot Parsons, Gordon Pask, Benjamin Lee Whorf, Norbert Wiener und vieler anderer, die direkt und indirekt wichtige Beiträge zur Entstehung des Konstruktivismus und der Systemtheorie geleistet haben. Selbst die Theorien, Autorinnen und Autoren, auf die Bezug genommen wird, wurden nur ausschnitthaft dargestellt. Wichtiger als eine umfassende Darstellung der einzelnen Theoriestränge oder gar ihrer historischen Entstehung war es, eine Landkarte der zentralen Diskursbereiche auszubreiten und bei deren

Betrachtung der Frage nachzugehen, ob uns diese Landkarte nur zeigt, welche Länder wir mit ihrer Hilfe bereisen können oder ob sie auch aufzeigen kann, welche Wege wir dabei beschreiten sollen.

Nichtwissenschaftliche Zugänge zu Konstruktivismus und Systemtheorie

Nicht zuletzt möchte ich darauf verweisen, dass einzelne Facetten konstruktivistischen Denkens weder neu noch auf den Bereich der Wissenschaft oder eine »Zugehörigkeit zum Konstruktivismus« begrenzt sind. Seit meiner ersten Auseinandersetzung mit dem Konstruktivismus und der Systemtheorie habe ich in den unterschiedlichsten Bereichen von Literatur, Film und Musik Textpassagen gefunden, die Erkenntnisse oder eine Weltsicht beinhalten, die genau das widerspiegeln, was die Theorie fundiert und stringent als Gedankengebäude zusammenfasst. Es ist daher davon auszugehen, dass es auch ein intuitives, alltagsgemäßes und nicht nur wissenschaftliches Verständnis der Konstruktivität von Wahrnehmung und der Dynamik komplexer Systeme gibt. Die von mir gefundenen Zitate sind einzelnen Kapiteln dieses Buches vorangestellt. Hierbei erfüllen sie keine Funktion als schmückendes Beiwerk, sondern sind als Belege dafür zu verstehen, dass die verschiedensten Zugänge und Ausdrucksformen der hier dargestellten Sichtweise vom Menschen, seiner Erkenntnis, dem sozialen Miteinander und der Welt möglich sind. Jedem Zitat wurde in einer kurzen Fußnote ein Kommentar hinzugefügt, um diesen Bezug zu verdeutlichen.

Danksagung

Ich danke Klaus Klattenhoff, Rolf Werning, Friedrich Linderkamp und Ute Koglin für ihre Anregungen und für die Begleitung meines akademischen Werdegangs. Zahlreiche Diskurse im pädagogischen und universitären Kollegenkreis haben meine Argumentation geklärt und bereichert, zu nennen sind hierbei vor allem Rolf Balgo, Günter Schiepek, Horst Siebert und Reinhard Voß.

Bei Ernst von Glasersfeld bedanke ich mich für seine Rückmeldungen zum Manuskript von »Konstruktivismus und Pädagogik« und dafür, dass er mich in meiner Auffassung des Konstruktivismus bestärkt und mich auf Erweiterungsmöglichkeiten aufmerksam gemacht hat. Ebenso verbunden bin ich Siegfried J. Schmidt für sein Feedback zur zweiten und zu der jetzt vorliegenden Fassung des Buchs. Seine weitreichende Kenntnis konstruktivistischer Theorie und seine kritische Haltung waren mir immer ein Ansporn.

Nicht zuletzt gilt mein Dank den vielen Freunden, Fachkolleginnen, Fachkollegen und Studierenden für ihre konstruktiven Diskussionen, Thorsten Bührmann für seine Hinweise »in letzter Minute« und insbesondere Nikola Siller für ihre zahlreichen Anregungen, kritischen Anmerkungen und Diskussionsbeiträge.

Den Leserinnen und Lesern wünsche ich interessante und hilfreiche Konstruktionen und eine anregende Reise bei der Lektüre dieses Buches und hoffe, ihnen für ihre eigene Haltung und Handlungsorientierung einen guten Ausgangspunkt geschaffen zu haben.

Holger Lindemann

1 Eine Einführung in den Konstruktivismus

Die Grundannahme konstruktivistischen Denkens

Die Grundannahme konstruktivistischer Theorien liegt darin, dass die Wahrnehmung keine Gegebenheiten einer von uns unabhängigen Realität abbildet, wie sie »an sich« sind, sondern dass wir lediglich Modelle entwerfen, deren Objektivität oder Wahrheit nicht überprüft werden kann:

> »Wir sind aufgefordert, unsere alltägliche Einstellung beiseite zu legen und aufzuhören, unsere Erfahrung als versehen mit dem Siegel der Unanzweifelbarkeit zu betrachten – so als würde sie eine absolute Welt widerspiegeln« (Maturana u. Varela, 1987, S. 31).

Es wird davon ausgegangen, dass das einzelne Subjekt sein gesamtes Erleben aufgrund interner Kriterien »konstruiert«. Zentraler Ausgangspunkt des Konstruktivismus ist daher die Erkenntnistheorie, also die Frage danach, wie Menschen Erkenntnisse bzw. Wissen erlangen. Abhängig vom jeweiligen Autor werden anstatt Erkenntnistheorie auch die Bezeichnungen Epistemologie, Kognitionstheorie (von Glasersfeld, 1987a, S. 411) oder Theorie des Verstehens bzw. des Er-Wissens (von Foerster, 1993b, S. 102 f.) verwendet. Alle diese Begriffe beziehen sich auf Theorien darüber, wie Wissen bzw. Erkenntnis im Subjekt entsteht. Der Begriff der Erkenntnistheorie verweist hierbei eher auf philosophische Fragestellungen, Kognitionstheorie eher auf empirische (Jensen, 1999, S. 26).

Verschiedene Konstruktivismen

Der Konstruktivismus ist keine einheitliche Schule oder Denkrichtung, sondern eher als Diskurs oder Diskussionszusammenhang zu verstehen. Innerhalb der verschiedenen konstruktivistischen Theorien werden die Konsequenzen erkenntnistheoretischer Grundannahmen und Ergebnisse in Bezug auf die verschiedensten Bereiche der Wissenschaft herausgestellt. Der von Ernst von

Glasersfeld entwickelte *Radikale Konstruktivismus* stellt hierbei lediglich einen Teilbereich konstruktivistischen Denkens dar, auch wenn er wohl zu den meistdiskutierten Ansätzen gehört (Hinweise auf weitere konstruktivistische Ansätze finden sich in Kapitel 1.2). Von Glasersfeld bezieht sich in seiner Theoriebildung zu großen Teilen auf die Arbeiten Jean Piagets, deren Auslegung das Fundament seiner erkenntnistheoretischen Überlegungen bildet. Radikal ist der Konstruktivismus von Glasersfelds in seiner Anlehnung an die skeptische Tradition innerhalb der Philosophie und in seinem pragmatischen Umgang mit der Ontologie, also der Frage nach dem Sein der Dinge (siehe hierzu Kapitel 1.3).

Andere konstruktivistische Autorinnen und Autoren vertreten eigene Schwerpunkte, beziehen sich auf andere Grundlagen, stimmen von Glasersfeld zu oder kritisieren seine »Radikalität«. Ein einheitliches Bild »des Konstruktivismus« wird sich daher wohl nicht zeichnen lassen, zumal viele Bezüge zur Systemtheorie bestehen, die den Begriff der Konstruktion nicht zwangsläufig verwendet.

Konstruktivistisches Denken – verbunden mit seinen zahlreichen Bezügen zu Skeptizismus, Pragmatismus, Pluralismus und anderen Ansätzen – lässt sich bis zu den antiken Philosophen zurückverfolgen. Daran anschließend gibt es auch immer wieder einzelne Aussagen oder Hinweise bei den unterschiedlichsten Philosophen und Naturwissenschaftlern, wie Friedrich Nietzsche oder Albert Einstein, die sich letztlich einem konstruktivistischen Denken zuordnen lassen. Konstruktivistisches Denken findet sich in der Philosophie, Wissenschaftstheorie, Naturwissenschaft, Biologie, Neurobiologie, Soziologie, Psychologie, Organisationstheorie, Kybernetik, Mathematik, Sprach-, Literatur- und Medienwissenschaft, Rechtswissenschaft und natürlich in den verschiedenen Handlungswissenschaften, wie der Pädagogik, Psychotherapie, Sozialarbeit und Betriebswirtschaft.

Aufgrund der weiten Verbreitung und der vielfältigen Bezüge zu ganz unterschiedlichen Bereichen von Theorie und Wissenschaft ist es fast unmöglich, eine umfassende Darstellung aller Denkerinnen und Denker, Theorien und Aussagen zusammenzufassen, die den Konstruktivismus betreffen. Versuche, hier eine Übersicht zu schaffen, gibt es zahlreiche (Schmidt, 1993, 1994b, S. 13 ff.; Knorr-Cetina, 1989; Peschl, 1991; Jensen, 1999; von Ameln, 2004). Besonders hervorzuheben ist das Übersichtswerk »Schlüsselwerke des Konstruktivismus«, das Bernhard Pörksen herausgegeben hat (Pörksen, 2015).

In vielen Punkten lassen sich konstruktivistische Positionen nicht eindeutig voneinander unterscheiden. Aus diesem Grund wird im Folgenden zwar bei generellen Aussagen von »Konstruktivismus« bzw. von »konstruktivistischem Denken« gesprochen, Zitate und Aussagen bestimmter Autoren verstehen sich aber immer als Bezug auf ihre spezifische Theorie und nicht als Aussagen »des

Konstruktivismus«. Alle allgemeinen Aussagen zu »dem Konstruktivismus« bzw. zu »dem konstruktivistischen Denken« beziehen sich auf einen konstruktivistischen Diskussionszusammenhang, in dem bestimmte Grundannahmen und Themen reflektiert werden, dessen einzelne Ergebnisse jedoch durchaus uneinheitlich und kontrovers ausfallen können.

Nicht zuletzt ist der Konstruktivismus eng mit der Systemtheorie verbunden, die in der allgemeinen Systemtheorie und vor allem in der Soziologischen Systemtheorie Niklas Luhmanns zahlreiche Bezüge zu konstruktivistischen Grundannahmen herstellt. Eng verbunden hiermit ist zudem die durch Hermann Haken entworfene Theorie der Synergetik, die sich mit den Bedingungen der Veränderung komplexer Systeme befasst.

Die hier vorgenommene Darstellung soll hinreichend über konstruktivistisches Denken, Systemtheorie und Synergetik informieren und vor allem ihre Implikationen für die Handlungswissenschaften bzw. für professionelles Handeln herausarbeiten.

1.1 Ausgangspunkte konstruktivistischen Denkens

> »Hat nicht mal jemand gesagt, die Wirklichkeit ist das, worüber du stolperst, wenn du mit geschlossenen Augen umherläufst?«
> (Wilson, 2004, »Die Pine Barrens«, S. 28)[1]

Die Ungewissheit unseres Wissens

Grundlage des Handelns und der Entscheidung für oder gegen eine Theorie oder ein Denkmodell ist die Erwartung, dass eine Handlung zu einem bestimmten Ziel führt oder, dass eine Theorie eine befriedigende Erklärung liefert. Erkenntnistheorien – und damit auch der Konstruktivismus – beschäftigen sich damit, wie man zu diesem *Wissen über das Gelingen von Handlungs- und Denkweisen* kommt. In der alltäglichen Vorstellung geht diese Gewissheit auf die Annahme zurück, dass eine bestimmte Handlung oder eine Theorie mit den Gegebenheiten der Umwelt (Realität) übereinstimmt bzw. diese mehr oder weniger adäquat abbildet.

Auf welche Weise aber soll Gewissheit, als Übereinstimmung mit der Realität, feststellbar sein? Jede Bewertung darüber, ob etwas mit der Realität überein-

---

[1] Dieses Zitat illustriert den Aspekt der Viabilität (»Gangbarkeit«) von Wirklichkeitskonstruktion. Laufe ich umher, ohne über etwas zu stolpern, heißt dies nicht, dass da »nichts ist«, sondern nur, dass ich nicht gegen »etwas« gestoßen bin. Mein Weg ist nicht der einzig gangbare, sondern nur einer neben vielen Möglichen.

stimmt oder nicht, beruht auf unserer Beobachtung. Bei Theorien und Denkmodellen gilt das Gleiche, da auch hier Beobachtungen darüber entscheiden, ob eine Theorie mit den »Gegebenheiten der Umwelt« übereinstimmt oder nicht. Die Wahrnehmung ist somit, als Mittel der Beobachtung, die Grundlage der Gewissheit, der Zugang zur Welt.

> **Zur Veranschaulichung**
>
> Wahrnehmung stellt aber keineswegs ein Abbildungssystem dar, das wie eine Kamera die Umwelt filmt. Es lässt sich relativ einfach veranschaulichen, dass Wahrnehmung eine sehr subjektive und niemals eindeutige Tätigkeit ist. An sogenannten Kippbildern oder multistabilen Mustern lässt sich zeigen, dass trotz gleichbleibender »physikalischer Reizsituation« verschiedene Interpretationen des Gesehenen auftreten (siehe Abbildung 1) bzw. dass das visuelle System versucht, uneindeutigen Wahrnehmungen Struktur und Ordnung zu geben. Hierzu »testet« es verschiedene Hypothesen in dem Versuch, eine eindeutige Wahrnehmung zu erzeugen (siehe Abbildung 2).

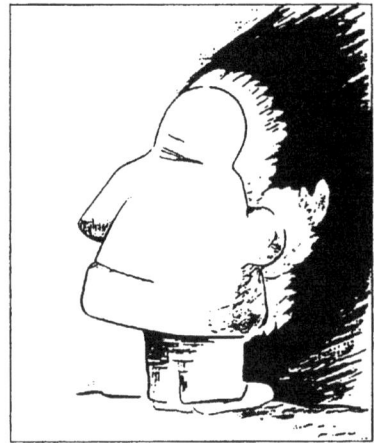

Abbildung 1: Rückansicht eines Inuit oder Indianerkopf? aus: Schmidt, 1990, S. 64, Abdruck mit freundlicher Genehmigung des Deutschen Instituts für Fernstudienforschung (DIFF), 1999.

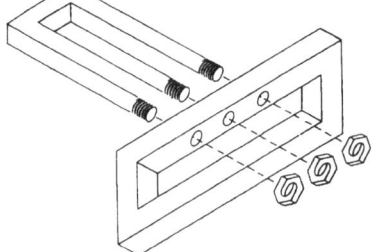

Abbildung 2: Unmögliches Objekt, aus: Kruse u. Stadler, 1990a, S. 26, Abdruck mit freundlicher Genehmigung des Deutschen Instituts für Fernstudienforschung (DIFF), 1999.

Interpretationen solcher Bilder treten im Wechsel auf, nie gleichzeitig. Es lässt sich keine Entscheidung darüber treffen, welche Interpretation »die richtige« ist, da beide beobachtbar sind. Manchmal bedarf es eines Hinweises, um die jeweils andere Interpretation des Gesehenen überhaupt erst wahrzunehmen. Das Wissen um eine Interpretationsmöglichkeit bedingt also in diesem Fall ihre Wahrnehmung, obwohl sich am eigentlichen Gegenstand der Wahrnehmung nichts verändert hat. Demnach lässt sich Wahrnehmung als ein Konstruktionsprozess beschreiben, der von der subjektiven Erfahrung und dem Wissen des Einzelnen geprägt ist. Wahrnehmen und Interpretieren fallen in einem Prozess zusammen; es ist unmöglich, sie im Erleben voneinander zu trennen.

Konsequenzen der Mehrdeutigkeit unserer Wahrnehmung

Welche Konsequenzen hat die *Mehrdeutigkeit der Wahrnehmung* für das Verhältnis des Subjekts zur Gewissheit bzw. Realität?

Um letztendliche Gewissheit über die Richtigkeit (Übereinstimmung mit der Realität) einer Handlung oder Theorie zu erlangen, müsste ein Subjekt seine Beobachtung mit der Realität vergleichen können, ebenso wie man eine Kopie mit ihrem Original vergleichen kann. Die Wahrnehmung lässt dies aber nicht zu, denn hierzu müsste man das Original (die Realität) direkt erfahren können, ohne dabei auf die Wahrnehmung zurückzugreifen. Gewissheit oder

> »Wahrheit im Sinne einer Korrespondenz mit der Realität ist ausgeschlossen, denn von der Wahrheit verlangt man ja, daß sie objektiv sei und eine Welt beschreibe oder darstelle, wie sie ›an sich‹ ist, das heißt, bevor der Beobachter sie durch den Erkenntnisapparat wahrgenommen und begriffen hat. In dieser Situation auch nur von einer Annäherung zu sprechen, das heißt Annäherung an eine wahre Repräsentation der objektiven Welt, ist sinnlos, denn, wenn man keinen Zugang hat zur Realität, der man sich nähern möchte, kann man auch den Abstand zu ihr nicht messen« (von Glasersfeld, 1995b, S. 37).

Da Wahrnehmung keine Abbildung der Realität liefern kann, ist es demnach noch nicht einmal möglich, sich über die Beziehung zur Realität Klarheit zu verschaffen. Von dieser Annahme ausgehend, muss die Frage gestellt werden, welche Aussagen man überhaupt über die Realität und unser Verhältnis zu ihr treffen kann.

1.2 Ontologie und Epistemologie

Abbildung 3: »Hägar der Schreckliche« ist skeptisch. Abdruck mit freundlicher Genehmigung der Bulls Pressedienst GmbH Frankfurt a. M.

In dem Cartoon (Abbildung 3) stellt »Hamlet« eine Frage, die eines der Grundprobleme der Philosophie karikiert: Existiert die Welt auch unabhängig von unserer Wahrnehmung, d. h. auch dann, wenn sie im Moment nicht wahrgenommen wird? Ist Wahrnehmung ein Zugang zu einer vom Subjekt unabhängigen, von vornherein gegebenen und strukturierten Welt?

Der Unterschied zwischen Ontologie und Epistemologie

Die eingangs gestellten Fragen lassen sich unter zwei Gesichtspunkten behandeln:
- der *Ontologie,* d. h. der Frage danach, *was* ist; der Frage nach dem Sein und der Existenz;
- der *Epistemologie* (bzw. Erkenntnistheorie), d. h. der Frage danach, *wie* man Wissen erlangt.

In der Philosophie wird die Frage nach dem Wissen *(»Wie?«)* oft mit der Frage nach dem Sein *(»Was?«)* verknüpft. In dieser Form onto-epistemischer Aussagen bedeutet Erkenntnis dann etwa eine »wahre Erkenntnis der realen Gegebenheiten« oder eine »Prägung des Subjektes durch die bestehenden Strukturen«. Wissen wird in dieser Verknüpfung als ein Übergang zwischen Subjekt und Welt beschrieben, wobei entweder dem Subjekt (z. B. im Idealismus oder Rationalismus) der Vorrang eingeräumt wird oder aber die materiellen Gegebenheiten der Welt in den Vordergrund treten (z. B. im Materialismus oder Strukturalismus). In den meisten Denktraditionen wird davon ausgegangen, dass eine Welt (»die Realität«) unabhängig vom Subjekt existiert, jedoch werden »die Realität« und »das Subjekt« sowie das Verhältnis zwischen ihnen unterschiedlich beschrieben.

Von der gemeinsamen ontologischen Annahme der Existenz einer gegebenen, vom Subjekt und seiner Erkenntnis unabhängigen Realität, grenzt sich die Denkrichtung des *Solipsismus* ab, in dem die Meinung vertreten wird, dass die Welt ausschließlich im Kopf des einzelnen Subjekts existiert.

Nimmt man die ontologische Existenz einer subjekt- und wahrnehmungsunabhängigen Welt an, geht man *zumindest* davon aus, dass »da etwas ist«, das mit unserer Wahrnehmung und demnach auch mit unserem Wissen in irgendeinem Zusammenhang steht. Außer in der Form eines »*naiven Realismus*« wird in der Regel jedoch nicht davon ausgegangen, dass Wahrnehmung und Wissen die Realität abbilden, »wie sie ist«, sondern dass wir immer nur ein subjektives Bild von ihr haben. Wahrnehmung und Wissen sind hierbei solcherart, wie uns die Realität erscheint und wie sie von uns beschrieben wird. Geht man von einer unabhängig von uns bestehenden Realität aus, die dem Subjekt durch seine Wahrnehmung jedoch nicht direkt gegeben ist, hat das zwangsläufig Auswirkungen auf die Epistemologie, da sich folgende Fragen über den Zusammenhang von Wissen und Realität ergeben:

- In welchem Zusammenhang steht unser Wissen zur Realität?
- Was können wir über die uns umgebende Realität aussagen?
- Kann es eine »wahre« Erkenntnis der Realität geben?

Setzt man die Existenz einer Realität voraus, gibt es für die Beantwortung epistemologischer Fragen die verschiedensten philosophischen Möglichkeiten. Zur Verdeutlichung werden hier zwei Antwortrichtungen beschrieben, die das Erlangen von Wissen jeweils aus der Position des wahrnehmenden Subjekts beschreiben und daher geeignet sind, nachfolgend eine konstruktivistische Position zu erläutern:

Rationalismus

Argumentiert man auf die Frage nach dem Wissen *rationalistisch*, ist durch unser Wissen eine Annäherung an die Realität möglich. Durch bestimmte Methoden, wie wissenschaftliches oder logisches Denken, durch Experimente etc. müssten die Realität und ihre Gesetzmäßigkeiten demnach erkennbar sein, auch wenn unsere Wahrnehmung nicht in der Lage ist, diese direkt abzubilden. Die mit dieser Sichtweise verbundene Trennung von *erkennendem* Subjekt und *erkanntem* Objekt entspricht dem Bild der klassischen Wissenschaft in ihrem Bestreben nach »wahrer« und »objektiver« Erkenntnis der Welt und ihrer Zusammenhänge.

Die zweigeteilte Sichtweise von *Subjekt* (Geist/Seele) und *Objekt* (Materie/Ausdehnung) hat eine lange Tradition, die (zumindest) bis zu Aristoteles zurückreicht.

Einen entscheidenden Einfluss, besonders auf das wissenschaftlich-philosophische Denken der westlichen Welt, hatte der französische Philosoph René Descartes mit seinem *Rationalismus* (Hirschberger, 1980, Bd. 2, S. 88 f.). Bei Descartes bestehen letztlich zwei Welten: eine geistige/phänomenale Innenwelt *(res cogitans)* und eine materielle/ontische Außenwelt *(res extensa)*. Der Mensch bewegt sich in einer strukturierten und gesetzmäßig geordneten Welt, die er zwar nicht direkt erkennen kann, von der er aber beeinflusst wird und mit der er in Wechselwirkung steht. Während die ontologische Frage nach dem Sein bei Descartes mit der Existenz einer materiellen Außenwelt beantwortet wird, stellt er die epistemologische Frage nach unserer Wahrnehmung und unserem Wissen in den Zusammenhang mit der Erkennbarkeit dieser Außenwelt. Descartes hält hierbei zunächst nur für gewiss, dass der denkende und zweifelnde Geist existiert: »ego cogito, ergo sum« »Ich denke, daher bin ich« (Descartes, 1644/2005, S. 14 f.). Die wahrgenommene Außenwelt hingegen könnte auch nur ein bloßer Traum sein (S. 13). Eine Annäherung der Innenwelt an die Außenwelt und ihre Gesetzmäßigkeiten wird über das »rationale Argument«, über »reine« Formen und »klare« Ideen bzw. über wissenschaftliches und logisches Denken erklärt. Das epistemologische Problem dieser dualistischen Auffassung besteht darin, dass sie erklären muss, wie der Übergang zwischen Geist und Materie funktioniert. Descartes schrieb hierzu, dass diese Wechselwirkung zwar rätselhaft sei, aber immerhin eine Tatsache (Hirschberger, 1980, Bd. 2, S. 115). Die Frage »Wie kommt die Welt in den Kopf?« (Schnabel u. Sentker, 1997) oder die Auseinandersetzung mit dem »Leib-Seele-Problem« (Metzinger, 1985, 1995b) entstehen aus der Annahme des dargestellten Dualismus bzw. aus seiner kritischen Hinterfragung.

Formen eines *rationalistischen Dualismus* finden sich in der Philosophie- und Wissenschaftsgeschichte beispielsweise auch bei Roger Bacon, Galileo Galilei, Isaac Newton, Benedictus de Spinoza, Thomas Hobbes, John Locke, Friedrich Engels oder Karl Popper (Hirschberger, 1980; Störig, 1992; Bartels, Holz, Lensink u. Pätzold, 1986; Nüse, 1995; Jensen, 1999, S. 37 ff.). Aufgrund der vielen unterschiedlichen Herangehensweisen und Schwerpunkte fallen die jeweiligen Ergebnisse und Theorien jedoch so unterschiedlich und teilweise widerstreitend aus, dass sich allein aus dem Glauben an einen Dualismus und an die Möglichkeit, ihn erkenntnismäßig überwinden zu können, keine einheitliche philosophische Schule ergibt.

Skeptizismus

Es ist in dem beschriebenen Dualismus aber auch möglich, *skeptisch* zu argumentieren, also von dem Bestehen einer Realität auszugehen, ihre Erkennbarkeit aber für unmöglich zu halten. In dieser Argumentation ist alles Wissen immer subjektives Wissen, das nicht mit der Realität verglichen werden kann. Ob es ihr entspricht oder sich ihr annähert, kann aus der Position des Subjekts nicht festgestellt werden. Subjektive Wahrnehmung führt zu subjektivem Wissen, dessen Verbindung zu einer ontischen Realität nicht festgestellt werden kann. Noch nicht einmal die Annahme, dass eine externe Realität »materiell« ist, kann hierbei behauptet werden, da dieses »Materielle« auf subjektive Erfahrung zurückgeht. Das Ziel von Wissen wird hier nicht als Übereinstimmung mit der Realität, als Objektivität oder als »absolute« Wahrheit definiert, sondern über subjektive Kriterien wie Erklärungswert, Konsistenz, Nützlichkeit, Problemlösungskapazität etc.

Diese Position vertritt zwar eine »realistische Ontologie«, ist in Bezug auf die Epistemologie aber skeptisch, da eine ontische Realität zwar *außerhalb* von Wahrnehmung und Wissen angenommen wird, sich aber nicht *innerhalb* der Wahrnehmung und Erfahrung von Subjekten nachweisen lässt. In der Ontologie geht diese Sichtweise also auch von einem Dualismus zwischen erkennendem Subjekt und »an sich« bestehenden Objekten aus, hält ihn in der Epistemologie aber für unüberwindbar.

Entsprechende Denkweisen eines *skeptischen Dualismus* finden sich in der gesamten Philosophiegeschichte von Skeptikern wie Pyrrhon von Elis oder Sextus Empiricus bis hin zu Immanuel Kant, Wilhelm Dilthey, Hans Vaihinger, Ludwig Wittgenstein, Paul K. Feyerabend oder Nelson Goodman. In die Reihe der »verwandten Denker« des Konstruktivismus lassen sich viele weitere Philosophen einreihen, die mehr oder weniger eindeutig und umfassend skeptische Überlegungen formulierten. Hierzu gehören beispielsweise Demokrit, Michel de Montaigne, David Hume, Gottfried Wilhelm Leibniz, Georg Wilhelm Friedrich Hegel, Arthur Schopenhauer, William James, John Dewey, Albert Camus oder Friedrich Nietzsche (Schmidt, 1998, 1993, S. 328 ff., 1994b, S. 13 ff.; Krohn u. Küppers, 1992a; Jensen, 1994, 1999; Störig, 1992; Hirschberger, 1980):

> »An die Realisten. – […] ihr nennt euch Realisten und deutet an, so wie euch die Welt erscheine, so sei sie wirklich beschaffen: vor euch allein stehe die Wirklichkeit entschleiert, […]. Da jener Berg! Da jene Wolke! Was ist denn daran ›wirklich‹? zieht einmal das Phantasma und die ganze menschliche Zutat davon ab, ihr Nüchternen! Ja, wenn ihr das könntet! Wenn ihr eure Herkunft, Vergangenheit, Vorschule vergessen könntet – eure gesamte Menschheit und Tierheit! Es gibt für uns keine ›Wirklichkeit‹ – und auch für euch nicht, […]« (Nietzsche, 1882/2001, S. 112).

Konstruktivistische Positionen

Konstruktivistische Theorien schließen eher an diese zweite, skeptische Variante an, die von einer (ontisch) gegebenen aber (epistemologisch) unerkennbaren Realität ausgeht.

Die philosophischen Wurzeln konstruktivistischen Denkens reichen hierbei zurück bis zu den Sophisten des 6. und 5. vorchristlichen Jahrhunderts, wie Protagoras von Abdera:

> »Protagoras behauptet, es gibt keine allgemein gültigen, objektiven Wahrheiten. Die Wahrheit hängt nicht vom Gegenstand ab; es werden nicht objektive Sachverhalte in unseren Geist hereingenommen, von jedem Geist in gleicher Weise; sondern es spricht sich immer nur das Subjekt selbst aus. Man kann die Dinge so und so anschauen. ›Wie alles einzelne mir erscheint, so ist es für mich, wie dir, so ist es für dich.‹ Damit wird der Mensch maßgebend für alles, was Wert, Norm, Gesetz, Idee und Ideal sein soll: ›Der Mensch ist das Maß aller Dinge, der seienden, daß sie sind, und der nicht-seienden, daß sie nicht sind‹« (Hirschberger, 1980, Bd. 1, S. 54; mit Bezug auf Protagoras' Fragment 1).

Wenn der Mensch als Schöpfer von Wissen, Werten und Unterscheidungen in das Zentrum der Betrachtung rückt und letztendlich doch alles, was er über die Realität sagen und wissen kann, subjektiv ist, scheint die Frage nach der Existenz der Realität wieder offen zu sein. Denn wenn der Mensch entscheidet, »was ist« und »was nicht ist«, ist die Annahme der Existenz oder Nicht-Existenz einer Realität dann nicht auch seine Entscheidung?

Wie im 18. Jahrhundert von Giambattista Vico und George Berkeley, zwei weiteren Vordenkern konstruktivistischer Theorien, festgestellt wurde, sind wir als Menschen immer nur mit unserer Wahrnehmung konfrontiert, nie mit der Realität. Es ist unmöglich, die Realität zu beschreiben, da sich die Begriffe und Kategorien, die man hierzu verwendet, auf bereits Wahrgenommenes beziehen und nicht auf die Realität. Diese Feststellung mündet auch bei ihnen in der schon fast paradoxen Frage, wie eine Aussage über eine wahrnehmungsunabhängige Welt getroffen werden kann, wenn das einzige Instrument zu ihrer Beobachtung die Wahrnehmung selbst ist. Bei Vico und Berkeley findet hier eine klare Trennung statt, die die Realität ausschließlich Gott und damit göttlicher Erkenntnis zuschreibt, die dem Menschen verborgen bleibt (von Glasersfeld, 1992a, S. 22, 25; Hirschberger, 1980, Bd. 2, S. 221 f.).

Besteht die Realität dann allein in dem Glauben an sie, an »etwas Absolutes«, eine übergeordnete Macht wie »Gott«, oder nur noch in der Ansicht, »dass da *etwas* ist«? Was bleibt in der Folge dieser Denktradition dann überhaupt noch von der Realität übrig?

Versucht man, sich eine Welt vorzustellen, die unabhängig davon ist, was man wahrnimmt, dann wäre dies eine Welt ohne Farben, Formen und Geräusche. Räumliche und zeitliche Strukturen sind ebenso an eine beobachtende Person gebunden, wie die Empfindung von Hartem oder Weichem. Zudem wäre jedes Wort einer solchen Beschreibung ein sprachliches Konstrukt, welches nur in der Welt der Wahrnehmung und Beobachtung bzw. als deren Beschreibung existiert. Noch nicht einmal eine strukturelle oder physikalische Existenz der Welt kann, ohne die Kategorien der Wahrnehmung und ohne auf das sinnliche Erleben zurückzugreifen, beschrieben werden. Die Beschreibung einer Welt jenseits der Wahrnehmung scheitert also daran, dass Erfahrungen mit der Welt und unser gesamtes Wissen auf die Wahrnehmung zurückgeht und nicht auf die Welt an sich (Roth, 1994c, S. 322).

a) Radikaler Konstruktivismus

Wenn man skeptische Überlegungen *radikal* zu Ende denkt, führen sie letztlich zu dem Schluss, dass man gar keine Aussage über die Realität treffen kann, weil es unmöglich ist, die Wahrnehmung und ihre Kategorien zu umgehen. Das heißt natürlich auch, dass man noch nicht einmal sagen kann, ob eine solche Realität überhaupt existiert. Mit dieser Aussage wird die Existenz einer ontischen Realität nicht (wie im Solipsismus) geleugnet, ebenso wenig wie behauptet werden kann, dass es sie (wie in verschiedenen dualistischen Vorstellungen) tatsächlich gibt. Da man mit einer wahrnehmungsunabhängigen Welt keine andere »Erfahrungsschnittstelle« hat als die Wahrnehmung selbst, kann die Frage nach der Existenz einer Realität *weder positiv noch negativ* beantwortet werden (von Glasersfeld, 1987b, S. 102).

Im *Radikalen Konstruktivismus* Ernst von Glasersfelds wird diese Position vertreten, da er sich bewusst von jeder realistischen und auch solipsistischen Antwort auf die ontologische Frage nach der Existenz der Realität distanziert. Sein Interesse richtet sich ausschließlich auf die Epistemologie, wohingegen er die Frage nach der Ontologie vollständig ausklammert. »Der Radikale Konstruktivismus ist der Versuch, eine Theorie des Wissens aufzubauen, die keinerlei ontologischen Anspruch erhebt und darum auch nicht von der Annahme einer vom Wissenden unabhängigen Realität ausgeht« (von Glasersfeld, 1995b, S. 35).

Ernst von Glasersfeld wurde in diesem Punkt oft missverstanden, da seine Kritiker nicht erkannten, dass es sich bei seinem Umgang mit dem philosophischen Realitätsdilemma nicht um eine Entscheidung *gegen* die Annahme einer ontischen Realität handelt, sondern um eine skeptische Haltung gegenüber der ontologischen Fragestellung selbst. Daher ist es auch verständlich, dass er mal als »Solipsist« und mal als »heimlicher Realist« kategorisiert wurde (Nüse, Groeben, Freitag u. Schreier, 1991, S. 96 f.; Diesbergen, 1998; von Glasersfeld, 1993; Jensen, 1994, S. 53 ff.; Schmidt, 1998, S. 13).

b) Konstruktiver Realismus und methodischer (Erlanger) Konstruktivismus

Über die Existenz bzw. den Status einer ontischen Realität herrschen im Diskussionszusammenhang des Konstruktivismus durchaus unterschiedliche Auffassungen. So gibt es viele Vertreter der zweiten oben beschriebenen Variante eines skeptischen Dualismus, die zwar die Existenz einer ontischen Realität annehmen bzw. voraussetzen, einen Zugang zu dieser Realität aber für unmöglich halten (Rusch, 1987, S. 190 f., 222 f.; Roth, 1994c, S. 321; Fischer, 1995b, S. 26; Stadler, Kruse u. Carmesin, 1996, S. 324). Im *konstruktiven Realismus* und im *methodischen (Erlanger) Konstruktivismus* wird ebenfalls übereinstimmend diese Sichtweise vertreten: »Es wird also angenommen, daß es eine [›die‹?] Wirklichkeit gibt und daß über sie nichts ausgesagt werden kann« (Schimmer, 1991, S. 36; vgl. Janich, 1996, S. 128 ff.).

c) Konstruktionismus

In dieser Auffassung besteht auch eine Parallele konstruktivistischer Theorien zu dem von Eve-Marie Engels erarbeiteten Konzept des *Konstruktionismus,* das sie – ebenso wie von Glasersfeld seinen Radikalen Konstruktivismus – aus den Theorien Piagets entwickelt hat. »Demnach wird die Existenz einer Realität trivialerweise vorausgesetzt, […] nicht aber die Erkennbarkeit ihrer Struktur, wie sie unabhängig von handelnden und erkennenden Organismen bzw. Subjekten besteht« (Engels, 1989, S. 277). Diese Position bezeichnet sie als *Minimalrealismus.* Bei der Frage nach dem Aufbau von Wissen (Epistemologie) wird demnach im konstruktivistischen Diskurs *zumindest* die absolute Unerkennbarkeit der Realität angenommen.

d) Sozialer Konstruktivismus

An diese Position schließt auch der *Soziale Konstruktivismus* John R. Searles mit seiner Theorie über die »Konstruktion der gesellschaftlichen Wirklichkeit« an. Dort schreibt Searle, der sich selbst als Vertreter einer realistischen Grundhaltung bezeichnet:

»Richtig verstanden ist der Realismus keine Theorie darüber, wie die Welt tatsächlich ist. Wir könnten uns völlig im Irrtum darüber befinden, wie die Welt in allen ihren Einzelheiten ist, und der Realismus könnte immer noch wahr sein. *Der Realismus ist der Ansicht, daß es eine Seinsweise der Dinge gibt, die von allen menschlichen Repräsentationen logisch unabhängig ist. Der Realismus sagt nicht, wie die Dinge sind, sondern nur, daß es eine Seinsweise der Dinge gibt.* Und mit ›Dingen‹ in den beiden vorangegangenen Sätzen sind nicht materielle Objekte oder überhaupt Objekte gemeint. Es ist, wie das ›es‹ in ›es regnet‹, kein Ausdruck, der sich auf einen Gegenstand bezieht« (Searle, 1997, S. 165).

e) Sozialer Konstruktionismus

In diesen Formen minimaler Annahmen einer ontischen Realität findet sich auch der *Soziale Konstruktionismus* wieder, der davon ausgeht, dass jede weiter gehende Aussage über das Sein und jede Benennung nicht nur gefährlich, sondern auch unbegründet ist. »Was immer ist, ist einfach« (Gergen, 2002, S. 276). Kenneth Gergen verweist vor allem auf die sozialen Konsequenzen jeder Festlegung davon, »was ist«:

»Jede Festlegung auf das Reale begrenzt das große Meer an Alternativen und jede Unterdrückung alternativer Diskussion schränkt unsere Handlungsmöglichkeiten ein. Diese Argumente legen nahe, dass unser Anspruch ›mehr‹ und ›besser‹ zu verstehen als frühere Generationen eine eher lähmende Wirkung hat. Mit jeder Freude über einen neuen ›Durchbruch‹ – dem Gefühl ›jetzt wissen wir es wirklich‹ – kommt es gleichzeitig zum Ausschluss oder Verlust anderer Sichtweisen. […] Mit anderen Worten: Indem wir bestimmen, was wirklich ist und wahr ist, was tatsächlich passierte und was offensichtlich vorliegen muss, verschließen wir uns vor anderen Optionen des Dialogs« (Gergen, 2002, S. 276 f.).

f) Soziologische Systemtheorie

Auch der Soziologe Niklas Luhmann geht in seiner *soziologischen Systemtheorie* von einer Existenz, aber Unerkennbarkeit von Realität (»Außenwelt«) aus:

»Kein Zweifel also, daß die Außenwelt existiert, und ebenso wenig ein Zweifel daran, daß ein wirklicher Kontakt mit ihr möglich ist als Bedingung der Wirklichkeit der Operationen des Systems selbst. […] Wir können nach alledem formulieren: Erkennende Systeme sind wirkliche (empirische, das heißt beobachtbare) Systeme in einer wirklichen Welt. Sie könnten ohne Welt gar nicht existieren und auch nichts erkennen. Die Welt ist ihnen also nur kognitiv unzugänglich« (Luhmann, 1990/2005, S. 39).

Diese Annahme Luhmanns folgt der logischen Überlegung, dass Erkenntnis – wenngleich auch als interne Konstruktion – nicht aus einer solipsistischen Position möglich ist, sondern immer ein – wenngleich auch unerkennbares – Äußeres braucht (Luhmann, 1987, S. 25).

g) weitere konstruktivistische Ansätze

Es gibt noch zahlreiche weitere Konstruktivismen, die an dieser Stelle nicht näher differenziert werden sollen, da sie einer grundlegenden konstruktivistischen Erkenntnistheorie nur Details hinzufügen. Hierzu zählen beispielsweise der »interaktionistische Konstruktivismus« (Kersten Reich), der »konzeptuelle Konstruktivismus« (Frieda Heyting), der »pragmatische Konstruktivismus« (Klaus Müller), »relationaler Konstruktivismus« (Björn Kraus) oder der 2006 von mir formulierte »kritisch-reflexive Konstruktivismus«. Diese Konstruktivismen tragen allesamt nichts Entscheidendes zu den Grundlagen des Konstruktivismus bei, sondern befassen sich schwerpunktmäßig mit der Frage nach den Konsequenzen konstruktivistischen Denkens für die Handlungswissenschaften, vor allem im Bereich der Pädagogik. Meine Position, die aus einer ethischen Reflexion und einer Kritik an Formen der Adaption des Konstruktivismus in den Handlungswissenschaften entstanden ist, wird in den Kapiteln 6 und 7 ausführlich dargelegt.

Die Position des Beobachters

Auch wenn sich die verschiedenen konstruktivistischen Auffassungen über die Existenz einer Realität in einigen Feinheiten unterscheiden, besteht eine Übereinstimmung im Stellenwert von Aussagen über ihre Beschaffenheit: Keine Aussage, die von jemandem getroffen wird, kann einen Anspruch darauf erheben, mit einer ontischen Realität übereinzustimmen.

Eine Beobachtung existiert nicht ohne einen *Beobachter,* gleichgültig ob eine ihm unzugängliche Realität als existent angenommen wird oder nicht. Der Begriff des Beobachters wurde von Humberto Maturana in seiner Theorie autopoietischer Systeme eingeführt (Maturana u. Varela, 1987, S. 31 ff.) und im Weiteren von vielen anderen Wissenschaftlern aufgegriffen (von Glasersfeld, 1990, S. 281 ff.; Luhmann, 1987, S. 25, S. 406 ff.). Er soll verdeutlichen, dass jede Aussage und jede Beschreibung von *jemandem* gemacht wird und demnach subjektiv ist. Dies steht der Auffassung entgegen, dass eine *objektive,* vom Beobachter unabhängige Beobachtung oder Beschreibung möglich ist. Der Vorgang des Beobachtens wird als ein aktiver Prozess betrachtet, in dem der Beobachter beschreibt, wie er etwas wahrnimmt, und nicht, wie es »an sich« ist. Hierbei ist es unerheblich, ob es sich um wissenschaftliche Beschreibungen handelt oder um Beobachtungen im alltäglichen Leben.

Fazit

Im Weiteren wird von der vorausgehend dargestellten »*Mindestforderung*« einer *Nicht-Erkennbarkeit der Realität* ausgegangen. Alle getroffenen Aussagen verstehen sich als Aussagen von Beobachtern und sind somit Beschreibungen, die nicht den Anspruch haben, die Realität oder das Verhältnis zu ihr darzustellen. Gegenstände, Personen und Ereignisse existieren in der Wahrnehmung von Beobachtern. Darüber, ob oder in welcher Form sie auch außerhalb davon existieren, kann keine Aussage getroffen werden, denn entgegen »Sven Glückspilz'« Antwort auf »Hägars« Frage (siehe Abbildung 3) gibt es keine Wahrnehmung ohne einen Wahrnehmenden.

1.3 Konstruktivismus als Epistemologie ohne Ontologie

> »Verraten Sie mir noch ein Letztes« sagte Harry.
> »Ist das hier wirklich? Oder passiert es in meinem Kopf?«
> Dumbledore strahlte ihn an, und seine Stimme klang laut und
> stark in Harrys Ohren, obwohl der helle Nebel sich wieder
> herabsenkte und seine Gestalt verschwimmen ließ.
> »Natürlich passiert es in deinem Kopf, Harry, aber warum um alles
> in der Welt sollte das bedeuten, dass es nicht wirklich ist?«
> (Rowling, 2007, »Harry Potter und die Heiligtümer des Todes«, S. 730)[2]

Abschied von der Ontologie

Wenn die ontologische Frage nach der Existenz einer vom Subjekt unabhängigen Realität *höchstens* damit beantwortet werden kann, »dass da ›etwas‹ ist«, hat dies entscheidende Auswirkungen auf die epistemologische Frage danach,

---

[2] Dieses Zitat verweist auf die Unhintergehbarkeit unserer Wahrnehmung. Die Idee einer von unserer Wahrnehmung unabhängigen Wirklichkeit wird infrage gestellt. Bemerkenswert ist die Gelassenheit, mit der dem scheinbaren Dualismus von Wahrnehmung und Wirklichkeit begegnet wird.

wie ein Subjekt Wissen erlangt. Denn wenn ein Zugang zu einer vom Subjekt unabhängigen Realität nicht feststellbar ist, kann das Wissen eines Subjekts auch nicht als ein Abbild oder als eine Annäherung an diese Realität beschrieben werden. Es ist dann (folgt man Ernst von Glasersfeld) unmöglich, zu behaupten, dass Wissen überhaupt einen Zusammenhang zu irgendeiner vom Subjekt unabhängigen Instanz hat:

> »Wer einmal eingesehen hat, daß Wahrnehmung und Beobachtungen nicht einfach wie vorgeformte Schneeflocken in ein passives Subjekt hineinschneien, sondern das Ergebnis einer Tätigkeit sind, die von einem aktiven Subjekt ausgeführt wird, muß sich die Frage stellen, wie diese Tätigkeit vor sich geht« (von Glasersfeld, 1991b, S. 18).

Erkennt man an, dass jeder Mensch immer subjektiver Beobachter ist, dann ist auch die Unterscheidung zwischen *erkennendem* Subjekt und *erkanntem* Objekt, zwischen Innenwelt und Außenwelt, eine Unterscheidung, die er aus dieser Position getroffen hat und nichts von vornherein Gegebenes. Alles, was wir sehen und beschreiben können, ist bereits von uns Erkanntes. In unserem Erleben taucht keine »unerkannte Außenwelt« auf, die wir mit unserer Erkenntnis vergleichen und im Verhältnis zu ihr beschreiben könnten. Jede Beschreibung, sei sie wissenschaftlich oder nicht, geht auf Beobachtungen zurück, deren Subjektivität nicht umgangen werden kann. Um diesen Überlegungen Rechnung zu tragen, ist es notwendig, die Frage nach dem Sein der Dinge (Ontologie) vollständig von der Frage nach dem Wissenserwerb (Epistemologie) zu trennen (von Glasersfeld, 1987a, S. 411 f.).

Dieser »*Abschied von der Hinterwelt*« (Fischer, 1995b) ist eine weitere Gemeinsamkeit konstruktivistischen Denkens: Auch wenn die meisten konstruktivistischen Theorien das Existieren einer Realität voraussetzen, bildet die konstruktivistische »Mindestforderung ihrer Nicht-Erkennbarkeit« doch eine klare Grenze zwischen Ontologie und Epistemologie. Ontologische Fragen und epistemologische Fragen werden zwei verschiedenen Bereichen zugeordnet, die nicht aufeinander bezogen werden (Schmidt, 1998, S. 36 ff.).

Für ein Verständnis konstruktivistischen Denkens ist es sehr entscheidend, anzuerkennen, dass es nicht um eine Beschreibung scheinbar realer Gegebenheiten geht:

> »Vielmehr geht es […] darum, empirisch zu klären, was kognitiv und kommunikativ geschieht, wenn wir wahrnehmen, erkennen, interagieren und kommunizieren, daß heißt, wenn wir uns mit Erfahrungsgewinn in unserer

sozialen Wirklichkeit bewegen. Bei konsequenter Selbstanwendung kann der Radikale Konstruktivismus nämlich die Existenz und die Realität der Welt weder bestreiten noch bestätigen, sondern eben nur konstruieren. Daher würde es wenig Sinn machen, in einem endgültigen Sinne behaupten zu wollen, was objektiv erkennbar ist und was nicht. Der Radikale Konstruktivismus geht vielmehr davon aus, alle Phänomene in der (kognitiven) Wirklichkeit als *Produkte,* also als Resultate meist sehr voraussetzungsreicher Prozesse zu untersuchen, und sie nicht als Gegebenheiten einfach vorauszusetzen« (Schmidt, 1992d, S. 21 f.; zum Verständnis von Empirie und Wissenschaft im konstruktivistischen Diskurs siehe Schmidt, 1998).

▌ Die Unterscheidung zwischen Realität und Wirklichkeit

Zur Verdeutlichung dieser *Trennung von ontologischen und epistemologischen Fragen* bietet sich eine Begriffsdefinition an, die von Michael Stadler und Peter Kruse vorgeschlagen wurde und die sich zunehmend im konstruktivistischen Diskurs etabliert hat (Stadler u. Kruse, 1986, S. 78; vgl. von Glasersfeld, 1995b, S. 42). Demnach beschreibt der Begriff *Realität* die wahrnehmungsunabhängige (ontische) Welt, über die nach den bisherigen Überlegungen keine Aussage getroffen werden kann. Der Begriff *Wirklichkeit* hingegen bezeichnet die jeweils subjektive Welt, die von jedem Beobachter konstruiert wird.

Im *Konstruktiven Realismus* nach Fritz Wallner und im *methodischen (Erlanger) Konstruktivismus* (Janich, Lorenzen) wird auch zwischen Wirklichkeit und Realität unterschieden. Hier bezeichnet jedoch Wirklichkeit eine ontische Welt und Realität den vom einzelnen Subjekt konstruierten Erfahrungsraum (Schimmer, 1991, S. 35 f.; Janich, 1996, S. 128 ff.). Diese, gegenüber der hier dargestellten konstruktivistischen Terminologie, entgegengesetzte Verwendung der Begriffe mag zwar für einen übergreifenden konstruktiv(istisch)en Diskurs hinderlich sein, zeigt jedoch, dass die genannten Konstruktivismen hier im Grunde genommen die gleiche Unterscheidung treffen und diese lediglich anders bezeichnen. Der Begriff der (ontischen) Realität (Stadler u. Kruse, von Glasersfeld) bzw. der (ontischen) Wirklichkeit (Wallner, Janich) steht in beiden Theorien für etwas, »über das nichts ausgesagt werden kann«.

Diese Trennung zwischen Wirklichkeit und Realität weist auf einen ontologischen Dualismus hin, der im Konstruktivismus eigentlich kritisch hinterfragt wird, da eben diese Unterscheidung ja *innerhalb* unserer Wirklichkeit – also der subjektiven Wahrnehmung und Erfahrung – gemacht wird. Der Begriff der Realität ergibt somit streng genommen gar keinen Sinn, weil er sich auf etwas bezieht, über das nichts gesagt werden kann und das in subjektiven Wirklichkeiten konstruiert wird. Der Begriff der Realität ist in diesem Verständnis ein überflüssiges Un-Ding (Weber, 1999, S. 199f.; Konrad, 1999, S. 301).

Letztlich muss konstruktivistisches Denken *monistisch* verstanden werden, da seine Erklärungen nicht auf einer Differenz und auf Übergängen von Subjekt und Objekt, Geist und Materie, Geist und Gehirn bzw. Wirklichkeit und Realität aufbauen (Schmidt, 1998, S. 16ff.). Der (scheinbare) Dualismus entsteht, da verschiedene Möglichkeiten der epistemologischen Fragestellung unterschieden werden, ohne dass immer klargestellt wird, dass sich alle hierbei getroffenen Aussagen auf unsere subjektive Wahrnehmung und unser subjektives Wissen beziehen, ohne einen objektivierten Zusammenhang zu einer ontischen Realität zu behaupten. Dieser »dualistische Kurzschluss« entsteht auch bei einigen Vertretern konstruktivistischen Denkens, wenn sie etwa neurobiologische Theorien als Belege für die »Richtigkeit« bzw. »Wahrheit« des Konstruktivismus anführen, ohne zu sehen, dass auch diese Theorien – konstruktivistisch betrachtet – keinen Wahrheitsanspruch für sich geltend machen können (Schmidt, 2003, S. 24f.).

Der Konstruktivismus (gleich welcher Herkunft) beschäftigt sich ausschließlich mit Wirklichkeiten und epistemologischen Fragen, ohne auf Realität oder einen Zusammenhang zu ihr zurückzugreifen. Wenn demnach gefragt wird, wie ein Subjekt seine Wirklichkeit aufbaut, ohne einen feststellbaren Bezug zu einer Realität zu haben, muss man sich damit befassen, nach welchen Kriterien etwas *für ein Subjekt als wirklich gilt*.

1.4 Die Konstruktion von Wirklichkeit

»Das Leben ist für uns das, was wir in ihm wahrnehmen. […]
In Wahrheit besitzen wir nur unsere eigene Wahrnehmung;
auf sie […] müssen wir demnach die Wirklichkeit unseres Lebens gründen.«
(Pessoa, 1987, »Das Buch der Unruhe des Hilfsbuchhalters
Bernardo Soares«, S. 104f.)[3]

In der Regel erscheinen uns unsere Wahrnehmung und unser Wissen über die Welt als stabil, geordnet und konstant. Die konstruktivistische Position, diese Stabilität als Ergebnis ordnender und konstanter Wahrnehmungsleistung zu beschreiben, ohne sie auf eine geordnete und konstante Realität zurückzuführen, hat direkte Auswirkungen auf das Bild vom Menschen. Die Auffassung der Wahrnehmung als ein »Für-wahr-nehmen« führt dazu, den Menschen als

---

3 Auch dieses Zitat bezieht sich auf die Unhintergehbarkeit der Wahrnehmung und die Unmöglichkeit einer darüber hinausgehenden Letztbegründung unserer Lebensentwürfe.

ein autonomes Subjekt zu begreifen, das sich in sinnvollen Handlungen seine Welt aufbaut, und nicht als jemanden, der sich lediglich aufgrund von Gegebenheiten und Gesetzen in einer von vornherein strukturierten und strukturierenden Umwelt verhält.

Wenn *Ordnung und Stabilität* vom einzelnen Subjekt erzeugt werden und nicht vorgegeben sind, muss geklärt werden, wie eine geordnete und stabile Wirklichkeit aufgrund interner Kriterien entstehen kann. Das heißt es gilt, der Frage nachzugehen, unter welchen Kriterien einem Beobachter etwas Wahrgenommenes als wirklich erscheint, aber auch, wie sich Übereinstimmungen zwischen den Wahrnehmungen verschiedener Beobachter ergeben. Neben dem, »was« ein Beobachter beobachtet – Beobachtung erster Ordnung –, rückt die Frage in den Vordergrund, »wie« Beobachter beobachten – Beobachtung zweiter Ordnung –: also eine »Beobachtung des Beobachters« (von Foerster, 1993b, S. 50; Maturana u. Varela, 1987; S. 28 ff.; Maturana, 2000, S. 68 f.; Luhmann, 2002, S. 136; Watzlawick, 1993; S. 142 f.).

Sehr treffend wurden die Aspekte der Konstruktion von Wirklichkeit – wie sie sich aus einer »Beobachtung des Beobachters« ergeben – von Michael Stadler und Peter Kruse als subjektives Entstehen von »Wirklichkeitsannahmen« beschrieben (Stadler u. Kruse, 1990b, S. 133 ff.):

a) Wahrnehmungserfahrung

Aufgrund des ähnlichen Aufbaus der Sinnesorgane und des Nervensystems beim Menschen hat jeder Mensch, als Zugehöriger zu dieser Gattung, potenziell die gleichen Wahrnehmungsmöglichkeiten. Die Ausdifferenzierung und Festigung der Wahrnehmung hingegen ist eine Konstruktion, die jedes Subjekt in der Interaktion mit seiner Selbst- und Umweltwahrnehmung aufbaut. Dieser Prozess der Ausdifferenzierung beruht auf Unterscheidungen: Damit ein Etwas etwas ist, muss man es von etwas anderem unterscheiden (Bateson, 1985, S. 580 ff.). »Alles fängt damit an, daß man Dinge unterscheidet und zwischen diesen Dingen Beziehungen herstellen kann« (von Glasersfeld, 1987a, S. 433). Solche Unterscheidungen haben einen instrumentellen Charakter, da ein Subjekt nur solche Unterscheidungen trifft und zueinander in Beziehung setzt, die es selbst in der Anwendung dieser Differenzierung für sinnvoll hält.

So haben beispielsweise die Inuit eine sehr differenzierte Wahrnehmung verschiedener Farben von Schnee und Eis aufgrund einer wahrnehmungsinternen Differenzierung ihrer Beschaffenheit und Struktur entwickelt, weil sich diese Unterscheidungen in ihrem Lebensraum als sinnvoll erwiesen haben. Ebenso verfügen Urwaldvölker über eine differenzierte Wahrnehmung von

Grünschattierungen, die wir als Europäer nicht wahrnehmen, da diese Unterscheidungen für unser Überleben nicht notwendig sind. Die jeweilige Wahrnehmungsdifferenzierung ermöglicht eine Orientierung im jeweiligen Kontext, hat aber keine Bedeutung in einem absoluten Sinne.

Diese Differenzierungen sind Bestandteil der Wirklichkeit der einzelnen Menschen, weil sie dazu dienen, Phänomene der Wahrnehmung zu unterscheiden, zu ordnen und zu benennen. Somit gehören verschiedene Arten der Wahrnehmung, des Handelns und der Unterscheidung in einen jeweils anderen gesellschaftlichen und kulturellen Kontext, außerhalb dessen ihre Gültigkeit zumindest teilweise eingeschränkt ist. Es ist hierbei völlig belanglos, ob die Differenzen, etwa in der Farbwahrnehmung, »tatsächlich existieren«. Wichtig hingegen ist, dass sie in ihrem Wahrnehmungszusammenhang sinnvoll sind, denn eine Unterscheidung gibt es nur dort, wo es jemanden gibt, der diese Unterscheidung trifft.

Demnach ist etwas dann wirklich, wenn es von einem Subjekt aufgrund seiner *Wahrnehmungserfahrung* wahrgenommen wird.

b) Plausibilität und Konsistenz

In seiner Entwicklung baut ein Subjekt sein Wissen auf, indem es sein aktuelles Erleben mit schon gemachten Erfahrungen vergleicht. Dabei wird all das als wirklich eingestuft, was sich als plausibel und im Hinblick auf den momentanen Erfahrungshintergrund als schlüssig herausstellt. Es ist anzumerken, dass hierbei nicht nur die Konsistenz der gemachten Wahrnehmungen mit den bisherigen Erfahrungen bedeutsam ist, sondern auch die Konsistenz zwischen den einzelnen Wahrnehmungssystemen (Geruchssinn, Tastsinn, Schweresinn etc.). Je stärker ein Aspekt der Wahrnehmung in Widerspruch zu anderen Aspekten steht, desto eher wird dieser einzelne Aspekt als »Fehler« oder »Täuschung« eingestuft, wie etwa bei Halluzinationen (Roth, 1994c, S. 286).

Die *Plausibilität* und *Konsistenz* von Wahrnehmungen wird hierbei aufgrund interner Kriterien der Übereinstimmung und Abweichung hergestellt.

c) Viabilität

Von seiner individuellen Wahrnehmung ausgehend, beobachtet jedes Subjekt seine Umwelt und beurteilt den Erfolg eigener Handlungen und Denkweisen in ihr. Hierbei bewertet es Handlungs- und Denkstrategien danach, ob sie im Vergleich mit der eigenen Erfahrung erfolgreich waren oder nicht. Erfolgreiche Strategien werden als gangbare (viable) Wege erfahren, um Widersprüche und Probleme im Wahrnehmungs- und Handlungsbereich aufzulösen. Führt eine

Handlung nicht zum Erfolg, war der Weg zur Lösung des Problems in diesem Fall nicht gangbar. Das Subjekt stellt hierbei fest, ob ein Handlungs- oder Denkschema »passt« oder nicht:

> »Sagen wir [...] von etwas, daß es ›paßt‹, so bedeutet das nicht mehr und nicht weniger, als daß es uns den Dienst leistet, den wir uns von ihm erhofften. Ein Schlüssel ›paßt‹, wenn er das Schloß aufsperrt. Das Passen beschreibt die Fähigkeit des Schlüssels, nicht aber das Schloß« (von Glasersfeld, 1994b, S. 20).

Die Entscheidung über dieses Passen trifft allein das handelnde Subjekt bzw. ein Beobachter, der die Handlungen eines anderen bewertet. Für diese Form der Passung hat von Glasersfeld den Begriff der *Viabilität* eingeführt (von Glasersfeld, 1987b, S. 137 ff.). Er bezeichnet die *Gangbarkeit,* also das Funktionieren oder Passen einer bestimmten Vorgehensweise. Hierbei kann es sich um eine konkrete Handlung, um Wahrnehmungen, Theorien, kurz um alle Elemente der Wirklichkeitskonstruktion handeln. Viabilität bezieht sich immer auf eine subjektive Entscheidung und bezeichnet nie eine absolute Wertung.

Das dritte Wirklichkeitskriterium ist also die subjektive Bewertung der praktischen und theoretischen *Viabilität* von Handlungen bzw. Modellen.

d) subjektive und soziale Generalisierbarkeit

Das letzte, aber mithin wichtigste Kriterium der Wirklichkeitsbildung stellt die Konstanz von Wahrnehmungserfahrungen dar. Diese Konstanz kann ein Beobachter auf zweierlei Weise herstellen. Entweder, indem sich eine Wahrnehmung oder Erfahrung für ihn als wiederholbar erweist, oder, indem er in der Interaktion mit anderen Individuen feststellt, dass ähnliche Erfahrungen schon von anderen wahrnehmenden Subjekten gemacht wurden oder diesen zumindest plausibel erscheinen.

Dieses Kriterium kann als *subjektive und soziale Generalisierbarkeit* eigener Erfahrung bezeichnet werden.

Fazit

Fasst man diese *Kriterien für die Konstruktion von Wirklichkeit* zusammen, kann man sagen, dass dann etwas als wirklich erscheint, wenn
- man es aufgrund der eigenen Wahrnehmungserfahrung wahrnimmt,
- es im Hinblick auf die subjektive Erfahrung plausibel und konsistent erscheint,

- es sich in seiner Anwendung als viabel erweist, indem es Probleme oder Widersprüche vor dem Hintergrund subjektiver Erfahrung und Bewertung auflöst,
- sich die Wiederholbarkeit eines Phänomens feststellen lässt (subjektive Generalisierbarkeit) oder
- sich die eigene Erfahrung im Vergleich mit den Erfahrungen anderer hinsichtlich ihrer Plausibilität generalisieren lässt (soziale Generalisierbarkeit).

Diese Kriterien, müssen nicht alle zugleich zutreffen. Je mehr Kriterien jedoch erfüllt sind, desto wirklicher erscheint eine gemachte Erfahrung. Hierbei ist die Beziehung von aktueller Wahrnehmung und Erfahrung, im Sinne stabilisierter Wahrnehmungserwartungen, zirkulär. Ein Subjekt nimmt aufgrund seiner Erfahrung wahr, die wiederum aus Wahrnehmungen und deren Reflexion gebildet wird. Die Konstruktion der eigenen Wirklichkeit ist jedoch keineswegs beliebig und nur auf das einzelne Subjekt bezogen, sondern sie verwirklicht sich sowohl in der Ordnung und Stabilisierung eigener Wahrnehmungen als auch in der Interaktion mit anderen wahrnehmenden Subjekten, die Bestandteile dieser Wahrnehmung sind:

> »Erfahrungswirklichkeit ist also sozial verbindlich als geordnete Gesamtheit von Wissen, das für erkennende Systeme ökologisch valide ist und im Zuge der soziokulturellen Reproduktion von Gesellschaften an deren Mitglieder vermittelt wird. Mit anderen Worten, jedes Individuum wird schon in eine sinnhaft konstituierte Umwelt hineingeboren und auf sie hin sozialisiert und geht nie mit ›der Realität als solcher‹ um. Wahrnehmung, Denken, Fühlen, Handeln und Kommunizieren sind […] geprägt von den Mustern und Möglichkeiten, über die der Mensch als Gattungswesen, als Gesellschaftsmitglied, als Sprecher einer Muttersprache und als Angehöriger einer bestimmten Kultur verfügt« (Schmidt, 1994a, S. 74).

Als Grundprinzipien sowohl der individuellen als auch der sozialen Konstruktion von Wirklichkeit können die Prinzipien der Komplexitätsreduktion und Anschlussfähigkeit gelten, wie sie von Luhmann für soziale Systeme formuliert wurden (Luhmann, 1988, S. 888). Die Anschlussfähigkeit neuer Wahrnehmungen und Erfahrungen (Komplexitätsreduktionen) an vorherige Wahrnehmungen und Erfahrungen bildet hierbei die notwendige Grundlage. Soziale bzw. gesellschaftliche Anschlussfähigkeit besteht immer nur in dem Maße, in dem das einzelne Subjekt sie als viablen Weg der Wirklichkeitskonstruktion realisiert. Subjekte müssen also sozusagen immer auch das Soziale und Gesellschaftliche ihrer Wahrnehmungen und ihres Denkens konstruieren.

Diese Orientierung von Wahrheit auf Einigungsprozesse und Kommunikation findet sich auch bei dem Philosophen Karl Jaspers: »Wahrheit ist, was uns verbindet – und: in der Kommunikation hat Wahrheit ihren Ursprung. Der Mensch findet in der Welt den anderen Menschen als die einzige Wirklichkeit, mit der er sich verstehen und verlässlich verbünden kann« (Jaspers, 1948, S. 38). Jaspers führte klar aus, welchen Stellenwert Wahrheit haben kann: »Aber Wahrheit ist in der Tat in niemandes Besitz als endgültige und absolute. Wahrheit suchen, das heißt immer, zur Kommunikation bereit sein, Kommunikation auch von anderen erwarten« (Jaspers, 1949, S. 199).

Näheres über die Zusammenhänge zwischen individueller und gesellschaftlicher Konstruktion findet sich in den Kapiteln 2.4 und 4.3.

1.5 Wissenschaftstheorie

> »Ich zeichnete wieder auf die Tischplatte, kritzelte die Formel
> über das Verhältnis von Masse und Energie hin, wie sie zu meiner Zeit
> gültig war: $E = Mc^2$. Es war, was mich anging, eine lückenhafte Gleichung.
> Es hätte ein ›W‹ darin vorkommen sollen, für Wahrnehmungsvermögen –
> ohne welches das ›E‹ und das ›M‹ und die mathematische Konstante ›c‹
> nicht existieren konnten.«
> (Vonnegut, 1989, »Frühstück für starke Männer«, S. 246)[4]

> »Ich denke, daß Wissenschaftler nur selten bewußt die Unwahrheit schreiben.
> Sie sind in ihren Absichten so unschuldig wie alle anderen Hypnotisierten.«
> (Fort, 1995, »Das Buch der Verdammten«, S. 36)[5]

Stellenwert von Wissenschaft und Theorie

Welchen Stellenwert haben Wissen und Wissenschaft, wenn sie aufgrund konstruktivistischer Überlegungen nicht mehr den Anspruch erfüllen können, objektiv zu sein bzw. sich einer Beschreibung der Realität anzunähern? Um

---

4 Die angesprochene Lücke entsteht durch die Ausklammerung der Beobachterposition aus wissenschaftlichen Modellen. Auch wenn sie nicht »Bestandteil der Formel« ist, so gilt es dennoch, sie als Ursprung der Formel zu beachten, den Beobachter als Grundlage jeder Theoriebildung zu konzipieren und letztlich, in einer »Beobachtung zweiter Ordnung«, selbst wieder zum Bestandteil der Theoriebildung heranzuziehen.

5 Dieser Seitenhieb gegen die Wissenschaft stellt diese zum einen auf eine Stufe mit »anderen Wahrheiten« und verweist zum anderen darauf, dass mit jeder Fokussierung auf bestimmte Ausschnitte von Wirklichkeit (»Hypnose«) andere Ausschnitte ausgeblendet werden. Die »Unschuld« entsteht aus der Notwendigkeit des Ausschlusses anderer Wirklichkeiten, die mit jeder Fokussierung einhergeht.

den Überlegungen zum Verhältnis von Realität und Wirklichkeit Rechnung zu tragen, muss eine konstruktivistische Kognitionstheorie nicht nur den allgemeinen Stellenwert wissenschaftlicher Aussagen klären, sondern auch den Wert, der den eigenen Aussagen beigemessen wird.

Der Physiker Albert Einstein hat aus seiner relativistischen Haltung heraus darauf hingewiesen, dass auch wissenschaftliche Beschreibungen keine Abbildung einer ontischen Realität liefern können, sondern immer auf die Wirklichkeit von Subjekten zurückgeht:

> »Physikalische Begriffe sind freie Schöpfungen des Geistes und ergeben sich nicht etwa, wie man sehr leicht zu glauben geneigt ist, zwangsläufig aus den Verhältnissen in der Außenwelt. Bei unseren Bemühungen, die Wirklichkeit zu begreifen, machen wir es manchmal wie ein Mann, der versucht, hinter den Mechanismus einer geschlossenen Taschenuhr zu kommen. Er sieht das Zifferblatt, sieht, wie sich die Zeiger bewegen, und hört sogar das Ticken, doch hat er keine Möglichkeit, das Gehäuse aufzumachen. Wenn er scharfsinnig ist, denkt er sich vielleicht irgendeinen Mechanismus aus, dem er all das zuschreiben kann, was er sieht, doch ist er sich wohl niemals sicher, daß seine Idee die einzige ist, mit der sich seine Beobachtungen erklären lassen. Er ist niemals in der Lage, seine Ideen an Hand des wirklichen Mechanismus nachzuprüfen« (Einstein u. Infeld, 1995, S. 52 f.).

Zur Beschreibung des Uhrmechanismus können verschiedene mechanische, elektronische und auch biochemische Modelle erstellt werden und auch spirituelle und religiöse Anschauungen können eine Erklärung für die Bewegung der Zeiger liefern. Über die Richtigkeit von Modellen und Theorien kann keine allgemeingültige Aussage getroffen werden, da sie niemals mit »der Realität« (dem tatsächlichen Mechanismus) verglichen werden können. Wenn man also eine Theorie aufstellt oder vertritt, bezieht sie sich zwangsläufig auf die eigene Wirklichkeit und Logik, muss also nicht zwingend für andere gelten. Demnach ist Wissenschaft

> »eine Schöpfung des Menschengeistes mit all den frei erfundenen Ideen und Begriffen, wie sie derartigen Gedankengebäuden eigen sind. Physikalische Theorien sind Versuche zur Ausbildung eines Weltbildes und zur Herstellung eines Zusammenhanges zwischen diesem und dem weiten Reich der sinnlichen Wahrnehmungen. Der Grad der Brauchbarkeit unserer gedanklichen Spekulationen kann nur daran gemessen werden, ob und wie sie ihre Funktion als Bindeglieder erfüllen« (Einstein u. Infeld, 1995, S. 275).

In diesem Zitat geht es wohlgemerkt um Bindeglieder zwischen unseren Weltbildern (Modellen) und unserer Wahrnehmung und nicht um Bindeglieder zu einer externen Realität, wie es in einem rationalistischen und positivistischen Verständnis von Wissenschaft angenommen wird.

Funktion von Wissenschaft und Theorie

Die Wissenschaften haben demnach nicht die Aufgabe, die Welt zu erklären, wie sie ist, sondern sie sollen möglichst konsistente Theorien bilden, die die Phänomene innerhalb unserer Wahrnehmung erklären:

> »Denn wir können auch in der empirischen Forschung immer nur Sinneswahrnehmungen mit anderen Sinneswahrnehmungen vergleichen, nie die ›objektiven Tatsachen‹, ›die Realität‹ mit unserer subjektiven Anschauung. Was einzig bleibt, ist die Überprüfung aller Forschungsergebnisse, Hypothesen und Theorien auf interne Konsistenz und Plausibilität« (Roth, 1996a, S. 93 f.).

Hierbei sollte aber klar sein, dass eine Theorie nur solange für jemanden Gültigkeit hat, bis ihm eine andere Theorie die Phänomene in seiner Wahrnehmung brauchbarer erklärt. Eine Beurteilung von Theorien wird demnach hinsichtlich ihres *Erklärungswertes für die eigene Person* durchgeführt. Die subjektiven Kriterien, nach denen jemandem eine Theorie als richtig oder falsch erscheint, entsprechen den Kriterien, die für die Konstruktion von Wirklichkeit im Allgemeinen gelten (siehe Kapitel 1.4).

Überträgt man diese Wirklichkeitskriterien auf den Bereich wissenschaftlicher Wirklichkeit, zeigt sich, dass eine konstruktivistische Wissenschaftstheorie verschiedene wissenschaftliche Herangehensweisen und Philosophien vereint:
- Dem Kriterium der *Wahrnehmungserfahrung* entsprechen *empiristische* und *phänomenalistische Theorien,*
- die hier schon angesprochenen Kriterien der *Konsistenz* und *Plausibilität* beziehen sich auf *logisches* und *rationales Denken,*
- die *Viabilität* lässt sich in einen Zusammenhang mit dem *Pragmatismus* setzen,
- die *Generalisierbarkeit* beinhaltet *Empirie im Sinne wissenschaftlicher Versuche* (Wiederholbarkeit; subjektive Generalisierbarkeit) und im Hinblick auf *Wissenschaft als Einigungs- und Austauschprozesse zwischen Wissenschaftlern* (soziale Generalisierbarkeit).

Wichtig ist hierbei ein konstruktivistisches Verständnis dieser Herangehensweisen, in dem diese nicht zu »objektiver Wahrheit« oder zu einer Annäherung an »die Realität« führen, sondern zur Konstruktion von Wirklichkeiten, die auf subjektive, soziale, räumliche und zeitliche *Stabilität* ausgerichtet sind. Ebenso wie es verschiedene subjektive Wirklichkeiten gibt, die gleichberechtigt nebeneinanderstehen, ist es notwendig, anzuerkennen, dass auch immer mehrere Theorien gleichberechtigt nebeneinander existieren, solange es Menschen gibt, für die diese Theorien plausibel sind. Jede Theorie ist ein Wirklichkeitskonstrukt unter vielen und bezieht sich lediglich auf ihre Vertreter. Wie Humberto Maturana und Francisco Varela für jegliche Theorien (auch ihre eigenen) postulieren: »Alles Gesagte ist von jemandem gesagt« (Maturana u. Varela, 1987, S. 32).

Der Konstruktivismus macht hier keine Ausnahme. Seine Theorien müssen sich in ihrer jeweils subjektiven Plausibilität und Gangbarkeit bewähren. Es wäre ein Widerspruch innerhalb der eigenen Theorie, würde man konstruktivistische Aussagen anderen Theorien generell überordnen. Widerstreitende Theorien müssen in diesem Verständnis aus einer »Sowohl-als-auch-Perspektive« betrachtet werden und können nicht mit einem ausschließenden »Entweder-oder« geklärt werden.

Dieses Verständnis von Wissenschaft zeigt sich in allen Bereichen der Natur- und Sozialwissenschaften. So lässt sich beispielsweise das Verhalten von Licht physikalisch sowohl über ein Wellen- oder ein Teilchen-Modell erklären, obwohl beide Modelle nicht miteinander vereinbar sind. Anstatt jedoch die eine oder andere Sichtweise auszuschließen, wird je nach Fragestellung und Blickwinkel mit dem einen oder dem anderen Modell gearbeitet.

Theorie und Wissenschaft zeigen sich hier als aktive Wahl eines Beobachters und nicht als subjektunabhängige Darstellung von Gegebenheiten. Dies bezieht sich nicht nur auf Entscheidungen zwischen widerstreitenden Theorien, sondern auch darauf, welche Sichtweisen man überhaupt in Betracht zieht.

Auf der allgemeinen Systemtheorie aufbauend hat sich im Umgang mit verschiedenen Theorien und Meinungen ein *vernetztes Denken* herausgebildet. Zur Beschreibung komplexer Sachverhalte (z. B. Energiewirtschaft) werden hierbei nicht nur einige fachspezifische Sichtweisen herangezogen (z. B. Energiebilanz und Wirtschaftlichkeit), sondern auch andere Faktoren (z. B. soziale und ökologische Aspekte) und sogenannte »weiche Daten« (z. B. gesellschaftliche Akzeptanz, Meinungen von Nicht-Professionellen, Ästhetik; Vester, 2002). Die vernetzte Betrachtung eines Sachverhaltes zeigt sich, so gesehen, als ein interdisziplinäres Patchwork von Ansichten, Meinungen, Ideen, Zielen und Motiven, welches zwar ein uneinheitlicheres, dafür aber umfassenderes Bild liefert, als eine lediglich auf Einzeldisziplinen fixierte Wissenschaft. Wissenschaft ist hier nicht Suche nach Wahrheit, sondern ein sozialer Prozess der Entscheidungen und Handlungen von Beobachtern:

»Wenn also […] die Zeit für einheitliche Supertheorien vorbei zu sein scheint, wird m. E. ein Verfahren plausibel, ganz unterschiedliche Argumente und Diskurselemente im Ordnungsrahmen konstruktivistischer Grundannahmen auf ihre gegenseitige Kompatibilität wie auf ihren Anregungscharakter hin zu testen. Der leitende Gesichtspunkt bei dieser Selektion und Kombination ist also nicht ›Wahrheit‹, sondern ›Problemlösekapazität‹« (Schmidt, 1998, S. 8).

Merkmale guter Theorien

Was sind dann aber Kennzeichen einer »guten« oder »richtigen« Theorie? Theorien könnten sich in dem vorgestellten skeptischen und konstruktivistischen Verständnis nicht auf ontologische Werte absoluter Wahrheit beziehen, sondern müssten epistemische Werte als Begründung heranziehen. Nach Thomas Kuhn, der das Entstehen wissenschaftlicher Theorien in seinem Buch »Die Struktur wissenschaftlicher Revolutionen« untersucht hat, wären diese Werte (Kuhn, 1976, S. 194 ff.):

- *Genauigkeit bzw. Tatsachenkonformität*: Exaktheit in der Ableitung von Folgerungen aus gemachten Beobachtungen,
- *Widerspruchsfreiheit bzw. Konsistenz*: sowohl innerhalb der Theorie als auch in ihren Bezügen zu anderen Theorien,
- *Reichweite bzw. Anwendbarkeit*: als Grad der Generalisierbarkeit auf ihren Anwendungsbereich im Gegensatz zur reinen Beschreibung von Einzelphänomenen,
- *Einfachheit*: durch die Darstellung von Zusammenhängen und das Herstellen von Ordnung zwischen Einzelelementen,
- *Fruchtbarkeit*: in dem Sinne, dass sie etwas Neues darstellen bzw. in bestehende Theorien einfügen.

Letztlich können zur Kennzeichnung und Bewertung von Theorie – neben formalen Kriterien – auch andere Werte und Bedürfnisse formuliert werden, beispielsweise Komplexität, Verständlichkeit, Eleganz oder Ästhetik (Longino, 1990). Diese Liste wäre beliebig erweiterbar, etwa durch Anwendungsbezogenheit, ökologische Verträglichkeit, politische Korrektheit, Humanität oder Effizienz.

Hierzu muss man jedoch eingestehen, dass Wissenschaft nie wertfrei ist und immer auch durch die impliziten Werte der forschenden Personen beeinflusst ist. Werte sind zudem immer gebunden an eine Wertegemeinschaft, an deren Anforderungen und Beschreibungen eine Theorie »anschlussfähig« sein muss (Luhmann, 1990, S. 24). Wissenschaft kann daher letztlich als soziales Phänomen betrachtet werden (Knorr-Cetina, 1984).

Unabhängig von spezifischen Werten, die zur Kennzeichnung einer Theorie oder Wissenschaft herangezogen werden, mag Anschlussfähigkeit das zentrale Element sein, das ihre Bedeutung charakterisiert.

1.6 Kernthesen des Konstruktivismus

> »Wirklichkeit, die – Der Traum eines irren Philosophen. Was im Tiegel bliebe, wenn man ein Gespenst schmölze. Kern eines Vakuums.«
> (Bierce, 1986, »Des Teufels Wörterbuch«, S. 124)[6]

Ausgehend von den dargestellten Voraussetzungen lassen sich folgende Kernthesen des Konstruktivismus zusammenfassen (von Glasersfeld, 1992a, S. 30 f.; Schmidt, 1993, S. 330 f.):

1. *Ontologischer Skeptizismus:* Da die Wahrnehmung keinen direkten Zugang zur Realität bietet, können wir keine Aussage über die – vorausgesetzte, angenommene – Realität treffen (Minimalrealismus). Folgt man dem Radikalen Konstruktivismus Ernst von Glasersfelds, stellt sich die Frage nach einer außerhalb der Wahrnehmung liegenden Realität gar nicht, da selbst die bloße Annahme der Existenz einer Realität eine Annahme innerhalb der Wahrnehmung (Wirklichkeit) darstellt und nicht über diese hinausreicht. Die Frage nach der Ontologie ist in diesem Sinne unbeantwortbar und daher irrelevant.
2. *Subjektivität von Wissen:* Der Begriff der Objektivität, also die Vorstellung einer subjektunabhängigen Beobachtung, widerspricht der Stellung, die unsere Wahrnehmung im Prozess des Erkennens einnimmt. Jede Beobachtung wird von einem Beobachter gemacht, demnach ist jedes Wissen subjektiv und kann nicht von seiner Subjektivität getrennt werden.
3. *Interne Ordnung:* Wahrnehmen und Erkennen sind keine Abbildungen einer wahrnehmungsunabhängigen Realität, sondern entstehen als Konstruktionsleistung eines aktiven Subjekts. Der Mensch ist kein Entdecker der Gegebenheiten einer vorgefertigten Welt, sondern ein Erfinder und Konstrukteur, dessen Konstrukte sich innerhalb seiner Wahrnehmung bewähren müssen. Regelmäßigkeit und Konstanz setzen wiederholtes Erleben voraus und keine von vornherein gegebene, regelmäßige und konstante Erlebniswelt.

---

6   In Bierces Definition wird die Idee von Wirklichkeit als etwas Greifbares und Messbares ad absurdum geführt. Wirklichkeit – im absoluten Sinne – bleibt unfassbar.

4. *Viabilität:* Wissen hat nicht den Zweck, die Realität abzubilden, sondern gangbare (viable) Wege zu schaffen, die effektives Handeln im Erfahrungsbereich (also innerhalb der Wahrnehmung) ermöglichen. Die Bewertung über die Effektivität liegt in der Erfahrung und der Wahrnehmung des jeweiligen Beobachters.
5. *Pluralität von Denken und Handeln:* Die Subjektivität von Wissen und Erfahrung bedeutet, dass es mehrere, möglicherweise auch widersprüchliche Wege gibt, ein bestimmtes Ziel durch Denken oder Handeln zu erreichen. Da nicht subjektunabhängig entschieden werden kann, welcher dieser Wege der »bessere« oder »richtigere« ist, müssen voneinander abweichende und sich widersprechende Wege des Denkens und Handelns generell vorausgesetzt werden. Wie mit dieser Pluralität umgegangen werden soll, bleibt eine Entscheidung, die jedes handelnde und denkende Subjekt für sich treffen muss. Dies ist eine ethische Entscheidung, die nicht durch die Erkenntnistheorie vorweggenommen werden kann.
6. *Verantwortung:* Jedes wahrnehmende Subjekt trägt die Verantwortung für seine Konstruktionen und kann diese lediglich auf sich selbst bezogen begründen. Jede Aussage, mit der die Ursachen von Wirklichkeitskonstruktionen als außerhalb des Subjekts liegend beschrieben werden, ist nicht mit konstruktivistischen Grundannahmen begründbar, auch wenn eine solche Erklärung dem subjektiven Empfinden entsprechen mag. Der Begriff der Verantwortung bezieht sich hierbei auf die Zurechenbarkeit subjektiver Konstruktion auf den Konstrukteur (Beobachter). Verantwortung in einem gesellschaftlichen und rechtlichen Sinne hingegen bedarf der sozialen Konvention und Einigung über die Folgen begangener oder unterlassener Handlungen.
7. *Selbstanwendung:* Die Theorie des Konstruktivismus muss auch auf sich selbst angewendet werden. Demnach stellt der Konstruktivismus nur eine Theorie unter vielen dar, die *ein* Erklärungsmodell für das Phänomen des Erkennens darstellt. Es geht im Konstruktivismus nicht um eine allgemeingültige Erklärung der Prozesse der Wahrnehmung, des Erkennens und der Interaktion. Vielmehr handelt es sich um den Versuch, eine gangbare, in sich schlüssige Alternative zu den üblichen Erkenntnismodellen aufzuzeigen, ohne diese begründet ausschließen zu können.

1.7 Kritik am Konstruktivismus

> »Wir stellen uns alle ›Dinge‹ als verschiedene Abstufungen der Verwirklichung vor, als Schritte zwischen Eindeutigkeit und Nichtexistenz, Positiv und Negativ, zwischen Realität und Irrealität: daß manche scheinbar existierenden Dinge konsistenter, stimmiger, schöner, geeinter, individueller, harmonischer, stabiler sind – als andere. Wir sind keine Realisten. Wir sind keine Idealisten. Wir sind Intermediaristen – daß nichts real ist, aber auch nichts irreal: daß alle Phänomene nur Näherungen auf dem einen oder anderen Weg zwischen dem Realen und dem Irrealen sind. Also: Daß unsere ganze Quasi-Existenz ein Zwischenzustand ist zwischen Eindeutigkeit und Nichtexistenz, zwischen Realheit und Irrealheit.«
> (Fort, 1995, »Das Buch der Verdammten«, S. 24)[7]

Gegen konstruktivistische Positionen wurden schon immer Einwände erhoben. Beachtet man ihre philosophischen Wurzeln, kann diese Kritik bis zur Antike zurückverfolgt werden. Der Konstruktivismus, vor allem der Radikale Konstruktivismus als moderne Form skeptisch-relativistischen Denkens, wurde sehr ausführlich und detailliert kritisiert (Nüse et. al., 1991, Girgensohn-Marchand, 1992; Saxer, 1992; Exner u. Reithmayr, 1993; Kurt, 1995; Nüse, 1995; Thümmel u. Theis-Scholz, 1995; Diesbergen, 1998; Faulstich, 1998, 1999; Hacking, 1999b; Fischer, 2005; von Hayek, 2011; Lelgemann, 2003; Seel, 2005; Willaschek, 2005; Friele, 2007; Pongratz, 2009; Boghossian, 2013; Gabriel, 2013).

Hierbei beziehen sich die Kritikerinnen und Kritiker auf eine spezifische Auswahl der Argumente einzelner Vertreterinnen und Vertreter konstruktivistischen Denkens oder einzelner Theoriebausteine, wie etwa der »sozialen Konstruktion von Wirklichkeit«. Die Kritik richtet sich einerseits gegen die epistemologischen Grundannahmen, die im Konstruktivismus vertreten werden, zum anderen gegen die Konsequenzen, die aus diesen epistemologischen Grundannahmen folgen bzw. die von Vertreterinnen und Vertretern konstruktivistischer Theorien postuliert werden.

Die Auseinandersetzung um das Für und Wider des Konstruktivismus wurde teilweise von beiden Seiten in stark polemisierender Weise geführt. Wo beispielsweise der einen Seite ein »naiver Realismus« vorgeworfen wurde, wurde die andere Seite als »unhaltbarer Solipsismus« bezeichnet.

---

7 Fort beschreibt sehr treffend die Position der Skepsis und Selbstanwendung: Eine Beschreibung bleibt eine Beschreibung und eine Theorie bleibt eine Theorie. Der Begriff des »Intermediaristen« verweist darauf, dass es auch immer um die Beziehung zwischen Objekten oder Ideen – oder zwischen den Ideen von Objekten – geht und nicht um »Dinge an sich«. Diese Relationalität findet sich auch in der Systemtheorie wieder.

Nachfolgend sollen keine einzelnen Argumentationen oder kritische Positionen analysiert und diskutiert werden, wie dies von vielen Vertretern des Konstruktivismus bereits in detaillierter Form geschehen ist (von Glasersfeld, 1993; Lindemann, 2001; Reich, 2002b; Schmidt, 2003; von Ameln, 2004, S. 192–197; Siebert u. Arnold, 2011). Vielmehr sollen die zwölf Hauptkritikpunkte, die aus den angegebenen kritischen Schriften zusammengefasst wurden, in pointierter Weise aufgezählt und aus einer konstruktivistischen Perspektive kommentiert werden:

1. *Der Konstruktivismus leugnet die Existenz einer äußeren/objektiven Realität:* Der Konstruktivismus leugnet die Existenz einer äußeren/objektiven Realität nicht. Dann wäre er eine Form des Solipsismus. Er hält in seiner abgeschwächten Form des »»Minimalrealismus« lediglich jegliche Aussagen über eine äußere/objektive Realität für unmöglich. In seiner radikalen Form wird die gesamte Diskussion über die Ontologie als irrelevant betrachtet. Im Radikalen Konstruktivismus ergeben weder die Annahme noch die Ablehnung einer äußeren/objektiven Realität einen Sinn. Er befasst sich ausschließlich mit den epistemologischen Fragen der Erkenntnis, ohne dabei auf eine Ontologie zurückzugreifen.
2. *Der Konstruktivismus behauptet, alle Wirklichkeit sei nur erfunden:* Die Formulierung der »Welt als Erfindung« ist letztlich eine Provokation, die dem Begriff der »Entdeckung einer Welt« entgegengesetzt wurde. Konstruktion von Wirklichkeit meint keine »freie und voraussetzungslose Erfindung«, sondern das Entstehen konsistenter und in sich schlüssiger Welterfahrung auf der Grundlage interner Strukturierungs- und Ordnungsprozesse im Gegensatz zur Vorstellung der Übernahme von Strukturen und Ordnungen aus einer strukturierten und geordneten Umwelt. Die »konstruierte Wirklichkeit« ist demzufolge keine Fiktion oder Fantasterei, aber eben auch keine Widerspiegelung einer realen Welt.
3. *Der Konstruktivismus leugnet die Möglichkeit von Entdeckungen der realen Strukturen und Gesetzmäßigkeiten einer realen Welt:* Zunächst geht aus dem Konstruktivismus die Annahme hervor, dass wir aus unserer Position als wahrnehmende Beobachter nie feststellen können, ob und in welchem Umfang »Strukturen in unserer Wahrnehmung« mit »Strukturen außerhalb unserer Wahrnehmung« übereinstimmen. Alle Strukturen und Gesetzmäßigkeiten beziehen sich daher auf unseren Wahrnehmungsbereich und müssen sich in diesem als konsistent und viabel erweisen.
4. *Wenn die Wirklichkeit eine Konstruktion ist, könnte sie beliebig umgestaltet und neu erfunden werden:* Die Konstruktion von Wirklichkeit ist nicht beliebig

und auch nicht ohne größeren Aufwand bewusst veränderbar. Sie folgt einer internen Logik, internen Gesetzmäßigkeiten und Strukturbildungsprozessen. Wahrnehmungen und Erfahrungen können verändert werden – sonst wären beispielsweise Bildung oder Therapie gar nicht möglich. Dies geschieht aber nicht beliebig, sondern muss gemäß den jeweils internen Strukturbildungsprozessen anschlussfähig sein.
5. *Im Konstruktivismus gibt es keine Wahrheit mehr:* Wahrheit im Sinne subjektiver Überzeugung oder der Einigung zwischen Beobachtern gibt es auch im Konstruktivismus. Der Stellenwert von Wahrheit ist jedoch ein anderer. Es kann keine allgemeingültige, beobachterunabhängige Wahrheit geben und Wahrheit kann nicht den Anspruch der Übereinstimmung mit einer äußeren/»objektiven« Realität erheben.
6. *Im Konstruktivismus sind alle Konstruktionen von Wirklichkeit gleichwertig:* Im Konstruktivismus sind in der Tat alle Konstruktionen von Wirklichkeit »prinzipiell gleichwertig«. Diese prinzipielle Gleichwertigkeit betrifft jedoch nur den individuellen Prozess subjektiver Wirklichkeitskonstruktion. Im sozialen Miteinander ergeben sich Wertunterschiede durch die Anschlussfähigkeit subjektiver Wirklichkeitskonstruktion an andere subjektive oder durch Medien vermittelte Wirklichkeitskonstruktionen. Wissenschaft, Recht, Wirtschaft oder Religion sind hierbei zentrale Instanzen im Hinblick auf welche die verschiedensten »Wirklichkeitsgemeinschaften« entstehen. Je nach Thema und Zugehörigkeit ergeben sich Wertunterschiede. So mögen Wirklichkeitskonstruktionen, die gemäß wissenschaftlicher Standards auf empirische Belege verweisen, als höherwertig erachtet werden. Aber auch innerhalb wissenschaftlicher Disziplinen gibt es konkurrierende Wirklichkeitsauffassungen bzw. Modelle zur Beschreibung von Wirklichkeit. »Höherwertigkeit« besteht daher nie »an sich«, sondern ist letztlich eine Frage der »Anhängerschaft« und der Macht.
7. *Im Konstruktivismus haben Wissenschaft und Alltagswissen, Religion und Aberglauben, gesunder Menschenverstand und Wahnvorstellungen den gleichen Stellenwert:* Prinzipiell ist das so. Ob und in welchem Umfang diese sehr unterschiedlichen Wirklichkeitskonstruktionen als höherwertig zu betrachten sind, obliegt der Entscheidung der Personen, die sich diesen gegenüber positionieren müssen. Betrachtet man jede Form der Konstruktion von Wirklichkeit als Mittel zur Reduktion von Komplexität unendlich vieler Beschreibungsmöglichkeiten von Welt, geht es bei der Präferenz bestimmter Ausprägungen von Wirklichkeit nur um die Anschlussfähigkeit, also letztlich die soziale Relevanz bezogen auf spezifische Personengruppen.

8. *Der Konstruktivismus bietet keine wirklich neue Perspektive in der Philosophie und Wissenschaft:* In den Grundzügen ist das so. Der Konstruktivismus hat jedoch durch seine zusammenfassende und interdisziplinäre Auseinandersetzung mit den Grenzen unserer Erkenntnis – vor allem auch befeuert durch Ergebnisse der Neurobiologie – einige zentrale Strömungen der Philosophie und Wissenschaft zusammengeführt. Die Grundfragen, denen sich der Konstruktivismus stellt, sind aber seit den Anfängen der Philosophie- und Wissenschaftsgeschichte die gleichen.
9. *Der Konstruktivismus nimmt für sich selbst in Anspruch, wahr zu sein und widerspricht sich dadurch selbst:* Der Konstruktivismus muss sich selbst als eine mögliche Theorie unter anderen betrachten und sich als prinzipiell gleichwertig unter diesen einordnen. Er muss letztlich – wie jede Theorie auch – Kriterien erfüllen, wie interne Konsistenz oder Viabilität. Er kann auch Gründe anführen, die für ihn und gegen andere Theorien sprechen. Er kann sich bestenfalls in einzelnen Fachgebieten für Personen, die diese vertreten, als anschlussfähig erweisen. Einen Absolutheitsanspruch kann er jedoch nicht stellen.
10. *Der Konstruktivismus reduziert Wirklichkeit auf die Leistung subjektiver Erkenntnis und vernachlässigt soziale Phänomene:* Die soziale Konstruktion von Wirklichkeit wird tatsächlich ausgehend von den Funktionsweisen subjektiver Erkenntnis entworfen. Stabilisierende Elemente, wie Anschlussfähigkeit, Generalisierbarkeit, Kultur oder Macht, sowie soziale Phänomene der Kommunikation, Interaktion und Organisation finden dennoch hinreichende Beachtung. Es muss auf jeden Fall anerkannt werden, dass die Ursprünge konstruktivistischer Theorie einen starken Fokus auf das Subjekt legten und Elemente der sozialen Konstruktion »noch nicht« berücksichtigten.
11. *Der Konstruktivismus ist für praktisches Handeln gänzlich irrelevant, er hat keine ethische Dimension:* Im Grunde genommen muss dieser Kritik zugestimmt werden. Der Konstruktivismus erlaubt keine Aussagen darüber, welches Handeln »richtig« oder »ethisch vertretbar« ist. Er delegiert die Beantwortung dieser Fragen zurück an das Subjekt und die Gesellschaft. Der Konstruktivismus kann als Erkenntnistheorie nur beschreiben, wie individuelle Erkenntnis, soziale Konstruktion, Interaktion, Kommunikation und Organisation funktionieren. Nicht aber, was man mit diesem Wissen anfangen soll. Er bietet Erklärungswissen und kein Handlungswissen. Die ethische Dimension des Konstruktivismus mag darin liegen, dass er genau hier eine Grenze seines »Zuständigkeitsbereichs« zieht.
12. *Der Konstruktivismus führt zu einer Beliebigkeit der Theorie und des praktischen Handelns:* Ebenso wenig, wie der Konstruktivismus dazu taugt,

bestimmte Handlungsweisen zu legitimieren, kann er dazu herangezogen werden, unbestimmte – also beliebige – Handlungen zu begründen. Bestenfalls hat er das Potenzial, die Legitimationspraxis von Handlungen infrage zu stellen und zu verändern. Eine Erlaubnis, einfach zu tun, was man will, erteilt er nicht.

Da in wissenschaftlichen und handlungspraktischen Tätigkeitsfeldern oft mit sehr verkürzten und theoretisch wenig fundierten Argumenten auf den Konstruktivismus Bezug genommen wird, sind viele Kritikpunkte durchaus nachvollziehbar, da sie sich gegen überzogene oder missverständliche Auslegungen des Konstruktivismus wenden. Kritik wird dann generalisierend auf »den Konstruktivismus« projiziert, meint aber spezifische Aussagen und Deutungen einzelner Autorinnen und Autoren. Bezogen auf triviale Deutungen, interne Inkonsistenzen, provokante Formulierungen und überzogene Schlussfolgerungen konstruktivistischen Denkens ist die geäußerte Kritik nicht nur mehr als berechtigt, sondern auch in ihrer teilweise spitzen Polemik nachvollziehbar.

Der hier vorgenommenen Einführung in den Konstruktivismus folgt daher eine vertiefende Darstellung einzelner Theoriebausteine und Begründungen des Konstruktivismus und der Systemtheorie (Kapitel 2 bis 5) sowie eine ausführliche Auseinandersetzung mit deren Konsequenzen für das praktische Handeln (Kapitel 6 bis 7).

Inwieweit diese Darstellung des Konstruktivismus und seiner Konsequenzen für praktisches Handeln dann nachvollzogen wird, ist nicht nur eine Frage der – hoffentlich erkennbaren – Bemühung um interne Konsistenz und Verständlichkeit, sondern vor allem auch der Anschlussfähigkeit an die Wirklichkeitskonstruktionen der Leserinnen und Leser.

2 Lebende, kognitive und soziale Systeme

Bei den bisher beschriebenen Zusammenhängen von Wahrnehmung und Wissen lag der Schwerpunkt auf den philosophischen Aspekten und auf der Nachvollziehbarkeit konstruktivistischen Denkens. In den folgenden vier Kapiteln wird diese Sichtweise auf einer systemtheoretischen und neurobiologischen Ebene vertieft, um ein weiterführendes Verständnis für die Prozesse zu ermöglichen, auf deren Grundlagen Lebewesen ihr Leben, ihre Kognition und Interaktion organisieren.

Der subjektive Aspekt der Wahrnehmung wird im nachfolgenden Kapitel 3 »Wahrnehmung und Bewusstsein« genauer beleuchtet. Dem Übergang von subjektiver zu sozialer Konstruktion von Wirklichkeit widmet sich daran anschließend Kapitel 4 »Kognitive Entwicklung, Kommunikation und Gesellschaft« Mit der Interaktion zwischen Subjekten und der Veränderung komplexer Systeme befasst sich Kapitel 5 »Interaktions- und Veränderungsmodelle«.

Bezogen auf die Systemtheorie wurden nur einige, mir wesentlich erscheinende, Theorien und Modelle zur Erklärung herangezogen. Einen guten Überblick bietet das Buch »Schlüsselwerke der Systemtheorie« (Baecker, 2016).

2.1 Allgemeine Systemtheorie

>»Was ich meine […] ist, daß ein Phänomen in dem speziellen Betrachtungsrahmen des betreffenden Beobachters gesehen wird. Vieles von dem, was Sie sehen, wenn Sie mich anschauen, […] ist eine Projektion ihres eigenen Bewußtseins. In einem anderen Betrachtungssystem würde ich ganz anders erscheinen. […] Es gibt so viele Anschauungen, wie es empfindende Kreaturen gibt.«
> (Dick, 1984, »Joe von der Milchstraße«, S. 48)[8]

Definition von System

Ein System ist immer eine Beschreibung eines zusammengesetzten Gebildes aus verschiedenen Einzelteilen *(Komponenten)* und ihrer Beziehungen *(Relationen)* untereinander. Um ein System zu bekommen, reicht es also, zwei Dinge voneinander zu unterscheiden und in Beziehung zu einander zu setzen. Ein einfaches System kann aus lediglich zwei Gegenständen bestehen, deren Beziehung zueinander hinsichtlich ihrer Größe oder Position hergestellt wird (z. B. A ist größer als B). Als Ergebnis dieser Definition von systemzugehörigen Komponenten erhält man die dritte Eigenschaft von Systemen: ihre *Grenze*. Diese Grenze trennt das System von seiner *Systemumwelt,* also von allen Komponenten und Relationen, die nicht Bestandteil des beschriebenen Systems sind (zur Bedeutung des Systembegriffs siehe auch Lindemann, 2003a).

Auf diese Weise können Relationen eines Systems mit seiner Systemumwelt beschrieben werden – indem es mit anderen Systemen in Beziehung gesetzt oder als Teile (Subsysteme) eines größeren Systems definiert wird (z. B. Familie und Schule als Subsysteme einer Gesellschaft). Ebenso kann man durch diese Grenzziehungen die Relationen zwischen verschiedenen Subsystemen beschreiben (z. B. zwischen verschiedenen Schulklassen, dem Lehrerkollegium, dem Elternbeirat und externen Praktikumsstellen), die einem größeren Gesamtsystem untergeordnet sind (siehe Abbildung 4). In den beiden komplexeren der in der Abbildung dargestellten Systeme (2. und 3.) ist es möglich, Interaktion von Sub- oder Teilsystemen zu beschreiben. Hierzu muss man lediglich Gruppen von Komponenten zusammenfassen und dann die Relationen zwischen diesen Gruppen beschreiben.

---

8 Die Konzeptionierung des Beobachters als Quelle jeder Beschreibung ist ein zentrales Merkmal der Systemtheorie, wird aber auch in Philip K. Dicks Science-Fiction-Romanen durchgängig thematisiert.

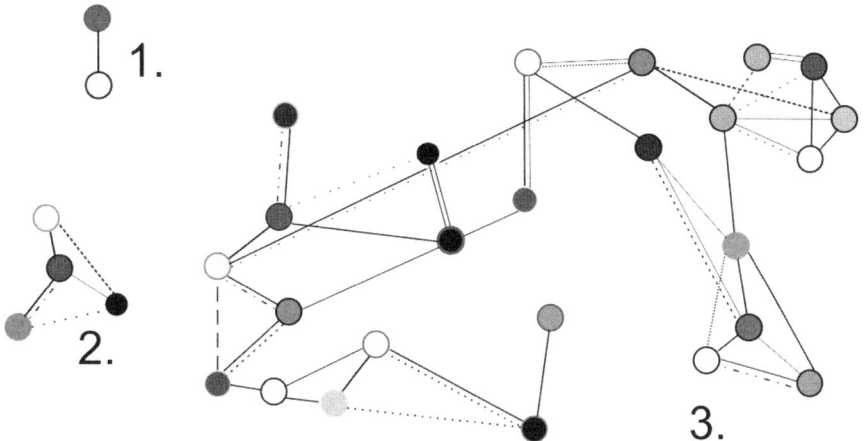

Abbildung 4: Schematische Darstellung dreier Systeme von unterschiedlicher Komplexität

Da der Systembegriff sehr allgemein ist, kann man alles als System bezeichnen:

Beispiele: Abwassersystem, Immunsystem, Lottosystem, lebendes System, Schlechtwettersystem, Gesellschaftssystem, Stecksystem, soziales System, Bankensystem, Computersystem, kognitives System, Schulsystem, Glaubenssystem, biochemisches System, Verkehrsleitsystem, Nervensystem, Periodensystem der Elemente, Gedankensystem, HiFi-System.

Aber auch Begriffe, die kein System in ihrem Namen tragen, lassen sich als Systeme beschreiben.

Beispiele: Toilettenspülung, Stadtverwaltung, Auto, Wissenschaft, Schulklasse, Weltwirtschaft, Viren, Zoologie, Familie, Physik, Medien, Ausbildung, Firma, Kultur, Autobahnnetz, Frühförderung, Biotop, Klima, Proteinmoleküle, Mathematik, Börse, Politik.

Auf den ersten Blick ist der Systembegriff nicht nur unkonkret, sondern geradezu nichtssagend. Vor allem wenn man versucht, die aufgezählten Begriffe zu ordnen und aufeinander zu beziehen. So könnte man etwa sagen, dass eine Toilettenspülung Teil (bzw. ein Untersystem) des Abwassersystems ist. Aber auch biochemische Systeme können zum Bestandteil des Abwassersystems werden, indem man sie in die Toilette kippt. Andere Systeme sind ebenso ineinander verschachtelbar: Der Mensch kann beispielsweise als lebendes und kognitives System beschrieben werden, zu dessen Bestandteilen ein Immunsystem und ein

Nervensystem gehören. Biochemische Systeme können ebenso als Bestandteile des Menschen beschrieben werden, wie es möglich ist, den Menschen selbst als Teil anderer Systeme, etwa einer Familie oder einer Schulklasse zu betrachten, die wiederum Bestandteile eines Gesellschaftssystems sind.

Eine generelle Definition verschiedener Systemebenen oder Subsysteme ist nicht möglich, da diese erst entstehen, wenn ein System beschrieben wird. Der hier verwendete Systembegriff ist sehr allgemein und unterscheidet nicht von vornherein zwischen verschiedenen *Systemtypen,* wie lebende, kognitive, psychische und soziale Systeme. Der allgemeine Charakter des Systembegriffs bietet den Vorteil, dass er die verschiedensten Konkretisierungen erlaubt. Beschreibt man den Menschen selbst als ein System, stellt er die höchste (umfassendste) Systemebene dar, beschreibt man eine Schule als (soziales) System, stellt der einzelne Mensch die kleinste Systemebene dar (siehe Kapitel 4.3.1).

Bei der Definition von Systemen bestehen unbegrenzte Möglichkeiten, deren Komponenten, Relationen und Grenzen zu beschreiben:

»Die Detaillierung hätte im Grunde genommen nirgendwo ein Ende und die Möglichkeiten an Wechselwirkungen reichen bis ins Unendliche. Letzten Endes muss man immer irgendwo zwischen Atom und Weltall einen brauchbaren Komplexitätsgrad wählen, um ein System zu beschreiben« (Vester, 2002, S. 19 f.).

Die Notwendigkeit der Relationierung

Die grundlegende Idee eines Systems bleibt unabhängig vom Grad der Detaillierung bestehen und gewinnt erst durch konkrete Beschreibungen von Komponenten, Relationen und Grenzen ihre individuelle Form. Es bleibt aber immer eine Unterscheidung, die ein Beobachter macht, indem er aus der unendlichen Vielfalt der Möglichkeiten zur Unterscheidung einige konkretisiert (Spencer Brown, 1969, dt. 1997, S. 25–30). Diese Unterscheidung wird aber aus der Vielfalt der Möglichkeiten aktiv durch einen Beobachter getroffen:

»Von dieser Unendlichkeit selektieren wir eine sehr begrenzte Anzahl, die zur Information werden. Was wir tatsächlich mit Information meinen – die elementare Informationseinheit – ist ein *Unterschied, der einen Unterschied ausmacht* [...]« (Bateson, 1985, S. 582).

Gregory Bateson liefert in seiner Systemtheorie noch einen weiteren entscheidenden Hinweis, nämlich, dass keine Komponente eines Systems beschrieben werden kann, ohne dass eine Relation zu irgendetwas anderem beschrieben wird. Damit ein Etwas etwas ist, muss man es von etwas anderem unterscheiden und beschreibt dadurch zwangsläufig eine Relation:

»Wir beschäftigen uns ausschließlich mit der Beziehung zwischen dem Ding und einem anderen Ding, oder zwischen dem Ding und uns oder einem Teil von uns, nie mit dem Ding selbst. Wir leben in einer Welt, die nur aus Beziehungen besteht. Wenn Sie sagen, daß der Tisch hart ist, dann ist alles, was Sie sagen, daß in einem Konflikt, einer Konfrontation zwischen dem Tisch und Ihrer Hand, Ihre Hand an einem bestimmten Punkt aufhören muss, sich zu bewegen. Der Tisch hat gewonnen. Wenn der Tisch weich gewesen wäre, so hätte Ihre Hand gewonnen. Wir sprechen über etwas zwischen zweier Dinge« (Bateson, 1976, S. 287; zit. n. Lutterer, 2000, S. 203).

Die Konkretisierung eines Systems stellt einen Beobachter also nicht nur vor die Aufgabe einer additiven Auswahl von Komponenten *und* Relationen, sondern führt ganz automatisch zu einer relationalen Beschreibung. Es lässt sich kein Ding beschreiben ohne eine Beziehung zu einem anderen. Die Beschreibung eines »Dings an sich« wäre wie der Versuch, nur eine Seite einer Beziehung zu beschreiben (Bateson, 1985, S. 580 ff.).

Diese Relationierung hat mit den Eigenschaften zu tun, die man den ausgewählten Systemkomponenten hinsichtlich der Beziehungen zwischen ihnen zuschreibt. So ist es etwa möglich, die Interaktion zwischen zwei Komponenten eines Systems als einfache Ursache-Wirkungs-Beziehung zu beschreiben oder als komplexe Wechselwirkung, an der auch noch weitere Komponenten einen Anteil haben. Es ließe sich bei jeder Systembeschreibung auch fragen: »Welche Geschichte willst du erzählen?«

Die Komponenten und Relationen eines Systems sind so gesehen Platzhalter, die entsprechend der Vorlieben und dem Wissen des jeweiligen Beobachters mit Inhalt gefüllt werden. Im Rahmen dieser strikten Beobachterabhängigkeit von Systemen kann man eigentlich nicht mehr von verschiedenen existierenden Systemtypen reden, sondern eher von verschiedenen *Typen von Systembeschreibungen.*

Hier findet sich ein Denkansatz wieder, der schon durch George Spencer Brown in seinen »Gesetzen der Form« formuliert wurde, worin er darlegt, dass das Treffen einer Unterscheidung durch einen Beobachter erst »Dinge« bzw. »Formen« erzeugt. Formen müssen immer als Unterscheidungsleistung eines Beobachters verstanden werden: »Existenz ist selektive Blindheit. […]

Wir bemerken eine Seite einer Ding-Grenze um den Preis, der anderen Seite weniger Aufmerksamkeit zu widmen« (Spencer Brown, 1969, dt. 1997, S. 191).

System als Kommunikation

Der Rückbezug jeder Systembeschreibung auf den Vorgang ihrer kommunikativen Erzeugung findet sich auch in der Soziologischen Systemtheorie von Niklas Luhmann wieder. In seiner Theorie sozialer Systeme stellen Kommunikationen – und nicht Menschen – die Elementarelemente sozialer Systeme dar (Luhmann, 1987b, S. 191 f.). Anstatt von Komponenten und Relationen, Systemen und Grenzen zu sprechen, könnte man im Luhmann'schen Sinne auch von »Kommunikationen über Relationen und Komponenten« und von »Kommunikationen über Systeme und Umwelten« sprechen (Luhmann, 1987b, S. 66 f.). Ein System ist nicht durch »das System selbst« bestimmt, sondern dadurch, *was ein Beobachter als System beschreibt* und *welche Komponenten und Relationen er hierzu benennt*. Ein System ist immer ein Beschreibungsmodell, also sozusagen eine Brille, durch die man die verschiedensten Dinge *als System betrachten* kann.

Die griechische Herkunft des Wortes »System« – das so viel bedeutet wie *Zusammenstellen* oder *Zusammenstellung* – verweist auf den aktiven Charakter des Systembegriffs: Sowohl die Auswahl der Komponenten, die das gewünschte System bilden sollen, als auch die zwischen ihnen beschriebenen Relationen sind abhängig vom jeweiligen Beobachter, der sie beschreibt. Ein System hat daher im Wesentlichen mit dem Blickwinkel, den Interessen und Vorlieben der Person zu tun, die dieses System beschreibt und weniger mit »tatsächlichen« Eigenschaften von Systemen. Diese strikte *Beobachterabhängigkeit* des Systembegriffs ist durchaus begründet, wenn man bedenkt, dass man zur Benennung und Beschreibung von Systemen grundsätzlich nur diejenigen Komponenten und Relationen auswählen kann, die einem selbst begrifflich und erfahrungsgemäß zur Verfügung stehen. Hinzu kommt, dass man letztlich nur diejenigen davon benennt, die einem auch als relevant erscheinen.

Die Beschreibung und Konkretisierung eines Systems kann man bildlich gesprochen damit vergleichen, dass man aus einem (begrifflichen) Buffet auswählt, das man sich zuvor selbst hergerichtet hat. Zur Auswahl stehen alle Begriffe und Erklärungen, die der jeweils eigenen Erfahrung entsprechen. Leider wird eine solche Auswahl in wissenschaftlichen Kreisen häufig über Begriffe wie Objektivität, Gegebenheit oder auch Logik begründet, anstatt zu sagen: »Das schmeckt mir.« *Oder:* »Davon hatte ich noch nichts.« *Oder:* »Von diesem hier nehme ich immer.«

Letztlich kann man jede beliebige Auswahl von Einzelmerkmalen treffen und diese als System beschreiben:

»Strukturen fassen die offene Komplexität der Möglichkeiten, jedes Element mit jedem anderen zu verbinden, in ein enges Muster ›geltender‹, üblicher, erwartbarer, wiederholbarer oder wie immer bevorzugter Relationen. Sie können durch diese Selektion weitere Selektionen anleiten, indem sie die Möglichkeiten auf jeweils überschaubare Konstellationen reduzieren« (Luhmann, 1990, S. 74).

Komplexitätsreduktion und Anschlussfähigkeit

Für die soziologische Systemtheorie Luhmanns liegt in dieser Auswahl von Komponenten und Relationen und der damit verbundenen Konkretisierung von Strukturen und Systemgrenzen eine zentrale Funktion der Systembeschreibung, nämlich die Reduktion von Komplexität. Eng mit der *Komplexitätsreduktion* verbunden ist die Funktion der *Anschlussfähigkeit*. Jede Systembeschreibung und damit Reduktion von Möglichkeiten schließt an andere Systembeschreibungen und Reduktionen an. Die Kommunikation als Form der Systembeschreibung – und damit das Entstehen sozialer Systeme – ist »nichts weiter als dieser ständige Prozeß des Reduzierens und Öffnens von Anschlußmöglichkeiten« (Luhmann, 1988, S. 888).

Wenn jemand sagt, »etwas ist ein System« oder mehrere Dinge würden »gemeinsam ein System bilden« und »auf diese und jene Art zusammenwirken«, sagt dies weniger über das beschriebene System aus als über den Beschreibenden, seine Kenntnisse und Vorlieben. Die Beschreibung eines Systems stellt durch die dafür notwendigen Unterscheidungen, Ein- und Ausgrenzungen immer eine Form der Komplexitätsreduktion dar, in der nicht nur die Sichtweise des Beschreibenden zum Ausdruck kommt, sondern auch mögliche Ziele, die hinter seiner Beschreibung stehen.

Zieht man kommunikationstheoretische Überlegungen hinzu, beinhalten Aussagen über Systeme neben ihrem Sachgehalt auch eine *Selbstkundgabe* des Beschreibenden ebenso wie eine *Beziehungsaussage* und einen *Appell* (Schulz von Thun, 1981). Heinz von Foerster hat diese Sichtweise verdeutlicht, indem er feststellt, dass die vielen verschiedenen Antworten auf die Frage nach dem Ursprung unseres Universums (religiöse, mathematische, astrophysikalische, chemische etc.) weniger über den Ursprung unseres Universums aussagen als über den Beantworter der Frage: »In anderen Worten, sag uns wie das Universum entstand, und wir sagen dir, wer du bist« (von Foerster, 1997, S. 29). Systembeschreibung, Komplexitätsreduktion und Anschlussfähigkeit erzeugen damit auch Identität und Zugehörigkeit.

Betrachtet man das *Systemverständnis* bei verschiedenen Autoren der Systemtheorie, lässt sich feststellen, dass je nach erkenntnistheoretischer Ausrichtung davon ausgegangen wird, dass die beschriebenen Komponenten und Relationen mit Gegebenheiten der Realität korrespondieren bzw. diese beschreiben. Dieser »Systemrealismus« hat jedoch bei vielen Autoren bzw. in ganzen Bereichen der Systemtheorie einen Wandel erfahren (Jensen, 1999, S. 363 ff.; Luhmann, 1987b, S. 15). Vor allem neurobiologische Untersuchungen zu den »Erkenntnismöglichkeiten von Beobachtern«, die im Konstruktivismus und in einem postmodernen Wissenschaftsverständnis zum Tragen kommen, haben dazu beigetragen, diese systemrealistische Position zu relativieren (Jensen, 1999, S. 381 f.). Das hier dargestellte Systemverständnis basiert auf konstruktivistischen Annahmen und versteht Systeme als Beschreibungs-, nicht als Korrespondenzmodelle.

Entscheidend in einem konstruktivistischen Systemverständnis ist hierbei der Umgang mit verschiedenen Systembeschreibungen bzw. mit verschiedenen Menschen, ihren Ansichten und Motiven. Die nachfolgenden Beschreibungen lebender, kognitiver und sozialer Systeme sind in diesem Zusammenhang als Aussagen von Beobachtern zu sehen, die letztlich weniger über die beschriebenen Systeme aussagen als über die Personen, die diese Beschreibungen angefertigt haben. Die in diesem Buch vorgestellten Autoren und Inhalte (Komponenten) sowie ihre Verknüpfungen untereinander (Relationen) sind daher Ausdruck einer persönlichen Sichtweise und Präferenz (Grenze) und haben nicht den Anspruch der Darstellung einer geschlossenen Theorie in ihrer Korrespondenz zu »tatsächlichen Gegebenheiten«.

2.2 Lebende Systeme

Die folgende Beschreibung lebender Systeme bezieht sich maßgeblich auf die von Maturana entwickelte Theorie der Autopoiese (siehe Kapitel 2.2.2). Da bei der Darstellung von Kognition und der neurobiologischen Zusammenhänge von Wahrnehmen und Erkennen auch auf die Theorie des Neurobiologen Gerhard Roth zurückgegriffen wird, erfolgt zudem eine Auseinandersetzung mit seinem Verständnis und seiner Kritik an der Theorie Maturanas.

2.2.1 Die Bedeutung von Ereignissen

Die Theorie lebender Systeme stellt den Versuch dar, umfassende Vorstellungen der Zusammenhänge zwischen dem Verhalten von Lebewesen und Ereignissen in ihrer Umwelt zu entwickeln. Den Ausgangspunkt hierzu stellt die Beobachtung dar, dass ein Ereignis, das als außerhalb eines lebenden Systems liegend definiert wird, auf das System keine Einwirkung im Sinne einer festgelegten Ursache-Wirkungs-Beziehung hat.

> **Zur Veranschaulichung**
>
> Um diese Beobachtung nachvollziehbar zu machen, führen Maturana und Varela das folgende Beispiel an. Das Kreuz auf der Abbildung soll fixiert werden, während man sich das linke Auge zuhält und das Buch in verschiedenen Entfernungen in sein Gesichtsfeld hält. Bei dem entsprechenden Abstand des Bildes vom Auge erhält man den Eindruck, dass der Kreis verschwindet (siehe Abbildung 5). Liegt der Kreis auf einer oder mehreren Linien, verschwindet er ebenfalls, während die Linien durchgängig erscheinen (siehe Abbildung 6).
>
>
>
> **Abbildung 5:** Bei entsprechender Betrachtung verschwindet der Punkt (in Anlehnung an Maturana u. Varela, 1987, S. 22)
>
>
>
> **Abbildung 6:** Das visuelle System schließt das entstandene Loch (in Anlehnung an Maturana u. Varela, 1987, S. 22)
>
> »Die normalerweise angenommene Erklärung für dieses Phänomen ist, daß in dieser spezifischen Position die Abbildung des Punktes [...] auf den Bereich der Netzhaut fällt, der für das Licht unempfindlich ist, da dort der *Sehnerv* austritt. Dieser Bereich wird ›blinder Fleck‹ genannt. Diese Erklärung gibt uns jedoch keine Antwort auf die Frage, warum wir nicht ständig mit einem visuellen Loch dieser Größe durch die Welt gehen« (Maturana u. Varela, 1987, S. 23).

> Die experimentelle Situation, die den blinden Fleck zum Vorschein bringt, zeigt – ebenso wie die multistabilen Muster im Einführungskapitel –, dass die Funktionsweise des wahrnehmenden Systems keine Abbildung der Welt liefert. Denn würde das Wahrnehmungssystem eine Realität abbilden, müsste der blinde Fleck ein ständiger Bestandteil der Wahrnehmung sein. Die Auswirkungen eines Ereignisses auf ein lebendes System sind demnach nicht durch das Ereignis selbst festgelegt, sondern durch das Funktionieren des lebenden Systems. Die Bedeutung von Ereignissen besteht somit immer in Abhängigkeit vom jeweiligen System.

Läge die Bedeutung eines Ereignisses in diesem selbst, wäre das Ereignis der Verursacher eines spezifischen Verhaltens. Da eine solche Kausalität nicht zwangsläufig beobachtet werden kann, kann die Funktion eines Ereignisses nur die eines Anregers sein, der bei einem lebenden System Verhalten auslöst, es aber keineswegs steuert. Sieht ein Mensch etwa die Farbe Blau, so liegt das nicht an den Eigenschaften des Lichts, das von dem Objekt, das er beobachtet, ausgeht, sondern daran, dass die Erfahrung dieser Farbe einer bestimmten Konfiguration von Aktivitätszuständen in seinem Nervensystem entspricht (vgl. Maturana u. Varela, 1987, S. 27).

Versetzt man sich konsequent in die Lage eines lebenden Systems, so interagiert man ausschließlich mit internen Veränderungen, die vom System selbst erzeugt werden, nie mit den Ereignissen an sich. Bei jeder Aussage über Ereignisse in der Umwelt greift ein Beobachter auf seine eigenen neuronalen Erregungen zurück, er kann sich nicht außerhalb seiner selbst begeben und ihre Herkunft direkt überprüfen. Eine äußere Ursache für Veränderungen im System kann nur in der Beobachtung des Systems durch andere oder durch sich selbst als Wirkzusammenhang »unterstellt« werden, indem innere Zustände bzw. das aus ihnen resultierende Verhalten mit äußeren (beobachteten) Ereignissen in Zusammenhang gebracht werden.

Verhalten und Handeln

»Unter ›Verhalten‹ verstehen wir die Haltungs- und Standortveränderungen eines Lebewesens, die ein Beobachter als Bewegungen oder Handlungen in Bezug auf eine bestimmte Umgebung (Milieu) beschreibt« (Maturana u. Varela, 1987, S. 150). Der Begriff *Verhalten* bezieht sich also immer auf die (äußere) Beobachtung eines Systems, also auf die Beschreibung durch einen Beobachter. Aus der Perspektive des Systems selbst kann daher nur in einer Form der Selbstbeobachtung von Verhalten gesprochen werden. Aus einer inneren Perspektive kann eher von *Handeln* als von Verhalten gesprochen werden. Während Handeln für das System immer Motive oder Beweggründe hat, die aus seiner inneren Dynamik hervorgehen, können Motive oder Beweggründe für das Verhalten eines Systems immer nur von einem Beobachter unterstellt oder von der handelnden Person – als Form der Selbstbeobachtung – mitgeteilt werden.

Um zu verdeutlichen, dass ein äußeres Ereignis keinen steuernden Einfluss auf ein lebendes System hat, sprechen Maturana und Varela – in Abgrenzung zu den üblichen Begriffen wie Reiz oder Stimulus – von *Perturbation*. Perturbation bezeichnet eine *Verstörung* oder *Anregung*, die im Gegensatz zu einer *Ursache* keine spezifische Auswirkung hat, sondern immer nur einen möglichen Anlass für eine Veränderung darstellt. Der Begriff der Perturbation bezieht sich immer auf die Beobachtung äußerer Ereignisse, die mit Veränderungen im System in Zusammenhang gebracht werden, *ohne* eine Aussage über die spezifische Art dieser Veränderungen machen zu können.

> ### Zur Veranschaulichung
>
> Die Position, in der sich lebende Systeme gegenüber ihrer Umwelt befinden, haben Maturana und Varela in einer Analogie verdeutlicht:
>
> »Stellen wir uns jemanden vor, der sein ganzes Leben in einem Unterseeboot verbracht hat, ohne es je zu verlassen, und der in dem Umgang damit ausgebildet wurde. Nun sind wir am Strand und sehen, daß das Unterseeboot sich nähert und sanft an der Oberfläche auftaucht. Über Funk sagen wir dann dem Steuermann: ›Glückwunsch, du hast alle Riffe vermieden und bist elegant aufgetaucht; du hast das Unterseeboot perfekt manövriert.‹ Der Steuermann im Innern des Bootes ist jedoch erstaunt: ›Was heißt denn ›Riffe‹ und ›Auftauchen‹? Alles was ich getan habe, war, Hebel zu betätigen und Knöpfe zu drehen und bestimmte Relationen zwischen den Anzeigen der Geräte beim Betätigen der Hebel und Knöpfe herzustellen – und zwar in einer vorgeschriebenen Reihenfolge, an die ich gewöhnt bin. Ich habe keine ›Manöver‹ durchgeführt, und was soll das Gerede von einem ›Unterseeboot‹?‹« (S. 149)

Die Folge dieser Überlegungen ist eine strikte Trennung in zwei Beobachterstandpunkte: Entweder beobachtet man die inneren Erregungszustände eines Systems und die Prozesse der Erregungsverarbeitung (Physiologie/innerer Beobachter) oder man beobachtet das System bei seiner Interaktion mit seiner Umwelt (Verhalten/äußerer Beobachter; Maturana, 1996, S. 37 ff.; siehe Abbildung 7).

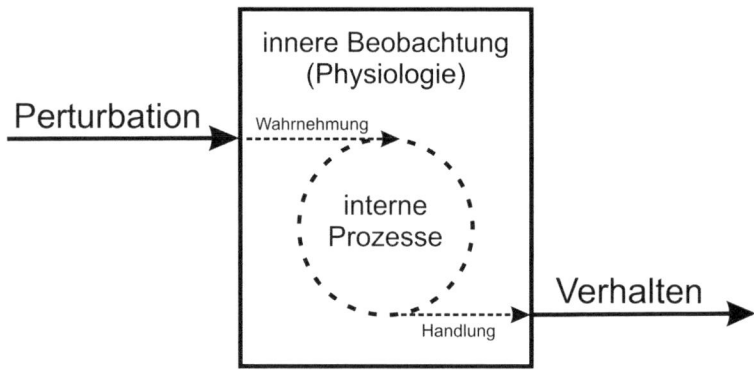

Abbildung 7: Innere und äußere Beobachtung

Der Grund für die strikte Trennung von Physiologie und Verhalten liegt laut Maturana darin, dass sich diese beiden Phänomenbereiche nicht überlappen:

»Das Verhalten fließt aus dem System als Ganzem, in der Physiologie hingegen geht das Ganze aus dem Zusammenwirken der Teile hervor. [...] Betrachtet man das Innere und das Äußere, um mit dem ›doppelten Blick‹ zu spielen, so kann man die Phänomene der beiden Bereiche zwar als Beobachter aufeinander beziehen, beseitigt damit aber keineswegs die Grenze zwischen ihnen« (Maturana, 1996, S. 38).

Wichtig ist in dieser Abgrenzung, dass jede Definition der Beziehung zwischen einem System und seiner Umgebung auf einen Beobachter zurückgeht:

»Nur Beobachter können von Interaktionen eines Subjekts mit seiner Umwelt sprechen, und die Relationen zwischen den Strukturen des Subjekts (den biologischen wie den begrifflichen) und *jener* Welt herstellen, in der das beobachtete Subjekt *aus der Sicht des Beobachters* lebt und operiert« (von Glasersfeld, 1996d, S. 129).

In diesem Kontext findet der Begriff der Perturbation dann Verwendung, wenn ein Beobachter ein äußeres Ereignis mit dem Verhalten eines Systems in Verbindung bringt (das äußere Ereignis *perturbiert* das System). Dies gilt auch für die Selbstbeobachtungen eines Systems, da diese zwar auf interne Prozesse zurückgehen, das System aber nur zu dem Ergebnis dieser Prozesse (also zu seinem Erleben) Zugang hat, nicht aber zu den Operationen, aus denen es hervorgeht. Die aus den Interaktionen mehrerer autopoietischer Einheiten hervorgehende »Geschichte wechselseitiger Strukturveränderungen«, also gegenseitiger Perturbation, bezeichnen Maturana und Varela als *strukturelle Kopplung* (Maturana u. Varela, 1987, S. 85).

2.2.2 Das Grundprinzip des Lebens: Autopoiese

Organisation lebender Systeme

Beschreibt man Lebewesen als Systeme, so ist die Frage nach dem Grundprinzip des Lebens eine Frage nach der *Organisation,* also dem übergeordneten Prinzip, nach dem Lebewesen ihr Dasein »organisieren«. Bezieht man den Begriff der Organisation auf den allgemeinen Systembegriff, stellt die Organisation eines Systems die *Gesamtheit der Relationen* zwischen seinen Komponenten dar. Die Organisation verallgemeinert einzelne Prozesse in einem System auf gemeinsame Prinzipien und Funktionen des »Gesamt-Systems«. Unter Organisation werden hier Relationen verstanden,

> »die existieren oder gegeben sein müssen, damit ein Etwas etwas ist. Damit ich ein Objekt als einen Stuhl bezeichnen kann, muß ich zuvor anerkennen, daß gewisse Relationen zwischen den Teilen, die ich Beine, Lehne, Sitzfläche nenne, auf eine Weise gegeben sind, die das Sitzen möglich machen. Ob es aus Holz mit Nägeln oder aus Kunststoff mit Schrauben besteht, ist dafür, daß ich es als einen Stuhl qualifiziere oder klassifiziere, gänzlich uninteressant« (Maturana u. Varela, 1987, S. 49 f.).

Wichtig sind hierbei die Gemeinsamkeiten einer Klasse von Objekten. Ob Stühle oder Lebewesen, die Organisation muss für alle Objekte der jeweiligen Klasse zutreffen. Man kann auch sagen: Die charakteristischen Relationen müssen für alle Systeme einer Klasse unabhängig von ihrer *Struktur* gegeben sein, also unabhängig von der konkreten Weise, in der einzelne Systeme dieser Klasse ihre Organisation verwirklichen. In Begriffen der allgemeinen Systemtheorie bedeutet die Struktur eines Systems die *Gesamtheit der Komponenten,* aus denen sich dieses System zusammensetzt.

Für die Klasse der Lebewesen scheint ein gemeinsames Merkmal zu sein, »daß sie sich – buchstäblich – andauernd selbst erzeugen« (Maturana u. Varela,

1987, S. 50). Dies bedeutet, dass lebende Systeme aufgrund ihrer Organisation die Bestandteile produzieren, aus denen sie selbst bestehen. Ihre inneren Prozesse sind darauf ausgerichtet, das System durch die ständige Produktion der eigenen Komponenten aufrechtzuerhalten. Die Organisation, die die Klasse der Lebewesen definiert, bezeichnen Maturana und Varela daher als *autopoietisch* (griech. autos = selbst; poiein = machen). Es ist »Lebewesen eigentümlich, daß das einzige Produkt ihrer Organisation sie selbst sind, das heißt, es gibt keine Trennung zwischen Erzeuger und Erzeugnis« (Maturana u. Varela, 1987, S. 56).

Im Weiteren sind nun die genaueren Merkmale zu bestimmen, die eine autopoietische Organisation konstituieren:

Die grundlegenden Prozesse autopoietischer Systeme (Selbstherstellung und Selbsterhaltung) beruhen auf dem Prinzip der *Selbstorganisation*. Dies bedeutet, dass das Erreichen eines bestimmten Ordnungszustandes im Wesentlichen

»aus den spezifischen Eigenschaften der am Prozeß beteiligten Komponenten [resultiert]. [...] So bildet sich die z. T. sehr komplexe und für die Funktion entscheidende dreidimensionale Faltung eines Proteinmoleküls, z. B. eines Enzyms, spontan, sobald nur die entsprechenden Bausteine, die Aminosäuren, in der richtigen Reihenfolge vorliegen« (Roth, 1986, S. 154).

Selbstreferenz

Hierbei operieren autopoietische Einheiten *selbstreferenziell,* d. h. dass die Zustände des Systems zyklisch miteinander interagieren, »so daß jeder Zustand des Systems an der Hervorbringung des jeweils nächsten Zustandes konstitutiv beteiligt ist. Selbstreferentielle Systeme sind daher intern *zustandsdeterminiert*« (Roth, 1986, S. 157).

Strukturdeterminiertheit

Die Relationen, in denen sich die Bestandteile der Struktur zueinander befinden, bilden also die Basis des jeweils nachfolgenden Zustandes. Dies schließt ein, dass autopoietische Systeme auch *strukturdeterminierte* Systeme sind, also durch ihre spezifische Struktur festgelegt ist, welche Veränderungen überhaupt stattfinden können. Solche Veränderungen beziehen sich immer auf die *momentane* Struktur des Systems, sie bilden eine Aufeinanderfolge von Veränderungen mit einem jeweils anderen (aktuellen) Ausgangspunkt.

Operationale Geschlossenheit

Aus der oben ausgeführten Selbstbezüglichkeit autopoietischer Einheiten ergibt sich auch, dass solche Einheiten *operational geschlossen* sind. Operationen des Systems beziehen sich ausschließlich auf den Zustand des Systems vor der Operation. Somit ist jede Operation des Systems konstitutive Grundlage nachfolgender Operationen. Da die Operationen autopoietischer Einheiten lediglich in ihrer eigenen Organisation (also in der Beziehung ihrer Einzelteile untereinander) begründet sind, werden sie zudem als *organisationell geschlossen* bezeichnet.

Energetische Offenheit

Weiterhin sind autopoietische Systeme *energetisch offen,* d. h., sie stehen im Energie- bzw. Materieaustausch mit ihrer Umwelt, da sie Energie etwa in Form von Sonnenlicht oder Nahrung aufnehmen (Roth, 1987a, S. 262). Entgegen anderen Theorien über lebende Systeme ist die Fähigkeit zur Reproduktion keine notwendige Bedingung autopoietischer Systeme. Reproduktion ist für den Prozess der Evolution notwendig, jedoch nicht für das Leben selbst. So können sich etwa Maulesel bzw. Maultier (Kreuzung zwischen Pferd und Esel) nicht fortpflanzen, obwohl sie zweifelsfrei zu den lebenden Systemen zählen (Maturana u. Varela, 1987, S. 65 f.).

Unterschiede zwischen lebenden und anderen komplexen Systemen

Was lebende Systeme von anderen Systemen unterscheidet, ist vor allem der Aspekt der Selbsterhaltung, da das Phänomen der Selbstherstellung auch bei nicht-lebenden, komplexen biochemischen oder physikalischen Systemen zu finden ist.

Aus der autopoietischen Organisation der Lebewesen lässt sich ein weiteres Merkmal ableiten, ihre *Autonomie*. Wesentlich ist hierbei die Feststellung, dass jede Strukturveränderung in ihrer Ausformung durch das System selbst gesteuert wird. In diesen Prozessen ist das System lediglich den Gesetzlichkeiten unterworfen, die durch seine Operationen erzeugt und aufrechterhalten werden. Für einen Beobachter ist es immer nur möglich, ein System im Bereich seiner Beobachtung zu perturbieren. Ob und in welcher Form daraus eine Strukturveränderung, etwa in Form eines beobachtbaren Verhaltens erfolgt, lässt sich lediglich vermuten, aber nie voraussagen.

Erst wenn ein lebendes System die Fähigkeit zur Selbsterhaltung verliert, also nur mit seinem Tod, kann auch von einer Beendigung der Autopoiese gesprochen werden. Der Begriff der Autopoiese und die daraus gefolgerte Autonomie sind somit unteilbare Begriffe, die keine Zwischenstadien oder qualitativen Unterscheidungen zulassen. Ein lebendes System ist solange autopoietisch bzw. autonom, wie es seine Organisation aufrechterhalten kann.

Während das allgemeine Prinzip der Selbstorganisation sowohl zur Beschreibung komplexer biochemischer, physikalischer als auch lebender und sozialer Systeme herangezogen wird, hat es sich als problematisch erwiesen, den Begriff der Autopoiese in anderen als biologischen Zusammenhängen zu verwenden. Die Beschreibung von Gesellschaften als autopoietische Systeme, wie sie bei Luhmann zu finden ist (Luhmann, 1985, S. 403; Krüger, 1990), steht im Widerspruch zu der Definition autopoietischer Systeme durch Maturana. Roth fasst diesen Widerspruch wie folgt zusammen:

> »[E]in autopoietisches System kann weder Teil eines anderen autopoietischen Systems sein, denn dann würde es sich nicht selbst hervorbringen, sondern würde von den anderen Komponenten des übergeordneten autopoietischen Systems hervorgebracht. Es wäre daher von diesen vollständig abhängig, was der Autonomie autopoietischer Systeme grundsätzlich widerspräche. [...] So sind Zellen als Einzeller im Prinzip autopoietische Systeme, sie verlieren aber entscheidende Merkmale ihrer autopoietischen *Autonomie*, wenn sie sich zu einem mehr- bis vielzelligen Organismus zusammenschließen, und der Verlust der Autopoiese ist konstitutiv für diesen Zusammenschluß« (Roth, 1987b, S. 395).

Gerhard Roth fordert eine differenzierte Verwendung des Begriffs Autopoiese im Zusammenhang mit nicht-biologischen Systemen. Er schlägt vor, »den Begriff der Selbstreferentialität, bzw. den ›selbstreferentieller Systeme‹ als Oberbegriff zumindest für biologische und kognitive Systeme zu verwenden und den der Autopoiese auf biologische Systeme zu beschränken« (Roth, 1987b, S. 397 f.).

2.3 Kognitive Systeme

In diesem Kapitel wird eine bestimmte Klasse von lebenden Systemen gesondert betrachtet, nämlich diejenigen, zu deren Organisation und Struktur ein Nervensystem gehört (siehe Abbildung 8).

Diese gesonderte Betrachtung ist notwendig, da sich das Nervensystem als eine Einheit darstellt, die zwar im Sinne der Autopoiese (Selbstherstellung, Selbsterhaltung) struktureller Bestandteil von lebenden Systemen ist, im Bereich seiner internen Operationen aber vollständig von dem jeweiligen lebenden System getrennt ist. Aufgrund dieser Abgeschlossenheit lassen sich Nervensysteme als eigenständige (kognitive) Systeme beschreiben, obwohl sie in Bezug auf ihre Selbstherstellung und Selbsterhaltung völlig von dem autopoietischen System abhängen, in das sie eingebettet sind (Roth, 1986a, S. 201).

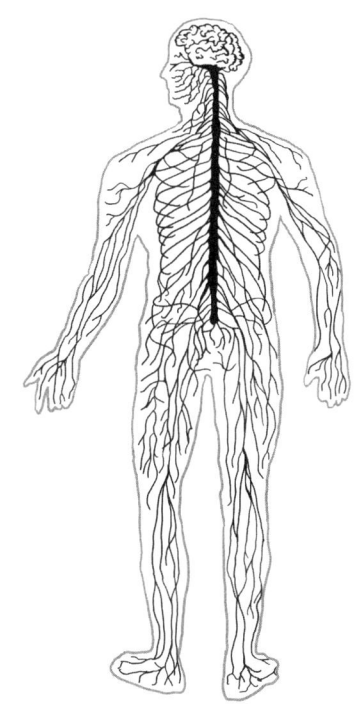

Abbildung 8: Ein neuronales, kognitives System

Die Abgeschlossenheit kognitiver Systeme bezieht sich in dieser Modellvorstellung also nicht auf eine physische Trennung des Nervensystems von seiner Umgebung, sondern ausschließlich auf die Prozesse, die innerhalb des Nervensystems ablaufen und letztlich das gesamte Erleben (Wahrnehmung, Erinnern, Bewusstsein, Gefühle etc.) hervorbringen. Obwohl grundlegende Aussagen zur Funktionsweise neuronaler Prozesse auf alle Nervensysteme zutreffen, beschäftigen sich die folgenden Kapitel mit *Zentralnervensystemen,* d. h. mit Nervensystemen, zu deren Organisation ein Gehirn gehört. Ein Zentralnervensystem setzt sich aus der Gesamtheit aller Nervenzellen (Neuronen) und ihren Verknüpfungen untereinander zusammen, also aus Sinnesrezeptoren (Sensorium), motorischen Zellen (Motorium) und dem intermediären Netz (Nervenbahnen, Rückenmark, Gehirn).

Informationelle Geschlossenheit

Kognitive Systeme lassen sich, in Erweiterung ihrer Merkmale als Teile autopoietischer Systeme, als *informationell geschlossen* bezeichnen. Es gelangen keine Informationen von »außen« in das System hinein bzw. aus ihm hinaus. Das heißt, die Interpretation der Aktivität in den Sinneszellen findet nur innerhalb des kognitiven Systems statt und ist nicht durch äußere Ereignisse determiniert. Eine Erregung wird hierbei immer aufgrund des momentanen Zustands des Systems interpretiert (Zustands- und Strukturdeterminiertheit). Während die Sinnesorgane Information erzeugen (siehe Kapitel 2.2.1), liegt die Funktion des intermediären Netzes darin, diese im System selbst erzeugte Information zu kategorisieren und hinsichtlich vorheriger Erregungszustände zu einem einheitlichen Bild zusammenzufügen. Dabei bezieht sich das kognitive System ausschließlich auf sich selbst (Selbstreferenzialität):

> »Ein Beobachter mag zwar feststellen, daß ein Gehirn mithilfe seiner Sinnesorgane ›Informationen‹ über die Umwelt ›aufgenommen‹ hat und das Verhalten des mit ihm verbundenen Organismus ›dementsprechend‹ steuert, für das Gehirn selbst existieren nur interne Zustandsveränderungen, denen es selbstreferentiell verschiedene Bedeutungen zuschreibt [...] und die es mit weiteren internen Zustandsveränderungen ›beantwortet‹« (Roth, 1987a, S. 260).

Während Maturana und Varela im Nervensystem lediglich eine Erweiterung der Interaktionsmöglichkeiten eines Lebewesens im Rahmen seiner Autopoiese sehen, betont Roth die besondere Stellung, die Nervensysteme hierbei einnehmen (Roth, 1987a). Er beschreibt Nervensysteme als eigenständige kognitive Systeme, wobei er die radikale Abgeschlossenheit dieser Systeme von ihrer Umwelt betont.

Zur Veranschaulichung

Dass kognitive Systeme – trotz dieser Abgeschlossenheit – überlebenssicherndes Verhalten hervorbringen, liegt Roths Auffassung nach allein in einer durch das System selbst erzeugten internen Konsistenz der Umwelterfahrungen begründet. Bildlich gesprochen befindet sich das kognitive System in der Situation eines Reisenden, der in einem fremden Land auf einen Dolmetscher angewiesen ist. Welche Möglichkeiten hat dieser Reisende, sich der Zuverlässigkeit des Dolmetschers zu versichern? Beziehungsweise nach welchen Kriterien kommt ein kognitives System zu einer stabilen und eindeutigen Wahrnehmung?

1. Die *erste Möglichkeit* des Reisenden liegt darin, die Zuverlässigkeit des Dolmetschers, etwa aufgrund dessen Herkunft, Ausbildung etc. grundsätzlich einzuschätzen. Beim Gehirn ist dies durch seine grundlegende (stammesgeschichtlich vorgegebene) Struktur gegeben und durch die Zuordnung von Erregungen in den Sinneszellen zu bestimmten Erregungszuständen im Gehirn, die sich in der Individualgeschichte herausgebildet haben.
2. Die *zweite Möglichkeit,* die dem Reisenden zur Verfügung steht, ist, die Aussagen eines zweiten Übersetzers mit denen des ersten zu vergleichen.»Nichts anderes macht das Gehirn, wenn es die ›Mitteilungen‹ verschiedener Sinnesareale vergleicht und auf Konsistenz überprüft. So werden in Bruchteilen einer Sekunde der Gleichgewichtssinn, die Körperstellungsrezeptoren in Muskeln und Gelenken und der Gesichtssinn auf Konsistenz hinsichtlich unserer Körperhaltung und -bewegung und der relativen Lage des Körpers im Raum überprüft, und zwar von vielen Milliarden Nervenzellen im Kleinhirn« (Roth, 1987c, S. 242).
3. Die *dritte Möglichkeit* besteht darin, die Übersetzungen des Dolmetschers auf ihre interne Stimmigkeit (Konsistenz) zu überprüfen. Diese Konsistenzprüfung »führt das Gehirn durch, und zwar mithilfe des Gedächtnisses. In wenigen Millisekunden wird alle einlaufende sensorische Erregung mit früheren Erregungen und deren Interpretationsfolgen verglichen« (Roth, 1987c, S. 243). Genau genommen besteht das Gedächtnis zu weiten Teilen darin, dass Erregungen von vornherein entsprechend der bisher angelegten Nervennetze verarbeitet werden, es also gar keinen Abgleich zwischen früherer und aktueller Erfahrung gibt. Die Eindeutigkeit entsteht dadurch, dass Erregungen ausschließlich gemäß der vorhandenen, aus früheren Erfahrungen entstandenen Routinen verarbeitet werden.

Betrachtet man die *Ausdifferenzierung des Gehirns* in der individuellen Entwicklungsgeschichte eines Lebewesens, so zeigt sich, dass es sich schon von vornherein in der beschriebenen Situation eines Reisenden befindet. Ausgehend von einer im ersten Punkt angesprochenen Grundausstattung an neuronalen Verbindungen, werden nur diejenigen Verbindungen stabilisiert,

»die im weiteren Entwicklungsgang des Hirnes auch aktiviert werden. So besitzt beim Menschen das Hirn des Embryos – etwa mit drei Monaten – die absolut größte Anzahl von Nervenzellen, nach dieser Aufbauphase werden die Nervenzellen aktivitätsabhängig abgebaut. In der Entwicklung ›schnitzt‹ sich aus dem Überangebot potentiell kopplungsfähiger Neuronen ein funktioneller Grundbestand von Nervenzellen heraus« (Breidbach, 1996, S. 10 f.).

Entscheidend für die Ausdifferenzierung des Gehirns sind somit die Erfahrungen, die ein System ausgehend von seiner Grundausstattung macht:

> »Ein stetiger Umbau von Nervenverbindungen vollzieht sich, wobei nur etwa ein Drittel der einmal angelegten erhalten bleibt. Welche dies sind, hängt von ihrer Aktivität ab. Die Ausbildung der funktionellen Architektur der Großhirnrinde wird somit in erheblichem Umfang von Sinnessignalen und damit von Erfahrung geprägt. Genetische und epigenetische Faktoren kooperieren in untrennbarem Wechsel. Eine strenge Unterscheidung zwischen Angeborenem und Erlerntem ist damit unmöglich« (Singer, 2003, S. 70).

Die Ordnung, Kategorisierung und Verfestigung dieser Erfahrungen in Form neuronaler Bindungen geschieht hierbei ausschließlich nach internen Kriterien, es wird keine Ordnung von außen in das System hineingetragen. Kognition kann daher nicht als Erkenntnis äußerer Strukturen definiert werden, sondern muss sich auf die Position des Nervensystems als informationell geschlossene Einheit beziehen.

2.3.1 Kognition

Unterschiede zwischen »Kognition« und »Leben«

In herkömmlichen Auffassungen fallen unter Kognition Vorgänge wie Wahrnehmen, Denken, Verstehen und Urteilen. Betont werden in diesen klassischen Modellen hauptsächlich die intellektuellen Fähigkeiten und somit fast ausschließlich der Bereich bewusster Denkprozesse.

In ihren Überlegungen zur Autopoiese greifen Maturana und Varela ebenfalls auf den Begriff der Kognition zurück. Hierbei verwenden sie die Begriffe Kognition und Erkenntnis synonym. Erkenntnis bzw. Kognition bedeutet in ihrer Darstellung, »wenn wir ein effektives (oder angemessenes) Verhalten in einem bestimmten Kontext beobachten, daß heißt in einem Bereich, den wir durch eine (explizite oder implizite) Frage umreißen, die wir als Beobachter formulieren« (Maturana u. Varela, 1987, S. 189). Kognition ist in dieser Definition nicht an ein Nervensystem gebunden. Diese Definition stellt gegenüber dem auf bewusste Denkprozesse ausgerichteten klassischen Kognitionsbegriff eine starke Verallgemeinerung dar:

> »Aus diesem Blickwinkel kann *jede* Interaktion eines Organismus – sein gesamtes beobachtetes Verhalten – von einem Beobachter als eine kogni-

tive Handlung bewertet werden. So ist die Tatsache des Lebens selbst […] nichts anderes als Erkennen im Existenzbereich. […] *Leben ist Erkennen* (Leben ist effektive Handlung im Existieren als Lebewesen)« (Maturana u. Varela, 1987, S. 191).

Diese Gleichsetzung von Kognition und Leben wird von Roth kritisiert. In seiner Theorie kognitiver Systeme ist Kognition zwangsläufig an das Vorhandensein eines Nervensystems gebunden und kann nicht mit der Autopoiese lebender Systeme gleichgesetzt werden. Während Kognition bei Maturana und Varela unabhängig vom Vorhandensein eines Nervensystems für alle Lebewesen zutrifft, ist ein Nervensystem für Roths Kognitionsbegriff unbedingte Voraussetzung.

Ausgehend von der radikalen *informationellen* Abgeschlossenheit des Nervensystems wird der *Unterschied zwischen autopoietischem und kognitivem System* deutlich. Autopoiese setzt sehr spezifische Operationen voraus, die auf die Selbsterhaltung des autopoietischen Systems gerichtet sind. Das Operieren kognitiver Systeme zeichnet sich hingegen durch sehr variable Zustände aus, die mit der Größe und Leistungsfähigkeit des Systems extrem zunehmen. Die Unspezifität und Variabilität der Zustände von Nervenzellen ist sogar eine grundlegende Voraussetzung für das Entstehen von Kognition:

»Demnach kann Leben nicht mit Kognition gleichgesetzt werden. Das, was die Nervenzellen tun, geht nicht in die Erhaltung ihrer selbst ein. Einfach gesagt: was die Muskelzellen meines Herzens und die Drüsenzellen meiner Leber tun, hat direkte Auswirkung auf die Erhaltung der Existenz meines Organismus; aber für die Tätigkeit vieler Milliarden von Neuronen, die beim Anhören Bach'scher Musik und dem gleichzeitigen Nachdenken über ihre komplexe Struktur aktiv sind, trifft dies nicht zu« (Roth, 1987a, S. 269 f.).

Hierbei geht es nicht etwa um eine ideelle Trennung zwischen Körper und Geist, sondern um eine Unterscheidung funktioneller Bereiche der biologischen Organisation von Lebewesen. Der qualitative Unterschied, der durch das Vorhandensein eines Nervensystems entsteht, wird auch von Maturana gesehen, ergibt für ihn aber keinen Unterschied hinsichtlich der Kognition lebender Systeme: »Nervensysteme erweitern den kognitiven Bereich des lebenden Systems, indem es Interaktionen mit ›reinen Relationen‹ ermöglicht. Das Nervensystem erzeugt keine Kognition« (Maturana, 1982, S. 39). Für ihn steht das Nervensystem »im Dienst der notwendigen Zirkularität der Organisation des Lebendigen« (Maturana, 1982, S. 39).

Mit seiner Trennung von autopoietischen und kognitiven Systemen will Gerhard Roth die Aussagekraft der einzelnen Begriffe gewährleisten. Denn ebenso wie bei der Vermengung der Begriffe Selbstreferenz und Autopoiese verliert der Begriff der Kognition seine Aussagekraft, wenn er mit Autopoiese gleichgesetzt wird (Roth, 1987b, S. 394 ff.).

Verschiedene Formen von Kognition

Versteht man Kognition als neuronales Phänomen, muss allerdings auch ein Begriff für das »effektive Handeln im Existieren als Lebewesen« (Maturana u. Varela, 1987, S. 191) eingeführt werden, der all die Verhaltensweisen von autopoietischen Systemen bezeichnet, die nicht über ein Nervensystem verfügen. Dies ist zumindest dann notwendig, wenn man das Verhalten etwa von Pflanzen oder Einzellern nicht unter dem Gesichtspunkt von Reiz und Reaktion betrachtet. Für den Bereich der »nicht neuronalen Erkenntnisleistung« autopoietischer Systeme stellt Roth jedoch keinen Begriff zur Verfügung, da er sich schließlich nur mit neuronalen Systemen beschäftigt. Hinsichtlich der Trennung von autopoietischen und neuronalen Systemen könnte man hier möglicherweise *Autopoieto-Kognition* und *Neuro-Kognition* unterscheiden oder man müsste ein neues Wort erfinden.

Innerhalb der verschiedenen Kognitionswissenschaften (Psychologie, Informatik, Linguistik etc.) existiert keine einheitliche *Definition von Kognition*. Nach Roth handelt es sich bei Kognition zunächst um ein Phänomen, das ausschließlich innerhalb von Nervennetzen (kognitiven Systemen) auftritt und entgegen Maturana nicht für alle lebenden Systeme zutrifft. Eine Beschränkung von Kognition auf den Menschen, wie bei anthropozentrischen Vorstellungen von Kognition, ist nicht möglich, da

> »sich das Gehirn des Menschen von dem anderer Primaten weder anatomisch noch physiologisch *qualitativ* unterscheidet. Sehr vieles von dem, was wir über den Zusammenhang von Gehirnprozessen und kognitiven Leistungen beim Menschen wissen, wurde erst durch Befunde an nichtmenschlichen Primaten oder anderen Säugetieren erhärtet oder erstmals aufgezeigt« (Roth, 1994, S. 26 f.).

Nach Roth ist es aber auch nicht sinnvoll, alles was im Nervensystem geschieht, als kognitiv zu bezeichnen. Es scheint eher angebracht, verschiedene Prozesse innerhalb kognitiver Systeme zu unterscheiden (Roth, 1994, S. 29).

Die Grundelemente, aus denen kognitive Prozesse hervorgehen, sind *rein physiologische Ereignisse,* beispielsweise Vorgänge an Zellmembranen und Synapsen. Eine weitere Klasse von Ereignissen stellen *neuronale Prozesse* auf der Ebene einzelner Zellen innerhalb kleiner Zellverbände dar.

Die nächst höhere Stufe von Ereignissen innerhalb kognitiver Systeme sind *präkognitive Prozesse,* wie einfache Wahrnehmungsprozesse der Konstanzbildung (Farb-, Formkonstanz usw.) und der Komplexitätsreduktion. Diese Prozesse laufen prinzipiell vorbewusst ab (Roth, 1994, S. 24 ff.).

An diese Vorstufen schließen sich *kognitive Prozesse* an. Dabei handelt es sich immer um *bedeutungshafte Prozesse.* Diese sind:

»(a) integrative, häufig multisensorische und auf Erfahrung beruhende Erkennungsprozesse; (b) Prozesse, die das Erkennen individueller Ereignisse und das Kategorisieren bzw. Klassifizieren von Objekten, Personen und Geschehnissen beinhalten; (c) Prozesse, die bewußt oder unbewußt auf der Grundlage ›interner Repräsentationen‹ (Modelle, Vorstellungen, Karten, Hypothesen) ablaufen; (d) Prozesse, die eine zentrale, erfahrungsgesteuerte Modulation von Wahrnehmungsprozessen beinhalten und deshalb zu variablen Verarbeitungsstrategien führen; (e) Prozesse, die Aufmerksamkeit, Erwartungshaltungen und aktives Explorieren der Reizsituation voraussetzen und beinhalten; und (f) ›mentale Aktivitäten‹ im traditionellen Sinne, wie Denken, Vorstellen, Erinnern« (Roth, 1994, S. 30).

Roth bezeichnet dieses Modell selbst als vorläufige Begriffsdefinition und hält eine logisch und empirisch völlig befriedigende Definition für unerreichbar.

Kognition ist nach Roth aber auf jeden Fall an ein Nervensystem gebunden, womit zumindest der Ort, an dem Kognition entsteht, beschrieben werden kann. Nimmt man eine funktionelle Trennung verschiedener Gehirnaktivitäten vor, können letztlich sogar bestimmte Gehirnteile bestimmt werden, die kognitive Leistungen erbringen. Roth spricht hier sogar von einem *kognitiven* und einem *exekutiven* Gehirn (Roth, 2001b, S. 126 ff.). Während bestimmte Hirnteile maßgeblich mit Aufgaben der Kognition beschäftigt sind, übernehmen andere maßgeblich Aufgaben der Planung, Vorbereitung und Kontrolle von Handlungen. Zwischen diesen Teilen gibt es gleitende Übergänge, die, wie alle Strukturen und Prozesse im Gehirn, stark vernetzt sind.

2.3.2 Zur Einzigartigkeit menschlicher Kognition

»Das menschliche Gehirn entspricht in seinem *Grundaufbau* dem Gehirn anderer Wirbeltiere; es ist dem Gehirn anderer Landwirbeltiere (Amphibien, Reptilien, Vögel und Säuger) sehr ähnlich und stimmt in den meisten Details mit den Gehirnen anderer Säuger überein. Vom Gehirn unserer nächsten biologischen Verwandten, der Menschenaffen, ist unser Gehirn mit Ausnahme seiner Größe nahezu ununterscheidbar« (Roth, 1994, S. 32).

Jedes Gehirn der genannten Lebewesen besteht aus den gleichen Teilen, ebenso sind die grundlegenden Funktionen der jeweiligen Teile gleich (Roth, 1994, S. 31 ff.). Der einzige Unterschied zwischen den Gehirnen der verschiedenen Lebewesen ist ihre anatomische Beschaffenheit, Komplexität und Größe. Sei es das Gehirn eines Frosches oder das eines Vogels – es handelt sich immer um ein System, das kognitive Leistungen vollbringt und Bedeutung erzeugt (Roth, 1992a, S. 116).

Die hohe Leistungsfähigkeit des menschlichen Gehirns resultiert eher

»aus einer *Kombination* von Merkmalen, die sich einzeln auch bei Tieren finden, nämlich ein aufrechter Gang, durch den die Hände freigesetzt werden, ein sehr hohes absolutes und relatives Hirngewicht, eine hohe morphologische und funktionale Differenzierung des Gehirns, ein relativ großer Neocortex, hochentwickelte neuronale Steuerungsmechanismen der Hände und der Mundwerkzeuge und eine Vergrößerung und Weiterentwicklung von Zentren für innerartliche Kommunikation (›Sprachzentrum‹). Auch wenn sich Sprache in einfacherer Form auch bei anderen Primaten findet, so ist kaum zu bezweifeln, daß die Ausbildung der menschlichen Sprache geistige Leistungen des Menschen wie Vorstellen, Erinnern und begriffliches Denken außerordentlich effektiver gemacht hat« (Roth, 1994, S. 64).

Diese Unterschiede betreffen die Ausdifferenzierung des Gehirns und eine Vergrößerung der Interaktion zwischen Menschen auf einer Ebene der Abstraktion (Sprache), aber nicht die grundlegenden Funktionen des Gehirns selbst. Jegliche Trennung zwischen Menschen und Tieren, die sich auf eine funktionale Unterschiedlichkeit der Gehirne beruft, ist nicht durch neurobiologische Untersuchungen zu belegen und geht lediglich auf ein auf den Menschen zentriertes Weltbild zurück. Legt man Maturanas Kognitionsbegriff zugrunde, lässt sich Kognition letztlich sogar bei allen lebenden Systemen unabhängig vom Vorliegen eines Nervensystems beobachten. Bei ihm bedeutet Kognition immer die Beobachtung eines angemessenen Verhaltens im Operieren eines Lebewesens als autopoietischer Einheit (Maturana u. Varela, 1987, S. 189 ff.; Maturana, 1982, S. 39 f.). Der Begriff der Angemessenheit lässt keine Generalisierung qualitativer oder quantitativer Unterschiede zu, da jedes Lebewesen seine Kognition bzw. Autopoiese in seinem Bereich verwirklicht.

2.4 Soziale Systeme

> »Wenn genügend Leute das Gleiche glauben,
> dann ist das die Wirklichkeit.«
> (Peter Stormare als Dixi in dem Film
> »Million Dollar Hotel«, 2000)

> »Die Wahrheit ist die Erklärung, die die meisten
> Menschen bereit sind, uns abzukaufen.«
> (Henry Yulin als Stanley Goldkiss in dem Film
> »Million Dollar Hotel«, 2000)[9]

Definition sozialer Systeme

Ebenso wie Individuen als *lebende* und *kognitive (psychische)* Systeme beschrieben werden können, ist es möglich, den Rahmen, in dem ihre Interaktionen untereinander stattfinden, als *soziale Systeme* zu beschreiben. Folgt man der Definition Peter M. Hejls bildet das einzelne Subjekt immer die kleinste Einheit eines sozialen Systems, wobei es immer mehreren sozialen Systemen zugerechnet werden kann. Gesellschaft kann demnach als ein Netzwerk sozialer Systeme beschrieben werden, in dem die Individuen die Schnittpunkte bilden (Hejl, 1987, S. 321).

Die Betrachtung sozialer Systeme ist in gewisser Hinsicht schwieriger als die Auseinandersetzung mit einzelnen Subjekten oder der direkten Interaktion zwischen ihnen. Dies liegt daran, dass lebende Systeme geschlossene Systeme mit einer genau definierten Grenze sind, die sie von ihrer Umgebung trennt. Die Definition der Grenzen eines sozialen Systems ist daher wesentlich stärker an die Auswahl eines Beobachters gebunden, da er entscheidet, welche Gruppe von Individuen er gerade als System beschreiben möchte (Hejl, 1987, S. 320 f.). Als größtes gesellschaftliches System kann die gesamte Weltbevölkerung betrachtet werden, ebenso können aber auch kleinere Gruppen – etwa die Einwohner eines Staates, ein Unternehmen, eine Schule, ein Verein oder eine Familie – als Systeme beschrieben werden.

Im Gegensatz zu lebenden und kognitiven Systemen zeichnen sich soziale Systeme dadurch aus, dass ihre Komponenten räumlich und zeitlich in den unterschiedlichsten Konstellationen aufeinandertreffen und hierbei verschiedene Relationen ausbilden.

Individuen können immer mehreren sozialen Systemen angehören, wodurch die Beschreibung der dazugehörigen Komponenten unbestimmter ist als bei abgeschlossenen Systemen wie einzelnen Zellen, Nervensystemen oder Individuen:

---

9 Diese beiden Filmzitate verweisen Wirklichkeit und Wahrheit auf einen sozialen Kontext. Sie entstehen aus der Anschlussfähigkeit in einem bestimmten sozialen Kontext.

> »Wenn man diese Sichtweise akzeptiert, dann kann man nicht länger davon ausgehen, daß Familien, Organisationen, die Wirtschaft, die Justiz, die Krankenversorgung oder auch Gesellschaft Systeme *sind*. Nimmt man die wissenschaftliche Methode ernst, so muß man diese ›Gegenstände‹ als Systeme *konstruieren*. Die Wahl des zu verwendenden Systemtypus wird nicht durch die Gegenstände bestimmt, da das wieder die Möglichkeit objektiv richtiger Wahrnehmung voraussetzt. Die Wahl eines Systemtyps ist Ergebnis der Entscheidung des Konstrukteurs« (Hejl, 1990, S. 211 f.).

Diese Beobachterabhängigkeit trifft natürlich auf jede Systembeschreibung zu, nur sind die möglichen Grenzziehungen bei sozialen Systemen wesentlich vielfältiger als bei den bisherigen Systembeschreibungen einzelner Individuen als lebende und kognitive Systeme.

In einer systemtheoretischen Betrachtungsweise von Gesellschaft können, ebenso wie bei lebenden Systemen, zwei Merkmale definiert werden: ihre *Struktur* (Komponenten) und ihre *Organisation* (Relationen) (siehe Kapitel 2.2.2). Die Struktur sozialer Systeme wird durch ihre Komponenten gebildet, sie besteht also aus einzelnen Subjekten. Die Organisation stellt hierbei das übergeordnete Prinzip dar, nach dem die Mitglieder eines zuvor definierten sozialen Systems interagieren:

> »Die Organisation eines Systems ist das Interaktionsmuster zwischen ihren Komponenten, das in einem bestimmten Beobachtungsintervall stabil bleibt. Die Systemorganisation wird damit als Prozeß zwischen prinzipiell als unterschiedlich akzeptierten Komponenten aufgefaßt und nicht als statische Einheit […]. ›Systemorganisation‹ bezeichnet hier also primär die wiederkehrenden Interaktionen zwischen Komponenten, und zwar unabhängig davon, wie diese Regelmäßigkeit entsteht« (Hejl, 1994, S. 117).

Regeln, Normen und Konventionen (die als Organisationsbeschreibung eines sozialen Systems betrachtet werden können) existieren nicht als vom Subjekt unabhängige Entitäten, sondern sind daran gebunden, in welchem Maße einzelne die verschiedensten Interaktionsformen und Regeln anerkennen und sich in ihren Aussagen und Handlungen auf diese beziehen. Es gibt demnach so viele Beschreibungen davon, welche Interaktionsmuster in einem sozialen System als stabil gelten und anerkannt sind, wie Subjekte, in deren Köpfen diese Ansichten entstehen. Die Organisation eines sozialen Systems lässt sich demnach nie auf nur eine dieser Beschreibungen reduzieren.

- Definition sozialer Systeme bei Niklas Luhmann

Diese Sichtweise steht der *Definition sozialer Systeme bei Luhmann* entgegen. Wie bereits in Kapitel 2.4 angemerkt, beschreibt er Kommunikationen als Elementarelemente sozialer Systeme (Luhmann, 1987b, S. 191 ff.). Diese sehr abstrakte Systemsicht verdeutlicht, dass Systeme und ihre Umwelten, ihre Komponenten und Relationen erst durch aktives Handeln von Beobachtern entstehen und sich sozial gesehen in Kommunikation ausdrücken. In diesem Systembegriff beziehen sich nicht mehr Komponenten relational auf andere Komponenten und grenzen so das System von einer Umwelt ab, sondern es sind Kommunikationen (über Komponenten), die sich auf Kommunikationen (über Komponenten) beziehen. Einzelne Subjekte tauchen in dieser Theorie nicht als Produzenten von Kommunikation auf, da auch sie erst sprachlich und damit kommunikativ als »Subjekte« erzeugt werden.

Dies hat auch weitreichende Konsequenzen innerhalb des Luhmann'schen Systembegriffs:

»In einer Theorie komplexer Systeme kann dieser Kommunikationsbegriff nur eingebaut werden, wenn man die alte Vorstellung aufgibt, daß Systeme aus Elementen *und* Relationen zwischen den Elementen bestehen. Sie wird ersetzt durch die These, daß der Vollzug von Relationierung aus Komplexitätsgründen Selektionen erfordert, so daß er zu den Elementen nicht einfach hinzuaddiert werden kann« (Luhmann, 1987b, S. 66).

Der hergestellte Bezug verdeutlicht, dass Systeme keine realen, objektiv gegebenen Entitäten sind, sondern durch das Operieren von Beobachtern erzeugt werden. Diese Sichtweise zeigt die Wurzeln Luhmanns in Maturanas Autopoiesekonzept und den Zusammenhang zu einem von dessen Leitsätzen »Alles Gesagte ist von jemandem gesagt« (Maturana u. Varela, 1987, S. 32).

Kommunikationen bilden damit gleichsam die Elemente und Relationen sozialer Systeme, da Elemente und Relationen erst durch Kommunikation entstehen. Individuen gehören bei Luhmann nicht zu den Bestandteilen sozialer Systeme, sondern zu ihrer Umwelt. Es beziehen sich allein (kommunikative) Prozesse aufeinander und bilden damit soziale Systeme. Kommunikation bildet somit kein »Vermittlungsmedium« zwischen Subjekten, sondern ist ein vollständig selbstreferenzieller Prozess (Luhmann, 1987b, S. 198). Strukturen, Ordnung und Relationen sämtlicher Systeme werden demgemäß ausnahmslos als Kommunikation betrachtet: »Die Kommunikation teilt die Welt nicht mit, sie teilt sie ein in das, was sie mitteilt, und das, was sie nicht mitteilt« (Luhmann, 1990, S. 27).

Anschlussfähigkeit und funktionale Differenzierung

Bei Luhmann geht es nicht, wie in frühen Formen der Systemtheorie, um einen Systemrealismus, sondern um die Vorstellung, dass (soziale) Systeme durch ihre selbstreferenziellen Operationen erzeugt werden. Wichtig ist in dieser Sichtweise nicht der Realitätsbezug, die Wahrheit oder Objektivität von (System-)Unterscheidungen und (System-)Bezeichnungen, sondern dass Kommunikationen an andere Kommunikationen anschließen. Für diese selbstreferenzielle Organisation sozialer Systeme hat er auch den Begriff der *Autopoiese* verwendet, der ursprünglich ausschließlich auf Lebewesen Anwendung fand (Luhmann, 1987b).

Worüber diese Kommunikationen handeln, ist dafür nicht entscheidend, sondern allein ihre *Anschlussfähigkeit* an andere Kommunikationen. Hiermit ist keine Zustimmung zu Kommunikationen gemeint, sondern dass der systemerhaltende Prozess der Kommunikation weitergeht. Systeme bzw. Systembeschreibungen haben nur so lange Bestand, wie sie kommuniziert werden.

Im Sinne Luhmanns verstehen sich alle Aussagen in diesem Buch als Kommunikationen, die an andere Kommunikationen anschließen, sie referieren nicht auf »reale« Komponenten und Relationen, sondern auf Kommunikationen über Komponenten und Relationen.

Diese Kommunikationen bzw. sozialen Systeme sind in Luhmanns Systemtheorie funktional differenziert: Unabhängig von bestimmten Orten referieren Kommunikationen immer auf Teilsysteme der Gesellschaft, wie Politik, Wirtschaft, Recht, Wissenschaft, Erziehung, Intimbeziehungen, Gesundheit, Massenmedien, Sport, Kunst und Religion (Runkel u. Burkart, 2005, S. 7).

Grundsätzlich betrachtet Luhmann diese *Funktionssysteme* als selbstreferenzielle Systeme, die sich aus den Elementen, aus denen sie bestehen, selbst erzeugen und reproduzieren (Luhmann, 1997, S. 778). Die Wechselwirkung zwischen den Funktionssystemen beschreibt er – ebenfalls in Analogie zur Theorie lebender, autopoietischer Systeme – als strukturelle Kopplung.

2.5 Der ökosystemische Ansatz

Zu den Systemtheorien gehört auch das ökosystemische Modell, in dem der Psychologe Urie Bronfenbrenner die Einflussfaktoren der menschlichen Entwicklung verdeutlicht (Bronfenbrenner, 1981). Sein zentrales Anliegen besteht darin, eine rein subjektorientierte Sichtweise der Psychologie und Psychotherapie zugunsten einer Sichtweise zu verändern, in welcher die interdependenten Beziehungen und Wirkungen zwischen Personen, Gruppen und Gesellschaft einbezogen werden:

»Die Ökologie der menschlichen Entwicklung befaßt sich mit der fortschreitenden gegenseitigen Anpassung zwischen dem aktiven, sich entwickelnden Menschen und den wechselnden Eigenschaften seiner unmittelbaren Lebensbereiche. Dieser Prozeß wird fortlaufend von den Beziehungen dieser Lebensbereiche untereinander und von den größeren Kontexten beeinflußt, in die sie eingebettet sind. […] Man muß sich die Umwelt aus ökologischer Perspektive topologisch als eine ineinandergeschachtelte Anordnung konzentrischer, jeweils von der nächsten umschlosener Strukturen vorstellen« (Bronfenbrenner, 1981, S. 19).

Hierzu hat er fünf *Systemebenen* unterschieden, die in der folgenden Darstellung – Ursula Carle folgend – um zwei weitere (Nano- und Mundo-Ebene) ergänzt wurden (Bronfenbrenner, 1981, S. 38 ff.; Carle, 2000, S. 289, 309 u. 446):
- Individuen (Nano-Systeme):
  persönliche Bedingungen (z. B. Geschlecht, Gesundheit, Alter, Motive, Interessen, Erfahrungen, Lernstrategien, Herkunft, Selbstbild, Rollenvorstellungen);
- Beziehung, Gemeinschaft und Organisation (Mikro-Systeme):
  Interaktionen in Gruppen (z. B. Familie, Kindergartengruppe, Schulklasse, Betrieb, Unterricht, Projektgruppe, Fachgruppen, Kollegium, Einzelgespräche, Beratungssituation, Seminar, Kurs, Arbeitsgruppe, Gremium, Institution);
- Interaktionssysteme zwischen Gruppen (Meso-Systeme):
  Aktivitäten und Beziehungen zwischen Gruppen (z. B. Nachbarschaftshilfe, Stadtteilentwicklung, Schulfest, Kooperationen mit Nachbarschulen, Kindertagesstätten und Vereinen, Zusammenarbeit von Abteilungen, Kooperation mit Zulieferern);
- erweitertes Umfeld (Exo-Systeme):
  privates Umfeld (z. B. entfernte Verwandte, erweiterte Nachbarschaft, Sozial- und Lebensraum, fernere Freundschaften);
  organisationales Umfeld (z. B. Vereine, Einrichtungen, Nachbarschulen, Betriebe, Nachbarkindergarten, Beratungsstellen, Schulträger, kommunale Verwaltung, kommunale Entwicklungen);
- Gesellschaft (Makro-System):
  kommunale und gesellschaftliche Bedingungen (z. B. Gesetze, Verwaltung, Landesregierung, Mittelverteilung, Ausbildungsordnung, Chancengleichheit, Wissenschaft, gesellschaftliche Entwicklungen, Versorgung, Gesundheitswesen);
- Welt (Mundo-System):
  nationale und globale Bedingungen (z. B. Globalisierung, Schulvergleiche, nationale und globale Entwicklungen);

- Zeit (Chrono-System):
  Zeitpunkte und zeitliche Abläufe (z. B. Beginn und Ende, Dauer, Geschichte, Biografie).

Veränderungen kann man sich hinsichtlich dieser Ebenen als Zeitreihe visualisieren, in der sich Zustände auf allen Ebenen fortschreitend beeinflussen und wandeln (siehe Abbildung 9).

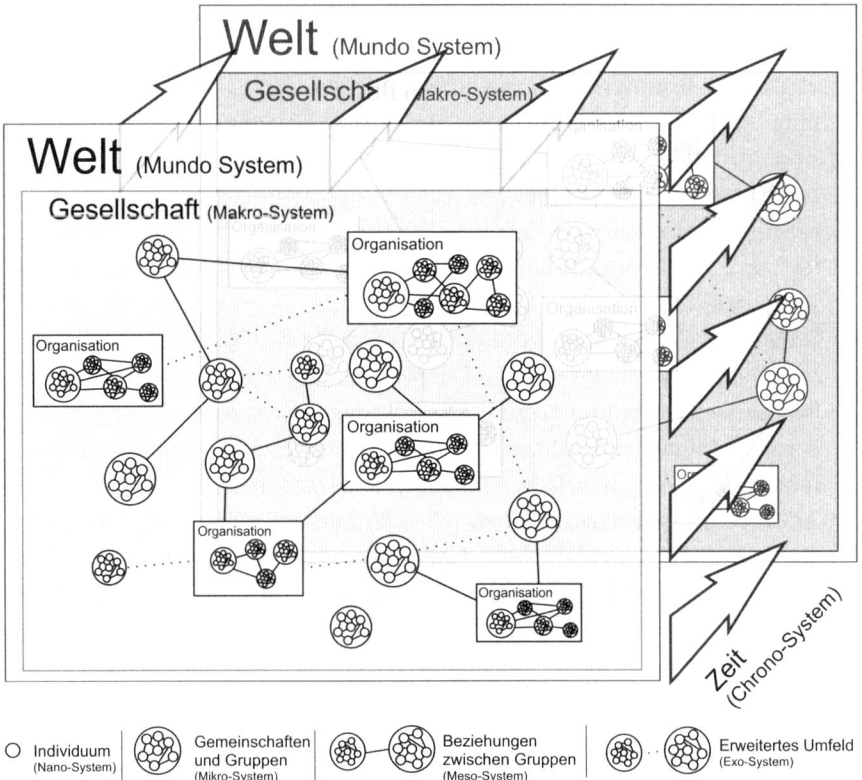

Abbildung 9: Systemebenen des (erweiterten) ökosystemischen Modells

Die ökosystemischen Ebenen stellen – hinsichtlich ihres Stellenwertes als eine mögliche Systembeschreibung – grundsätzlich eine Form der Komplexitätsreduktion dar. Hinsichtlich individuumszentrierter Beschreibungen psychischer Prozesse erweisen sie sich jedoch als Komplexitätserweiterung. Gerade in der Psychologie gehört das ökosystemische Modell mittlerweile zu Lehrbuchstandards der Darstellung einer systemischen Perspektive. Die in diesem Modell vorgenommene Erweiterung der Sichtweise auf das Umfeld und eine

Hinwendung zu vernetztem Denken wurde aber auch in vielen Bereichen der Therapie, Pädagogik, Ökologie, Wirtschaft und Politik vollzogen – mit einer ebenso großen Anzahl weiterer Modellvorstellungen (z. B. Minuchin, 1977; Probst, 1987; Satir, 1988; Hildeschmidt u. Sander, 1993; Vester, 2002).

Letztlich bietet das Modell der ökosystemischen Ebenen eine sehr gut strukturierte Vorstellung dafür, wie Erklärungen und praktisches Handeln immer wieder mit Erweiterungen und Einengungen der eigenen Systemvorstellung zusammenhängen. Die Auswahl von Ansatzpunkten für Veränderungs- oder Stabilisierungsprozesse basiert dann zum einen auf der Frage: »Was ist das *relevante* System?« und andererseits darauf: »Wo liegen die Einflussmöglichkeiten beteiligter Personen?«

2.6 Die Dynamik der Veränderung komplexer Systeme[10]

> »Der Konservativismus ist unser Gegner. Aber ich hege große Sympathien für Konservative. Auch ich bin oft ziemlich faul.«
> (Fort, 1998, »Wilde Talente«, S. 40)[11]

Nach welchen Grundprinzipien verändern sich komplexe Systeme? Der Physiker Hermann Haken hat mit seiner Theorie der *Synergetik* (die Lehre vom Zusammenwirken) hierauf eine generelle Antwort entwickelt, die er auf die verschiedensten Systeme angewendet hat: Flüssigkeiten, Licht, chemische Muster, Evolution, Bewegung, Wirtschaft; später – in der Zusammenarbeit mit dem Psychologen und Psychotherapeuten Günter Schiepek – auch auf die Psychologie (Haken, 1995; Haken u. Schiepek, 2010). Für das grundlegende Verständnis der Dynamik von Systemveränderungen soll hier ein vereinfachtes Modell dargestellt werden.

---

10 Dieses Kapitel basiert auf der Darstellung der Synergetik in: Lindemann, 2011, S. 111–122, sowie in: Lindemann, 2018a, S. 271–278. Der hier abgedruckte Text wurde überarbeitet und ergänzt.

11 Forts Kritik des konservativ Bewahrenden müsste eigentlich um eine kontextuelle Perspektive ergänzt werden: Sicher ist es so, dass jede Veränderung und jedes Infragestellen eines stabilen Zustandes mehr Energie benötigt als eine schlichte Beibehaltung des Status quo. Dies gilt aber nur, wenn sich ein stabiler Zustand bewahren lässt, ohne dass sich die Kontextbedingungen zu stark verändern. Sobald der Kontext sich weitreichend verändert, bedeutet Konservativismus das Aufrechterhalten alter Verhaltensmuster in einem sich wandelnden Kontext. Was durchaus mit einem hohen Energieaufwand einhergehen kann.

Übergänge zwischen stabilen Systemzuständen

Veränderung bedeutet ganz grundlegend, dass ein System von einem stabilen Zustand in einen anderen stabilen Zustand übergeht. Dieser Übergang zeigt sich in chemischen Prozessen, in der Ökologie, in der Kognition, beim Lernen und auch in der sozialen Gruppeninteraktion. Um einen neuen Zustand erreichen zu können, ist es zunächst notwendig, den ursprünglichen Zustand zu destabilisieren. Gemäß der Theorie lebender Systeme würde man von Perturbation sprechen. Diese *Destabilisierung* kann durch äußere oder innere Faktoren herbeigeführt werden und stellt prinzipiell eine kritische Phase in Veränderungsprozessen dar. In dieser Phase der Instabilität ist es entscheidend, welche neuen Ordnungszustände potenziell möglich, vorhanden und überhaupt erreichbar sind: Gibt es mehrere Alternativen oder sogar einen Weg zurück zum ursprünglichen Stabilitätszustand?

Unter einem System, dessen Veränderung durch Destabilisierung herbeigeführt wird, können hier sowohl einzelne Personen verstanden werden (kognitive Systeme) als auch Gruppen von Personen (soziale Systeme) sowie die technischen und materiellen Systeme, in denen sie sich bewegen. Unabhängig davon, an welchen dieser Systeme eine Destabilisierung ansetzt, wird sie immer auch mehr oder weniger umfassende Auswirkungen auf die anderen Systembestandteile haben. Die Destabilisierung oder Perturbation regt die Veränderung an, steuert sie aber nicht.

Solche Destabilisierungen können gänzlich ungeplant einsetzen (in sozialen Systemen etwa der plötzliche Tod eines Familienangehörigen, ein Lottogewinn oder der Konkurs einer Firma), durch äußere Faktoren herbeigeführt werden (etwa durch eine Gesetzesänderung oder Naturkatastrophe), von einzelnen Akteuren im System geplant sein (etwa die Versetzung in eine neue Schulklasse, die Trennung von einem Lebensgefährten oder die Fusion zweier Firmen) oder auch von allen direkt Beteiligten geplant und herbeigeführt werden (etwa die gemeinsame Vereinbarung von Regeln für das Zusammenleben einer Familie, die Veränderung der Aufgabenverteilung in einem Team oder die Gründung einer Firma).

Aber selbst, wenn eine Destabilisierung des Systems willentlich herbeigeführt wird, so ist doch das Systemverhalten – gerade in komplexen Systemen – nicht steuerbar, sondern folgt ganz grundlegend der Selbstorganisation und Eigendynamik des Systems, die sich an möglichen Ordnungszuständen orientiert.

▪ Formen des Übergangs zwischen stabilen Systemzuständen

Für solche Systemveränderungen als Abfolge von Destabilisierung und nachfolgender Restabilisierung gibt es mehrere Modellvorstellungen, die den Übergang zwischen verschiedenen Ordnungszuständen veranschaulichen:

1. Das System lässt sich beispielsweise in Form einer Kugel veranschaulichen, die durch eine Veränderung des Umfeldes *(Umfeld-Energetisierung)* in eine Phase der Instabilität gebracht wird (Strunk u. Schiepek, 2006, S. 108 f.; siehe Abbildung 10). Das System (die Kugel) befindet sich also zunächst in einem stabilen Zustand und wird durch die Veränderung der Umgebungsbedingungen destabilisiert. Es ergeben sich zwei neue mögliche Stabilitätszustände *(Attraktoren)* in Form von Tälern. Die Kugel tendiert nach ihrer Destabilisierung zur Einnahme eines neuen stabilen Zustandes, das heißt, sie wird in eines der entstandenen Täler rollen, um wieder in einen stabilen Zustand zu gelangen. Die in diesem Modell dargestellte Form der Systemveränderung wird auch als »Bifurkation« bezeichnet (Strunk u. Schiepek, 2006).

Abbildung 10: Modell der Systemveränderung durch Energetisierung des Umfeldes

Diese Systemveränderung geht mit einer Auflösung des ursprünglichen Attraktors einher, sodass eine Rückkehr in den ursprünglichen Ordnungszustand nicht mehr möglich ist (Strunk u. Schiepek, 2006, S. 108). Das System kann in die eine oder in die andere Richtung eines neuen Attraktors »kippen«.

2. Eine andere Möglichkeit ergibt sich, wenn sich die Kugel (das System) in einer unveränderten Umgebung befindet, die bereits über andere Attraktoren verfügt (Strunk u. Schiepek, 2006, S. 200; Kruse, 2004, S. 56 f.; siehe Abbildung 11). Systemveränderung bedeutet dann den Übergang von einem Ordnungszustand in einen anderen. Die Veränderung des Systems besteht in dem Übergang der Kugel von einem Tal (Attraktor 1) in das andere Tal (Attraktor 2).

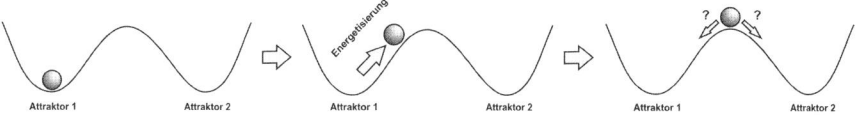

Abbildung 11: Modell der Systemveränderung durch Energetisierung der Kugel

Um den ursprünglichen Ordnungszustand zu verlassen und den Hügel zu überschreiten, muss die Kugel auch in dieser Modellvorstellung in Bewegung geraten. Die Destabilisierung entsteht aber nicht durch eine Energetisierung des Umfeldes, sondern setzt direkt an der Kugel an. Die Energetisierung muss ausreichend sein, um die Kugel über den Scheitelpunkt des Hügels hinaus in das benachbarte Tal rollen zu lassen. Dieses kann dann einen neuen Ruhepunkt bietet. Gelingt es der Kugel aufgrund einer zu geringen Energetisierung nicht, den Scheitelpunkt zu überschreiten, bewegt sich das System in den alten Zustand zurück (»Rollback«).

Selbst wenn eine Destabilisierung des Systems willentlich herbeigeführt wird, so ist doch das Systemverhalten – gerade in komplexen Systemen – nicht steuerbar, sondern folgt ganz grundlegend der Selbstorganisation und Eigendynamik des Systems, die sich an den ihm möglichen Ordnungszuständen (»Attraktoren«) orientieren.

Der Begriff des Attraktors bezieht sich in den vorgestellten Modellvorstellungen auf den »energetischen Sog«, der von möglichen Stabilitätszuständen ausgeht. In der ersten Modellvorstellung (Bifurkation) ist die Kugel geradezu gezwungen, in einen neuen Stabilitätszustand zu wechseln, während sie in der zweiten Modellvorstellung erst dann in einen neuen Zustand übergehen kann, wenn sie ausreichend Energie erhalten hat, um sich über den Scheitelpunkt des Hügels hinaus zu bewegen.

Mit dem Begriff des Attraktors ist auch der Begriff »Attraktivität« verbunden: Das System tendiert dorthin, wo die Attraktion am größten ist. Der »Sog zu einem neuen Stabilitätszustand« bestimmt sich – bezogen auf Menschen und soziale Systeme – u. a. durch Vorlieben, Abneigungen, Wünsche, Erfahrungen und Befürchtungen der beteiligten Personen sowie durch das Maß, in dem sie daraufhin zum neuen oder alten Stabilitätszustand bzw. Attraktor tendieren.

Ein stabiler Zustand muss für das System nicht »wünschenswert« sein oder seinem Fortbestand dienen. Ein Ökosystem, das durch Dürre oder Umweltgifte zerstört wird, wechselt auch von einem Stabilitätszustand in einen anderen, ohne dass es ihm dienlich wäre. Die Begriffe Stabilität und Attraktor bezeichnen also ohne jegliche Wertung Zustände, aus denen heraus das System ohne äußeren oder inneren Veränderungsimpuls (Energetisierung) nicht hinausgelangen kann.

Eine Bewegung von einem Ordnungszustand in einen anderen kann auch über mehrere Teilschritte verlaufen, die ebenfalls in Form von Attraktoren dargestellt werden können (siehe Abbildung 12). Hierbei würden der Kugel (dem Systemverhalten) auf dem Weg zum Zielzustand mehrere »Ruhestationen« zur Verfügung stehen, aus denen heraus sie immer wieder neu destabilisiert werden müsste.

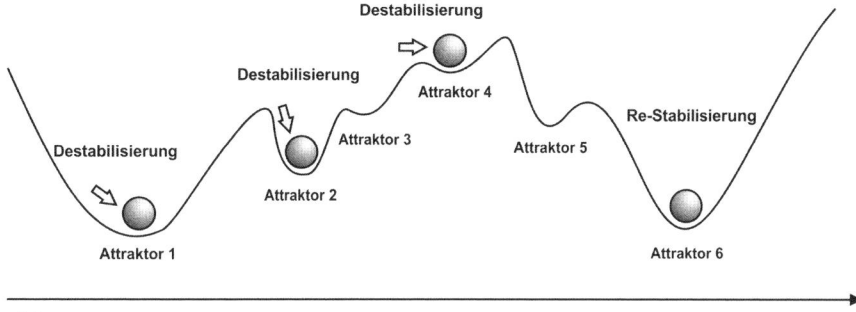

Abbildung 12: Modell der Systemveränderung durch Energetisierung der Kugel in einer Landschaft mit mehreren aufeinander folgenden Attraktoren

In all diesen Modellvorstellungen stellen die Hügel immer Positionen des Systemverhaltens dar, die nur durch eine Destabilisierung und Energetisierung des Systems (entweder des Umfeldes oder des Systemverhaltens selbst) erreicht werden können. Täler sind hierbei grundsätzlich diejenigen Systemzustände, die das System von selbst und ohne Energetisierung und Destabilisierung einnehmen wird (Strunk u. Schiepek, 2006, S. 200).

Die gleiche Dynamik wird explizit auch im Modell kognitiver Entwicklung (Äquilibrationsmodell) durch Piaget beschrieben, in welchem das System nach einem stabilen Zustand strebt, in dem es bekannte Schemata anwendet (Assimilation) oder diese verändern bzw. neue entwickeln muss (Akkommodation), um auf wahrgenommene Veränderungen zu reagieren (Piaget, 1983, S. 32 ff.; Genaueres siehe Kapitel 4.1).

Die Tendenz des Systemverhaltens zu stabilen Zuständen bzw. der Wechsel von Stabilisierung und Destabilisierung zeigt sich durchgängig auch in den nachfolgenden Darstellungen von Wahrnehmung und Bewusstsein (Kapitel 3), Kommunikation und Gesellschaft (Kapitel 4) und in der Theorie nicht-trivialer Systeme (Kapitel 5.1) und darauf aufbauend in den Aussagen zur Pädagogik.

Übergänge zwischen stabilen Systemzuständen bei Gruppen

Wie lässt sich die geschilderte Grundvorstellung aber auf das Verhalten von Gruppen oder anderen Systemen mit mehreren autonomen Handlungseinheiten anwenden?

Anstatt einer Kugel könnte es sich auch um mehrere Kugeln handeln. Hierdurch ließe sich das Verhalten mehrerer Teilsysteme (einzelne Kugeln) darstellen, etwa bei Veränderungen von Gruppen. Dadurch würde auch zur Darstellung gebracht, dass mehrere Phasen der Veränderung parallel verlaufen, sich einige Teile noch im ersten Ordnungszustand befinden, andere in einer destabilisierten Phase und wieder andere im zweiten Ordnungszustand. Die entsprechenden Erweiterungen der in den Abbildungen 10 bis 12 dargestellten Modellvorstellungen können den nachfolgenden Abbildungen 13 bis 15 entnommen werden.

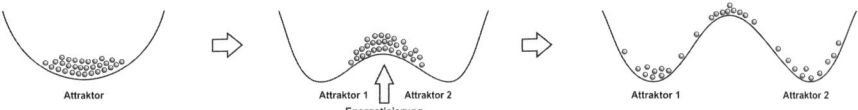

Abbildung 13: Mehr-Kugel-Modell der Systemveränderung durch Energetisierung des Umfeldes

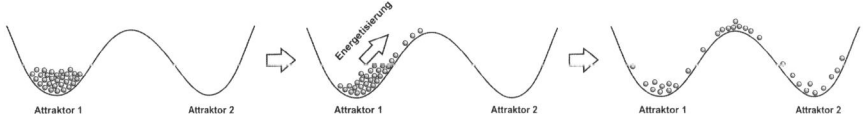

Abbildung 14: Mehr-Kugel-Modell der Systemveränderung durch Energetisierung der Kugeln

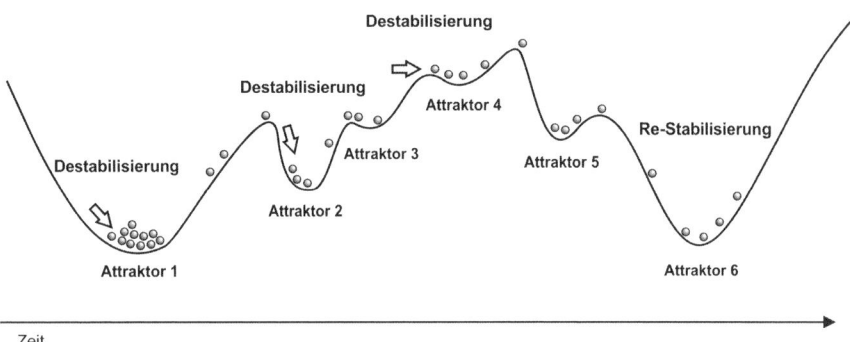

Abbildung 15: Mehr-Kugel-Modell der Systemveränderung durch Energetisierung der Kugeln in einer Landschaft mit mehreren aufeinander folgenden Attraktoren

Weitere Modifikationen der Modellvorstellung könnten darin bestehen, dass man sich vorstellt, dass sich die Kugeln voneinander unterscheiden oder im Verlauf des Veränderungsprozesses verändern, sich zu neuen Teilsystemen zusammenschließen oder in neue Teilsysteme auseinanderbrechen. Diese Unterschiede und Veränderungen könnten sich beispielsweise auf ihre Größe, Form, Konsistenz oder Oberfläche beziehen. Verschiedene Zustände, wie »groß«, »klein«, »oval«, »rund« »weich«, »hart«, »rau«, »glatt« und dergleichen würden dann die Bewegungseigenschaften und die Interaktion zwischen den Kugeln beeinflussen.

Stabile Systemzustände als dynamische Potenziallandschaft

Um die Dynamik von Systemveränderungen in ihrer Komplexität noch angemessener darzustellen, müsste man sich eine dreidimensionale Landschaft aus Hügeln und Tälern vorstellen in welcher die Kugeln hin und her rollen, verschiedene Ordnungszustände einnehmen und zwischen diesen wechseln können (Schiepek, 1999, S. 270; Haken u. Schiepek, 2010, S. 44 ff.). Nachfolgend ist eine dreidimensionale Modellvorstellung einer *Potenzial- oder Attraktorenlandschaft* mit verschiedenen Hügeln und Tälern und verschieden großen Kugeln abgebildet (Abbildung 16).

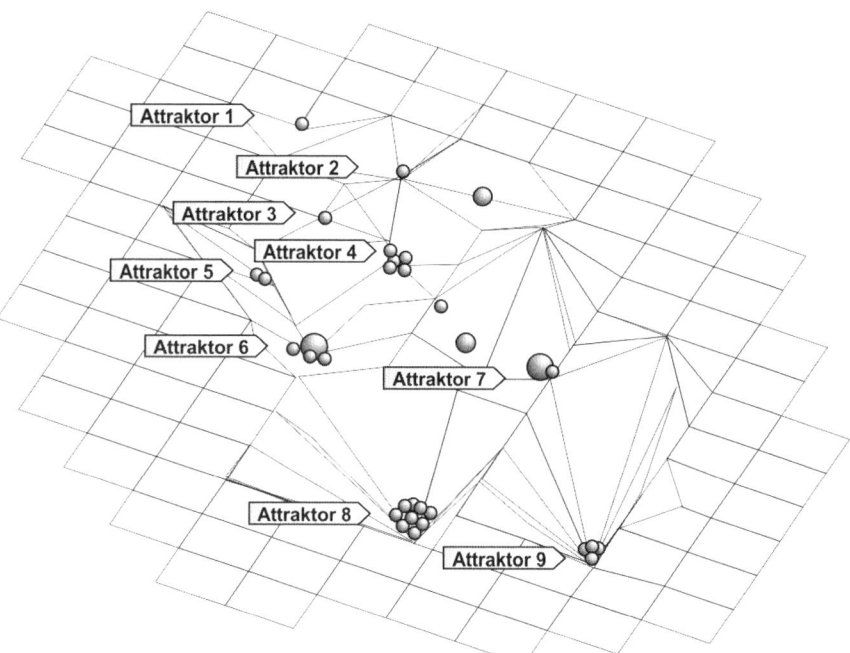

Abbildung 16: Dreidimensionales Modell der Systemveränderung mit verschieden großen Kugeln

Während die grundlegenden Modelle davon ausgehen, dass sich entweder die Umgebungsbedingungen verändern *oder* dass sie stabil bleiben und sich die Kugeln bewegen, wäre es genauso gut denkbar, dass sich die Energetisierung auf beide Bereiche bezieht. Die Attraktorenlandschaft würde sich dann im Veränderungsprozess wandeln, und die Kugeln würden zudem auch durch andere Faktoren in Bewegung geraten. Ergänzend wäre es denkbar, dass sich die Attraktorenlandschaft und die Kugeln durch ihre Bewegungen gegenseitig beeinflussen und verformen. Die Kugeln könnten miteinander interagieren, aufeinanderprallen, sich aufspalten oder zusammenschließen. Ebenso wären anstelle der Kugeln Objekte verschiedenartiger Form, Struktur und Oberflächenbeschaffenheit vorstellbar. Die komplexeste Vorstellung von Systemveränderung wäre dann eine dreidimensionale Landschaft, in der sich sowohl die Umgebung als auch verschiedenste Objekte verändern und miteinander interagieren.

Das Modell der Veränderung komplexer Systeme wird in Kapitel 5.3 erneut aufgegriffen, um Interaktionen und Veränderungsprozesse zu beschreiben.

3 Wahrnehmung und Bewusstsein

3.1 Wahrnehmung

> »Ich kann nicht behaupten, daß die Wahrheit eigenartiger wäre als die Fiktion, weil ich mit beiden noch keine Bekanntschaft gemacht habe.«
> (Fort, 1998, »Wilde Talente«, S. 31)[12]

In der herkömmlichen Vorstellung von Wahrnehmungsprozessen wird davon ausgegangen, dass alle Menschen sinnlich die gleichen Objekte wahrnehmen, sie danach aber verschieden interpretieren. Im konstruktivistischen Verständnis stellt sich Wahrnehmung von vornherein als subjektabhängige Interpretation dar. Ähnliche Wahrnehmung ist möglich, nicht aber identische. Zur Verdeutlichung wird hier hauptsächlich der Bereich visueller Wahrnehmung beschrieben; die dort geschilderten Zusammenhänge sind aber auf andere Sinnesbereiche übertragbar.

3.1.1 Der Zweck der Wahrnehmung

Wahrnehmung kann zunächst als eine *biologische Funktion* betrachtet werden. Wahrnehmung dient in diesem Sinne dazu, die Autopoiese eines Systems aufrechtzuerhalten, indem sie es ihm ermöglicht, koordiniert mit seiner Umwelt zu interagieren. Das Überleben eines Individuums stellt somit die primäre Leistung der Wahrnehmung dar. Diese Leistung ist eine Minimalleistung, da lediglich überlebenssichernde Wahrnehmung notwendig ist, nicht umfassende:

> »Die Geschehnisse in der Umwelt müssen nicht ›richtig‹ (in den Augen der menschlichen Beobachter) erkannt, sondern nur *angemessen* erfaßt wer-

---

[12] Fort stellt eine zentrale Frage der Wahrnehmung: Wie lassen sich Wahrheit und Fiktion auseinanderhalten? Und wenn ich sie nicht voneinander unterscheiden kann, kann ich weder mit der einen noch mit der anderen Bekanntschaft schließen, sondern immer nur mit der Ambivalenz, dass sich Wahrheit und Fiktion in allem vermischen.

den, d. h. in dem Maße, in dem sie das Überleben einschließlich des sozialen Überlebens sichern« (Roth, 1994c, S. 74).

Ginge man davon aus, dass kognitive Systeme ihre Umwelt mehr oder weniger exakt abbilden, würde das bedeuten, dass komplexere Systeme aufgrund ihrer »genaueren« Wahrnehmung »besser« überleben könnten als einfachere Systeme. Wahrnehmungsleistungen werden hingegen von allen Lebewesen auf die ihnen eigene Weise erbracht, wobei sie ihre jeweilige Organisation erfolgreich verwirklichen. Hierbei ist es gleichgültig, ob dies mit komplexen oder einfachen Wahrnehmungssystemen geschieht, entscheidend ist allein, dass der Zweck des Überlebens erfüllt wird. Die Unterschiedlichkeit verschiedener Wahrnehmungssysteme ergibt sich demnach aus ihrer jeweiligen Fähigkeit, *relevante* Wahrnehmung zu ermöglichen, und nicht aus einer Entwicklung zu möglichst umfassenden und exakten Wahrnehmungsorganen.

Die Plausibilität dieser Theorie über den Zweck der Wahrnehmung lässt sich an der Evolution der Lebewesen aufzeigen. Ginge es bei der Wahrnehmung darum, die jeweilige Umwelt möglichst genau zu erfassen, sollten sich eben jene Lebewesen erfolgreicher im Kampf ums Überleben zeigen, deren Sinnesorgane im Hinblick auf ihre Komplexität die besten Abbildungsfähigkeiten haben. Vor allem sollte sich zeigen lassen, dass das Leben in immer komplexeren Umwelten immer komplexere Systeme der Wahrnehmung hervorbringt. Dies lässt sich in der evolutionären Entwicklung von primitiven Wirbeltieren bis hin zum Menschen jedoch nicht feststellen:

> »Innerhalb der Evolution von primitiven Wirbeltieren bis hin zum Menschen hat sich die Struktur, Funktion und ›Verarbeitungskapazität‹ der Sinnesorgane nicht wesentlich oder gar nicht kompliziert und gesteigert; ja, es ist so, daß die Sinnesorgane vieler gegenüber dem Menschen ›einfacherer‹ Tiere wesentlich komplizierter und (primär sensorisch) leistungsfähiger sind (z. B. die Augen bestimmter Fische und Vögel; das Hörsystem vieler Tiere). Auch besitzt der Mensch eine ganze Reihe von Sinnesorganen gar nicht, die sich bei Tieren finden (Infrarotortung, Seitenliniensystem, Elektrorezeption, Magnetempfindlichkeit usw.). Was sich hingegen unerhört in der Entwicklungslinie des Menschen gesteigert hat, ist die Kapazität der Auswertungsnetzwerke zwischen Sensorium und Motorium« (Roth, 1987b, S. 402).

Vor dem Hintergrund der Theorie lebender Systeme ist die Aufrechterhaltung der Autopoiese – mit welchen Mitteln diese auch im Einzelfall geschieht – die grundlegende Funktion der Wahrnehmung. Grundsätzlich ist jedoch anzumerken, dass jegliche Bestimmung von Zwecken, Zielen und Funktionen der Wahrnehmung aus einer bestimmten Beobachterperspektive heraus geschieht. Die Zweckbestimmung der Aufrechterhaltung der Autopoiese bzw. der Überlebenssicherung entsteht somit aus der Einnahme eines bestimmten Beobachterstandpunktes. Aus dieser Metaperspektive sind autopoietische und kognitive Systeme *zweckfreie Systeme,* bei denen auch der »Selbstzweck der Autopoiese« erst durch die Zuschreibung eines Beobachters entsteht (Maturana, 1982, S. 190 f.; siehe Kapitel 2.2).

3.1.2 Die Kodierung in den Sinneszellen

▪ Perturbation und Wahrnehmung

Bei Lebewesen mit einem Nervensystem bilden Sinneszellen einen entscheidenden Ausgangspunkt für Wahrnehmungen. Es sind zwar auch Wahrnehmungen ohne die direkte Aktivität von Sinneszellen möglich (z. B. Halluzinationen oder Phantomschmerzen), diese gehen aber auf frühere Sinneswahrnehmungen und die damit zusammenhängenden Erfahrungen zurück. Beobachtet man die Funktionsweise von Sinneszellen (als äußerer Beobachter), so zeigt sich, dass *unterschiedliche Sinneszellen* lediglich bestimmte Gruppen von Ereignissen kodieren, für andere Ereignisse jedoch unempfindlich sind. »Das bedeutet im Falle des Sehsystems: Wodurch die Photorezeptoren auch immer gereizt werden, ob durch Licht, einen Schlag aufs Auge oder durch elektrische Stimulation, stets haben wir eine visuelle Empfindung« (Roth, 1994c, S. 87). Die Wahrnehmung eines Ereignisses ist demzufolge nicht durch das Ereignis festgelegt, sondern durch Funktion und Aufbau des Sinnesrezeptors.

Aufgrund ihrer unterschiedlichen Funktionsweise lassen sich Sinnesorgane verschiedenen Kategorien zuordnen. Hierzu zählen beispielsweise mechanische (Tastsinn, Hören, Schweresinn, Vibrationssinn, Muskelstellungs- und Gelenklagesinn), elektrische (Elektrorezeption bei einigen Wirbeltieren) und chemische Sinne (Geruchssinn, Geschmackssinn), Lichtsinn (Sehen) und Temperatursinn. Zudem arbeiten Rezeptoren jeweils nur in einem bestimmten (relevanten) Ausschnitt physikalisch messbarer Ereignisse. So können Menschen beispielsweise (im Gegensatz etwa zu Bienen) aufgrund der Beschaffenheit ihrer Augen kein ultraviolettes Licht wahrnehmen.

Ein Ereignis kann lediglich als Perturbation des Systems verstanden werden, die eine Zustandsveränderung anregt, nicht aber steuert. Die eigentliche Wahrnehmung ergibt sich aus der Struktur der Sinnesorgane und der weiteren Verarbeitung der durch sie erzeugten Erregungen. Es werden keine Informationen in das System hineingetragen, sondern die Information wird erst im System erzeugt. So lässt sich beispielsweise feststellen, dass die Sinnesrezeptoren im Auge (Retinaganglienzellen)

> »nicht auf absolute, sondern nur auf relative Helligkeiten, und zwar vornehmlich auf Kantenkontraste [ansprechen]. Dasselbe gilt für die Farbwahrnehmung: Wellenlängenunterschiede werden stets relativ zur mittleren (durchschnittlichen) Wellenlänge im Gesichtsfeld wahrgenommen und nicht in bezug auf physikalische Wellenlängen […]. Das heißt, die jeweils längste Wellenlänge wird als ›rot‹ empfunden und die jeweils kürzeste als ›blau-violett‹, unabhängig davon, ob die längste Wellenlänge etwa bei 700 nm und die kürzeste etwa bei 400 nm liegt« (Roth, 1992a, S. 119 f.).

Aus der Sicht des Systems (innerer Beobachter), bedeutet ein Ereignis immer ein *neuronales Ereignis,* dessen Herkunft es aus dieser Innenperspektive nicht überprüfen kann. Beschreibt man diese Situation anhand von Maturanas U-Boot-Beispiel (siehe Kapitel 2.2.1) bedeutete dies, das dem U-Boot-Kapitän nur seine Anzeigen und Hebel zur Verfügung stehen, er aber nicht überprüfen kann, ob und in welchem Umfang diese mit äußeren Ereignissen korrelieren. Ein kognitives System kann sich nicht außerhalb seiner selbst begeben, um die Herkunft seiner Erregungen zu überprüfen. Die Ursache einer Erregung muss in solchen geschlossenen Systemen eben auf andere Art »hergestellt« (konstruiert) werden (siehe Kapitel 1.4).

Eine Ursache für Aktivität in den Sinneszellen kann also immer nur im Bereich der äußeren Beobachtung des Systems *angenommen* werden. Diese »Annahme über die Ursache« entsteht im Erleben kognitiver Systeme u. a. über eine interne Prüfung der Konsistenz zwischen den Informationen aus verschiedenen Sinnesorganen und über die Verarbeitung dieser Informationen entsprechend der bis zum aktuellen Zeitpunkt aufgrund der Erfahrung des Systems entstandenen Nervennetze. Kognitive Systeme operieren hierbei aufgrund ihrer informationellen Geschlossenheit ausschließlich induktiv (Maturana, 1982, S. 187 f.).

Betrachtet man nur die inneren Prozesse des kognitiven Systems, lassen sich keine Rückschlüsse auf die mögliche Ursache einer Erregung ziehen. Diesen Umstand formulierte schon Johannes Müller (1801–1858) in seinem »Gesetz der spezifischen Nervenenergie«,

> »demzufolge es keine eindeutige Korrelation zwischen einem gegebenen physikalischen Stimulus und einer Sinneswahrnehmung (Sensation) gibt: Müller

hatte entdeckt, daß einerseits ein und dasselbe Ereignis verschiedene Sensationen in verschiedenen Sinnesorganen auslösen kann und daß andererseits ein und dieselbe Sensation eines bestimmten Sinnesorgans durch verschiedene Stimuli hervorgerufen werden kann. Das aber bedeutet, daß es keine unmittelbare Wahrnehmung von Objekten und ihren Qualitäten außerhalb des Nervensystems gibt« (Paslak, 1991, S. 62; mit Verweis auf: J. Müller: »Handbuch der Physiologie des Menschen«, 1834–1840).

Das Prinzip der undifferenzierten Codierung

Diesen Umstand hat Heinz von Foerster mit dem »Prinzip der undifferenzierten Codierung« beschrieben: »Die Erregungszustände einer Nervenzelle codieren *nicht* die Natur der Erregungsursache« (von Foerster, 1985, S. 69). Es kann also nicht davon gesprochen werden, dass Informationen in den Körper hineingelangen oder durch die Sinneszellen einfach nur für das Gehirn »übersetzt« werden. Es gibt letztlich nur zwei Aspekte einer Erregung, die durch ein entstehendes Aktionspotenzial in den Sinneszellen codiert werden (siehe Abbildung 17):
- Die *Intensität* der Erregung, die durch die Schnelligkeit, in der die Entladungen aufeinanderfolgen, codiert wird.
- Die *Dauer* der Erregung, die durch den Beginn und das Ende der Entladungen codiert wird.

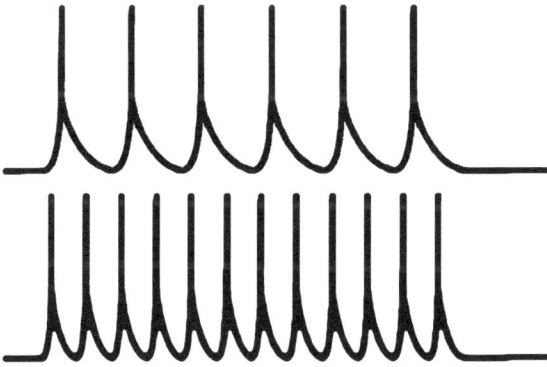

Abbildung 17: Zwei Erregungen gleicher Dauer und unterschiedlicher Intensität

Die Sinneszellen codieren nicht, warum bzw. wodurch ihre Entladungen entstanden sind. Vergleicht man die Membran- und Aktionspotenziale, die in verschiedenen Sinnesrezeptoren entstehen, wird man zudem feststellen, dass anhand der neuronalen Codierung in den Sinneszellen noch nicht mal ein

Rückschluss auf die Herkunft der Erregung gezogen werden kann. Das heißt, ein beobachtetes Aktionspotenzial könnte ebenso im Auge als auch im Ohr oder in sonst einer Sinneszelle entstanden sein. Selbst zwischen sensorischer, motorischer und gehirninterner Nervenaktivität kann bei Beobachtung der Aktionspotenziale keine Unterscheidung getroffen werden. Eine weitere Eigenschaft der neuronalen Aktivität ist demnach die *Neutralität des neuronalen Codes*.

Die Zuordnung von Bedeutungen zu neuronalen Ereignissen findet erst im Gehirn und auf dem Weg dorthin statt. Diese Bedeutung ist nur von der Struktur des Systems determiniert, also von der Art und Weise, auf die sich die Nervenbahnen bis zu diesem Zeitpunkt verknüpft und ausgebildet haben. Das kognitive System muss sich ausschließlich auf seine neuronale Architektur verlassen, die es aufgrund seiner eigenen Erregungen und deren Weiterverarbeitung angelegt hat. Zur Überprüfung steht dem System nur eine Konsistenzprüfung aufgrund von Kriterien zur Verfügung, die in ihm selbst liegen (Grobverdrahtung, Gedächtnis, Abgleich mit Erregungen aus anderen Sinnesarealen) und die sich zu großen Teilen über die gleichen Prozesse herausgebildet haben, die überprüft werden sollen (Roth, 1987c, S. 242 f.).

3.1.3 Die Erregungsleitung

Der Ursprung einer Wahrnehmung ist das Entstehen neuronaler Aktivität in sensorischen Nervenzellen. Dabei ist die Interaktion zwischen erregenden und hemmenden Synapsen so angelegt, dass lediglich solche Erregungen weitergeleitet werden, die in mehreren Nervenzellen eines Zellverbandes entstehen. Diese Zusammenführung der verschiedenen Erregungen eines Zellverbandes dient dazu, *eindeutige* Information zu erzeugen. Erregungen, die in Zellverbänden entstehen, sind in diesem System relevanter als Erregungen einzelner Neuronen. Diese Arbeitsweise wird als *Ensemblekodierung* bezeichnet. Das System bewertet also schon auf dieser elementaren Ebene seine eigenen Erregungen hinsichtlich ihrer Bedeutsamkeit und Eindeutigkeit.

Parallele, konvergente und divergente Erregungsverarbeitung

Bei der Wahrnehmung handelt es sich immer um die Verarbeitung von Informationen, die in Netzwerken von Sinnesrezeptoren entstehen, nie um die Aktivität einzelner Zellen, sodass man davon sprechen kann, dass Wahrnehmungsprozesse erst durch ein Inbeziehungsetzen verschiedener Einzeldaten in Gang gesetzt werden:

»Diese Elementarereignisse sind das einzige, was für die weitere Verarbeitung zur Verfügung steht; alle anderen Wahrnehmungsinhalte muß das Nervensystem aus ihnen *konstruieren,* nicht nur komplexe Gestalten und Szenen, sondern auch ›einfachste‹ Inhalte, wie Farbe oder Kontrast von visuellen Objekten oder Höhe oder Klang von Tönen. Diese Konstruktion der Wahrnehmungswelt geschieht durch *Vergleich* und *Kombination* von Elementarereignissen, Aktivitäten, die neue Informationen im Sinne von *Bedeutung* schaffen. Solche Prozesse laufen in konvergent-divergent-paralleler Weise ab: Bereits bestehende Informationen werden zusammengefügt *(Konvergenz),* so daß neue Information entsteht, die dann auf weitere informationserzeugende Zentren verteilt wird *(Divergenz).* Jede einmal erzeugte Information muß jedoch, wenn sie nicht wieder durch Konvergenz vernichtet werden soll, gesondert weitergeführt werden *(Parallelverarbeitung)*« (Roth, 1996a, S. 96).

Das Modell einer *parallelen, konvergenten und divergenten Erregungsverarbeitung* steht dem älteren Modell gegenüber, dass Sinnesdaten gesammelt und unverändert zum Gehirn geleitet werden, wo sie lediglich noch zusammengefügt werden (siehe Abbildung 18).

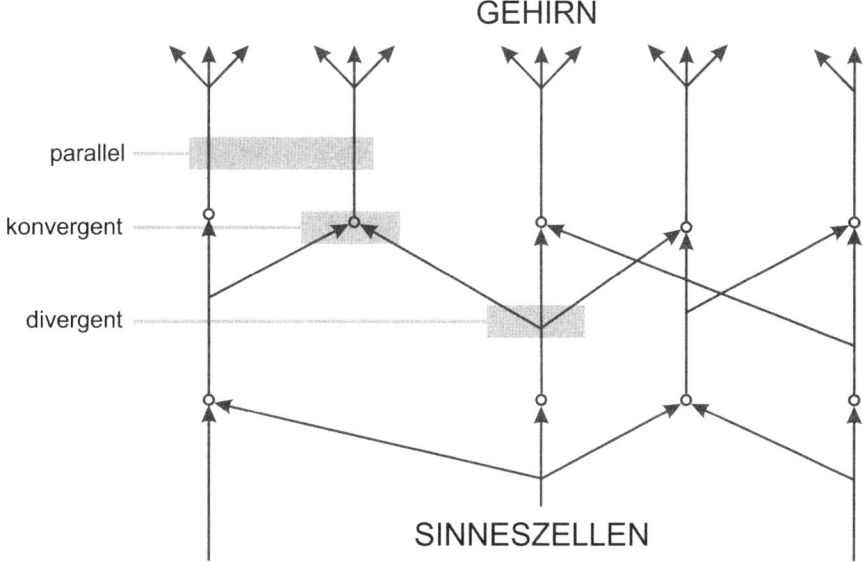

Abbildung 18: Parallele, konvergente und divergente Erregungsverarbeitung

■ Relationen zwischen Sinnesreizen und ihrer Verarbeitung

Die Anzahl der Neuronen, die sensorische Erregungen weiterleiten und bearbeiten, steigt aufgrund der Divergenz des gesamten Systems stetig an. Die Anzahl der Neuronen, die schließlich im Gehirn mit der Verarbeitung der zu ihnen geleiteten Information beschäftigt sind, ist daher weitaus höher als die der sensorischen Zellen, die die Erregung ursprünglich erzeugt haben. Von Foerster hat die quantitativen Verhältnisse im Nervensystem folgendermaßen interpretiert:

> »Da wir nur über rund 100 Millionen Sinneszellen verfügen, unser Nervensystem aber an die 10.000 Milliarden Synapsen enthält, sind wir gegenüber Änderungen unserer inneren Umwelt 100.000 mal empfänglicher als gegenüber Änderungen in unserer äußeren Umwelt« (von Foerster, 1994b, S. 51).

Hält man die Trennung der Beobachterstandpunkte (Maturana) konsequent ein, bedeutet diese Interpretation, dass wir gegenüber unserer inneren Umwelt 100.000-mal empfänglicher sind als gegenüber *Änderungen in unseren Sinneszellen,* ohne dass das System aus seiner Innenperspektive direkt überprüfen kann, ob diese in äußeren Ereignissen ihren Ursprung haben oder nicht.

Während es sich bei der neuronalen Aktivität in den Sinnesrezeptoren demnach um Elementarereignisse handelt, die an sich bedeutungsfrei sind, beginnt die Bedeutungszuweisung in dem Moment, in dem neuronale Einzelereignisse auf zellulärer Ebene miteinander verknüpft werden. Unter Bedeutungszuweisung kann hier jeder unbewusste oder bewusste Prozess verstanden werden, bei dem zwei oder mehr neuronale Ereignisse miteinander in Beziehung gesetzt werden. Hierbei ist es nicht entscheidend, ob es sich dabei um die Verknüpfung neuronaler Elementarereignisse handelt, um ein bewusstes oder unbewusstes Inbeziehungsetzen von Wahrnehmungen mit schon gemachten Erfahrungen oder um komplexe Verknüpfungen von Gefühlszuständen mit Wahrnehmungsinhalten oder Erinnerungen. Die Bedeutung neuronaler Ereignisse liegt also keineswegs in den Ereignissen selbst, sondern wird diesen innerhalb des kognitiven Systems zugewiesen.

3.1.4 Das topologische Prinzip

■ Modalität und Qualität von Wahrnehmungen

Wenn neuronale Aktivität, die in den Sinneszellen entsteht, unspezifisch ist, stellt sich die Frage, wie und wo ihre *Modalität* (Hören, Sehen etc.) und *Qualität*

(Farbe, Form, Tonhöhe, Lautstärke etc.) zugewiesen werden. Mit bildgebenden Verfahren wurde festgestellt, dass Herkunft und Entstehen von Sinnesqualität durch den Ort im Gehirn bestimmt werden, an den eine Erregung geleitet wird. Das bedeutet, dass bestimmte Areale im Gehirn bestimmte Wahrnehmungen erzeugen und dass das Gehirn demnach das eigentliche Wahrnehmungsorgan darstellt. Diese Beobachtung macht auch verständlich, wieso die Codierung in den Sinneszellen undifferenziert sein muss. Denn nur auf diese Weise besteht im Gehirn die Möglichkeit, eine Vielzahl von Erregungen aus den verschiedensten Sinnesarealen zu verknüpfen und in Beziehung zu setzen. Unabhängig davon, was ein äußerer Beobachter für ein kognitives System als Perturbation beschreibt (Schalldruckwellen, elektromagnetische Wellen, physikalischer Druck, chemische Stoffe etc.), innerhalb des Systems gibt es nur die Sprache der Nervenimpulse. Die Sinnesorgane haben nur Auswirkungen darauf, welche Umweltereignisse überhaupt auf das Gehirn einwirken können, aber nicht darauf, in welcher Weise sie dies tun. Modalität, Qualität und Intensität von Erregungen müssen innerhalb des kognitiven Systems erzeugt werden. Für das Gehirn existieren die Sinnesorgane selbst überhaupt nicht, sondern nur die neuronalen Botschaften, die von ihnen ausgehend zum Gehirn gelangen:

> »Das Gehirn bewertet dabei die eintreffenden Signale strikt nach dem Ort ihrer Verarbeitung: alles, was an neuronalen Impulsen in den Hinterhauptscortex gelangt, *ist* ein Seheindruck, und was in bestimmten Regionen des Hinterhauptcortex verarbeitet wird, *ist* eine bestimmte Farbe, völlig unabhängig von der tatsächlichen Abkunft des Signals. Das Gehirn arbeitet also nach einem rigorosen *topologischen* Prinzip, ebenso wie ein Ingenieur vor einem Kontrollpult urteilt: wenn die Lampe in der Reihe und der Spalte aufleuchtet, dann bedeutet das einen Schaden genau in der und der Maschine« (Roth, 1987c, S. 233 f.).

Wie groß letztendlich der Anteil an der Gehirnaktivität ist, der zur Erfahrung der primären Sinnesdaten benötigt wird, kann man sich dadurch verdeutlichen, dass man die Menge der Nervenbahnen, die die Sinnesrezeptoren mit dem Gehirn verbinden, mit der Anzahl der Neuronen im Gehirn vergleicht. Da ca. 400 Millionen Nervenbahnen die Sinnesrezeptoren mit dem Gehirn verbinden, einer Anzahl zwischen ca. 100 Milliarden und 1 Billion Neuronen im Gehirn gegenüberstehen, kann man bei einem Mittelwert von 400 Milliarden Neuronen im Gehirn sagen, »daß der Anteil der primären sensorischen Information […] ca. 0,001 % der gesamten Aktivität des Gehirns beträgt« (Wagner, 1995, S. 139). Das heißt natürlich auch, dass dem Gehirn für alle weiteren Prozesse der Bedeutungszuweisung und -verarbeitung, Abstraktion, Bewegungssteuerung, Regelung der Körperfunktionen etc. über 99,99 % der Gehirnaktivität zur Verfügung stehen (vgl. auch Roth, 1987a, S. 280).

Das topologische Prinzip stützt das Modell kognitiver Systeme als informationell von der Außenwelt abgeschlossene Einheiten, die die Informationen, die sie verarbeiten, selbst erzeugen und nach internen Kriterien kategorisieren. Solche Systeme interagieren also buchstäblich mit ihren eigenen Umweltwahrnehmungen, die durch sehr spezielle Wahrnehmungsorgane erzeugt werden, keineswegs aber mit der Welt »an sich«. Das Gehirn hat keine Möglichkeit, die Prozesse, die in ihm ablaufen, mit äußeren Ereignissen zu vergleichen. Es muss ausschließlich aufgrund seiner eigenen Erregungen die Bedeutung neuronaler Aktivität in den Sinnesrezeptoren erschließen bzw. konstruieren:

»Im ausgereiften Gehirn ist diese Topologie hinsichtlich der Bedeutung eines Reizes derart verfestigt, daß die modalitäts- und qualitätsspezifische Interpretation *automatisch* vor sich geht. Es ist dann gleichgültig, ob eine Erregung ›wirklich‹ vom Auge kam oder nicht. Wenn sie im Hinterhauptslappen auftritt, wird sie vom Gehirn als ›Sehen‹ interpretiert. Dies hat zur Konsequenz, daß wir Sehempfindungen auch dann haben können, wenn das Auge gar nicht gereizt wurde, zum Beispiel durch elektrische Stimulation der visuellen Cortexareale, beim Träumen oder durch Drogen« (Roth, 1996a, S. 95).

Das Prinzip der verteilten Repräsentation

Während früher angenommen wurde, dass bestimmte Neuronen oder Neuronenverbände für das Erkennen oder Identifizieren ganz konkreter Gegenstände, Gerüche etc. zuständig seien, ist diese Hypothese in der heutigen Forschung durch das *Prinzip der verteilten Repräsentation* ersetzt worden:

»Keine einzelne Nervenzelle und kein lokales Neuronennetz kann einen komplexen Wahrnehmungsinhalt in all seinen Aspekten repräsentieren. Vielmehr wird ein wahrgenommener Sachverhalt in eine Vielzahl von Aspekten zerlegt, die zum einen mit den *Details* und zum anderen mit der *Bedeutung* des Wahrgenommenen zu tun haben« (Roth, 1996a, S. 97).

Hierzu gehören beispielsweise getrennt verarbeitete Aspekte wie Bewegung, Kanten, Umrisse, Farbton, Helligkeit, Kontrast und räumliche Tiefe, die zueinander in Beziehung gesetzt werden müssen, um letztlich das zu erzeugen, was uns als Wahrnehmung unmittelbar gegeben scheint. In der Abbildung 19 sind an einem

Beispiel kortikale Areale angegeben, die an der Verarbeitung einzelner Wahrnehmungsaspekte und ihrer Zusammensetzung zu einer vollständigen Wahrnehmung beteiligt sind.

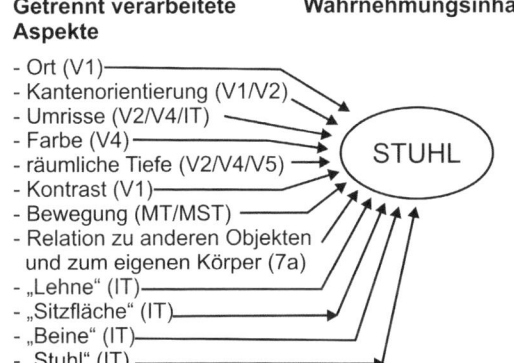

Abbildung 19: Konstituierung des Wahrnehmungsinhalts »Stuhl« aus: Roth, 1994, S. 234, Abdruck mit freundlicher Genehmigung.

Der Zusammenhang von einzelnen neuronalen Ereignissen, die in getrennten Arealen des Gehirns bestimmte Aspekte einer Wahrnehmung repräsentieren, wird durch die Gleichzeitigkeit ihrer Aktivität hergestellt. Die Arbeitsweise des Gehirns kann in diesem Sinne als *holistisch* bezeichnet werden, da die Gesamtheit einer Wahrnehmung an keinem Ort lokalisiert werden kann, sondern durch die synchrone Aktivität verschiedener Teilbereiche entsteht.

3.1.5 Gestaltkriterien der Wahrnehmung

Den bisherigen Aussagen zufolge ordnet und kategorisiert das Gehirn Einzelmerkmale der Wahrnehmung und setzt sie nach internen Kriterien in Beziehung zueinander. Hierzu muss das Gehirn über ein Ordnungssystem verfügen bzw. herausgebildet haben, das es ermöglicht, Einzelmerkmale zu Gestalten, Szenen, Objekten etc. zusammenzusetzen. Diese Zuordnungen erfolgen immer gemäß bisheriger Erfahrungen mit Wahrnehmungssituationen. Die in der individuellen Entwicklung angelegten und ausdifferenzierten Nervennetze führen zu einer Verarbeitungslogik, in der Dinge, die sich in der bisherigen Erfahrung auf eine bestimmte Art und Weise verhalten haben, auch in aktuellen Wahrnehmungssituationen ein charakteristisches Verhalten zeigen.

Gestaltkriterien

Gestaltpsychologen wie Max Wertheim, Wolfgang Köhler und Wolfgang Metzger haben, vor allem in Bezug auf die visuelle Wahrnehmung, sogenannte *Gestaltgesetze* bzw. *Gestaltkriterien* formuliert, die diese erfahrungsabhängigen Ordnungsprozesse beschreiben.

Bezüglich der Kategorie *Bewegung* zählen hierzu nach Gerhard Roth etwa folgende Regeln: Objekte bewegen sich

»in einer charakteristischen Weise so, daß daraus auf ihre Anordnung geschlossen werden kann. [...] Bewegte Objekte tendieren dazu, ihre Bewegungsrichtung und Geschwindigkeit (mit kleinen Abweichungen) beizubehalten [...]. Ausgedehnte Oberflächen tendieren dazu, sich kohärent zu bewegen und nur begrenzte Änderungen der Geschwindigkeit und Raumtiefe einzelner Teile zueinander zu zeigen [...]. Bewegte Objekte tendieren dahin, Teile des Hintergrundes in voraussagbarer Weise zu verdecken und wieder sichtbar werden zu lassen« (Roth, 1994c, S. 238).

In Abbildung 20 werden weitere Gestaltkriterien veranschaulicht, die dem visuellen System dazu dienen, Gestalten, Figuren, Szenen etc. aus verschiedenen Einzelmerkmalen zusammenzusetzen. Das neuronale System folgt dabei folgenden Prinzipien:

»(A) Miteinander verbundene Bildelemente werden im allgemeinen als Teil derselben Figur gesehen. Dasselbe gilt für Bildelemente, die nahe beieinander liegen (B) oder einander ähnlich sind (C). Auch hier wird man dazu neigen, sie zu einer Figur zusammenzufassen. (D) Mit dem Gestaltkriterium des ›gemeinsamen Schicksals‹ ist eine kohärente raum-zeitliche Veränderung von Objektteilen gemeint. Wenn sich beispielsweise eine bestimmte Teilmenge von Bildelementen in dieselbe Richtung bewegt, werden diese als Figur herausgehoben. (E) Im Allgemeinen wird man auch Bildelemente gruppieren, die einen geschlossenen Umriß bilden. In dieser Darstellung wird man daher vier Quadrate sehen. (F) Der Gestaltfaktor der ›guten Fortsetzung‹

wirkt sich hier so aus, daß man zwei geschwungene Linien sieht, die sich überkreuzen, und nicht etwa zwei aneinanderstoßende Spitzen. (G) Schließlich ist auch die Symmetrie wichtig für die Bildung perzeptiver Gestalten. In den hier gezeigten Beispielen wird man die von symmetrischen Linien umschlossenen Bereiche als Vordergrundfiguren sehen« (Engel, 1996, S. 184).

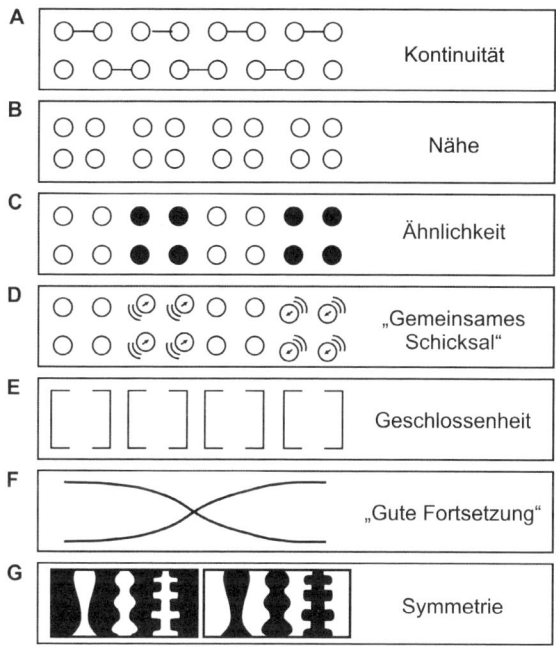

Abbildung 20: Gestaltkriterien, aus: Engel, 1996, S. 184, Abdruck mit freundlicher Genehmigung des Herausgebers.

Gestaltkriterien dienen der Reduzierung von Komplexität, indem sie nach den Prinzipien der Einfachheit, Kohärenz und Konsistenz schnell zu eindeutiger Wahrnehmung führen. Die Gestaltmuster wirken dabei wie »Interpretationsschablonen«, die sich aus früheren Wahrnehmungserfahrungen herausgebildet haben:

»Dabei verfügt das Wahrnehmungssystem des Menschen wie auch das der Tiere über verschiedene Mechanismen, um bestimmte Leistungen wie Figur-Hintergrund-Unterscheidung, räumliche Tiefe und Objektwahrnehmung zu vollbringen, und benutzt gerade diejenigen Mechanismen, die unter den gegebenen Bedingungen verfügbar sind und am schnellsten zu einer *verläßlichen* und *stabilen Wahrnehmung* führen« (Roth, 1994c, S. 239).

Funktion der Gestaltkriterien

Es ist entscheidend, im Blick zu haben, dass es sich bei Gestaltkriterien und der durch sie angestrebten Stabilität immer um interne Kategorien handelt. Gestaltkriterien dienen, wie die ihnen vorgeschalteten neuronalen Prozesse, in erster Linie der Komplexitätsreduktion. Wie schon im Kapitel 3.1.1 über den Zweck der Wahrnehmung dargestellt, zielen diese Kategorisierungen und Ordnungsprinzipien darauf ab, möglichst schnell eindeutige und stabile Wahrnehmung zu erzeugen, nicht umfassende. Das wichtigste Kriterium für Stabilität ist daher die Übereinstimmung mit der bisherigen Erfahrung des Systems. Demnach spielt auch hier die individuelle Entwicklungsgeschichte des einzelnen Systems die entscheidende Rolle:

> »Das Gedächtnis bringt Ordnung und Regelmäßigkeit in unsere Wahrnehmung. Es fügt die einzelnen Wahrnehmungsinhalte zu einem *möglichst sinnvollen Ganzen* zusammen, es verallgemeinert […]. In diesem Sinne nehmen wir nicht mit unseren Sinnesorganen wahr, sondern mit unserem Gedächtnis« (Roth, 1996a, S. 99).

Zur Veranschaulichung

An sogenannten Kippbildern lässt sich sehr gut die Rolle der Erfahrung und des Wissens bei der Wahrnehmung verdeutlichen, da hier nur ein Wechsel der Ordnungszustände stattfindet, wenn der Beobachter die verschiedenen Bedeutungszuweisungen kennt oder sich diese beim Betrachten des Bildes erschließen (siehe Abbildungen 21 und 22).

Abbildung 21: Ratte oder Profil eines Mannes mit Brille? aus: Rusch, 1987, S. 106, Abdruck mit freundlicher Genehmigung des Suhrkamp Verlages.

Abbildung 22: Alte oder junge Frau?
aus: Rusch, 1987, S. 106, Abdruck mit freundlicher Genehmigung des Suhrkamp Verlages.

Ebenso erscheint in einigen Situationen erst dann ein gegenständliches Bild, wenn man in der Lage ist, die scheinbar unzusammenhängenden Elemente im visuellen Feld zu einzelnen Formen und Gestalten zusammenzufügen (siehe Abbildung 23).

Abbildung 23: Dalmatiner (Fotografie: R. C. James), aus: Rusch, 1987, S. 103, Abdruck mit freundlicher Genehmigung des Suhrkamp Verlages.

Im Bestreben, Eindeutigkeit zu erzeugen, wechselt die Wahrnehmung in einigen Situationen zwischen mehreren Wahrscheinlichkeiten, wenn bei der Zusammensetzung der getrennt verarbeiteten Aspekte der Wahrnehmung kein absolut widerspruchsfreies Ergebnis entsteht. Dies zeigt sich bei sogenannten multistabilen Mustern durch einen Wechsel der Ordnungszustände, wobei die Bildung verschiedener Muster beobachtet werden kann (siehe Abbildung 24) oder sogar durch ein starkes Flimmern des Bildes, wenn das visuelle System zwischen mehreren Möglichkeiten der Ordnungsbildung wechselt (siehe Abbildung 25).

Abbildung 24: Multistabiles Muster, aus: Stadler u. Kruse, 1992b, S. 149. Abdruck mit freundlicher Genehmigung des Suhrkamp Verlages.

Abbildung 25: Multistabiles Muster: Flimmern

In einem weiteren Beispiel lässt sich eine unwillkürliche Kantenkonstruktion beobachten, da diese als plausible Erklärung der Stellung der Einzelteile zueinander konstruiert wird (siehe Abbildung 26).

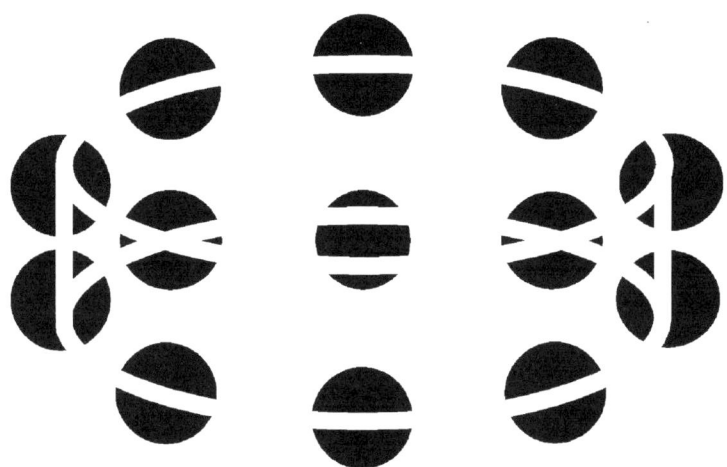

Abbildung 26: Weißes dreidimensionales Objekt vor dreizehn schwarzen Flächen oder durch dreizehn »Gucklöcher« betrachtet

Die unbewussten Prozesse, die solche »Täuschungen« hervorbringen, lassen sich auch durch das Wissen um eben diese Prozesse, also durch ein »Bewusstmachen«, nicht umgehen. Bewusste Wahrnehmung ist somit eine Form der Bedeutungszuweisung, die immer auf die Bedeutungen zurückgreift, die in unbewussten präkognitiven und kognitiven Prozessen entstanden sind und hinsichtlich bisheriger Erfahrungen neu verknüpft wurden.

3.1.6 Die Stabilität der Wahrnehmung

Unsere Umwelt erscheint uns stabil und weist *Regelmäßigkeiten* auf. In der alltäglichen Auffassung wird diese Ordnung auf die Gegebenheiten einer stabilen und regelmäßigen Umwelt zurückgeführt. Folgt man den bisherigen Ausführungen, entsteht die Stabilität und Regelmäßigkeit von Wahrnehmungen jedoch aus der inneren Dynamik kognitiver Systeme, da sie selbst *im Hinblick auf stabile und regelmäßige Zustände operieren*.

Während der Entwicklung jedes kognitiven Systems müssen sich demnach eben diese Regelmäßigkeiten verfestigen bzw. erst herausbilden. Betrachtet man die Entwicklung des Gehirns, so zeigt sich, dass dies zunächst auf der Grundlage angeborener, also genetisch vorgegebener Strukturen geschieht, die jedoch durch die individuellen Erfahrungen des neuronalen Systems ausdifferenziert, verfestigt und verändert werden:

> »Jedes neuronale Wahrnehmungssystem kommt mit einem Satz primärer Kriterien auf die Welt. Dazu gehört zum Beispiel die Grundausstattung des Gehirns, wie etwa die Arbeitsweise der Sinnesorgane, die Grundbeschaffenheit und Grobverknüpfung der verschiedenen sensorischen und sensomotorischen Zentren. [...] Dadurch ist bereits ohne vorhergehende Erfahrung festgelegt, welche Wege im Gehirn die modalitätsspezifischen Erregungen nehmen, die von Auge, Ohr, von der Hautoberfläche usw. kommen. Auch scheinen die verschiedenen Sinnesqualitäten wie Farbe, Form, Bewegung, Tonhöhe, Lautstärke in ihren Verarbeitungsbahnen fest vorgegeben zu sein« (Roth, 1991a, S. 362 f.).

Während die *phylogenetische* (stammesgeschichtliche bzw. erfahrungsunabhängige) Entwicklung des Gehirns eine Grundausstattung der Bedeutungszuweisung bereitstellt, differenziert und erweitert sich diese in der *ontogenetischen* (individualgeschichtlichen und somit erfahrungsabhängigen) Entwicklung des Gehirns. Hierzu gehört beispielsweise eine *interne Konsistenzprüfung,* indem das Gehirn Erregungen, die aus unterschiedlichen Sinnesarealen kommen, hinsichtlich ihrer Stimmigkeit untereinander bewertet (Roth, 1987c, S. 243). Diese Konsistenzprüfung ist ohne individuelle Erfahrungen mit der Gleichzeitigkeit oder Zusammengehörigkeit von Sinneseindrücken unmöglich.

Bei diesen Prozessen der Erzeugung von Stabilität greift das kognitive System ausschließlich auf Informationen zurück, die in ihm selbst erzeugt wurden. Hierbei verfestigen sich solche Strukturen, die dem System eine eindeutige Zuordnung aktueller neuronaler Zustände zu früheren neuronalen Zuständen ermöglichen. In der individuellen Entwicklung erweisen sich hierbei diejenigen Wahrnehmungen und Wirklichkeitsauffassungen als stabil, die effektives Handeln ermöglichen. So stellt sich unsere Entwicklung als ein ständiges Ausprobieren von Wahrnehmungs- und Handlungsmustern dar, wobei versucht wird, neuen Wahrnehmungen mit Bedeutungszuweisungen zu begegnen, die sich in früheren Situationen bewährt haben (siehe Kapitel 4.1.1). Wie Gerhard Roth sagt, nehmen wir alles im Lichte vergangener Erfahrungen wahr, indem das Gehirn aktuelle Wahrnehmungen und Erfahrungen ständig mit früheren abgleicht.

Die Stabilität der Wahrnehmung ist demnach ein Phänomen, das sowohl auf genetischer als auch auf ontogenetischer Seite das Produkt des kognitiven Systems ist. Als Konstanzleistung dieses Systems wird eine Welt hervorgebracht, die geordnet ist bzw. wird neue Ordnung erzeugt, sobald eine aktuelle Wahrnehmungssituation droht, die alte Ordnung aus dem Gleichgewicht zu bringen (Roth, 1994c, S. 240 ff.). Diese erzeugte Ordnung scheint im Erleben auf eine schon von vornherein geordnete Umwelt zurückzugehen. Das liegt darin begründet, dass die Prozesse der Ordnungsbildung und Konsistenzprüfung weder bewusst ablaufen noch direkt erfahrbar sind. Letztlich haben wir es bei jeglicher Wahrnehmung mit aktiven Konstruktionsleistungen zu tun, die das Gehirn nach seinen eigenen Gesetzmäßigkeiten erbringt und die auf dieser internen Grundlage eine geschlossene und konsistente Welt erzeugen.

»Immerhin – so kann man einwenden – gehen diese Konstrukte auf *reale* Einwirkungen zurück, zum Beispiel auf Licht einer bestimmten Wellenlänge oder Überlagerungen und Schalldruckwellen bestimmter Frequenz. Der sinnes- bzw. neurophysiologisch Versierte entgegnet, daß diese Bezüge eben *nicht* eindeutig sind. Wir können ein Rot unter vielen Wellenlängenbedingungen wahrnehmen oder gar als rotes Nachbild eines grünen Reizes. Es ist dann überhaupt nichts da, was der Empfindung von ›rot‹ eindeutig physikalisch entspräche« (Roth, 1994, S. 322).

Die *Konstruktion von Stabilität* ist aber keineswegs beliebig, sondern muss sich in der individuellen Entwicklung als stabiles, für das System viables Netzwerk der Erzeugung und Interpretation von Bedeutung herausbilden. Hierbei handelt es sich immer um eine relative Stabilität, da jederzeit ein Ereignis auftreten kann, das den momentanen Zustand aus dem Gleichgewicht bringt. Im Prozess der Herstellung und Aufrechterhaltung von Stabilität zeigt sich (vor allem in der frühen Entwicklung eines kognitiven Systems), dass selbst grundlegende Konzepte, wie etwa das räumliche Sehen, in einem aktiven Prozess vom System selbst aufgebaut werden müssen. Es ist wichtig, darauf hinzuweisen, dass sich jede im System erzeugte Ordnung immer nur auf dieses System bezieht. Es gibt also weder zwangsläufige noch richtige oder falsche Ordnungszustände. Die Entscheidung über die Brauchbarkeit der momentanen Stabilität muss daher immer vom System selbst aufgrund interner Kriterien getroffen werden (siehe Kapitel 4.1).

Auf die Frage danach, wie es unter diesen Voraussetzungen möglich ist, dass von verschiedenen Systemen *hinreichend ähnliche Ordnungen* erzeugt werden, die es ihnen erlauben, in Bezug aufeinander zu handeln, zu kommunizieren und sich über subjektive Erfahrungen auszutauschen, wird in Kapitel 4.2 und 4.3 näher eingegangen. Gemeinsamkeiten zwischen Systemen (sei es im Bereich der Wahrnehmung, der Begriffsbildung, in sozialen Zusammenhängen etc.) sind jedoch auch hier ein subjektives Konstrukt, das ein System in der Interaktion mit anderen Systemen aufbaut. Hierbei geht es nie um »tatsächliche«, sondern um vom einzelnen System konstruierte Gemeinsamkeiten, die sich in seinem subjektiven Erleben als gangbare und plausible Wirklichkeitskonstruktionen etabliert haben.

3.1.7 Die Welt als Konstruktion

> »Du kannst alles erklären, denn deine Welt ist klein;
> und weil sie so ist, denkst du, sie muss so sein;
> und falls du glaubst, das öffnet dir die Möglichkeit,
> ich muss dir sagen, dass davon nichts übrig bleibt.
> So wie du ist die Welt und nicht andersrum –
> So wie du ist die Welt.«
> (Vega, 1999, »So wie du«, Song auf dem Album: »Vega«)[13]

Nach der bisherigen Darstellung von Wahrnehmung und Erfahrung haben wir es in unserem Erleben immer schon mit Ergebnissen kognitiver Prozesse zu tun, deren Entstehung oder Herkunft wir nicht überprüfen können. Geht man davon aus, dass unser gesamtes Erleben ein Konstrukt des Gehirns und seiner auf Stabilität ausgerichteten Operationen ist, trifft dies jedoch nicht nur für Details und Differenzierungen unserer Wahrnehmung zu, sondern auch für grundlegende Erfahrungen und Unterscheidungen. Selbst die Trennung zwischen »ich« und »anderen«, »Innenwelt« und »Außenwelt«, »Subjekt« und »Objekt« ist als aktiver Konstruktionsprozess zu verstehen und kann nicht auf ein generelles Vorhandensein dieser Unterschiede zurückgeführt werden.

Dingwelt, Körperwelt und Gedankenwelt

Aus der Position eines informationell geschlossenen neuronalen Systems werden üblicherweise drei Bereiche neuronaler Aktivität unterschieden, die wir in unserer alltäglichen Erfahrung als unhintergehbare und gegebene Kategorien erleben:
- *Dingwelt*: der Bereich neuronaler Aktivität, deren Ursprung das System als außerhalb von sich liegend empfindet, d. h. alle Ereignisse und Dinge, die der wahrgenommenen Umwelt entsprechen. Hierzu gehören Gegenstände, Personen, Szenen, Gerüche, Geräusche etc.

---

13 Der Liedtext kehrt die Idee einer Prägung durch äußere Bedingungen und durch die scheinbare »Gegebenheit der Welt« um und konzipiert das Subjekt als Ausgangspunkt und als die gestaltende Kraft der Beschreibung von Welt.

- *Körperwelt:* der Bereich neuronaler Aktivität, den das System auf den eigenen Körper zurückführt, also der Bereich der Körperwahrnehmung und -erfahrung, wie Gefühle, Schmerzen, Körperschema und Bewegungswahrnehmung.
- *Gedankenwelt:* der Bereich neuronaler Aktivität, den das System als unkörperlich empfindet, wie Vorstellungen, Gedanken und Erinnerung.

Diese drei Bereiche sind in der Regel deutlich voneinander getrennt. Gedanken können zwar als körperlich quälend empfunden werden, die Trennung zwischen Gedanken und Ereignissen, die in der Umwelt angesiedelt werden, wird hingegen als sehr stabil empfunden.

Diese Trennung, die unserer alltäglichen Erfahrung entspricht, wird in der Tradition einer naiv realistischen Sichtweise auf Gegebenheiten zurückgeführt, die außerhalb von uns existieren und unser Erleben formen. Betrachtet man hingegen Aussagen aus der Neurobiologie und Erkenntnistheorie, in denen von der Konstruktivität neuronaler Prozesse ausgegangen wird, stellt sich diese Trennung ebenfalls als die aktive Leistung eines kognitiven Systems dar, das die drei Erfahrungsbereiche teils nach angeborenen, teils nach erworbenen Kriterien voneinander abgrenzt.

Aus neurobiologischer Sicht liegen die Grundlagen für eine Trennung des Erlebens in diese drei Bereiche in der Art und Weise, wie bestimmte neuronale Ereignisse im Gehirn miteinander verknüpft (»repräsentiert«) sind und kann nicht auf eine ontische Gegebenheit dieser Trennung zurückgeführt werden:

»Die Dingwelt und die Körperwelt unterscheiden sich hinsichtlich ihrer sog. Repräsentation im Gehirn deutlich voneinander: die Nervenbahnen, die von den für Umwelterfahrung zuständigen Sinnesorganen (Auge, Ohr, Nase etc.) und von den für die Körperempfindung zuständigen Sinnesorganen (Gleichgewichtssinn, Muskel- und Gelenkrezeptoren, Berührungsrezeptoren, Schmerzrezeptoren usw.) kommen, projizieren zu getrennten Gebieten im Gehirn. Außerdem ist die *Art* der Repräsentation fundamental verschieden: während die Umwelt nur sensorisch im Gehirn repräsentiert ist, ist der Körper sensorisch und motorisch repräsentiert« (Roth, 1987c, S. 236 f.).

Der Bereich der Gedankenwelt ist hingegen weder rein sensorisch noch rein motorisch repräsentiert, sondern besteht aus gehirninterner neuronaler Aktivität, die auf Repräsentationen zurückgreift, die sowohl in sensorischen als auch motorischen Zusammenhängen angelegt wurden.

Zahlreiche Versuche (etwa an Katzen) haben gezeigt, dass es zum Aufbau dieser Trennung zwingend notwendig ist, aktive Erfahrung zu machen. Wird die Möglichkeit zur *aktiven visumotorischen* »*Eroberung*« *der Welt* (Roth, 1987c, S. 236) vorenthalten, ist die Ausbildung der drei Erfahrungsbereiche gering:

»Werden [...] Tiere nur passiv in ihrer Umwelt umherbewegt, so verhalten sie sich später wie blind. Ähnliche Phänomene lassen sich bei hospitalisierten, in ihrer visumotorischen Umwelterfahrung stark behinderten Kindern beobachten. Die Dinghaftigkeit der Umwelt wird offenbar exemplarisch durch Betasten und Begreifen geschaffen« (Roth, 1987, S. 236 f.).

Jean Piaget beschreibt diesen Prozess beim Menschen wie folgt:

»Während am Beginn dieser Entwicklung das Kind alles auf sich, oder genauer gesagt, auf seinen Körper zurückführt, gliedert es sich am Ende, daß heißt, wenn Sprache und Denken einsetzen, bereits praktisch als Element oder Körper unter die anderen ein, in einer Welt, die es nach und nach aufbaut und die es von da an als außerhalb von sich existierend empfindet« (Piaget, 1974b, S. 158).

So ist es zur Ausbildung eines üblichen Körperschemas notwendig, dass die Gliedmaßen unabhängig voneinander bewegt werden (Roth, 1994c, S. 283). Bei der Organisation der Erfahrungswelt werden also nur diejenigen Teilbereiche miteinbezogen, die auf das eigene Erleben zurückgehen.

Zur Veranschaulichung

Um die beschriebene *Trennung in verschiedene Erfahrungsbereiche* aufrechtzuerhalten, muss sich das Gehirn ständig über die Körpersensorik und -motorik rückversichern (S. 281). Besonders deutlich zeigt sich diese Notwendigkeit in Sinnesdeprivationsversuchen, bei denen eine Testperson in einen schalldichten und dunklen Wassertank mit einer 37 °C warmen Salzwasserlösung gelegt wird. Es lässt sich schon nach relativ kurzer Zeit feststellen, dass das weitgehende Fehlen sensorischer und motorischer Aktivität nicht nur zu Halluzinationen und dem Verlust des räumlichen Empfindens führt, sondern auch den Verlust sehr grundlegender Körperfunktionen, beispielsweise der Blasen- und Darmkontrolle, bedeutet.

Wie schnell es im Bereich der Abgrenzungen zwischen Ding-, Körper- und Gedankenwelt zu Unsicherheiten kommen kann, zeigt sich nicht nur in Wassertankversuchen, sondern auch bei Beobachtungen und Befragungen von Patientinnen und Patienten mit bestimmten Hirnschädigungen. So kommt es etwa beim Verlust eines Gliedmaßes oder einer Durchtrennung der Nervenfasern oft zu typischen Vermischungen der Erfahrungsbereiche, wobei fehlende Körperteile noch als vorhanden empfunden werden oder gelähmte Körperteile nicht mehr der Körper-, sondern der Dingwelt zugeordnet werden.

Gesellschaftliche und kulturelle Unterschiede

Die Trennung des Erlebens in drei Bereiche ist jedoch nicht nur durch das subjektive Erleben bestimmt, sondern auch durch den gesellschaftlichen Rahmen, in dem dieses Erleben stattfindet:

> »Es gibt auch große ethnische und historische Unterschiede in der Ausbildung einer Abgrenzung zwischen Körperlichem und Mentalem, und man kann die relativ scharfe Abgrenzung, wie sie in unserem modernen abendländischen Denken üblich ist, nicht verallgemeinern« (Roth, 1994c, S. 285).

Demnach bewegen wir uns in einer »virtuellen Welt« (Roth, 1994, S. 290), die wir selbst erschaffen, indem wir eine (kognitive) Welt der Dinge, Szenen etc. von der (kognitiven) Körperwelt und von der Welt unseres Denkens abgrenzen. Die Entwicklung und Ausprägung verschiedener Wahrnehmungs- und Erfahrungsbereiche geht aus dem subjektiven Erleben hervor und bildet so eine Arbeitshypothese, die das kognitive System erschafft, um eindeutige Zuordnungen des eigenen Erlebens leisten zu können. Diese Arbeitshypothese wird ständig am aktuellen Erleben ausgerichtet und aufgrund ihrer Fähigkeit zur erfolgreichen Zuordnung überprüft. Sind solche Überprüfungsmöglichkeiten nicht gegeben, verschwimmen die als stabil und fest empfundenen Grenzen, da sie keine eindeutige Zuordnung mehr ermöglichen.

Modellvorstellung der drei Welten

Die Begriffe Ding-, Körper- und Gedankenwelt beziehen sich somit auf zwei Bereiche: Zum einen bezeichnen sie das mentale Konzept dieser Trennung, das im Gehirn entsteht, zum anderen die Grenzen, auf die das System diese Unterscheidungen bezieht (siehe Abbildung 27). Die Grenze zwischen Körper- und Dingwelt bezieht sich hierbei auf eine Unterscheidung, die das System in seiner Wirklichkeit trifft, und nicht auf eine Gegebenheit, die das Subjekt in einem ontologischen Sinne von seiner Umwelt trennt. In Abbildung 27 sind diese Bezüge durch korrespondierende Graustufen gekennzeichnet:

- *Dingwelt:* Konzept im Gehirn zur Kategorisierung von Erlebnissen »außerhalb« der Körpersensorik und -motorik,
- *Körperwelt:* Konzept im Gehirn zur Kategorisierung von Erlebnissen »innerhalb« der Körpersensorik und -motorik,
- *Gedankenwelt:* Konzept im Gehirn zur Kategorisierung gehirninterner Aktivität.

Abbildung 27: Ding-, Körper- und Gedankenwelt

Die Aussagen über die Konstruktivität des Gehirns zeigen, dass unser gesamtes Erleben ausschließlich aufgrund interner Kriterien erschaffen und ausdifferenziert wird. Auch wenn dabei von einer physiologischen Vergleichbarkeit oder einer genetisch vorgegebenen Grundausstattung ausgegangen wird, ist deren jeweilige Ausformung und Entwicklung von der individuellen Erfahrung jedes einzelnen Subjekts abhängig. So bewegt sich jeder Mensch in einer selbst geschaffenen Wirklichkeit, die sich auf Grundlage der jeweiligen Erfahrung ausformt. Diese Rückbezüglichkeit des Gehirns auf sich selbst (Selbstreferenz) bedeutet aber keineswegs Isolation, sondern die Notwendigkeit, sich ständig über die Viabilität der eigenen Hypothesen zu versichern.

Stabilität der drei Welten

Auch wenn unser direktes Erleben und die Stabilität der Ereignisse in unserer Umwelt (Dingwelt) eine von vornherein stabile und existente Welt vermuten lassen, deckt sich diese Vorstellung keineswegs mit neurobiologischen Erkenntnissen. Das Erleben der Welt ist – bis in die Bereiche hinein, die uns am grundlegendsten erscheinen – ein Ergebnis unserer eigenen funktionalen Beschaffenheit. Das Gehirn

> »weist seinen eigenen Zuständen Bedeutungen zu, die nur aus ihm selbst entnommen sind. So kann es nur nach internen Kriterien entscheiden, ob die Erregungszustände, die es in sich erfährt, Ereignisse der äußeren Welt, des Körpers oder des psychisch-geistigen Bereichs sind und welche spezielle Bedeutung diese Ereignisse haben« (Roth, 1987c, S. 241).

Der Mensch erscheint hier als Konstrukteur und Akteur seines Erlebens. Was im subjektiven Erleben als von vornherein gegeben empfunden wird, ist lediglich eine Konvention, über die sich das einzelne Subjekt in der Interaktion mit seinen inneren Zuständen und durch die Rückversicherung bei anderen »Konstrukteuren« einigen muss.

Abbildung 28 soll einen abschließenden Überblick über das entwickelte Modell kognitiver Prozesse liefern. Die Darstellung des Bereichs »Gedächtnis« soll die Stellung veranschaulichen, die Gedächtnisfunktionen als ständiger Hintergrund der Konstitution der Wahrnehmung, des Bewusstseins, der Handlungsplanung und des Handelns einnehmen. Handlungsplanung und Handeln nehmen weder eindeutig im noch außerhalb des Bewusstseins ihren Ausgang, um zu verdeutlichen, dass sie letztlich aus dem Gesamtsystem hervorgehen. »Perturbation« und »Verhalten« gehören, im Gegensatz zu den anderen Begriffen, in den Bereich der äußeren Beobachtung (Beobachtung durch andere, Selbstbeobachtung). Es besteht keine direkte Beziehung zwischen »Perturbation« und »Erregung« bzw. zwischen »Handeln« und »Verhalten«.

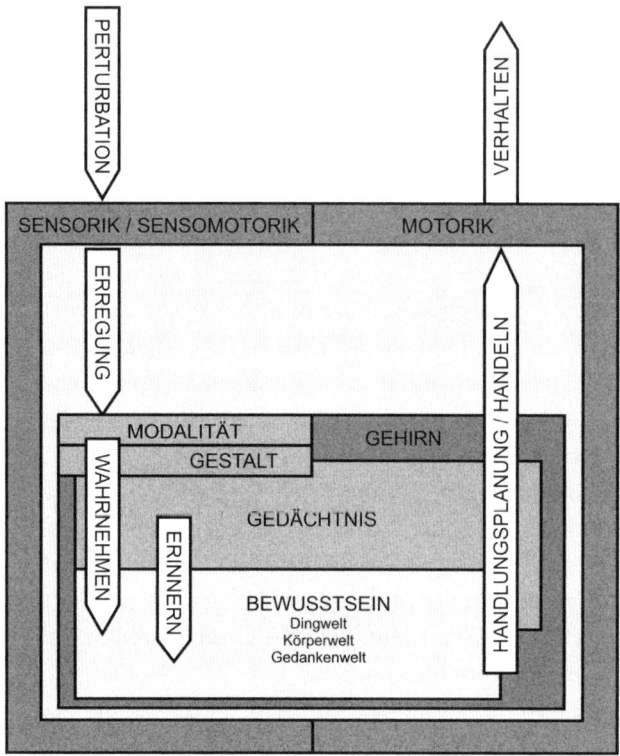

Abbildung 28: Veranschaulichung kognitiver Prozesse

3.1.8 Die Konstruktion des Selbst

> »Wir fassen noch einmal zusammen, was wir bis jetzt in diesem Stück
> gelernt haben. Es ist nämlich überhaupt nicht so, daß wir alle in einer
> großen gemeinsamen Welt leben. Die Wirklichkeit sieht in echt ganz
> anders aus. Nämlich: Jeder ist in seiner eigenen Welt, aber meine ist die
> richtige, aber meine ist die richtige. Jeder ist in seiner eigenen Welt.«
> (Die Lassie Singers, 1991, »Jeder ist in seiner eigenen Welt«,
> Song auf dem Album: »Die Lassie Singers helfen Dir«)[14]

Der konstruktive Charakter unserer Wahrnehmung und unseres Erlebens berührt aber noch andere Bereiche, die uns in der Regel als selbstverständlich und gegeben erscheinen:

---

14 Ebenso, wie das Subjekt die Welt konstruieren muss, muss es auch sich selbst und andere konstruieren. Zwangsläufig ergibt sich bei wahrgenommenen Unterschieden die Frage nach objektiver Wahrheit und Letztbegründung.

»Wenn wir annehmen, daß unser Bild der Welt, also das Wissen, das unsere Erfahrungswirklichkeit konstituiert, von uns selbst Stück für Stück auf der Grundlage unserer Erfahrung konstruiert wird, dann müssen wir auch annehmen, daß das Bild/Wissen von unserem eigenen Ich auf ähnliche Weise entsteht. Mit anderen Worten, so wie wir ein Modell einer Welt konstruieren, es externalisieren und es von da an so behandeln, als wäre seine Existenz unabhängig von dem, was wir tun, so konstruieren wir auch ein Modell der Entität, die wir unser Ich nennen« (von Glasersfeld, 1996d, S. 203).

Das »Ich« als Konstruktion

Demnach ist das Ich ebenso wie das Erleben verschiedener Wahrnehmungsbereiche und -qualitäten ein Konstrukt. »Wenn es nämlich stimmt, daß die Gegenwärtigkeit der Inhalte unseres Erlebens ein Konstrukt ist, dann gilt das auch für alle Inhalte des Selbsterlebens« (Metzinger, 1995a, S. 35).

Es gibt zwei Ebenen, auf denen diese *Konstruktion eines Selbstbildes* individuell herausgebildet wird:
- Zum einen entsteht das Ich als Erfahrung einer Abgrenzung von Körperwelt und Dingwelt. Die grundlegende Erfahrung, unabhängig von anderem zu existieren, ist der Grundbaustein des Selbstbewusstseins.
- Zum anderen entsteht das Ich als Abstraktion dieser Erfahrung in der Gedankenwelt, indem das Gehirn ein Selbstmodell schafft, das sich in der Beobachtung der eigenen Person und des eigenen Handelns herausbildet. »Ein Selbstmodell ist ein in ein internes Modell der Welt eingebettetes Analogrepräsentat des es konstituierenden Systems in seiner Umwelt« (Metzinger, 1993, S. 158).

Obwohl viele sensorische und motorische Prozesse ablaufen, ohne in das Bewusstsein zu dringen, hat man doch das Gefühl, dass man es selbst ist, der etwas tut. Dieses geschlossene Selbstbild entsteht aus dem Wissen, dass alles, was vom eigenen Körper ausgeht, zu ihm gehört und von ihm verursacht wurde, gleichgültig, ob es als bewusst geplant erscheint oder nicht. Das Ich ist kein starres Bild, sondern eine erfahrungsabhängige Konstruktion, die dem kognitiven System dazu dient, sich selbst zum Bestandteil der Handlungsplanung machen zu können:

»Mentale Selbstrepräsentate sind von Gehirnen erzeugte und benutzte Werkzeuge. […] Sie können dem System bei der Zukunftsplanung, sowohl in Hinblick auf die Auswertung von Zielzuständen als auch auf die Erzeugung adäquater Handlungsmuster behilflich sein. Selbstsimulate treten aber auch als Agenten in inneren Monologen, Fantasien oder Tagträumen auf. In all diesen Fällen sind Selbstsimulate jedoch nur imaginiert, d. h. sie sind Bestandteile einer komplexen mentalen Simulation einer möglichen Welt« (S. 155).

Formen der Selbstrepräsentation

Diese »mentale Selbstrepräsentation« lässt sich in verschiedene Aspekte unterteilen, die teilweise bewusst erlebt werden, teilweise aber eher einen »Hintergrund« unseres Erlebens bilden. Diese Differenzierungen kann man sich – vergleichbar mit dem Entstehen komplexer Wahrnehmungen – als überlappende Netzwerke vorstellen, die nicht völlig unabhängig voneinander operieren, aber dennoch spezifische Aufgaben erfüllen. Diese Abgrenzung von Einzelaspekten lässt sich vor allem dadurch belegen, dass sie durch Hirnschädigungen unabhängig voneinander beeinträchtigt sein können. Gerhard Roth unterscheidet hiervon ausgehend folgende *Ichzustände*:

> »(1) Das *Körper-Ich*, d. h. das Gefühl, das dasjenige, in dem ich ›stecke‹ und das ich tatsächlich oder scheinbar beherrsche, *mein* Körper ist; (2) das *Verortungs-Ich*, d. h. das Bewusstsein, dass ich mich gerade an *diesem* Ort und nicht woanders oder sogar gleichzeitig an zwei Orten befinde; (3) das *perspektivische Ich*, d. h. der Eindruck, dass ich den Mittelpunkt der von mir erfahrbaren Welt bilde; (4) das *Ich als Erlebnis-Subjekt*, d. h. das Gefühl, *ich* habe diese Wahrnehmungen, Ideen, Gefühle, und nicht etwa ein anderer; (5) das *Autorschaft-* und *Kontroll-Ich*, d. h. das Gefühl, dass ich Verursacher und Kontrolleur meiner Gedanken und Handlungen bin; (6) das *autobiografische Ich*, d. h. die Überzeugung, dass ich derjenige bin, der ich gestern war, und dass ich eine *Kontinuität* in meinen verschiedenen Empfindungen erlebe (hierbei spielt das Reden über mich selbst eine große Rolle); (7) das *selbst-reflexive Ich*, d. h. die Möglichkeit des Nachdenkens über mich selbst (auch hier spielt Sprache eine wichtige Rolle); und schließlich (8) das *ethische Ich* oder *Gewissen*, also das Gefühl, es gebe eine Instanz in mir, die mir sagt oder befiehlt, was ich zu tun und zu lassen habe« (Roth, 2001b, S. 326).

In dieser Aufzählung sind es vor allem die letzten drei Aspekte, die unser bewusstes Ich auszumachen scheinen und sozusagen eine »von uns selbst über uns erzählte Geschichte« bilden. In diesen Aspekten zeigt sich unsere Individualität und Geschichte, während die anderen, grundlegenderen »Ich-Gefühle« in der Regel eine unhinterfragte Grundlage unserer Persönlichkeit bilden.

Viabilität von Selbstrepräsentationen

Die Viabilität (Gangbarkeit) von Selbstbildern bzw. einzelner Ich-Aspekte zeigt sich darin, inwieweit sie ein plausibles und in sich stimmiges Erleben ermöglichen etwa in der Beobachtung und Bewertung von Handlungsresultaten, die aus unserer Handlungsplanung hervorgehen. Je nach Ergebnis der Handlung erweist sich das Selbstbild in dieser Eigenbeobachtung als stimmig mit unseren Hypothesen über uns selbst oder nicht. Auf diese Weise werden ständig neue Hypothesen aufgestellt und überprüft, mit dem Ziel, ein möglichst widerspruchsfreies Gleichgewicht zwischen bisheriger Erfahrung, aktuellem Erleben und zukünftigen Planungen zu erreichen.

Das Selbstbild ist hierbei letztlich das Ergebnis unbewusster Konstruktionsprozesse und keinesfalls eine willentlich erstellte Hypothese. Das vom Gehirn erschaffene Selbstbild hat keinen Zugang zu den Prozessen, aus denen es hervorgeht. Es handelt sich demnach beim Selbstbild ebenso wie bei der bewussten Wahrnehmung um eine vom Gehirn erzeugte, naiv-realistische Illusion direkten Erlebens und freier Entscheidung, aus der heraus die vorgeschalteten Prozesse ihrer Erzeugung nicht erkennbar sind. Das Gehirn erschafft also einen *virtuellen Akteur* (das Selbstbild), der selbst keinen Zugang zu den neuronalen Prozessen hat, aus denen er entsteht, und somit in der Gewissheit operiert, sein Bewusstsein und sein Selbst seien dem Gehirn als rein geistige Phänomene, als Entscheidungs- und Handlungsinstanzen, übergeordnet.

Diese Ansicht vom Zusammenhang zwischen Gehirnprozessen und unserem Selbsterleben wirft die fundamentale Frage nach dem Verhältnis zwischen Gehirn und (Selbst-)Bewusstsein auf: Wer steuert unsere Handlungen, wir selbst oder unser Gehirn?

Die unter dem Begriff »Leib-Seele-Problem« bekannte Diskussion wurde durch die dargestellten Erkenntnisse der Neurobiologie neu entfacht. Die Frage, ob das Gehirn das »Organ der Seele« ist oder eine durch den »Geist beseelte Maschine«, bedeutet letztlich zu fragen, wer die »Zügel unseres Denkens und Handelns in der Hand« hat. Ob unser »bewusstes Ich« frei entscheiden und handeln kann oder ob diese »Autonomie und Freiheit des Geistes« – ebenso wie die direkte Erfahrung unserer Welt – eine Illusion ist, die das Gehirn erzeugt, ist eine sehr grundlegende Frage, die nicht allein auf neurobiologische Phänomene reduziert werden kann, sondern philosophisch und anthropologisch höchst bedeutsam ist (Florey u. Breidbach, 1993; Metzinger, 1995b; Pauen u. Roth, 2001). Das folgende Kapitel beschäftigt sich daher nicht nur mit neurobiologischen Modellen von Bewusstsein, sondern schließt mit einer Diskussion der philosophischen Dimension neurobiologischer Befunde.

3.2 Bewusstsein

> »Meine subjektive Realität … aber eine andere gibt es ohnehin nicht. Objektive Realität ist ein synthetisches Konstrukt, das Resultat einer hypothetischen Universalisierung einer Vielzahl subjektiver Realitäten. Ich habe mein Universum in der Hand, überlegte er. Wenn ich nur dahinterkomme, wie das Mistding funktioniert.«
> (Dick, 2002b, »Die elektrische Ameise«, S. 687)[15]

In den vorhergehenden Kapiteln wurden nicht nur kognitive und präkognitive Prozesse unterschieden, sondern auch bewusste und unbewusste Gehirnaktivität. Ebenso wie kognitive Prozesse aus sehr umfangreichen präkognitiven Abläufen hervorgehen, stellt unser bewusstes Erleben nur einen Bruchteil der Leistungen dar, die das Gehirn erbringt. Es wird davon ausgegangen, dass das meiste, was die subjektive Interaktion mit der Umwelt steuert, dem bewussten Erleben nicht zugänglich ist (Roth, 1994c, S. 29). Große Teile der Körper- oder Gehirnfunktionen sind grundsätzlich nicht von Bewusstsein begleitet, wie beispielsweise die Aktivität im Kleinhirn oder im Hirnstamm.

Obwohl es sich beim Bewusstsein um einen Zustand handelt, der lediglich einen sehr geringen Teil neuronaler Aktivität darstellt, liegt der Stellenwert bewusster Zustände in unserem subjektiven Erleben dennoch weit über allen anderen Prozessen, die im Gehirn stattfinden. Diesen Stellenwert hat das Bewusstsein, da die ihm vorgeschalteten bzw. dazu parallel verlaufenden unbewussten Prozesse dem eigenen Erleben nicht zugänglich sind, im alltäglichen Leben also nicht direkt erfahren werden.

Beim Bewusstsein handelt es sich um ein Phänomen, das vom Gehirn hervorgebracht wird. Es greift dabei auf die gleichen Mechanismen und Operationen zurück, die auch für andere Gehirnfunktionen, wie Wahrnehmen und Erinnern, grundlegend sind. Bedeutungszuweisung findet hierbei ebenfalls bereits auf einer unbewussten kognitiven Ebene statt, sodass im bewussten Erleben immer schon mit bedeutsamen Wahrnehmungen und damit verbundenen Begriffen operiert wird. Bewusstsein bedeutet ein durch Wahrnehmung und Erfahrung vorstrukturiertes Erleben.

---

15 Dieses Zitat verweist auf Zweierlei: zum einen darauf, dass »objektive Realität« eine Verallgemeinerung subjektiver Wahrnehmung ist und wir letztlich nur zu dieser einen Zugang haben, zum anderen darauf, dass wir auf diese subjektive Welt dennoch keinen frei gestaldenden Zugriff haben.

3.2.1 Formen von Bewusstsein

Aktual- und Hintergrundbewusstsein

Roth unterscheidet zwischen zwei Grundformen von Bewusstsein: dem Aktualbewusstsein und dem Hintergrundbewusstsein:
- Zum *Aktualbewusstsein* gehören demnach: »(1) Wahrnehmungen von Vorgängen in der Umwelt und im eigenen Körper; (2) Mentale Zustände und Tätigkeiten wie Denken, Vorstellen, Erinnern; (3) Emotionen, Affekte, Bedürfniszustände« (Roth, 2001b, S. 193).
- Das *Hintergrundbewusstsein* bildet hierzu ein ständig vorhandenes Grundgefühl, »daß *ich* es bin, der etwas tut und erlebt, und daß ich wach und ›bei Bewußtsein‹ bin. Ich fühle mich eins mit meinem Körper, ich empfinde mich als ein Wesen, das eine Vergangenheit, eine historische Identität hat« (Roth, 1994c, S. 192). Hierzu gehören: »(4) Erleben der eigenen Identität und Kontinuität; (5) ›Meinigkeit‹ des eigenen Körpers; (6) Autorenschaft und Kontrolle der eigenen Handlungen und mentalen Akte; (7) Verortung des Selbst und des Körpers in Raum und Zeit; und (8) Realitätscharakter von Erlebtem und Unterscheidung zwischen Realität und Vorstellung« (Roth, 2001b, S. 193).

Das Hintergrundbewusstsein gründet sich sehr stark auf das Erleben einer Abgegrenztheit der eigenen Person von anderem und dem Erleben der Steuerbarkeit des eigenen Körpers in seiner Wirksamkeit auf anderes. Unser Aktualbewusstsein ist hingegen »eng mit *Aufmerksamkeit* verbunden oder gar identisch mit ihr: je stärker die Aufmerksamkeit auf ein bestimmtes Geschehen gerichtet ist, desto bewußter ist es. […] Das Bewußtsein des eigenen Ich und der personalen Identität bildet hierzu einen ständig vorhandenen Hintergrund« (Roth, 1994c, S. 193). Im Erleben dieser Form des Bewusstseins zeigt sich der »Scheinwerfercharakter von Bewusstsein«:

> »Wir können um so mehr Geschehnisse gleichzeitig bewußt verfolgen, je weniger Aufmerksamkeit wir auf sie verwenden; umgekehrt ist die Menge der erfaßten Geschehnisse um so kleiner, je aufmerksamer wir sind, d. h. je mehr wir uns auf sie ›konzentrieren‹« (Roth, 1994c, S. 199 f.).

Dieses Phänomen hängt eng mit den Stoffwechselprozessen im Gehirn zusammen. Da es keine Sauerstoff- oder Zuckerreserven anlegen kann, werden diese Stoffe sofort verbraucht, wenn sie mit dem Blut dorthin gelangen. Der Verbrauch an Sauerstoff und Zucker bei der Aufrechterhaltung der neuronalen Aktivität steht in direktem Zusammenhang mit der Intensität dieser Aktivitäten. Die momentan zur Verfügung stehende Menge dieser Stoffe muss demnach entweder auf viele Prozesse geringer Intensität oder auf wenige Prozesse hoher Intensität aufgeteilt werden (Roth, 1994c, S. 200 ff.).

Zeitliche Grenzen von Bewusstsein

Es lässt sich sogar nachweisen, dass das Aktualbewusstsein bestimmten zeitlichen Beschränkungen unterliegt. Dinge, die mir bewusst sind, sind es nach einer gewissen Zeitspanne nicht mehr und gehören dann der Vergangenheit an – als Dinge, die mir bewusst *waren*. Die zeitliche Begrenztheit unseres aktuellen (bewussten) Erlebens zeigt sich beispielsweise in der begrenzten Möglichkeit, in einer Abfolge von Tönen einen Rhythmus zu hören (hierzu müssen mindestens drei Töne innerhalb einer gewissen Zeitspanne liegen), bei der zeitlichen Gliederung beim Sprechen oder bei dem unwillkürlichen Wechsel zwischen verschiedenen Interpretationen beim Betrachten multistabiler visueller Muster (Pöppel, 2000, S. 59 ff.).

Über entsprechende Versuche lässt sich diese Grenze (die individuell etwas variieren kann) relativ genau bestimmen. »Die zeitliche Grenze für das, was bewußt ist, kann aufgrund der beschränkten Integrationsfähigkeit des Gehirns nicht über etwa drei Sekunden hinausgehen« (Pöppel, 2000, S. 190). Diese Beschränkung ergibt sich aus der individuellen »Grenze der Gruppenbildung«, also dessen, was ein Subjekt an Einzelinformationen als »Gegenwärtig« erlebt. Alle Ereignisse, die außerhalb dieser Grenze liegen, werden nicht mehr als gegenwärtig erfasst, sondern als vergangen. Man kann demnach davon sprechen, dass sich unser *Jetztgefühl,* unsere *Gegenwart* bzw. unser Aktualbewusstsein, immer nur in Zeitabschnitten möglicher Gruppenbildungen äußert, die sich maximal über ca. drei Sekunden erstrecken.

Unser Bewusstsein kann daher auch als Schnittstelle zwischen Nachbewusstem (Vergangenheit) und Vorbewusstem (Zukunft) verstanden werden, die im Rückgriff (Erinnerung) und in der Vorausschau (Projektion) eine Bühne für Wahrnehmung und Reflexion zur Verfügung stellt.

Unser Bewusstsein besteht also nicht in einer kontinuierlichen Zeitlinie, sondern in Zeitquanten, die zwischen der Periode der Eigenschwingung des Gehirns (0,03–0,04 sec) und der subjektiven Grenze der Gruppenbildung (2–3 sec) liegen[16].

---

16 Sehr schön in dem Lied »Sonnendeck« von Peter Licht zusammengefasst mit der Textzeile: »Und alles was ist, dauert drei Sekunden. Eine Sekunde für vorher, eine für nachher, eine für mittendrin« auf dem Album »Vierzehn Lieder« (2001).

Die Kontinuität unserer Erfahrung bzw. unseres Bewusstseins wird somit durch das Gehirn erzeugt, während sie eigentlich eine Aufeinanderfolge von Zeitblöcken darstellt. Erst im Zusammenhang mit unserem Hintergrundbewusstsein und unserem Gedächtnis werden diese »Zeitquanten« und Entscheidungspunkte zu einem kontinuierlichen Fluss des (bewussten) Erlebens.

Dies zeigt sich beispielsweise bei Personen, bei denen eben diese Hirnfunktionen beeinträchtigt sind, und denen buchstäblich immer alles als neu und gegenwärtig erscheint, ohne in vorherige Erfahrung und Geschichte eingebettet zu sein. Aufgrund der stark verteilten funktionalen Struktur des Gehirns können daher auch die verschiedensten Einzelaspekte des Bewusstseins beeinträchtigt sein (bewusstes Sehen, Erkennen »kurzer Wörter«, Wahrnehmung der linken und rechten Seite von Gegenständen, Benennung von Wahrgenommenem, Einordnen emotionaler Aspekte von Wahrnehmungen; vgl. Pöppel, 2000, S. 132 ff.; Roth, 1994c, S. 194 ff.; 2001b, S. 201 ff.).

Da sich Bewusstsein weder zeitlich noch qualitativ als geschlossene Einheit darstellt, ist es interessant, zu fragen, ob es einen Ort des Bewusstseins gibt, sozusagen einen »Sitz der Seele«, wie ihn René Descartes in der Zirbeldrüse vermutete. Nach einer Auseinandersetzung mit dieser Frage soll erläutert werden, welche Funktion dem Bewusstsein aus dieser neurobiologischen Perspektive zukommt (Kapitel 3.2.2) und welche Konsequenzen sich daraus für unser Selbstbild ergeben (Kapitel 3.2.3 f.).

3.2.2 Ort des Bewusstseins

Probleme der Lokalisation

Aufgrund der alleinigen Beobachtung neuronaler Aktivität (innere Beobachtung) kann nicht festgestellt werden, ob diese Aktivität von Bewusstsein begleitet ist. Es stellt sich also immer die Aufgabe, einen Zusammenhang zwischen neuronaler Aktivität und einer *von außen beobachtbaren* Verwirklichung von Bewusstseinszuständen herzustellen. Die *Lokalisierung von Bewusstsein* oder von bestimmten Bewusstseinsaspekten bedeutet dann, eine Verbindung zwischen der Beobachtung neuronaler Aktivität und bestimmten »Äußerungen« von Bewusstsein herzustellen. Bei der Beantwortung der Frage nach dem Ort des Bewusstseins gibt es hierbei zwei grundsätzlich verschiedene Herangehensweisen:

- *Zum einen* beziehen sich Beobachtungen darauf, ob Tätigkeiten, denen man Bewusstsein zuschreibt, mit Beobachtungen neuronaler Aktivität in Verbindung gebracht werden können. Dies geschieht beispielsweise über bildgebende Verfahren, wie der Positronen-Emissions-Tomografie (PET), über die sichtbar gemacht werden kann, in welchen Hirnteilen gerade ein erhöhter Stoffwechsel und Energieverbrauch stattfindet. Hierbei lässt sich, im Zusammenhang mit spezifischen Aufgaben, die Versuchspersonen gestellt werden, beobachten, in welchen Bereichen des Gehirns zu einem bestimmten Zeitpunkt erhöhte neuronale Aktivität auftritt. Durch diese Verfahren lässt sich zwar feststellen, welche Hirnteile an bestimmten Funktionen beteiligt sind, aber nicht, wo genau diese Funktionen lokalisiert sind (zu bildgebenden Verfahren der Neurowissenschaften siehe Roth, 1994c, S. 202 ff.; 1996a, S. 89 ff.).

- *Zum anderen* wird bei Personen mit Hirnschädigungen untersucht, welche Hirnfunktionen aufgrund der Schädigung nicht oder nur noch teilweise aufrechterhalten werden können. Viele Befunde liegen hier aus Kriegszeiten vor bzw. aus Rehabilitationsmaßnahmen nach Unfällen mit Hirnverletzungen. Schon um die Jahrhundertwende haben Hirnforscher hierzu angemerkt, »daß der Ort einer Hirnläsion lediglich anzeige, von wo aus eine Funktion gestört werden könne, aber nicht, wo sie lokalisiert sei« (Zieger, 1996, S. 63).

Zur Veranschaulichung

Dieser Zusammenhang lässt sich gut mit einer Analogie verdeutlichen:

»Stellen Sie sich einmal […] vor: Ihr Wagen springt nicht an. Ein Mechaniker findet schließlich den Fehler – die Benzinleitung war verstopft, so daß kein Kraftstoff in den Vergaser fließen konnte. Würden Sie nun daraus schließen, daß die Fähigkeit des Autos, sich von der Stelle zu bewegen, an diesem Punkt lokalisiert ist?« (Segal, 1988, S. 69 f.)

Selbst aufgrund erheblicher Schädigungen des Gehirns kann kein Kriterium gefunden werden, das das Vorhandensein von Bewusstsein vollkommen ausschließt. Nach Aussagen des Psychologen und Hirnforschers Andreas Zieger lässt sich ein Zustand der völligen Bewusstlosigkeit erst mit dem Tod eines Menschen feststellen (Zieger, 1996, S. 82). Somit kann das Vorhandensein von Bewusstsein selbst bei Menschen, die im Koma liegen, nicht ausgeschlossen werden. »Koma ist kein passiver Zustand, sondern eine aktive, bis auf tiefste Bewußtseinsebenen zurückgenommene Lebenstätigkeit« (Zieger, 1995, S. 3). Die generelle Aberkennung von Bewusstsein stammt demnach aus einer Form der Beobachtung, die lediglich Rückschlüsse von der effektiven (beobachtbaren) Umsetzung von Bewusstsein auf ihr Vorhandensein zieht. In solchen Beobachtungen wird mit Setzungen gearbeitet, die im Sinne einer Wertung festlegen, dass ein Lebewesen nur dann Bewusstsein besitzt, wenn sich dies in beobachtbarem Verhalten zeigt.

Plastizität des Gehirns

Die Suche nach einem Ort des Bewusstseins wird auch dadurch erschwert, dass Bewusstsein – ebenso wie andere Hirnfunktionen – über mehrere Regionen verteilt ist. Aufgrund dieser *Komplexität und Plastizität des Gehirns* ist daher eine *ausschließliche* Lokalisation der Zentren im Gehirn, in denen Bewusstsein stattfindet, nicht möglich. Bewusstseinszustände sind zwar durchaus

> »an einen intakten Neocortex gebunden, dies gilt vor allem oder gar ausschließlich für den assoziativen Cortex. […] Allerdings ist der Cortex nicht der alleinige ›Produzent‹ von Bewußtsein. Vielmehr sind die Formatio reticularis des Hirnstamms und ihre verschiedenen Subsysteme wesentlich am Entstehen von Bewußtsein beteiligt« (Roth, 1994c, S. 204 ff.).

Für die Aufrechterhaltung einer »allgemeinen Wachheit« sind die Kerne der Formatio reticularis notwendig, der Hippocampus »organisiert« das bewusstseinsfähige deklarative und episodische Gedächtnis, zusammen mit Teilen des Temporallappens und dem orbifrontalen Cortex bildet der Hippocampus zudem die Grundlage für unser autobiografisches Gedächtnis und damit für entscheidende Teile unseres Selbst (Roth, 2001b, S. 198 ff.). Die primären und sekundären sensorischen Areale sind entscheidend für eine bewusste Wahrnehmung, die primären und sekundären motorischen Areale hingegen für unser Körper-, Selbst- und Handlungsbewusstsein (Roth, 2001, S. 200). An der emotionalen Steuerung und an Affektzuständen sind die Amygdala und verschiedene Teile des limbischen Systems beteiligt (Roth, 2001, S. 203).

Eine zentrale Stellung nimmt der assoziative Cortex ein, da einzelne seiner Areale immer bei bewussten Zuständen aktiv sind. Die Bewusstseinsinhalte sind jedoch immer abhängig davon, mit welchen der anderen genannten Hirnteile das aktive Cortexareal verbunden ist.

Interessant ist hierbei, dass die mit dem assoziativen Cortex verbundenen Hirnteile selbst nicht bewusstseinsfähig sind, also immer auf kortikale Aktivität angewiesen sind, damit etwas zu einem Bewusstseinsinhalt wird. Bei Bewusstseinsprozessen steuern sie die Inhalte und Qualitäten des bewussten Erlebens. Da auch bei der Zerstörung großer Cortexareale keine generelle Bewusstlosigkeit festzustellen ist, kann man davon ausgehen, dass die beteiligten Cortexareale eher den »Verknüpfungs- und Projektionsraum« des Bewusstseins bzw. einen *assoziativen Speicher* darstellen, aber keinesfalls seinen alleinigen Produzenten. Bewusstsein entsteht letztlich aus einem Zusammenspiel der verschiedensten Hirnareale, die zudem »anatomisch und funktional aufs engste miteinander verbunden sind« (Roth, 1994c, S. 184).

Bedenkt man die große Plastizität des Gehirns und die selbstorganisierenden Prozesse, durch die Hirnareale ihre funktionalen Eigenschaften spezifizieren oder sogar in andere Areale verlagern können, kann Bewusstsein nicht eindeutig an dem Vorhandensein oder Fehlen einzelner Hirnareale festgemacht werden:

> »Wir können dies daran sehen, daß in einem frühen Stadium der Hirnentwicklung, also bei noch genügender neuronaler Plastizität, auch scheinbar elementare Hirnleistungen örtlich noch nicht völlig festgelegt sind und sich z. B. aufgrund von Verletzungen verschieben können. Das Gesamtsystem deutet sich dann teilweise so um, daß Farb- und Formensehen in anderen Regionen als den normalen stattfindet. Eine frühkindliche Verlagerung der Sprachzentren ist ebenfalls bekannt. Ein besonders dramatischer Fall der internen funktionalen Reorganisation des Gehirns liegt bei Personen vor, bei denen angeborenermaßen der Cortex sich z. B. aufgrund eines Hydrocephalus nur ungenügend ausbildet. Da solche Personen durchaus geistig normal oder sogar überdurchschnittlich begabt sein können, müssen wir annehmen, daß die ursprünglich corticalen Leistungen von anderen Hirnteilen z. B. vom Zwischenhirn, übernommen werden, d. h., diese Hirnteile lernen es, die in ihnen ankommenden Erregungen anders zu deuten« (Roth, 1986b, S. 171 f.).

Beteiligte Areale

Demnach können zwar Aussagen über Teile des Gehirns gemacht werden, die an Bewusstsein beteiligt sind, eine ausschließliche Lokalisation ist aber nicht möglich. »*Bewußtsein entsteht also unter Beteiligung der verschiedensten, das gesamte Gehirn durchziehenden Systeme und ist keineswegs ein rein ›corticales‹ Phänomen*« (Roth, 1994c, S. 211). Diese Schlussfolgerung trifft letztlich nicht nur für das Bewusstsein zu, denn: »Kognition, Geist und Bewußtsein sind *globale Aktivitätszustände* […] des Gehirns und trivialerweise nicht auf die Aktivität einzelner Neuronen oder gar Teilen von Neuronen (wie Synapsen oder Ionenkanäle) reduzierbar« (Roth, 1996a, S. 105).

Abschließend ist noch auf die Besonderheit der zeitlichen Begrenzung von Bewusstsein und den »Scheinwerfercharakter« unserer Aufmerksamkeit einzugehen, da dieses Phänomen eng mit den Verarbeitungsstrukturen bewusster Vorgänge zu tun hat. Hierbei spielt wiederum der assoziative Cortex eine entscheidende Rolle. Als »assoziativer Speicher« stellt er aufgrund seiner gleichförmigen Struktur und seiner vielen Verknüpfungen zu anderen Hirnteilen einen *Konvergenzort* für viele unterschiedliche Informationen dar. Seine Fähigkeit besteht darin, schnelle synaptische Umverknüpfungen zu ermöglichen, die dann in denjenigen Teilen stattfinden, die für eine jeweilige Aufgabe zuständig sind (Sprachzentren, sensorische oder motorische Areale etc.). Diese Neuverknüpfung und Umbildung von Nervennetzen ist mit einem hohen Stoffwechselaufwand verbunden, woraus sich sowohl der Scheinwerfercharakter als auch die Drei-Sekunden-Taktung unseres Bewusstseins erklären lassen:

> »Mit zunehmender Übung konsolidieren sich dann diese Verknüpfungen, und die Nervennetze werden kleiner, indem sie sich ›sparsamer‹ verschalten. Subjektiv erleben wir dies daran, dass wir eine Aufgabe glatter und mit weniger Aufwand beherrschen. Aufmerksamkeit und Bewusstsein spielen eine zunehmend geringere Rolle; schließlich bewältigen wir die Aufgabe in einer Weise, bei der Aufmerksamkeit nur stören würde, z. B. beim Fahrradfahren oder Klavierspielen. Man nimmt an, dass sich entsprechend mit zunehmender Automatisierung Funktionen aus der assoziativen Großhirnrinde in die Basalganglien, die Brücke und das Kleinhirn verlagern« (Roth, 2001b, S. 216).

Bewusstsein tritt so gesehen immer nur dann auf, wenn neue kortikale Netzwerke angelegt werden, die zur Bewältigung komplexer perzeptiver, kognitiver, emotionaler und motorischer Aufgaben dienen. Der assoziative Cortex nimmt hierbei die Funktion einer Schaltzentrale ein, in der (in Zeittakten von maximal ca. drei Sekunden) Verknüpfungen aktueller Ereignisse ermöglicht werden, für die (noch) keine Routinen bestehen. Nimmt man nun die unterste Zeitgrenze hinzu, die notwendig ist, um zwei Ereignisse überhaupt als getrennt voneinander zu erfahren (0,03–0,04 sec), verfügen wir in der Drei-Sekunden-Spanne unseres (Aktual-)Bewusstseins jeweils über ca. 90 Identifikationsmöglichkeiten bzw. Entscheidungspunkte (Pöppel, 2000, S. 43 ff.). Aus der zeitlichen Begrenzung des Bewusstseins ergibt sich somit auch eine Begrenzung in der Anzahl der Einzelfaktoren, die miteinander in Beziehung gesetzt werden können.

Diese Aussagen über den Zusammenhang von Bewusstsein und das *Anlegen neuer Nervennetze* werden durch die Forschungsergebnisse des Neurobiologen Hans Flohr gestützt (Roth, 1994c, S. 214 ff.). Flohr sieht einen Zusammenhang zwischen dem Auftreten von Bewusstsein und der Funktionsweise eines besonderen Typs von Synapsen (NMDA-Synapsen), die die Fähigkeit besitzen, die Verknüpfungsstruktur von Nervennetzen zu verändern. Die Prozesse, die in Nervenzellen mit NMDA-Synapsen vonstattengehen, werden auch mit der Gedächtnisbildung und der Ausdifferenzierung der Grobverdrahtung während der individuellen Entwicklung des Gehirns in Verbindung gebracht.

Es kann gezeigt werden, dass die entsprechenden Gehirnfunktionen (Bewusstsein bzw. Neuverknüpfung und Verstärkung synaptischer Kontakte) durch eine pharmakologische Blockierung der NMDA-Synapsen gestört werden können, doch lässt dies zunächst nur Schlüsse über die Beteiligung der Synapsen an Bewusstseinszuständen zu, nicht aber über ihre Stellung innerhalb dieser Prozesse: »Eine wichtige Frage ist, ob die Aktivität in NMDA-Synapsen die *spezifische* Voraussetzung für Bewußtseinszustände ist oder ob nicht andere, ähnlich spezifische synaptische Prozesse auch zur Bildung neuer, von Bewußtsein begleiteter Nervennetze führen« (Roth, 1994, S. 218f.).

Ergebnisse der Hirnforschung deuten jedoch darauf hin, dass alle Zustände von Bewusstlosigkeit mit der direkten oder indirekten Blockierung von NMDA-Synapsen zusammenhängen, sodass ihre Funktion als notwendige Bedingung von Bewusstseinsprozessen angesehen werden kann. Weiterhin scheint es keine physische Disposition zu geben, bei der NMDA-Synapsen irreversibel blockiert oder gar nicht vorhanden sind, sodass Bewusstsein als Fähigkeit bei jedem Menschen und den meisten Tieren mit Nervensystem auftritt.

3.2.3 Funktion von Bewusstsein

In Wahrnehmungsprozessen verarbeitet das Gehirn die Erregungen, die von den Sinneszellen ausgehend das Gehirn erreichen, immer entsprechend der Verarbeitungswege, die sich bis zu diesem Zeitpunkt herausgebildet haben. Die aktuelle Struktur des Gehirns stellt somit sein Gedächtnis dar, demgemäß neue Erfahrungen immer schon entsprechend früherer Interpretationsfolgen bewertet werden. Nur so ist ein (Wieder-)Erkennen bekannter neuronaler Zustände möglich. Erst nach dieser unbewussten Verarbeitung gelangen Ereignisse ins Bewusstsein, mit einer Zeitverzögerung von 0,3 bis 0,5 Sekunden, gemessen vom Zeitpunkt der neuronalen Erregung in den sensorischen Nervenzellen.

Bewusstsein als Ergebnis von Bewertungen von Ereignissen

Bewusste Wahrnehmung bezieht sich also immer auf neuronale Aktivität, die unbewusst vorstrukturiert wurde. Jede Wahrnehmung ist in sich schon eine Interpretation hinsichtlich der bisherigen Erfahrungsgeschichte des Gehirns. Bei dieser Strukturierung der sensorischen Erregungen, die im Gehirn ankommen, werden schon auf einer unbewussten Ebene vier Kategorien unterschieden, die festlegen, in welchem Umfang Erregungen überhaupt von Bewusstsein begleitet sind (Roth, 1994c, S. 207 ff.):

- Ereignisse, die als *unbekannt und unwichtig* eingestuft werden: In diese Kategorie fallen Ereignisse, die zwar neu, aber völlig irrelevant sind. So gibt es beispielsweise in einer Straßenszene ständig neue Ereignisse, von denen aber nur diejenigen bewusst wahrgenommen werden, die in irgendeiner Art und Weise für das Subjekt von Interesse sind.
- Ereignisse, die als *bekannt und unwichtig* eingestuft werden: Diese Kategorie von Ereignissen dringt nicht oder nur in geringem Maße in unser Bewusstsein. Zu solchen Ereignissen gehören beispielsweise Hintergrundgeräusche, wie das Ticken einer Uhr, Straßenlärm oder das Summen eines Computers, ebenso wie manche Bewegungsabläufe oder Körpergefühle, etwa beim Gehen oder Sitzen.
- Ereignisse, die als *bekannt und wichtig* eingestuft werden: Diese Ereignisse bilden sozusagen den Rahmen, in dem sich das Subjekt bewegt. Obwohl es bestimmte Szenen wahrnimmt, ohne dass sie in größerem Maße ins Bewusstsein dringen, dienen sie doch dazu, sich daran zu orientieren. Wir nehmen z. B. den Raum wahr, in dem wir uns befinden, ebenso wie wir uns über unsere eigene Identität bewusst sind, ohne dieser Bewusstheit ständig eine erhöhte Aufmerksamkeit zu schenken.
- Ereignisse, die als *unbekannt und wichtig* eingestuft werden: Diese Ereignisse sind am stärksten von Bewusstsein begleitet, sei es, dass sie schlagartig ins Bewusstsein dringen, wie eine rasche Bewegung oder ein lauter Ton, oder dass man sich auf sie konzentriert, wodurch auch Ereignisse, die bekannt und vorher als völlig unwichtig erschienen sind, in den Mittelpunkt des Bewusstseins rücken können. Somit gehört beispielsweise der Vorgang der Reflexion zu dieser Kategorie, da hierbei bestimmte Ereignisse gezielt zum Gegenstand bewusster neuronaler Aktivität gemacht werden.

Bewusstsein und Unbewusstsein als Komplexitätsreduktion

Die Hierarchisierung von Wahrnehmungen und Ereignissen nach ihrer Bekanntheit und Wichtigkeit stellt eine Form der *Komplexitätsreduktion* dar. Ebenso wie eine umfassende Wahrnehmung wäre auch ein umfassendes Bewusstsein für ein kognitives System nicht sinnvoll. Es ist für kognitive Systeme vielmehr notwendig, Bewusstseinszustände selektiv einzusetzen, da nur so die Möglichkeit gegeben ist, sich gezielt, schnell und effektiv mit wichtigen Wahrnehmungen und Ereignissen auseinanderzusetzen, statt sich mit Ereignissen befassen zu müssen, die gemäß der eigenen Erfahrung ohnehin belanglos sind. Diese situations- und erfahrungsgesteuerte Auswahl ist notwendig, um bevorzugt diejenigen Ereignisse, die im Sinne der Überlebenssicherung, einschließlich des sozialen Überlebens, wichtig oder neu sind, ins Bewusstsein zu rufen. Ereignisse, die sich im Vergleich mit früherer Erfahrung als unwichtig erwiesen haben, müssen nicht zwangsläufig bewusst werden. Diese Selektivität ist auch notwendig, da das Bewusstsein den, weiter oben beschriebenen, zeitlichen und energetischen Beschränkungen unterliegt.

Zu Bewusstseinszuständen kommt es nur, wenn eine Situation nicht durch das routinemäßige Operieren des Gehirns bewältigt wird. In diesem Fall müssen neuronale Netzwerke aktualisiert werden, die sich, je nachdem, wie häufig sie in dieser Form angesprochen werden, zu neuen Routinen herausbilden. Solche Neubildungen können aus verschiedensten Gründen notwendig werden:

»Dabei kann es sich um das Erkennen eines unbekannten Objektes, einer neuartigen Aussage, das Erleben einer ungewohnten Bewegung, das Lösen eines Problems oder das Vorstellen eines neuartigen Sachverhalts handeln. Letztlich müssen immer *neue Neuronenverknüpfungen* angelegt werden, die in der Lage sind, ein Verhalten zu steuern oder einen internen Zustand zu erzeugen, welcher vom Gehirn als Lösung des Problems angesehen wird. Das geschieht mit allen Mitteln, die dem Gehirn zur Verfügung stehen, und dies sind neben den aktuellen Sinnesdaten auch die Gedächtnisinhalte, die auf ihre mögliche Relevanz für die Problembewältigung hin geprüft werden müssen« (Roth, 1994, S. 212).

Die Nervennetze, die aus diesen Prozessen der Problembewältigung entstehen, bilden keine starren Verbindungen, sondern werden »beim Vorliegen gleicher oder vergleichbarer Situationen überprüft, verändert und schließlich in einer Form verfestigt, die sich bei der Überprüfung bewährt hat« (Roth, 1994, S. 212). Es besteht also ein direkter Zusammenhang von Bewusstsein und Lernprozessen.

Bewusstsein und somit unser aktuelles Erleben entstehen jedoch erst, *nachdem* schon über die Notwendigkeit von Umstrukturierungen »entschieden« wurde, ohne dass die hierzu erforderlichen Prozesse ebenfalls bewusst werden:

»Je mehr Verknüpfungsaufwand getrieben wird, desto bewußter wird ein Vorgang, und je mehr ›vorgefertigte‹ Netzwerke für eine bestimmte kognitive oder motorische Aufgabe vorliegen, desto automatisierter und unbewußter erledigen wir diese Aufgabe. Bewußtsein ist das *Eigensignal* des Gehirns für die Bewältigung eines neuen Problems (ob sensorisch, motorisch oder intern-kognitiv) und des Anlegens entsprechender neuer Nervennetze; es ist das *charakteristische Merkmal,* um diese Zustände von anderen unterscheiden zu können« (Roth, 1994, S. 213).

Bewusstsein als kontinuierliches Eigensignal

Unser Bewusstsein bzw. unser aktuelles Erleben bildet somit keinen geistigen Entscheidungsfreiraum, sondern stellt ein *kontinuierliches Eigensignal des Gehirns* dar, das mit der aktuellen Verarbeitung und Inbeziehungsetzung von Ereignissen einhergeht und dem eigentlichen Treffen von Verknüpfungsentscheidungen *zeitlich nachgeordnet* ist. Bewusstsein ist daher vergleichbar mit einem »virtuellen Raum«, in dem all das repräsentiert wird, was das Gehirn aufgrund bisheriger Erfahrungen und Handlungsroutinen als bedeutsam eingestuft hat. Der Zusammenhang von Bewusstsein und der Konstruktion eines Ichs wird hierbei deutlich: Weder das Bewusstsein noch unser Selbstbild sind unteilbare autonome Einheiten, sondern stellen zusammengesetzte zeitabhängige Erfahrungen dar, die der selbst erzeugten Illusion erliegen, sie seien von den Prozessen, aus denen sie hervorgehen, unabhängig.

Diese Theorie wurde schon Anfang der 1980er Jahre durch ein Experiment des amerikanischen Neurobiologen und Psychologen Benjamin Libet bestätigt und in der Folgezeit überprüft sowie durch weitere Befunde gestützt. Libet und seine Mitarbeiter hatten gezeigt, »daß dem bewußten Willensentschluß zum Ausführen einer einfachen Handlung unbewußte kortikale Prozesse (das Bereitschaftspotential) in einem Abstand von mehreren hundert Millisekunden vorhergehen« (Roth, 2001a, S. 195). Dies zeigt sich ebenfalls bei aufmerksamkeitsgesteuerten Augenbewegungen, bei denen »die innere Aufmerksamkeit sich unbewußt auf ein Ziel richtet, bevor die Augen sich dorthin bewegen und bevor uns dies bewußt wird« (Roth, 2001a, S. 195). Bei schnellen, unwillkürlichen Handlungen (Reflexen) ist das Bewusstwerden im Anschluss an eine Handlung sogar ansatzweise erlebbar, obwohl auch hier die Illusion erzeugt wird, das auslösende Ereignis wäre vor dem Ausführen der Bewegung bewusst gewesen.

Das zeitliche Nachlaufen des Bewusstseins mag im Bereich der Wahrnehmung und Erfahrung noch nachvollziehbar und akzeptabel sein. Aber wie sieht es mit unserem bewussten Handeln aus, dem bewussten Nachdenken über Sachverhalte, der Planung zukünftiger Handlungen oder der Entscheidung für eine bestimmte Vorgehensweise? Wenn unser Bewusstsein bzw. unser Geist nur ein Eigensignal des Gehirns ist und keine autonome Entscheidungsinstanz, stellt dies unser (abendländisches) Menschenbild infrage oder verlangt zumindest nach einer Neuformulierung dessen, was unser Selbst ausmacht.

3.2.4 Willensfreiheit und Autonomie

>»Rational, adj. – Frei von allen Verblendungen, außer denen
>des Beobachtens, der Erfahrung und des Denkens.«
>(Bierce, 1986, »Des Teufels Wörterbuch«, S. 89)
>
>»Verstand, der – Geheimnisvolle Art Materie, abgesondert vom Gehirn.
>Ihre Hauptaktivität ist der Versuch, ihr eigenes Wesen zu erkennen;
>die Vergeblichkeit des Unterfangens liegt vor allem daran, daß der Verstand
>nichts als sich selbst hat, womit er sich selbst erkennen könnte.«
>(Bierce, 1986, »Des Teufels Wörterbuch«, S. 121)[17]

Wenn man über Willensfreiheit und Autonomie redet, ist es wichtig, vorher zu definieren, um wessen Willensfreiheit und Autonomie es sich hierbei handelt. Hierzu können zwei grundlegende Positionen unterschieden werden, die die Willensfreiheit jeweils anderen Bereichen zuordnen: Zum einen geht es um die Freiheit geistiger Prozesse als Ort unserer Entscheidungen, zum anderen um die Handlungsfreiheit des Menschen allgemein. Diese Positionen unterscheiden sich in ihrer jeweiligen Beschreibung des Verhältnisses zwischen Gehirn und Geist bzw. Bewusstsein. Unter dem Begriff »Leib-Seele-Problem« wird dieser Zusammenhang schon lange philosophisch und mit zunehmenden neurobiologischen Befunden auch interdisziplinär diskutiert – bis hin zur sprachlichen Neuschöpfung einer wissenschaftlichen Disziplin der *Neurophilosophie*.

Die für das Leib-Seele-Problem grundlegende Trennung von Geist und Materie wurde im abendländischen Denken zuerst im 17. Jahrhundert von René Descartes eindeutig benannt, der eine geistige/phänomenale Innenwelt *(res cogitans)* und eine materielle/ontische Außenwelt *(res extensa)* voneinander unterschied. Die Willensfreiheit liegt bei Descartes in einer Überordnung des Geistes, der die körperliche Materie über die Zirbeldrüse im Gehirn so bewegt, dass diese unserem Willen gehorcht. Die Trennung von Geist und Materie bzw. Geist und Gehirn bildet seither einen *Dualismus,* der zur Tradition westlichen wissenschaftlichen Denkens gehört, während in anderen Kulturen und Denktraditionen durchaus *monistische Vorstellungen* einer Einheit von Geist und Körper existieren.

Um die Frage nach der Willensfreiheit zu beantworten, sollen hier drei mögliche Definitionen des Zusammenhangs von Geist und Gehirn und damit auch

---

17 Bierce weist das Subjekt in beiden Definitionen auf sich selbst zurück und vertritt einen konsequenten Subjektivismus der Rationalität und Selbsterkenntnis.

über unsere Willensfreiheit vorgestellt werden: der *Eigenschaftsdualismus,* der *interaktionistische Dualismus* und die *Identitätstheorie.*

Eigenschaftsdualismus

Im *Eigenschaftsdualismus* wird »mentale Aktivität nur als eine zusätzliche, ihrerseits jedoch wirkungslose *Eigenschaft* neuronaler Prozesse aufgefaßt [...]: Relevant für die Steuerung des Verhaltens wären also allein die neuronalen Prozesse; diese besäßen zusätzlich noch einen ›Erlebnisaspekt‹, der aber keinerlei Einfluß auf das neuronale Geschehen hätte« (Pauen, 2001, S. 86).

Geist und Bewusstsein wären dann lediglich Erscheinungsphänomene von Gehirnaktivität, vergleichbar mit dem Bild eines Fernsehers, das sich aus der dahinter liegenden Elektronik ergibt, aber auf diese keine Rückwirkung hat. Mentale Prozesse können in diesem Modell keine Ursache für physische Prozesse und damit für Verhalten sein. Schmerzen, Schmerzverhalten und das Sprechen über Schmerzen wären dann nur Ausdruck dahinter liegender Prozesse des Feuerns von Neuronen, der Bewegung von Muskeln und der Aktivität in den Sprachzentren, hätten jedoch selbst keine Auswirkungen auf unser Verhalten (Pauen, 2001, S. 87 f.). Empirische Untersuchungen, z. B. über den Zusammenhang zwischen Schmerzerfahrung und psychischen Prozessen (Psychosomatik), wären dann nicht sinnvoll, da die Erfahrung letztlich nur Ausdruck körperlicher Prozesse ist, auf diese aber nicht zurückwirken kann.

Interaktionistischer Dualismus

Eine weitere Möglichkeit dualistischer Vorstellung besteht in einem *interaktionistischen Dualismus,* wie er beispielsweise von dem englischen Neurophilosophen John Eccles vertreten wird. Er geht davon aus, dass geistige Prozesse und Gehirnfunktionen zeitlich parallel zueinander ablaufen und dass der Geist mit dem Gehirn interagiert, dass geistige und neuronale Phänomene aber nicht identisch miteinander sind (Popper u. Eccles, 1996, S. 434 ff.) Hierbei wird dem »selbstbewussten Geist« der Vorrang eingeräumt, indem er »aktiv damit beschäftigt ist, nach Gehirnprozessen zu suchen, die gegenwärtig in seinem Interesse liegen«, also damit die Aufmerksamkeit und das Bewusstsein steuert (Popper u. Eccles, 1996, S. 449). Eine interaktionistische Theorie ließe sich nur belegen, wenn empirisch nachweisbar wäre, dass Denken oder Bewusstsein (zumindest teilweise) den damit verbundenen neuronalen Prozessen zeitlich vorausgehen. Weiterhin müsste es neuronale Phänomene geben, die nicht mehr auf der Basis neurobiologischer Erkenntnisse zu erklären wären, sondern den Rückgriff auf kausal wirksame mentale Willensentscheidungen erfordern (Pauen, 2001, S. 89 f.).

Neurobiologische Befunde wie die oben dargestellten sind jedoch mit jeder Form des Dualismus grundsätzlich unvereinbar. Die Lösung läge also in einer *Identitätstheorie* geistiger und neuronaler Prozesse. Wie kann man sich aber vorstellen, dass derart unterschiedliche Dinge wie das Erleben von Bewusstsein und die Funktion von Nervennetzen ein und dasselbe sind? Der Begriff der Identität bezieht sich zunächst darauf, dass wir zwei verschiedene Beschreibungen haben, die sich auf dieselbe Sache oder auf ein bestimmtes Ereignis beziehen. Sucht man beispielsweise in einem Orchester ein Instrument, das eine bestimmte Melodie spielt, so würde man sagen, dass das gesehene Instrument identisch ist mit demjenigen, das die Melodie spielt. Es wäre hierbei unsinnig, zwischen einem optischen und einem akustischen Instrument zu unterscheiden, wohl aber zwischen einer optischen und einer akustischen Erfahrung, die sich beide auf dasselbe beziehen (Pauen, 2001, S. 91 ff.).

Geistige Phänomene und die Funktionsweise des Gehirns sind somit zwei unterschiedliche Betrachtungsweisen ein und derselben Sache: Einmal betrachtet aus der ersten Person (ich mit meinem Erleben), zum anderen aus einer äußeren, naturwissenschaftlichen Perspektive (die Funktion des Gehirns). Geht man davon aus, dass geistige, kognitive und psychologische Prozesse immer mit bestimmten neurologischen Prozessen einhergehen, sind die jeweiligen Beschreibungen zwar grundlegend verschieden, beziehen sich aber auf identische Abläufe. Diese Vorstellung entspricht der Trennung, die Maturana zwischen innerer und äußerer Beobachtung bzw. zwischen *Beschreibungen des Verhaltens* und *Beschreibungen der Physiologie* zieht (siehe Kapitel 2.2.1). Auch hier sind die Beschreibungen äußerer und innerer Beobachtung grundverschieden. Erst aus der Perspektive eines von beiden Beobachtungen unabhängigen Beobachters lässt sich sagen, dass sich innere und äußere Beobachtung auf die gleiche Sache beziehen. Innerhalb der jeweiligen Beschreibung ist die Grenze zwischen der physiologischen Beschreibung und der Beschreibung des Verhaltens (bzw. des subjektiven Erlebens) nicht zu überwinden:

»Das Verhalten fließt aus dem System als Ganzem, in der Physiologie hingegen geht das Ganze aus dem Zusammenwirken der Teile hervor. […] Betrachtet man das Innere und das Äußere, um mit dem ›doppelten Blick‹ zu spielen, so kann man die Phänomene der beiden Bereiche zwar als Beobachter aufeinander beziehen, beseitigt damit aber keineswegs die Grenze zwischen ihnen« (Maturana, 1996, S. 38).

Identitätstheorie

In einer *monistischen* Vorstellung besteht diese Grenze in unserem Erleben und unseren Beschreibungen, aber nicht als »reale« Grenze zwischen geistiger und materieller Welt. In dieser Sichtweise muss der Übergang zwischen Materiellem und Geistigem nicht geklärt werden, weil es keinen solchen Übergang gibt.

In monistischen Vorstellungen bilden Körper, Gehirn, Bewusstsein und Geist eine Einheit, die Handlungen als Gesamtheit hervorbringt und nicht auf einzelne Verursacher reduziert werden kann. *Autonomie* betrifft letztlich das Gesamtsystem in seiner Selbstorganisation und nicht nur einzelne Teilbereiche. Aus dieser monistischen Perspektive betrachtet, wäre daher allein schon die Frage, wie neuronale Prozesse geistige Phänomene hervorbringen, falsch gestellt, da diese Frage schon von der Trennung zwischen einem Produkt und seinem Produzenten ausgeht.

Die Frage, ob ich (»mein Bewusstsein«) oder mein Gehirn meine Handlungen steuert, entsteht letztlich nur, wenn man von einem Geist-Gehirn-Dualismus ausgeht, der sich nicht nur auf zwei verschiedene Beschreibungs- bzw. Zugangsweisen bezieht, sondern auf »tatsächliche Gegebenheiten«. Diese Unterscheidung zwischen einem »materiellen Ich« und einem »geistigen Ich« scheint in einer konstruktivistischen Erkenntnistheorie ebenso widersinnig wie eine Unterscheidung zwischen ontischer Realität und epistemischer Wirklichkeit.

Wenn geistige Phänomene und neuronale Prozesse das Gleiche sind, ist es hinsichtlich unserer *Willensfreiheit* auch unbedeutend, ob die Entscheidung für eine Handlung unbewusst entsteht. Denn es ist ja immerhin das eigene Unbewusste, das als Teil des Gesamtsystems an der Planung und Ausführung von Handlungen beteiligt ist. Betrachtet man Entscheidungen zudem als Prozesse, in denen Bewusstes zunehmend zu unbewussten Routinen wird, ist es weniger wichtig, ob das Treffen von Entscheidungen beginnt, bevor es uns bewusst wird. Bewusstsein, Erinnern, Entscheiden, Handlungsplanung und Handeln sind dann einzelne Aspekte eines zyklischen Prozesses, sodass ein lineares Vorher und Nachher keine sinnvolle Beschreibung ergibt. Ohne Bewusstsein würden schließlich keine neuen Nervennetze angelegt, die später unbewusst bestimmte Funktionen übernehmen können.

Das Erleben von Bewusstsein als unserem persönlichen Beobachterstandpunkt entspricht einer spezifischen Beschreibungsmöglichkeit unseres Selbst. Als Selbstbild oder virtueller Akteur des gesamten Systems leben wir daher buchstäblich in dieser Beschreibungsmöglichkeit. Die Annahme, dass sich hier lediglich der »Film abspielt«, der woanders »gedreht« wird, hängt mit der Funktion zusammen, die dem Bewusstsein auf einer neuronalen Ebene zugeschrieben wird. Eine Erklärung, warum wir Bewusstsein *erleben,* ist vielleicht weder möglich noch notwendig:

> »Wenn wir Bewußtsein als einen spezifischen funktionalen Hirnzustand ansehen, dann ist damit die Annahme verträglich, daß er in besonderer Weise ›gekennzeichnet‹ ist, nämlich in Form subjektiven Erlebens, um ihn von unbewußt ablaufenden Prozessen zu unterscheiden. Dies scheint wichtig zu sein bei der Ausbildung des Ich als eines virtuellen Akteurs. Die Frage, warum Bewußtsein erlebt wird, könnte also von derselben Art sein wie die Frage, warum die Farbe ›Blau‹ uns blau erscheint« (Roth, 2001a, S. 205 f.).

Bewusstsein ist weder ein reines Nebenprodukt neuronaler Aktivität noch die unabhängige Plattform eines virtuellen Akteurs, den unser Gehirn erzeugt. Bewusstsein ist ein Aspekt lebender, kognitiver Systeme, die *als Ganzes* autonom funktionieren und die somit als Einheit auch die Freiheit haben, nach eigenen Erfahrungen und Bewertungen zu handeln. Was aufgrund der geschilderten Sichtweise abgelehnt werden muss, ist sowohl das *Primat des Geistes* bzw. des Bewusstseins als der zentralen Instanz, die unsere Handlungen steuert, als auch das *Primat der neuronalen Steuerung* durch das Gehirn. Jede Festlegung eines Verursachers von Willenshandlungen (Geist *oder* Gehirn) geht auf einen Dualismus zurück, der entweder zu einer Leugnung neurobiologischer Befunde führt oder zu einer physikalistischen Vorstellung von Handlungen und Willensfreiheit.

3.2.5 Zu einem neurobiologischen Verständnis von Willensfreiheit und Verantwortung

Die Schlussfolgerung, die Gerhard Roth auf der Grundlage seiner neurobiologischen Befunde hinsichtlich der Willensfreiheit trifft, ist in dem hier geschilderten Sinne dualistisch:

> »Das bewusste, denkende und wollende Ich ist nicht im *moralischen* Sinne verantwortlich für dasjenige, was das Gehirn tut, auch wenn dieses Gehirn ›perfiderweise‹ dem Ich die entsprechende Illusion verleiht. […] Das Ich ist unerlässlich für komplexe Handlungsplanung, es wägt ab, erteilt Ratschläge, aber es entscheidet nichts« (Roth, 2003, S. 180; vgl. auch Roth, 2001b, S. 447 ff.).

Letztlich sei es das limbische System, dass Handlungen nicht danach bestimmt, »was das bewußte Ich will, sondern danach, ob dieselben oder ähnliche Handlungen positive oder negative Konsequenzen hatten und deshalb wiederholt oder vermieden werden sollen« (Roth, 2003, S. 181).

Diese Auffassung ist in zweierlei Hinsicht problematisch:

1. Wenn nach der oben beschriebenen monistischen Auffassung neuronale Prozesse und kognitive Leistungen identisch sind, nur aus verschiedenen Beobachterstandpunkten heraus unterschiedlich beschrieben werden, ist es nicht sinnvoll zu sagen, dass das Gehirn unserem Bewusstsein eine Illusion erzeugt. Gehirn, Bewusstsein und das denkende Ich sind dann nämlich nur verschiedene Beschreibungen ein und derselben Sache. Die Aussage Roths würde dann bedeuten, dass man der einen Beschreibung (subjektive Ichperspektive) die Verantwortung abspricht für etwas, das die andere Beschreibung (neuronale Prozesse) verursacht. Dieser Standpunkt hilft aber nicht beim Verständnis von Willensfreiheit oder Verantwortung, denn diese existieren nur in der Beschreibung unseres bewussten subjektiven Erlebens. Bei der Beobachtung des Gehirns hingegen findet man neuronale Zusammenhänge, jedoch weder Freiheit, noch Verantwortung oder Moral. Gehirne und neuronale Prozesse gehören zu einer anderen Beschreibungsebene als Bewusstsein, Verantwortung und Willensfreiheit. Es ist nicht begründet, einer dieser Beschreibungen den Vorrang zu geben oder die eine auf die andere zu reduzieren.

   Bleibt man innerhalb der verschiedenen Beschreibungsebenen, müsste man sagen, dass unbewusste Entscheidungen und Prozesse bewussten Prozessen vorausgehen bzw. dass bestimmte neuronale Prozesse zeitlich vor anderen stattfinden. Das Spiel mit dem »doppelten Blick« (Maturana, 1996, S. 38) macht es erst möglich, in der Neurobiologie von bewusster neuronaler Aktivität zu sprechen oder neurobiologische Beschreibungen psychischer Phänomene anzufertigen. Dieser Blick funktioniert aber auch andersherum, indem etwa in der Psychologie versucht wird, mit Gesprächen auf »neuronale Dispositionen« einzuwirken oder in der Pädagogik das Lernen kognitiver Systeme anzuregen. Jede Veränderung im Denken und Handeln bedeutet ja schließlich, dass sich neuronale Strukturen verändern oder anders genutzt werden müssen. Neurobiologie kann zum Verständnis von Willensfreiheit und Verantwortung beitragen, sie kann aber nicht alles von ihrem Standpunkt aus erklären. Die Deutung neurobiologischer Befunde für Sozialwissenschaft, Philosophie, Psychologie etc. ist nicht allein in der Neurobiologie zu geben.

2. Verantwortung und Willensfreiheit betreffen immer den ganzen Menschen als autonomes Subjekt und nicht nur Teilsysteme oder einzelne Prozesse in

ihm. Um beispielsweise jemandem einen Tritt zu versetzen und dafür die Konsequenzen zu tragen, braucht es nicht nur ein Gehirn, das eine solche Handlung auslöst und steuert, sondern trivialerweise auch die Muskeln und den Fuß als ausführende Bestandteile des Menschen. Zudem sind andere Personen und bewusste Wahrnehmungen der ausgeführten Handlung notwendig sowie die daraus entstehenden kommunikativen und sozialen Prozesse. Auch, dass Handlungen »im Lichte vergangener Erfahrung« unter der Bewertung und Abschätzung von Konsequenzen (limbisches System) ausgeführt werden, ändert nichts an der Willensfreiheit, da im Rückgriff auf die eigenen Erfahrungen und die eigene Geschichte eine Entscheidung über Handlungen und ihre Konsequenzen getroffen wird. Ob und wann »das Bewusstsein« hierbei Ratschläge erteilt hat und ob »das limbische System« erwartete Konsequenzen als positiv oder negativ bewertet, sind nur einzelne Aspekte des äußerst komplexen Zusammenspiels neuronaler, kognitiver und sozialer Prozesse. In diesem Zusammenhang gibt es die verschiedensten Beschreibungen, Bewertungen und Empfindungen von Verantwortung und Willensfreiheit. Dass wir keine Entscheidungen treffen, die frei sind von unserer Geschichte, von dem, was wir gelernt haben, und von der Abschätzung von Konsequenzen, ist eine Beobachtung, die außerhalb der Neurobiologie schon früher gemacht wurde. Die Dynamik von Willensfreiheit, Autonomie und Verantwortung lässt sich nicht auf einzelne Hirnteile reduzieren und auch nicht auf eine neurobiologische Sichtweise, der andere Anschauungen oder Wissenschaften zu folgen haben.

4 Kognitive Entwicklung, Kommunikation und Gesellschaft

Im vorangegangenen Kapitel wurden Modelle beschrieben, die erklären, nach welchen Prinzipien sich die Wahrnehmung und das Bewusstsein eines Subjekts aus der Position einer radikalen informationellen Abgeschlossenheit heraus gestalteten. Bewusstsein, die Konstruktion eines Selbstbildes und eine Trennung des Erlebens in verschiedene Bereiche stellen hier aktive Leistungen des Subjekts dar und sind auf interne Prozesse der Selbstorganisation zurückzuführen. Hierbei wurde dargestellt, dass sich das Wissen, das ein Subjekt aufbaut, auf seine Wahrnehmung und Erfahrung bezieht und nicht auf eine Korrespondenz mit äußeren Gegebenheiten (»der Realität«) reduziert werden kann. Aufbauend hierauf muss geklärt werden, wie unter den beschriebenen Bedingungen individuelle Entwicklung möglich ist, die die gegenseitige Bezugnahme mehrerer Subjekte und ihr gesellschaftliches Miteinander einschließt. Diese Klärung beschäftigt sich mit individueller Entwicklung (Kapitel 4.1), der Interaktion und Kommunikation von Subjekten (Kapitel 4.2) und ihrer Entwicklung im sozialen Miteinander (Kapitel 4.3).

4.1 Kognitive Entwicklung als interner Ordnungsprozess

In diesem Kapitel geht es zunächst um eine psychologische Beschreibung kognitiver Entwicklung, also um eine weitere Sichtweise der Prozesse, die vorausgehend teilweise schon aus biologischer und neurobiologischer Perspektive beschrieben wurden. Was dort bezüglich der Entwicklung von Wahrnehmung, Welt- und Selbstbild bzw. über das Lernen von kognitiven Systemen gesagt wurde, wird hier aus einer weiteren Perspektive beleuchtet. Es ist möglich hierzu den gesonderten Systemtyp *psychischer Systeme* zu definieren. Folgt man jedoch den vorherigen Aussagen über die Konstruktion des Selbst, über Bewusstsein, Willensfreiheit und Autonomie (siehe Kapitel 3.1.8 und Kapitel 3.2) handelt es sich bei psychischen und kognitiven Systemen um zwei Beschreibungen ein und derselben Sache. Was neurobiologisch beschrieben wird, hat somit eine psychische Entsprechung und umgekehrt.

Es wird daher in diesem Buch nur der Begriff des *kognitiven Systems* verwendet, das neurobiologisch und psychologisch beschrieben werden kann. Diese beiden Sichtweisen werden in der Neuropsychologie aufeinander bezogen, lassen sich aber nicht aufeinander reduzieren. Durch die alleinige Verwendung des Begriffs kognitiver Systeme soll die Auffassung verdeutlicht werden, dass Kognition, Psyche oder Geist (kognitive, psychische und geistige Entwicklung) weder »rein neuronale« noch »rein geistige« Prozesse sind, sondern verschiedene Beschreibungen von Abläufen, die im Gehirn stattfinden.

In der Darstellung, nach welchen psychologischen Prinzipien kognitive Entwicklung als »Aufbau von Wissen im Subjekt« beschrieben werden kann und in welchen Kategorien es sein Erleben und sein Wissen organisiert, beziehen sich die folgenden Aussagen maßgeblich auf die erkenntnistheoretischen Schriften Ernst von Glasersfelds, der seinen Radikalen Konstruktivismus aus den entwicklungspsychologischen Theorien Jean Piagets abgeleitet hat.

Die Interpretation der Theorien Jean Piagets

Bei der Interpretation der Theorien Jean Piagets tauchen mehrere Probleme auf:
- *Zum einen* fehlt es Piagets Formulierungen oft an Eindeutigkeit, da er einige Aspekte seiner Modelle in späteren Schriften wesentlich ausführlicher darstellte, andere Ansätze hingegen nicht weiter ausgeführt hat.
- *Zum anderen* ergeben sich Schwierigkeiten aus den Übersetzungen der französischen Originalausgaben. Nicht nur, dass viele der verwendeten Begriffe nicht eindeutig übersetzt werden können, sondern es spielen auch die individuellen Sichtweisen seiner Übersetzer eine entscheidende Rolle (von Glasersfeld, 1996d, S. 98 ff.). Der Begriff »Connaissance« kann beispielsweise sowohl mit »Erkenntnis« als auch mit »Wissen« übersetzt werden. »›Erkenntnis‹ deutet an, daß es sich um die Wiedergabe oder Repräsentation von an und für sich existierenden Dingen, Vorgängen und Zusammenhängen handelt« (von Glasersfeld, 1994a, S. 18).

Ernst von Glasersfeld kommt aufgrund der Aussagen, die Piaget an verschiedenen Stellen seines Werkes trifft, zu dem Schluss, dass diese Übersetzung mit Piagets Auffassung unvereinbar ist. »*Connaissance* ist bei Piaget stets ›Wissen‹, das der Organismus sich selbst aufgrund eigenen Handelns und eigener begrifflicher Operationen aufbaut« (von Glasersfeld, 1994a, S. 18).

Piaget hat oft herausgestellt, dass es sich bei der Welt, mit der ein Subjekt zu tun hat, immer um eine von ihm kognitiv erschaffene Welt handelt. Er weist darauf hin, Entwicklung werde in seiner Theorie

> »weder auf den empirischen Prozeß der Entdeckung einer ›vorgefertigten‹ äußeren Wirklichkeit reduziert noch auf einen Prozeß der Präformation oder Prädetermination (Apriorismus), was ebenfalls auf die Überzeugung hinausliefe, daß alles von Beginn an vorgefertigt sei. Wir glauben, daß die Wahrheit zwischen diesen beiden Extremen liegt, d. h. in einem Konstruktivismus, der die Art und Weise bezeichnet, in der unaufhörlich neue Strukturen aufgebaut werden« (Piaget, 1983, S. 81).

Dass es sich beim Erwerb von Wissen nicht um das Entdecken schon vorhandener Fakten handelt, hat Piaget in einer Debatte mit Noam Chomsky herausgestellt: »Der Gesamtprozeß der Konzipierung von Seiten des Subjekts schließt die Existenz ›reiner Fakten‹ als völlig außerhalb des Subjektes aus« (Piaget zit. nach von Foerster, 1987, S. 142). Missverständnisse bei der Rezeption der Theorien Jean Piagets entstehen dadurch, dass solch eindeutige Hinweise in anderen Textpassagen nicht mehr auftauchen, beispielsweise wenn er von der Außenwelt oder der Realität schreibt, ohne jedes Mal anzumerken, dass es sich hierbei nicht um eine ontische, sondern um eine kognitiv erschaffene Außenwelt bzw. Realität handelt (Piaget, 1974b, S. 165).

Von Glasersfeld geht es bei seinem Umgang mit den Theorien Piagets nicht um die Grundlegung des »einzig richtigen« Verständnisses der in ihr beschriebenen Zusammenhänge. Vielmehr versucht er, die Entwicklung der zentralen Begriffe in Piagets Werk zu erfassen und auf uneindeutige Passagen an anderen Stellen seiner Schriften zu übertragen. Der Radikale Konstruktivismus von Glasersfelds stellt den Versuch dar, die oft widersprüchlich erscheinenden Aussagen in der Originalliteratur zu ordnen und in einem konsistenten Modell zusammenzufassen (von Glasersfeld, 1996d, S. 98 ff.).

Man kann genau genommen davon sprechen, dass es zumindest *zwei Lesarten* der Werke Piagets gibt, eine »(radikal) konstruktivistische« und eine »realistische« (Flacke, 1994, S. 96). Bei einem »realistischen« Verständnis Piagets kann es sich jedoch lediglich um eine Form des »Minimalrealismus« handeln (Engels, 1989, S. 277), da Piaget ausdrücklich alle Theorien zurückgewiesen hat, »die Entwicklung ausschließlich als empirisches Lernen, als Widerspiegelung der Außenwelt interpretieren« (Montada, 1987, S. 456).

Die Position des Minimalrealismus besteht in der Annahme der Existenz einer (wie auch immer gearteten) Realität, wobei es aber für unmöglich gehalten wird, eine Aussage über ihre Beschaffenheit zu machen. Von Glasersfeld macht hingegen überhaupt keine Aussage über die Ontologie (von Glasersfeld, 1996, S. 186 ff.).

Wichtig ist in beiden Lesarten, dass die Frage nach dem Erwerb von Wissen und der kognitiven Entwicklung aufgrund der kognitiven Tätigkeit des einzelnen Subjekts erklärt wird und nicht im Rückgriff auf eine scheinbare »Übernahme realer Strukturen«. Denn selbst wenn man im Rahmen eines Minimalrealismus die Existenz einer (wie auch immer gearteten) Beziehung zu einer Realität annimmt, wäre es aufgrund der Unhintergehbarkeit unseres subjektiven Beobachterstandpunktes unmöglich zu sagen, wie diese Beziehung aussieht.

4.1.1 Äquilibration: Lernen auf der Grundlage subjektiver Erfahrung

Jede kognitive Entwicklung kann unter zwei Aspekten betrachtet werden: dem Erreichen oder dem Verfehlen eines Zieles. Durch das Erreichen eines Zieles bestätigt sich die Viabilität der Prozesse, die zu dem erwünschten Ergebnis geführt haben, d. h., dem Subjekt ist es gelungen, eine geplante Handlung erfolgreich auszuführen. Durch einen gescheiterten Versuch zeigt sich hingegen eine Differenz zwischen der geplanten und der erfahrenen Wirkung des Handelns, was zum Anlass für eine Veränderung der bisher angewendeten Methoden werden kann. Dieses Wechselspiel zwischen Versuch, Irrtum und der daraus entstehenden Möglichkeit der Veränderung hat Piaget zur Grundlage seiner Theorie gemacht und anhand der Begriffe *Assimilation* und *Akkommodation* in seinem Äquilibrationsmodell beschrieben.

Assimilation

Assimilation stellt immer den geglückten Versuch dar, ein gewünschtes Ergebnis mithilfe eines bekannten Handlungsschemas herbeizuführen. Ein *Schema* ist eine bestimmte Abfolge von Prozessen, die sich im Subjekt als Erfolg versprechender Weg zum Erreichen eines Ziels herausgebildet hat. Ein Subjekt entwickelt beispielsweise ein Greifschema, um bestimmte Gegenstände zu greifen oder eine bestimmte Abfolge von Denkprozessen, um ein gedankliches Problem zu bewältigen. Verläuft die Anwendung eines Schemas zufriedenstellend, verfestigt sich dieses Schema, um in vergleichbaren Situationen wieder angewendet zu werden. Bei der geglückten Anwendung eines Schemas handelt es sich also um die Erfahrung, dass sich Elemente der Wahrnehmung auf eine Weise verhalten und beeinflussen lassen, die zu den Denk- und Handlungsmöglichkeiten »passen«, die dem Subjekt zur Verfügung stehen.

Nach Piaget ist »Assimilation die Integration externer Elemente in die sich entwickelnden oder abgeschlossenen Strukturen eines Organismus« (Piaget, 1983, S. 32). Zum Verständnis dieser Definition ist es entscheidend, welche Beziehung man zwischen den »externen Elementen« und dem Organismus unterstellt. In einem konstruktivistischen Verständnis handelt es sich bei externen Elementen immer um Elemente, die das Subjekt als *außerhalb von sich liegend konstruiert* (siehe Kapitel 3.1.7):

»Während am Beginn dieser Entwicklung das Kind alles auf sich, oder genauer gesagt, auf seinen Körper zurückführt, gliedert es sich am Ende, daß heißt, wenn Sprache und Denken einsetzen, bereits praktisch als Element oder Körper unter die anderen ein, in einer Welt, die es nach und nach aufbaut und die es von da an als außerhalb von sich existierend empfindet« (Piaget, 1974b, S. 158).

Der Schwerpunkt dieser Definition liegt auf der Erfahrung des Subjekts, da von ihr sowohl abhängt, was das Subjekt als außerhalb von sich existierend empfindet, als auch, ob sich die Elemente dieses (kognitiv erschaffenen) externen Bereichs in seine Struktur integrieren lassen. Assimilation bezeichnet das Gelingen dieser Integrationsleistung: »Assimilation geschieht also dann, wenn ein Organismus ein Erlebnis in eine ihm bereits verfügbare begriffliche Struktur einpaßt« (von Glasersfeld, 1996d, S. 113). Entscheidend ist hierbei, dass das Erlebnis in die Strukturen »passt«, die das Subjekt sich bis zu diesem Zeitpunkt aufgebaut hat bzw. durch sie eine hinreichende Erklärung findet.

Nach Auffassung von Glasersfelds muss Assimilation demnach verstanden werden als »eine Form des Umgangs mit Neuem, die dieses *Neue als ein Vorkommnis von etwas Bekanntem* behandelt« (von Glasersfeld, 1994a, S. 27 f.). In Bezug auf die Ausführungen über das Bewusstsein (Kapitel 3.2) stellt sich Assimilation als ein Prozess dar, bei dem das Subjekt einem Ereignis (bzw. einer Wahrnehmung) aufgrund bisheriger Erfahrung die Aspekte »neu« oder »bekannt« zuordnet. Hieraus ergibt sich, dass Assimilation nicht der Ausdruck einer »tatsächlichen« Beziehung zwischen Subjekt und Objekt ist, sondern ein Abgleich, bei dem das Subjekt aktiv entscheidet, ob sein aktuelles Erleben mit seiner bisherigen Erfahrung vereinbar ist.

An dieser Stelle ist es wichtig, nochmals auf die doppelte Rolle der Erfahrung hinzuweisen. Die Erfahrung dient nicht nur als Grundlage zur Überprüfung der Vereinbarkeit des aktuellen Erlebens mit den momentanen Konstrukten des Subjekts, sondern bestimmt auch, was und wie es überhaupt wahrnimmt oder erlebt (vgl. Kapitel 2.1.6):

> »Der kognitive Organismus nimmt nur das wahr (assimiliert nur das), was er in die Strukturen, die er bereits besitzt, einpassen kann. Natürlich ist das eine Beschreibung aus dem Gesichtspunkt des Beobachters. Es führt zu der wichtigen Schlußfolgerung, daß der assimilierende Organismus all das, was nicht in seine begrifflichen Strukturen paßt, nicht bemerkt oder bewußt vernachlässigt« (von Glasersfeld, 1996d, S. 114).

Bei der Assimilation handelt es sich nicht um eine Anpassung des Subjekts an die objektiven Gegebenheiten einer realen Welt, sondern um eine Form des Umgangs mit Elementen, die innerhalb des Erlebens und der Wahrnehmung des Subjekts existieren. Insofern stellen jede Wahrnehmung, jedes Denken und jedes Erleben eine Assimilation dar, sofern sie im Rahmen der Strukturen verlaufen, die das Subjekt im Laufe seiner Entwicklung aufgebaut hat.

Durch die individuelle Struktur und Entwicklungsgeschichte jedes Subjekts sind verschiedene Möglichkeiten festgelegt, neue Erlebnisse einzuordnen und auf sie zu reagieren. Diese Möglichkeiten (Schemata) sind immer daran gebunden, was sich in der subjektiven Erfahrung als stabiler und viabler Umgang mit Neuem herausgebildet hat. Führt ein angewendetes Schema zu dem Ergebnis, zu dem es eingesetzt wurde, hat das Subjekt erfolgreich assimiliert.

Akkommodation

Ebenso kann es aber auch passieren, dass ein angewendetes Schema nicht zum gewünschten Ziel führt. In diesem Fall kann das Scheitern der Assimilation zu einer *Akkommodation* führen:

> »Wird das Ziel nicht erreicht, kann die sich ergebende Störung zu einer Akkommodation führen. Dabei wird dem Wahrnehmungsmuster entweder eine einschränkende Bedingung hinzugefügt, um die ›unproduktive‹ Auslösung der Aktivität in derartigen Situationen zukünftig zu vermeiden. Andererseits kann, wenn das unerwartete Ergebnis sich als durchaus wünschenswert erweist, die neu hinzugefügte Bedingung dazu dienen, neben dem alten Schema ein neues zu bilden« (von Glasersfeld, 1994a, S. 33).

Eine gescheiterte Assimilation stellt für das Subjekt also immer eine Differenz zwischen seiner Erwartung und dem von ihm beobachteten Ergebnis seiner Handlung dar. Um diese Differenz auszugleichen, ist es notwendig, bereits vorhandene Schemata abzuwandeln oder neue anzulegen, um in der nächsten Situation, in der das Schema angewendet wird, ein Scheitern zu verhindern.

Auch bei der Akkommodation liegen die Maßstäbe der Bewertung über das Erreichen oder Verfehlen eines Ziels bzw. über das »Passen« oder »Nicht-Passen« eines Schemas allein im Subjekt und nicht in einer ontischen Beziehung zwischen Subjekt und Objekt. Das Subjekt schafft sich ein Netzwerk von Schemata, das ihm dazu dienen soll, den eigenen Erwartungen zu entsprechen, wobei die Bildung dieses Netzwerkes nie den grundlegenden Rahmen von Versuch und Irrtum verlässt (von Glasersfeld, 1987a, S. 410). Es entscheidet aufgrund seiner Wahrnehmung und Erfahrung, welche Bedingungen erfüllt sein müssen, um eine Handlung als gelungen oder gescheitert anzusehen. Hierbei ist die informationelle Abgeschlossenheit des Subjekts zu betonen, da es allein aufgrund interner Kriterien bewertet, welche Situationen zum Handeln Anlass geben, welche Schemata zur Grundlage des Handelns gemacht werden und ob die aus den Handlungen resultierenden Ergebnisse als befriedigend bewertet werden.

Eine Akkommodation ist immer ein Lernvorgang, da bisherige Konzepte zur Handlungsplanung zugunsten anderer abgewandelt oder verworfen werden: »Die Lerntheorie, die sich aus Piagets Arbeiten ergibt, kann man etwa so zusammenfassen: Kognitiver Wandel und Lernen finden statt, wenn erstens ein Schema ein erwartetes Ergebnis nicht herbeiführt und zweitens die dadurch hervorgerufene Perturbation ihrerseits zu einer Akkommodation führt, die das Gleichgewicht wiederherstellt« (von Glasersfeld, 1996d, S. 121).

Diese *Definition von Perturbation* unterscheidet sich von der Definition bei Maturana (siehe Kapitel 2.1.1). Eine Perturbation ist bei Piaget bzw. bei von Glasersfeld immer die Folge einer fehlgeschlagenen Assimilation (von Glasersfeld, 1996d, S. 117). Diese Definition stellt die Bedeutung einer Perturbation als Störung oder Störeinwirkung in Bezug auf das Subjekt in den Vordergrund, da nur es selbst darüber entscheidet, ob eine Assimilation misslungen und dadurch eine Störung aufgetreten ist. Perturbation bezeichnet hier also nicht den Bereich der beobachtbaren Interaktion eines Systems mit seiner Umwelt, sondern eine Differenz zwischen seinem aktuellen Erleben und den von ihm angewendeten Schemata. In dieser Definition kann eine Perturbation von einem äußeren Beobachter lediglich vermutet werden, da die Beobachtung des Verhaltens eines Subjekts keine zwangsläufige Auskunft über das Gelingen oder Scheitern einer Assimilation liefert.

Äquilibration

Assimilation und Akkommodation sind zwei Prinzipien, die nie getrennt voneinander auftreten. Jede Akkommodation geht auf eine gescheiterte Assimilation zurück, und ohne Akkommodationen werden keine Schemata angelegt oder verändert, die wiederum Grundlage der Assimilation sind. Das Wechselspiel zwischen Assimilation und Akkommodation dient dem Organismus dazu, ein ausgeglichenes Verhältnis zwischen seinen Denk- und Handlungsschemata und deren Auswirkungen auf die (von ihm konstruierte) Umwelt herzustellen bzw. aufrechtzuerhalten. Diesen fortwährenden Ausgleichsprozess bezeichnet Piaget als *Äquilibration*.

Äquilibration stellt das Bestreben eines kognitiven Systems dar, ein widerspruchsfreies Verhältnis zwischen seiner Erfahrung, seinen Gedanken und seinem aktuellen Erleben herzustellen. Äquilibration ist auf ein ausgeglichenes Verhältnis zwischen Stabilität einerseits (im Sinne von Konsistenz, Berechenbarkeit und Vorhersagbarkeit von Ereignissen) und Instabilität andererseits ausgerichtet (im Sinne von Inkonsistenz, Unberechenbarkeit und Unvorhersagbarkeit, also auch Spannung, Überraschung und Herausforderung).

Das Äquilibrium (Gleichgewicht) bedeutet keinen absolut erreichbaren Zustand der Starre und Unbeweglichkeit. Der fortwährende Prozess einer Konsistenzprüfung zwischen schon gemachter und aktueller Erfahrung geht hierbei mit einem Wechsel zwischen dem Auftreten von Widersprüchen und deren Auflösung (Akkommodation) einher. Hierbei wird das System niemals einen konstanten Zustand der Ausgeglichenheit erreichen, es befindet sich vielmehr in einer Art Fließgleichgewicht (Äquilibrium), welches jederzeit durch ein Ereignis gestört werden kann.

Im Prozess der Äquilibration besteht eine Parallele zu Maturanas Modell der Autopoiese. Was sich dort auf der Ebene der Erhaltung der biologischen Struktur vollzieht, geschieht bei der Äquilibration auf der Ebene der Erhaltung der geistigen Struktur, als Aufrechterhaltung eines konstanten Verhältnisses zwischen neuen Ereignissen und schon gemachter Erfahrung (von Glasersfeld, 1997, S. 58). Ebenso fügt sich die Idee der Äquilibration in das synergetische Modell der Zustandsveränderung ein, das den Übergang zwischen stabilen Zuständen beschreibt (Strunk u. Schiepek, 2006, S. 108 ff.; siehe Kapitel 2.6).

Zur Veranschaulichung

Versucht ein Kind, den Deckel einer Keksdose zu öffnen, assimiliert es ein bestimmtes Handlungsschema an ein Objekt seiner Wahrnehmung. Durch das gelungene Anwenden (Assimilieren) des Schemas und durch sein Scheitern in anderen Situationen (Perturbation) mit einer darauf folgenden Akkommodation, hat das Kind das Schema so verfeinert und abgewandelt, dass es in seiner Wahrnehmung und seinem Denken einen viablen Weg zum Erreichen bestimmter Ziele darstellt.

Gelingt der Versuch, die Dose anhand des angewendeten Handlungsschemas zu öffnen, findet das Kind die Viabilität des Schemas bestätigt. Gelingt der Versuch nicht, kann es andere Schemata anwenden, die ihm auch zur Lösung des Problems nützlich erscheinen. Scheitern alle Versuche, verfügbare Handlungsschemata anzuwenden, muss das Kind akkommodieren, um die Dose zu öffnen. Es muss also seine Schemata abwandeln oder ein neues entwickeln, um zu einem befriedigenden Ergebnis zu gelangen.

Dieser Wandel kann aber auch darin bestehen, dass das Kind seine Eltern bittet, ihm einen anderen Weg zum Öffnen der Dose zu zeigen oder sie selbst aufzumachen. Eine Akkommodation besteht dann in einer Modifizierung oder Erweiterung der Handlungsschemata, die in einer zukünftigen Situation verwendet werden können.

Auf der Basis der dargestellten Prinzipien der Äquilibration – der Assimilation und Akkommodation – erschafft sich jedes Subjekt eine Ordnung seiner Wahrnehmungen und Erfahrungen. Die hierzu notwendigen Ordnungsprozesse führen zu unterschiedlichen Kategorien des Erkennens, Erinnerns, Vorstellens und Nachdenkens.

4.1.2 Re-Präsentation, Abstraktion und Reflexion: Die Ordnung von Erfahrung und Wissen

Re-Präsentation

Geht man davon aus, dass sich das Denken des Subjekts an *äußeren Gegebenheiten* entwickelt, bedeutet Repräsentation eine mehr oder minder genaue Abbildung dieser Gegebenheiten. Im konstruktivistischen Modell bezieht sich das Denken jedoch immer auf die Wahrnehmung des Subjekts und die daraus gebildeten *internen Strukturen,* kann also nicht als Abbildung beschrieben werden. Piaget verwendete in seinen Schriften zwar ebenfalls den Begriff der Repräsentation, aber nicht im Sinne einer Abbildung:

»Unglücklicherweise setzte Piaget in den Ausdruck ›Re-Präsentation‹ nur gelegentlich einen Bindestrich [...]. Meiner Ansicht nach ist der Bindestrich aber äußerst wichtig, weil Piaget den Ausdruck in einem völlig anderen Sinne verwendet als die zeitgenössischen Philosophen. Für Piaget bedeutet ›Re-Präsentation‹ immer die Wiedergabe vergangener subjektiver Erfahrungen (aus dem Gedächtnis des Individuums), nicht aber eine Abbildung von etwas eigenständigem, geschweige denn eine Abbildung der realen Welt« (von Glasersfeld, 1994a, S. 23).

Mit der klassischen Vorstellung abbildender Wahrnehmung hat Piagets Begriff der *Re-Präsentation* eines gemeinsam, es handelt sich dabei um »visualisierte Vorstellungen von Objekten, die auch dann hervorgerufen werden können, wenn die entsprechenden Sinnessignale nicht vorhanden sind« (von Glasersfeld, 1994a, S. 23). Re-Präsentation bezeichnet aber nicht nur eine Erinnerung im klassischen Sinne, sondern beinhaltet mehrere Aspekte, die sich auf die Form und den Stellenwert dieser kognitiven Leistung des Erinnerns und Vorstellens beziehen:

- Bei einer Re-Präsentation handelt es sich immer um einen Stellvertreter (Re-Präsentant) für eine vergangene Erfahrung. Wenn also eine Erfahrung erinnert wird, ist dies keine direkte Wiederholung des damaligen Erlebens, sondern eine Rekonstruktion, die aufgrund der damals angelegten Erinnerung im Hinblick auf die aktuelle Erfahrungssituation des Subjekts, als Ver-Gegenwärtigung erstellt wird. »Ich möchte die Vorsilbe ›Re-‹ betonen, denn sie unterstreicht die *Wiederholung*, die *Re-Petition*, von etwas, das in der Erfahrungswelt eines Subjekts zu irgendeiner anderen Zeit gegenwärtig war« (von Glasersfeld, 1996d, S. 160).
- Beim Erinnern und Wiederaufrufen (Re-Präsentieren) von Erfahrung handelt es sich um einen Prozess des Bewusstmachens. Hierbei kann sich Re-Präsentation »natürlich auch auf eine neue Konstruktion (aus erinnerten Elementen) beziehen, die noch nicht tatsächlich erlebt worden ist, die aber als Möglichkeit in die Zukunft projiziert wird« (von Glasersfeld, 1996, S. 160, Fn. 5).
- »Re-Präsentationen können durch viele Dinge aktiviert werden. Jedes beliebige Element im Strom der Erfahrung kann Re-Präsentationen vergangener Situationen, Zustände, Tätigkeiten oder anderer Konstrukte hervorrufen« (von Glasersfeld, 1996, S. 165).
- Re-Präsentationen sind immer konkret. »Was immer wir uns vorstellen, ob Fisch, Vogel oder Blume, es wird sich stets um einen besonderen Fisch, einen besonderen Vogel und eine besondere Blume handeln. Sie werden ihre jeweils individuellen Formen, Farben und Dimensionen haben […]. Daraus folgt, daß wir nicht imstande sind, uns Ideen von generalisierten Dingen (Universalien) anschaulich *vorzustellen;* es schließt aber nicht aus, daß wir generelle Ideen konstruieren, um Einzeldinge zu klassifizieren« (von Glasersfeld, 1996, S. 155).

Abstraktion

Das Konstruieren genereller Ideen bezeichnet Piaget als *Abstraktion* – als einen Prozess, bei dem Wahrnehmungen und Ereignisse klassifiziert und generalisiert werden. Während es sich bei Re-Präsentationen um konkrete Vorstellungen handelt, stellt eine Abstraktion sozusagen ein Ordnungsprinzip dar, anhand dessen ein Subjekt seine Wahrnehmungen und Re-Präsentationen unter bestimmten Gesichtspunkten zusammenfasst und im Sinne einer Gruppenbildung verallgemeinert.

Abstraktionen stellen ein System übergeordneter Kategorien dar, die sich auf Wahrnehmungen und Re-Präsentationen beziehen, aber nicht mit diesen identisch sind. Um einen konkreten Gegenstand oder eine konkrete Idee einer bestimmten Gruppe von Dingen, Ereignissen oder Begriffen zuzuordnen, benötigt das Subjekt immer nur eine bestimmte Menge von Eigenschaften, die dieses Konkrete mit einer allgemeinen Vorstellung verbindet: »Kurz, um zu erkennen, daß mehrere Erfahrungselemente zur gleichen Art gehören, obwohl sie auch unterschiedliche Merkmale haben, brauchen wir einen Begriff, der flexibel genug ist, um eine gewisse Variabilität zuzulassen. Ein solcher Begriff muß anstelle spezifischer Einzelmerkmale Variablen für gewisse Eigenschaften enthalten« (von Glasersfeld, 1996d, S. 157).

Die in der Abstraktion durchgeführte Zuordnung ist vergleichbar mit der *Definition der Organisation und Struktur eines Systems:* Damit etwas einer bestimmten Klasse von Gegenständen zugeordnet werden kann, müssen bestimmte Relationen zwischen seinen Einzelteilen gegeben sein (eine bestimmte Organisation), unabhängig davon, in welcher konkreten Weise diese in seiner Struktur umgesetzt werden (Maturana u. Varela, 1987, S. 49; siehe Kapitel 2.2.2).

Piaget unterscheidet in seinen Werken zwei grundlegende Formen von Abstraktion (von Glasersfeld, 1996d, S. 169f.):

a) *Empirische Abstraktion* steht immer im Zusammenhang mit einer aktuellen Wahrnehmung. Hierbei werden Objekte aufgrund sensorischer oder sensomotorischer Aktivität (Ding- und Körperwelt, siehe Kapitel 3.1.7) unterschieden und einer bestimmten Klasse von Objekten zugeordnet. Die Funktion empirischer Abstraktion besteht also in der Identifizierung sensomotorischer Ereignisse aufgrund eines flexiblen Gruppenbegriffs: »Durch empirische Abstraktion werden sensorische Einzelmerkmale, die in einer gewissen Anzahl von Erfahrungssituationen auftreten, festgehalten und so miteinander verbunden, daß sie mehr oder minder stabile Muster bilden. Diese Muster werden insoweit als viabel betrachtet, als sie der erfolgreichen Assimilation neuer Erfahrung dienen und es ermöglichen, Gleichgewicht zu erhalten oder wieder herzustellen« (von Glasersfeld, 1996, S. 124).

Empirische Abstraktionen sind allgemeine Vorstellungen konkreter Erfahrungselemente und werden als *figurativ* bezeichnet, da sie einen rein darstellenden Charakter haben und dazu dienen, Elemente der Wahrnehmung zu kategorisieren. Dabei handelt es sich um das Bestreben,»»Wirklichkeit nur so zu repräsentieren, wie sie erscheint, ohne den Versuch, sie zu transformieren« (Piaget, 1983, S. 55). Somit bildet unsere Wahrnehmung einen Bereich figurativer Tätigkeit, da sie zwar auf aktive Transformationen zurückgeht, im Moment ihrer Entstehung aber immer auf Strukturen zurückgreift, die schon angelegt sind. Eine »Re-Präsentation der Wirklichkeit, wie sie erscheint« (s. o.), bedeutet demnach die Wahrnehmung von Objekten, die nach internen Kriterien unterschieden, geordnet und verallgemeinert worden sind.

b) *Reflexive Abstraktion* hingegen bezieht sich auf Generalisierungen innerhalb der Gedankenwelt (siehe Kapitel 3.1.7), ohne dass sie auf direkte sensorische oder sensomotorische Aktivität zurückgehen müssen. Reflexive Abstraktionen entstehen aus der aktiven Verknüpfung oder Trennung von Elementen, die bereits im Subjekt re-präsentiert sind. »Dabei kann es sich um aus der Erfahrung gewonnenes Material handeln oder um Gedankenexperimente, die mit imaginärem Material durchgeführt werden« (von Glasersfeld, 1996d, S. 124 f.).

Reflexive Abstraktionen werden aus allen kognitiv zugänglichen Elementen gebildet, die bisher angelegt und verallgemeinert wurden. Zu diesen Elementen gehören das aktuelle Erleben ebenso wie Re-Präsentationen und Abstraktionen. Reflexive Abstraktionen entstehen aus kognitiven Operationen, ohne von direkter Wahrnehmung begleitet sein zu müssen und werden daher als *operativ* bezeichnet. Im Gegensatz zu empirischen Abstraktionen haben reflexive Abstraktionen keinen rein darstellenden Charakter, sondern erfüllen eine aktive Funktion zur »Transformation von Wirklichkeit« (Piaget, 1983, S. 55).

Reflexion

Der operative Prozess, in dem ein Subjekt die Elemente seiner kognitiven Tätigkeit vergleicht, trennt und zusammenfügt wird als *Reflexion* bezeichnet. Bei der Reflexion kann es sich um das Einengen oder Erweitern begrifflicher Strukturen handeln, um den Vergleich des aktuellen Erlebens mit bereits gemachter Erfahrung oder um Operationen, die sich ausschließlich auf vergangene Erfahrungen stützen. Das Gemeinsame dieser Tätigkeiten liegt darin, dass sie dem Subjekt erlauben, »aus dem Strom der unmittelbaren Erfahrung herauszutreten, […] einen Ausschnitt davon zu re-präsentieren und diesen zu betrachten, so als ob er selbst direkte Erfahrung wäre« (von Glasersfeld, 1996d, S. 153). Reflexion besteht in der Isolierung von Erfahrungsblöcken und ihrer Korrelation untereinander. Sie stellt hierbei eine aktive Ordnung des Erlebens und Denkens dar, indem Ereignisse oder Begriffe in einen neuen Zusammenhang gesetzt werden. Reflexion ist immer von Aufmerksamkeit und demnach von Bewusstsein begleitet (siehe Kapitel 3.2). Da Reflexion einen rein operativen Vorgang darstellt, gehören die daraus entstehenden Ergebnisse zu den *reflexiven Abstraktionen* (von Glasersfeld, 1996d, S. 124).

Der *Zusammenhang von empirischer und reflexiver Abstraktion* lässt sich wie folgt beschreiben. Um einen bestimmten Gegenstand als solchen zu erkennen, ist es notwendig, ein generalisiertes Konzept von ihm zu haben (empirische Abstraktion). Begriffliche und theoretische Verknüpfungen (reflexive Abstraktion), die sich aufgrund solcher generalisierten Konzepte herausbilden, beziehen sich immer schon auf bereits Erkanntes und bilden in einer Form der aktiven Transformation dieser bereits vorhandenen Strukturen neue Möglichkeiten des Erkennens, der Ordnung und der Interpretation.

Die Ausbildung von Abstraktionen steht in engem Zusammenhang mit der Trennung zwischen Ding-, Körper- und Gedankenwelt, die sich das Subjekt im Laufe seiner Entwicklung aufbaut (siehe Kapitel 3.1.7). Während empirische Abstraktion (Ding- bzw. Körperwelt) eine Interaktion mit sensorischen und sensomotorischen neuronalen Zuständen voraussetzt, ist reflexive Abstraktion ein Phänomen innerhalb der Gedankenwelt. Sie geht zwar auf sensorische und motorische Aktivität zurück, ist aber nicht zwangsläufig davon begleitet.

Re-Präsentation, Abstraktion und Reflexion sind grundlegende Ordnungsprozesse, die für die *Entwicklung von Sprache und Kommunikation* notwendig sind. Die für diese Prozesse charakteristische Unabhängigkeit von direkter Erfahrung ist hierbei das entscheidende Merkmal, das Sprache als Ausdrucksmöglichkeit für Vergangenes, Gegenwärtiges und Zukünftiges erst ermöglicht.

4.2 Sprache und Kommunikation

>»Worte, dachte er. Das zentrale Problem der Philosophie. Die Beziehung zwischen Wort und Objekt … was ist ein Wort? Willkürliches Zeichen. Aber wir leben in Worten. Unsere Wirklichkeit ist in Worten, nicht in Dingen. […] Das Wort ist von größerer Wirklichkeit als das Objekt, für das es steht. Das Wort steht nicht für die Wirklichkeit. Es ist die Wirklichkeit. Jedenfalls für uns.«
>(Dick, 1978b, »Zeitlose Zeit«, S. 45)[18]

4.2.1 Sprache

In der bisherigen Beschreibung zeigt sich kognitive Entwicklung als Netzwerk verschiedener Prozesse des Handelns, Erinnerns, Erkennens und Denkens. Entstehende Ordnungen beziehen sich immer auf schon vorhandene Ordnungen im kognitiven System und nicht auf scheinbar gegebene Ordnungen außerhalb des Subjekts. In diesem Zusammenhang scheinen die verbindenden Elemente zwischen diesen jeweils subjektiv erschaffenen Ordnungen die sprachlichen Begriffe zu sein, die zur Benennung einzelner Ordnungszustände (z. B. Wahrnehmungen, Abstraktionen, Erinnerungen) verwendet werden. Was jedoch ein Einzelner mit einem Wort verbindet, geht auf seine subjektive Wahrnehmung und Erfahrung zurück und nicht auf »tatsächliche« Gegenstände und Zusammenhänge. Sprache ist im konstruktivistischen Verständnis zwar immer noch ein entscheidendes Element, das eine gegenseitige Bezugnahme von Subjekten ermöglicht, kann aber nicht mehr als Senden und Empfangen von Nachrichten bzw. als Informationsübergabe beschrieben werden.

Ebenso wie bei der Wahrnehmung muss bei dem Phänomen der Sprache ein Modell gefunden werden, das ihre Funktion unter der Voraussetzung erklärt, dass sie nicht abbildet oder etwas beschreibt, was vom Subjekt unabhängig ist, sondern das unter dem Gesichtspunkt der Konstruktion von Wirklichkeit entsteht. Sprache ist zunächst ein Ordnungssystem, mit dem die durch Re-Präsentation, Abstraktion und Reflexion gebildeten Elemente benannt werden können. Von der Position eines Subjekts aus betrachtet, kann Sprache nur solche Elemente bezeichnen, die das Subjekt in seiner Erfahrung als eigenständig isoliert hat. Sprache ist daher konnotativ (zuweisend) und deskriptiv (beschreibend) auf die innere Ordnung eines Subjekts bezogen, also auf seine Re-Präsentationen, Abstraktionen und seine Reflexion. Dieser Bezug von Sprache zur individuellen

---

18 Dick philosophiert über die Anschlussfähigkeit von Sprache an Sprache als einem subjektiven Bedeutungsnetzwerk ohne Möglichkeit oder Notwendigkeit eines äußeren Bezugsrahmens. Einer Erklärung eben dieser selbstreferenziellen Dynamik findet sich im konstruktivistischen Verständnis von Sprache und Kommunikation.

Wirklichkeitskonstruktion soll hier anhand einer Darstellung davon verdeutlicht werden, wie ein Subjekt Sprache und ihren Gebrauch erwirbt.

Der Erwerb von Sprache

Beim *Erwerb der Sprache* muss ein Subjekt zunächst drei Schritte ausführen, die von Glasersfeld am Beispiel eines Kindes erläutert, dessen Eltern ihm ein Wort beibringen wollen:

»Der erste besteht darin, daß es seine Aufmerksamkeit auf ganz bestimmte sensorische Signale richten muß, die ihm in der Mannigfaltigkeit der sensorischen Signale gerade verfügbar sind. […] Der zweite Schritt besteht in der Isolierung und Koordinierung einer Gruppe dieser sensorischen Signale, um ein mehr oder weniger einheitliches Element oder Ding zu bilden. […] Der dritte Schritt schließlich besteht darin, das isolierte visuelle Muster mit der auditorischen Erfahrung zu verknüpfen, die von der elterlichen Äußerung […] hervorgerufen wird« (von Glasersfeld, 1996d, S. 229).

Bei *gehörlosen Menschen* bezieht sich der dritte Schritt ausschließlich auf visuelle Erfahrungen (z. B. geschriebene Wörter, Zeichen, Lippenlesen). Wichtig ist die Verbindung, die das Subjekt zwischen einer Gruppe isolierter sensorischer Muster und einer auditorischen bzw. visuellen oder taktilen Erfahrung herstellt.

Wurde ein Zusammenhang zwischen einem isolierten Element der Wahrnehmung und einer Lautäußerung hergestellt, bedeutet dies eine Zuweisung der Lautäußerung zu den Erfahrungen, die das Subjekt mit diesem Element gemacht hat. Es können also zunächst nur solche Elemente mit einer Lautäußerung verbunden werden, die vorher als eigenständig isoliert wurden. Damit ein »Etwas« etwas ist, muss man es von etwas anderem unterscheiden: »Alles fängt damit an, daß man Dinge unterscheidet und zwischen diesen Dingen Beziehungen herstellen kann« (von Glasersfeld, 1987a, S. 433).

Auf diese Weise verbindet das Subjekt zunächst Wahrnehmungen und empirische Abstraktion, später auch reflexive Abstraktionen, mit einer auditorischen, taktilen oder visuellen Erfahrung (z. B. Lautäußerung, gefühltes oder gesehenes Schriftzeichen). Diese Verbindung stellt eine Operation dar, die eine »sprachliche Erfahrung« als *Symbol* für ein wahrgenommenes Objekt etabliert. Ein Wort ist »nur dann ein Symbol, wenn es im Benutzer eine abstrahierte Re-Präsentation aufruft. Ein Wort/Symbol muß folglich mit einer begrifflichen Struktur verknüpft sein, die von der Erfahrung abstrahiert und zumindest in gewissem Ausmaß verallgemeinert worden ist« (von Glasersfeld, 1996d, S. 167).

Der Bezug eines Symbols zu einem Objekt der Wahrnehmung oder zu rein operativen Bestandteilen des Denkens muss vom einzelnen Subjekt konstruiert werden und bezieht sich somit ausschließlich auf seine Erfahrung. Symbole können in Verbindung mit jeder Wahrnehmung gebildet werden, die einem Subjekt zur Verfügung steht. Sprachsysteme können demnach aus Schrift-, Laut- oder Handzeichen sowie jeder anderen sensorischen Erfahrung gebildet werden bzw. aus Verbindungen dieser Elemente. Unabhängig davon, was man als *Zeichen* für einen Gegenstand oder einen abstrakten Begriff verwendet, das Gegenüber muss es als Symbol für etwas begreifen, um ihm überhaupt eine Bedeutung beimessen zu können. Hierbei ist nicht gewährleistet, dass verwendete Zeichen von einem Gegenüber auch als ein Symbol für das gewertet werden, was man bezeichnen wollte. Sprachliche Zeichen sind also zunächst bedeutungsfreie Elemente, die von einem Subjekt als Symbole *für etwas* betrachtet werden *können*.

Der Erwerb von Sprache kann in diesem Zusammenhang als ein Prozess verstanden werden, bei dem von mehreren Subjekten Konventionen oder Einigungen geschaffen werden, die es ihnen erlauben, über Zeichen bei ihrem jeweiligen Gegenüber damit verbundene Re-Präsentationen »anzustoßen«, sofern diese Zeichen für das Subjekt Symbolcharakter haben.

Sprache als Bezeichnungssystem und Reflexionsmedium

Hat sich *Sprache als Bezeichnungssystem* zum Aufbau begrifflicher Strukturen herausgebildet, stehen dem Subjekt die einzelnen Bezeichnungen mit der Zeit als rein operative Begriffe zur Verfügung. Ab diesem Zeitpunkt entwickelt es die Fähigkeit, begriffliche Strukturen anzuwenden, ohne dass sie in direktem Zusammenhang zu einem sensorischen Ereignis gestellt werden. Kinder entwickeln beispielsweise sehr schnell die Fähigkeit, Äußerungen aus ihrer Umgebung mit Objekten ihrer Wahrnehmung zu verbinden. Bei diesem Wiedererkennen werden begriffliche Strukturen (Symbole) zunächst aber immer in der Verbindung mit einer aktuellen Wahrnehmung verwendet. Der Umgang mit begrifflichen Strukturen als Elemente des Denkens und Reflektierens wird erst im Laufe der weiteren Entwicklung erlernt. Die aktive Verwendung der Symbole zur Strukturierung des Denkens und als Ausdrucksmittel bildet sich in einem Lernprozess heraus, der den beschriebenen Prozessen der Äquilibration folgt:

»Es braucht wahrscheinlich unzählige gescheiterte sprachliche Interaktionen und wiederholtes Kürzen und Ergänzen der Bedeutungskonstruktionen, bevor das Kind die mit dem Wort […] verknüpften Re-Präsentationen soweit akkommodiert hat, daß sie zu den vielen Verwendungsweisen des Wortes bei den Sprechern der Sprache passen« (von Glasersfeld, 1996d, S. 229).

Der Aufbau der Sprache und ihre Verwendung als Mittel zur Reflexion ist als interner Ordnungs- und Strukturierungsprozess ausschließlich an die Erfahrung gebunden, die das Subjekt in der Beobachtung oder in der eigenen Verwendung von Zeichen macht. Wenn sich ein Kind die Verwendung eines Wortes aneignet, »so liegt auf der Hand, daß die Bedeutung, die das Kind mit diesem Wort verbindet, ausschließlich aus Elementen aufgebaut ist, die es von seiner eigenen Erfahrung abstrahiert« (von Glasersfeld, 1996d, S. 229).

Der Gebrauch von Sprache bedeutet also ein aktives Inbeziehungsetzen isolierter Elemente der Erfahrung und des Denkens, zu denen Wahrnehmungen, Erfahrungsmuster, Re-Präsentationen und Abstraktionen gehören (siehe Abbildung 29).

Zunächst werden auditive, visuelle oder taktile Erfahrungsmuster als Symbole für Re-Präsentationen und Abstraktionen konstruiert. Diese Symbole können reproduziert werden und bilden somit Zeichen, die wiederum als Erfahrungsmuster Symbole für Re-Präsentationen und Abstraktionen sein können.

Abbildung 29: Sprachgebrauch und Sprachverständnis, erstellt nach dem Vortrag von Ernst von Glasersfeld: Modelle der Begriffskonstruktion. Gehalten auf dem Kongress: Weisen der Welterzeugung – Die Wirklichkeit des Konstruktivismus II. am 01.05.1998 in Heidelberg.

Die Entwicklung von Sprache und ihren Bezug zur Wahrnehmung und dem Erleben des Subjekts soll hier an einem Beispiel verdeutlicht werden.

> **Zur Veranschaulichung**
>
> Eltern wollen ihrem Kind das Wort »Tasse« beibringen, deuten hierzu auf eine solche und wiederholen dazu mehrmals das Wort. Damit das Kind eine Verbindung zwischen der Lautäußerung und dem Gegenstand zieht, müssen zunächst zwei Voraussetzungen erfüllt sein. Zum einen muss das Kind seine Aufmerksamkeit auf die Aktionen seiner Eltern und auf den Gegenstand richten. Hierzu ist als zweite Voraussetzung notwendig, dass das Kind den Gegenstand als eigenständiges Element seiner Wahrnehmung isoliert hat. Diese Isolation bedeutet, dass der Gegenstand überhaupt erst als solcher für das Kind existiert. Stellt es nun die Verbindung zwischen der Äußerung der Eltern (Zeichen) und dem Gegenstand her, kann es den Gegenstand in einem ersten Schritt aufgrund der Lautäußerung »Tasse« re-präsentieren.
>
> Diese Verbindung zwischen einer bildlichen Vorstellung (Re-Präsentation), die das Kind in direkten Handlungen mit dem Gegenstand aufgebaut hat, und der Lautäußerung »Tasse« führt dazu, dass durch das Wort eben diese Re-Präsentation angestoßen werden kann. Am Anfang steht das zum Symbol gewordene Wort »Tasse« immer im Zusammenhang mit der Wahrnehmung entweder des Gegenstandes oder der Lautäußerung. In der weiteren Entwicklung wird die Bezeichnung des Gegenstandes operationalisiert. Das Kind hat nun einen Begriff von »Tasse« zur Verfügung, mit dem es als Element der Gedankenwelt operieren kann. Ab diesem Zeitpunkt kann es die Begriffe und die damit verbundenen Bedeutungen spontan re-präsentieren, ohne dabei auf sein sensorisches und sensomotorisches Erleben zurückzugreifen (Piaget, 1993, S. 101).
>
> Dieser Schritt in der kognitiven Entwicklung erlaubt es dem Kind schließlich, Begriffe miteinander in Beziehung zu setzen, ohne dass diese einen Zusammenhang zu seiner aktuellen Wahrnehmung haben müssen.
>
> Ein weiterer (aber keinesfalls zwangsläufiger) Schritt der Entwicklung besteht in der Verwendung des Begriffes als gesprochenes Wort. Hierbei ahmt das Kind anfangs das von ihm beobachtete Verhalten der Eltern nach. Zusammen mit diesen ersten Sprechversuchen erlangt es zudem die Möglichkeit, die Wirksamkeit des eigenen Sprechens zu erproben. Voraussetzung für die Umsetzung begrifflicher Strukturen in Formen der Kommunikation ist, dass das Kind nicht nur physisch in der Lage ist, Mitteilungen zu machen, sondern auch, dass es die kommunikative Interaktion zwischen Menschen überhaupt als Element seiner Wahrnehmung und als Handlungsmöglichkeit konstruiert.

Ob es sich um das Wiedererkennen, das spontane Re-Präsentieren oder um das Verwenden des Wortes als gesprochene Sprache handelt – die Bedeutung, die das Kind mit dem Begriff verbindet, ist immer daran gebunden, welche Erfahrungen es mit ihm gemacht hat. So wird es in einem Prozess, der letztlich ein Leben lang anhält, überprüfen, ob der Begriff in den Bereichen, in denen es ihn verwendet, zu den Ergebnissen führt, die es erwartet. Ob es beispielsweise eine Trennung zwischen »Tasse« und »Becher« trifft, hängt davon ab, ob sich diese Unterscheidung in seiner Erfahrung als sinnvoll bzw. gangbar (viabel) erweist. Nur wenn das Subjekt einen Widerspruch zwischen seinen aktuellen Erfahrungen und der bisherigen Anwendung seiner Schemata (Assimilation) empfindet, wird es notwendig, neue Strukturen anzulegen oder alte zu verändern (Akkommodation).

Die Verwendung von Sprache wird in der Regel zunehmend stabiler, sodass der irreführende Eindruck entsteht, diese Stabilität ginge darauf zurück, dass die Bezeichnungen mit den Dingen, die sie bezeichnen, übereinstimmen: »Da jede Einzelsprache immer nur eine ganz bestimmte Selektion möglicher Unterscheidungen und Benennungen semiotisch konkretisiert, kann sie auch beschrieben werden als ein System blinder Flecken bei der Beobachtung und Unterscheidung; denn im Verlauf der Verwendung einer bestimmten Sprache bleiben andere Möglichkeiten unbeobachtbar. Dadurch erzeugt jede einmal erworbene Muttersprache die intuitive Gewißheit, *man* müsse doch genauso über die Umwelt und über die Sprache sprechen, wie es die jeweilige Muttersprache nahelegt« (Schmidt, 1995, S. 243).

Diese Gewissheit ist subjektiv erzeugt und muss vom Einzelnen in der Auseinandersetzung mit seiner Wahrnehmungs- und Erfahrungswelt als viabel konstruiert werden.

4.2.2 Kommunikation

> »Das wollt ihr uns zeigen, dachte sie. So erscheint euch die Wirklichkeit, und sie ist genau so real wie unser Weltbild. Aber auch nicht mehr. Begreifst du das? […] Daß unser Standpunkt genauso zutrifft? Eurer kann den unseren nicht ersetzen. […] Im Idealfall können die beiden Anschauungen zur Übereinstimmung gebracht werden, kam trocken die Antwort. Aber in der Praxis ist das nicht durchführbar.«
> (Dick, 1978a, »Das Globusspiel«, S. 152)[19]

Die bisherigen Ausführungen beschäftigen sich maßgeblich damit, wie ein Subjekt sein Erleben organisiert und sich seine Wirklichkeit in einem aktiven Prozess der Konstruktion erschafft. Bei dieser Beschreibung liegt der Schwerpunkt auf dem einzelnen Subjekt, wohingegen der Bereich der Interaktion mit anderen Subjekten kaum angesprochen wird.

Im Kapitel über Sprache wird beschrieben, wie ein Subjekt bestimmten Wahrnehmungen die Bedeutung von Symbolen für seine Erfahrungen zuspricht, indem es sie als sprachliches Zeichen interpretiert. Nimmt man z. B. jemanden wahr, der seine Hand hebt, kann diese Handlung als Zeichen für verschiedene Absichten des Gegenübers interpretiert werden: als Begrüßung, Drohung, Aufforderung zum Stehenbleiben etc. Ob diese Bedeutungszuweisung auch so von dem Gegenüber intendiert bzw. ob dessen Handlung überhaupt als Zeichen gedacht war, kann in diesem Moment nicht festgestellt werden. Ebenso kann das Gegenüber keine Sicherheit darüber haben, ob ein von ihm verwendetes Zeichen in der von ihm gewünschten Weise als Symbol interpretiert bzw. überhaupt als solches wahrgenommen wird.

Kommunikation in informationeller Geschlossenheit

Die Frage, wie Kommunikation – als gegenseitige Bezugnahme von Subjekten – überhaupt gelingen kann, muss in einem konstruktivistischen Verständnis aus der beschriebenen Position der informationellen Geschlossenheit der Kommunikationspartner erklärt werden. Die Vorstellung einer Übertragung oder Weitergabe von Information ist in dieser Sichtweise nicht möglich.

Um sich überhaupt in Form von Sprache austauschen zu können, ist es notwendig, dass sich Subjekte in einem Bereich gegenseitiger Wahrnehmung

---

19 Auch wenn Philip K. Dick hier über die Sichtweise eines Menschen und eines Außerirdischen schreibt, ist das Grundproblem der Unterschiedlichkeit verschiedener Wahrnehmungen und Weltbilder auf jedes Zusammentreffen verschiedener Menschen übertragbar. Das Herstellen einer »Übereinstimmung« ist zwar abstrakt denkbar, aber praktisch nicht im absoluten Sinne erreichbar bzw. überprüfbar.

befinden und im Sinne von Perturbationen aufeinander einwirken können. Dieser *konsensuelle Bereich* (Maturana, 1982, S. 255 f.) ermöglicht es einem Subjekt erst, Handlungen auszuführen, die sein Gegenüber als Symbole für eigene Konstruktionen werten kann.

Hierbei wird der Versuch unternommen, auf die Wirklichkeitskonstruktion des Gegenübers einzuwirken, indem durch die Verwendung von Zeichen im Gegenüber Konstruktionen »angestoßen« werden:

»Der Benutzer einer Sprache muß […] annehmen, daß jede Re-Präsentation, die er mit einem Wort assoziiert hat, den Re-Präsentationen ähnlich ist, die das Wort bei anderen Benutzern der gleichen Sprache aufruft. Die Annahme eines derartigen Parallelismus ist die Voraussetzung dessen, was gemeinhin ›Kommunikation‹ genannt wird. Dabei ist es freilich unbegründet und naiv, anzunehmen, daß diese Re-Präsentationen bei allen Sprechern einer Sprache genau die gleichen sind. Man kann bestenfalls nachweisen, daß die Re-Präsentationen mehrerer Individuen in bestimmten Zusammenhängen kompatibel sind« (von Glasersfeld, 1996d, S. 166).

Da es ausschließlich vom einzelnen Subjekt und seiner Erfahrung abhängt, welche Konstruktionen es mit Zeichen verbindet und was es überhaupt als Zeichen wahrnimmt, kann es in einer konstruktivistischen Kommunikationstheorie nicht mehr darum gehen, ob und wie die Bedeutung von etwas Gesagtem zwischen Subjekten transportiert wird. Vielmehr muss geklärt werden, unter welchen Umständen und Voraussetzungen Kommunikation überhaupt stattfinden kann, wenn die Bedeutung von Mitteilungen vom jeweiligen Gegenüber konstruiert wird, also nicht mit der vom Sprecher intendierten Bedeutung identisch sein kann, sondern bestenfalls »hinreichend ähnlich«. Übereinstimmung wäre zwar im abstrakten Sinne denkbar, aber könnte nicht festgestellt werden.

Orientieren und Orientiertwerden

Um die verschiedenen Positionen zu verdeutlichen, die von Kommunikationspartnern eingenommen werden können, bieten sich die Begriffe des *Orientierenden* bzw. des *Orientierten* an, wie sie bei Gebhard Rusch Verwendung finden (Rusch, 1992):
- In einer Kommunikationssituation befindet sich ein Subjekt immer dann in der Position des *Orientierenden,* wenn er eine Mitteilung macht, d. h., wenn es mithilfe eines Zeichensystems (Sprache) versucht, auf die Konstruktionen seines Gegenübers einzuwirken.

- Die Position des *Orientierten* nimmt er ein, wenn er die von ihm selbst wahrgenommenen Zeichen eines anderen als Grundlage seiner eigenen Konstruktionen nimmt.

Kommunikation bedeutet in diesem Modell ein Wechselspiel, in dem die Interaktionspartner sich sowohl in die Rolle des Orientierenden als auch in die des Orientierten begeben können.

Die Grundvoraussetzung für Kommunikation ist auf der Seite des Orientierenden die Intention, eine Mitteilung zu machen. Mit welchem konkreten Ziel dies geschieht, ist dafür nicht entscheidend, wichtig ist nur, dass die Mitteilung *an* jemanden gerichtet ist. Damit daraufhin Kommunikation stattfinden kann, muss die Mitteilung zunächst von einem Interaktionspartner als solche wahrgenommen werden.

Zur Veranschaulichung

Zwei Menschen begegnen sich auf einem schmalen Weg. Während der eine ausweicht, geht der andere weiter. In dieser Situation hängt es von der Interpretation des jeweiligen Beobachters ab, ob dieses Zusammentreffen als Kommunikation gewertet wird.

Betrachtet man die Situation aus dem Blickwinkel der ausweichenden Person, so ergeben sich zwei generelle Möglichkeiten für ihr Ausweichen: Entweder ist sie lediglich ausgewichen, um nicht mit dem Entgegenkommenden zusammenzustoßen, oder es war eine orientierende Geste, die einem gesellschaftlichen Rangunterschied Ausdruck geben sollte. Im ersten Fall hätte diese Handlung einen interaktiven, im zweiten einen kommunikativen Charakter.

Aus Sicht der anderen Person bestehen ebenfalls zwei mögliche Interpretationen der Situation. Zum einen kann es sein, dass sie den Ausweichenden gar nicht bemerkt oder seinem Ausweichen keine Bedeutung beimisst. Sie kann das Ausweichen aber auch als orientierende Geste des anderen interpretieren, was einen kommunikativen Charakter der Handlung des Gegenübers unterstellt.

Ein von beiden unabhängiger Beobachter kann diese Situation ebenfalls als Interaktion oder Kommunikation bewerten. Würde er beide Personen unabhängig voneinander befragen, käme er zu dem Schluss, dass nur dann Kommunikation stattgefunden hat, wenn beide Personen ihre Interaktion als Kommunikation interpretiert haben.

Der Begriff *Interaktion* bezeichnet hier jedes Handeln in Bezug aufeinander. *Kommunikation* unterscheidet sich von Interaktion durch ihren orientierenden Charakter.

Kommunikation und Interaktion

Bei Paul Watzlawick werden die Begriffe *Kommunikation* und *Interaktion* anders verwendet (Watzlawick, Beavin u. Jackson, 1969, S. 50 f.). Bei ihm ist jedes Handeln oder Nicht-Handeln Kommunikation, unabhängig davon, ob mit ihm eine Intention verbunden ist: »Man kann nicht nicht kommunizieren« (Watzlawick, Beavin u. Jackson, 1969, S. 53). Interaktion bedeutet bei ihm einen »wechselseitigen Ablauf von Mitteilungen« (Watzlawick, Beavin u. Jackson, 1969, S. 50 f.). In dem hier dargestellten Verständnis ist eine *Kommunikationsabsicht* (Intention) jedoch die notwendige Voraussetzung, um eine Mitteilung zu machen. Es ist jedoch durchaus möglich, jedes beobachtete Verhalten als Mitteilung zu *werten,* indem ihm eben diese Kommunikationsabsicht *unterstellt wird*. Aus der Meta-Perspektive einer dritten Person sind sowohl Kommunikation als auch Interaktion an die Intentionen der Beteiligten zu gegenseitiger Bezugnahme gebunden: Im Falle der Kommunikation mit der *Absicht zu orientieren,* im Falle der Interaktion als Handeln *ohne orientierende Absicht*.

Eine Grundvoraussetzung für die Kommunikation ist, selbst in der sehr uneindeutigen und kurzen Kommunikationssituation des aufgeführten Beispiels, dass sich die Beteiligten auf gemeinsame Konventionen (wie eine Sprache oder bestimmte Gesten) beziehen. Doch selbst wenn sich Kommunikationspartner gegenseitig als solche wahrnehmen und ihren Mitteilungen einen orientierenden Charakter zuweisen, ist es ihnen unmöglich, zu sagen, ob ihre Mitteilungen die erwarteten Konstruktionen beim Gegenüber anstoßen.

Bedeutung

Die *Bedeutung* einer Mitteilung wird immer innerhalb des jeweiligen Subjekts konstruiert. Kommunikation stellt sich somit als ein Prozess dar, bei dem ein Orientierender mithilfe eines bestimmten Zeichensystems versucht, bei seinem Kommunikationspartner *hinreichend ähnliche* Bedeutungskonstruktionen anzustoßen. Hinreichend ähnlich meint hierbei, dass das Gegenüber nicht die gleiche Bedeutung zu einer Mitteilung konstruieren kann bzw. muss, sondern eine Bedeutung, die sich mit der des Orientierenden soweit überschneidet, dass eine gegenseitige Bezugnahme möglich wird. Ob dies passiert, ist nicht beobachtbar und kann höchstens innerhalb der weiteren Kommunikation zum Ausdruck kommen oder in der Kommunikation über die Kommunikation (Metakommunikation).

> **Zur Veranschaulichung**
>
> Für eine hinreichend ähnliche Bedeutungskonstruktion der Mitteilung »*Stelle die Vase auf den Tisch*« ist es nicht notwendig, ein genaueres Bild davon zu konstruieren, was der Kommunikationspartner im Einzelnen unter »*Vase*« oder »*Tisch*« versteht. Um in Bezug auf diese Mitteilung zu handeln, ist es lediglich notwendig, die Kategorien »*Vase*« und »*Tisch*« voneinander zu unterscheiden und einen Begriff davon zu haben, welche motorische Tätigkeit dazu nötig ist, um etwas »*auf*« etwas zu »*stellen*«.
>
> Andere Mitteilungen, wie: »*Hole die schöne Vase aus dem Schrank*«, bedürfen hingegen der Erfahrung mit Mitteilungen des Orientierenden, da sich diese Anweisung stärker auf die konkreten Bedeutungszuweisungen des Orientierenden bezieht.

Die Funktion von Kommunikation besteht nicht nur darin, zu orientieren bzw. sich orientieren zu lassen, sondern auch darin, zu klären, ob der Kommunikationspartner in Bezug auf die eigenen Bedeutungszuweisungen hinreichend ähnliche Bedeutungen konstruiert, ob er *versteht*. Das Problem des *Verstehens* stellt sich immer dann, wenn im Verlauf der Kommunikation aufgrund der Beobachtung des Gegenübers entschieden werden muss, ob die erwünschten Konstruktionen beim Gegenüber »angestoßen« wurden.

Verstehen bedeutet in diesem Zusammenhang nicht, dass der eine Kommunikationspartner einen Sachverhalt ebenso erfasst oder begreift wie der andere, sondern lediglich die Annahme, dass die individuellen Bedeutungszuweisungen kompatibel sind. Diese Annahme ist an die jeweils erwarteten Ergebnisse der Kommunikation gebunden.

Die Entscheidung, ob das Gegenüber »richtig« verstanden hat, trifft der Orientierende, indem er die von ihm wahrgenommenen Ergebnisse der Kommunikation bewertet. Aus der Sicht des Orientierenden bedeutet Verstehen, dass ein Kommunikationspartner seiner Orientierungserwartung entspricht (Rusch, 1992, S. 224). Für den Orientierten stellt sich hingegen die Frage, ob er selbst sein Gegenüber verstanden hat:

> »Auf die einfachste Weise formuliert, bedeutet [...] ›Verstehen, was jemand gesagt oder geschrieben hat‹ nicht weniger, aber auch nicht mehr, als eine begriffliche Struktur aufgebaut zu haben, die im gegebenen Zusammenhang mit der Struktur vereinbar erscheint, die der Sprecher im Kopf hatte, und diese Kompatibilität zeigt sich in der Regel auf keine andere Weise, als

daß der Zuhörer nichts sagt oder tut, was den Erwartungen des Sprechers widerspricht« (von Glasersfeld, 1997, S. 188 f.).

Kommunikation als Unterstellung von Gemeinsamkeit

Erfolgreiche Kommunikation setzt immer ein Mindestmaß an (unterstellter oder wahrgenommener) Gemeinsamkeit voraus. Auch wenn man niemals das Maß dieser Übereinstimmung messen kann, so ist es doch möglich, in der Beobachtung der Wirkung einer Mitteilung oder aber in der Kommunikation über die Kommunikation zu überprüfen, in welchem Bereich der jeweilige Kommunikationspartner den eigenen Orientierungserwartungen entsprochen hat. Es ist jedoch unmöglich, »tatsächliche« Gemeinsamkeiten und Differenzen der Wirklichkeitskonstruktionen zu bestimmen. Übereinstimmung ist immer nur die *Unterstellung von Gemeinsamkeit* in der jeweils individuellen Bewertung darüber, ob der Kommunikationspartner der eigenen Orientierungserwartung entsprochen hat. Bezogen auf zwei Kommunikationspartner bedeutet dies, dass keiner von beiden etwas tut, was den Erwartungen des jeweils anderen widerspricht.

Was also im Idealfall erreicht werden kann, ist die gegenseitige Unterstellung von Verstehen, niemals deren Feststellung:

> »Kommunikation heißt nicht: Geben und Nehmen oder Austauschen; es heißt vielmehr, sich gegenseitig Chancen der kognitiven Veränderung, der Auswahl und Konstruktion von uns selbst abhängiger Information einräumen, eben, weil jeder Kommunikationspartner für sich eine selbständige, autonomisierte und operational geschlossene Wesenheit ist« (Schmidt, 1992c, S. 304).

Zieht man die Überlegungen zur Wahrnehmung in Betracht, so lässt sich auch über die Kommunikation – als Phänomen innerhalb unserer Wahrnehmung – sagen, dass sie sich immer nur auf unsere Wahrnehmung des Kommunikationspartners bezieht, nie aber auf die Person und ihre Äußerungen an sich. Jede Kommunikation ist davon geprägt, dass Aussagen getroffen werden, die in Bezug auf das Bild des Gegenübers als angemessen erscheinen. Je nach der Einschätzung und der Erfahrung, die man in Bezug auf sein Gegenüber hat, werden Aussagen gemacht, die darauf ausgerichtet sind, dem Gegenüber das Verstehen dieser Aussagen unterstellen zu können. Das Unterstellen oder Absprechen von Verstehen geschieht hierbei durch die Beurteilung der beobachteten Wirkung einer Aussage auf das Gegenüber. Der Orientierende bewertet, ob seine Aussage einen viablen Weg darstellt, um seinem Gegenüber das Verstehen unterstellen zu können. (Einen guten Überblick über konstruktivistische Theorien des Verstehens gibt Rusch, 1999a.)

Kommunikation ist also immer an Unterstellungen gebunden, die jeder Kommunikationspartner in der Bewertung einer bestimmten Kommunikationssituation und seines jeweiligen Gegenübers vornimmt, nie an eine »tatsächliche« Übereinstimmung. Kommunikation stellt sich als ein Prozess dar, bei dem sich die Kommunikationspartner nicht auf ihr »tatsächliches« Gegenüber beziehen, sondern auf das Bild, das sie von ihm haben. Veränderungen dieses Bildes beziehen sich immer darauf, in welchem Maße dem Gegenüber das Verstehen der eigenen Mitteilungen unterstellt wird bzw. darauf, inwieweit Äußerungen und die Beobachtung des anderen zu einer Veränderung dieses Bildes Anlass geben.

Bezieht man das gegenseitige Unterstellen von Verstehen auf den Begriff der Äquilibration, würde diese Unterstellung einen Gleichgewichtszustand darstellen, der durch jedes beobachtete Verhalten des Gegenübers gestört werden und zu einer Weiterführung der Kommunikation führen kann, um dem Gegenüber wieder Verstehen unterstellen zu können.

Modellvorstellung der Kommunikation informationell geschlossener Systeme

Hierbei muss auf der Grundlage eines konstruktivistischen Verständnisses der Selbstreferenzialität kognitiver Systeme grundsätzlich davon ausgegangen werden, dass alle Kommunikationsteilnehmenden buchstäblich mit ihren eigenen inneren Zuständen interagieren:

Person A macht aus ihrem aktuellen Zustand A_1 – zu welchem Wahrnehmungen und Erfahrungen (WEa) bezüglich sich selbst ($^{WEa}A_1$), seinem Gegenüber ($^{WEa}B_1$) und dem Kontext ($^{WEa}Kontext_1$) gehören, in dem sich beide befinden – eine Mitteilung. Person B hat in ihrem aktuellen Zustand B_1 – zu welchem Wahrnehmungen und Erfahrungen (WEb) bezüglich sich selbst ($^{WEb}B_1$), seinem Gegenüber ($^{WEb}A_1$) und dem Kontext ($^{WEb}Kontext_1$) gehören, in dem sich beide befinden – eine Mitteilung. Wird, was auch immer A sagt und tut als Perturbation von B verstanden, so ist allein die interne Verarbeitung dessen von Bedeutung, was jeweils an Wahrnehmung aus dieser Perturbation entsteht und wie es in bisherige Erfahrungen eingebunden wird. Da sich das kognitive System mit jeder Operation verändert, müssen die Zustandsveränderungen im Verlaufe einer Kommunikation dauerhaft mitbedacht werden. Schematisch lässt sich eine solche Abfolge interner Zustandsveränderungen informationell geschlossener Systeme wie in Abbildung 30 darstellen.

Sprache und Kommunikation 163

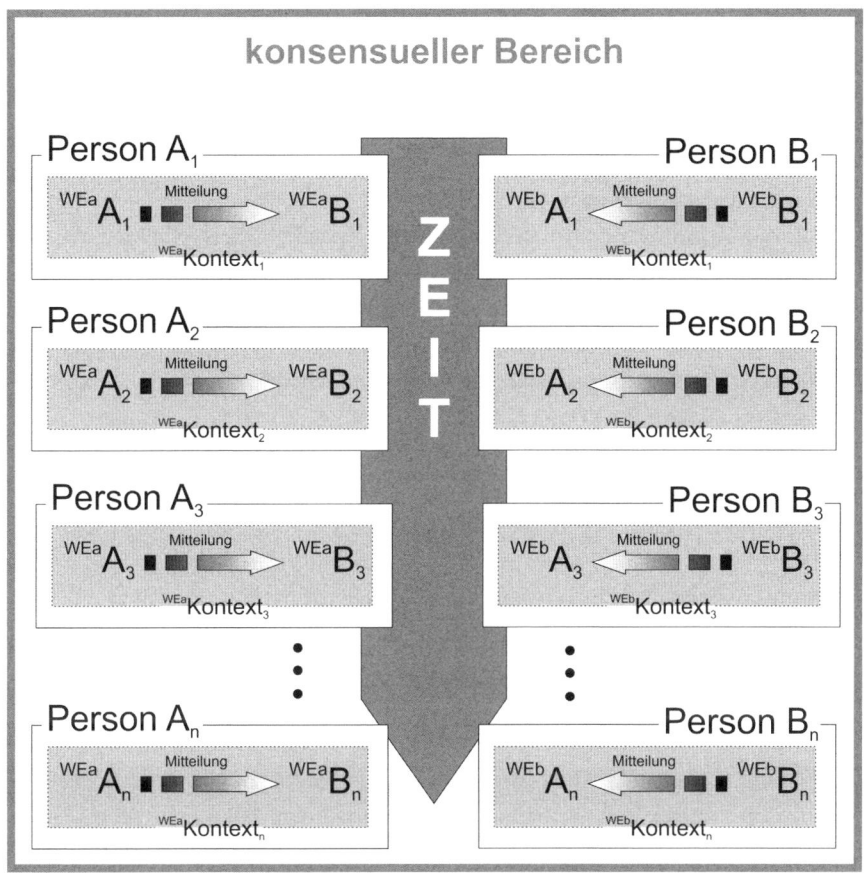

Abbildung 30: Kommunikation selbstreferenzieller Systeme

In anderen Kommunikationsmodellen wird ein »Sender« und ein »Empfänger« von Mitteilungen konzipiert, *zwischen* denen Informationen ausgetauscht werden. In Abgrenzung zu diesen Modellen sind »Sender« und »Empfänger« hier lediglich systeminterne Wahrnehmungen, alle Information wird *im* System erzeugt und weiterverarbeitet. Kommunikation wird als gänzlich selbstreferenzieller Prozess betrachtet Es gibt keine Pfeile zwischen den Kommunikationspartnern »außerhalb der Wahrnehmung«.

Auch wenn dieses Kommunikationsmodell das Subjekt als geschlossenes System beschreibt, ist es jedoch nicht gänzlich subjektivistisch, da das »Soziale« und »Gemeinsame« ebenfalls innerhalb des Subjekts konstruiert wird (siehe Kapitel 4.3).

Objektivität und Konsens in der Kommunikation

Bei der Prämisse einer Unerkennbarkeit von Realität außerhalb der Wahrnehmung spielt es auch keine Rolle, ob etwas – und wenn ja, was – sich außerhalb der subjektiven Wahrnehmung abspielen mag. Es ist eine unbeantwortbare Frage, die – folgt man dem Radikalen Konstruktivismus – aus Erklärungsmodellen ausgeklammert werden sollte.

Ziel von Kommunikation ist demnach nicht das Erreichen von tatsächlicher Übereinstimmung bzw. *Objektivität,* sondern das gegenseitige Unterstellen dieser Übereinstimmung innerhalb der jeweils eigenen Wahrnehmung und Erfahrung. Der Begriff des *Konsenses* umschreibt dies, sofern er nicht zur Beschreibung eines statischen Zustandes verwendet wird, sondern als individuelle Bewertung der inneren Stimmigkeit einer konkreten Kommunikationssituation.

Die Herkunft des Begriffes »Konsens«, der aus dem lateinische Präfix »con« (zusammen) und dem Verb »sentire« (empfinden, fühlen, wahrnehmen) zusammengesetzt ist, verweist auf die in dem hier vorgestellten Modell enthaltene Idee einer gleichzeitigen, jeweils inneren Stimmigkeit von Wahrnehmung, Erfahrung und Empfinden bezogen auf die Kommunikation: Konsens und Verstehen als subjektive Unterstellung von Gemeinsamkeit.

Der häufig verwendete Begriff der Objektivität kann in einem konstruktivistischen Verständnis von Wissen und Kommunikation weder als »Übereinstimmung von Wirklichkeitskonstruktionen mit der Realität« noch als »tatsächliche Übereinstimmung unter Kommunikationspartnern« Verwendung finden. »Heinz von Foerster hat das brillant in dem Satz ausgedrückt: ›Objectivity is a subject's delusion that observing can be done without him‹« (von Glasersfeld, 1992c, S. 31; »Objektivität ist die Illusion eines Subjekts, dass Beobachtungen ohne einen Beobachter gemacht werden können«, Übers. HL).

Diese scheinbar objektive Unabhängigkeit einer Beobachtung von einem Beobachter ist vor allem sozial bedeutsam, da sie in der Kommunikation dazu dient, den eigenen Aussagen mehr Gewicht zu verleihen. »Sobald sich jemand in diesem Sinne als ›objektiv‹ bezeichnet, gibt er damit zu verstehen, daß seine Aussagen sogar dann gültig wären, wenn er sie nicht träfe, weil sie unabhängig von allem Gesagten *in sich selbst* sachhaltig und bestandskräftig seien« (Maturana, 1996, S. 43 f.). Die Behauptung von Objektivität bedeutet auf einer kommunikativen Ebene das Verlangen nach Gehorsam: »Sei vernünftig und befolge meine Anweisungen. Was ich dir sage, stimmt nämlich – nicht nur, weil ich es sage, sondern weil es sich nun einmal so verhält« (Maturana, 1996, S. 49). Dort, wo von Objektivität geredet wird, handelt es sich im Idealfall um die Unterstellung von Gemeinsamkeit durch eine Gruppe von Beobachtern (z. B. einer Gruppe von Wissenschaftlern). Objektivität kann in einem konstruktivistischen

Verständnis jedoch nie eine vom Standpunkt des Beobachters unabhängige (ontische) Fundiertheit von Mitteilungen bedeuten.

4.3 Subjektive Entwicklung und Gesellschaft

Im vorhergehenden Kapitel lag der Schwerpunkt darauf, wie Kommunikation aus der Position des Subjekts heraus beschrieben werden kann, wie es Sprache erwirbt und in seinem Erleben Stabilität herstellt. Sprache und Kommunikation beziehen sich aber nicht nur auf unterstellte Gemeinsamkeiten zwischen einzelnen Personen, sondern gehen auf Einigungen zurück, die in einer langen Interaktionsgeschichte vieler Subjekte entstanden sind.

4.3.1 Die soziale Konstruktion von Wirklichkeit

> »Was bliebe denn übrig, wenn wir allen Unsinn abschaffen wollten? Wichtig ist allein, daß der Unsinn anerkannt wird – von möglichst vielen anderen Narren. Gefährlich ist es nur, wenn man der einzige bleibt, der an ihn glaubt, dann stecken sie dich ins Narrenhaus. Die sogenannte Wirklichkeit ist nichts als ein großer, allgemeinverbindlicher Unsinn.«
> (Marginter, 1988, »Königrufen«, S. 112)[20]

Auch wenn gesellschaftliche Konventionen bzw. *Kultur* nicht unabhängig von Subjekten existieren, bilden sie doch relativ stabile Systeme von Grundannahmen und Handlungsstrategien, die sich in den Interaktionen der Systemmitglieder etabliert haben. Es fragt sich, wie es zu dieser Herausbildung von scheinbar übergeordneten Prinzipien einer Systemorganisation kommt, wenn sie dennoch von einzelnen Subjekten konstruiert werden. Zum Verständnis dieser Dynamik zwischen Subjektivität und Intersubjektivität ist es – ebenso wie bei der Beschreibung von Sprache – sinnvoll, sich zu vergegenwärtigen, wie ein einzelnes Subjekt soziale Zusammenhänge und Interaktionsformen konstruiert:

Die Entwicklung eines Menschen findet in der Regel im Rahmen sozialer Systeme statt, wobei er die Möglichkeit hat, andere Subjekte als Elemente seines Erlebens wahrzunehmen und ein Netzwerk von Konstruktionen aufzubauen, um auf sie einzuwirken. Jeder Mensch, der in einer Welt aufwächst, in der sich stabile Interaktionsmuster etabliert haben, kann sich zur Erzeugung seiner sub-

---

[20] Die soziale Stabilisierung von Wirklichkeitskonstruktion durch Zustimmung ist ein zentraler Aspekt der Entwicklung. Die Anschlussfähigkeit von Wirklichkeitskonstruktionen entscheidet über Teilhabe oder Ausgrenzung.

jektiven Stabilität und zur Ordnung seines Erlebens auf die von ihm erkannten Handlungsstrategien und Einigungen beziehen. Dies geschieht zum einen in der Beobachtung der Interaktionsformen anderer Menschen untereinander und zum anderen, indem die eigene Wirksamkeit auf andere ausprobiert und in ihrer Effektivität bewertet wird. Hierbei ist es sehr wahrscheinlich, dass das einzelne Systemmitglied im Laufe seiner Entwicklung von ihm beobachtete Interaktionsformen (z. B. Kommunikation, Rituale, Regeln) als wirksam und viabel erfährt und entsprechende Versuche unternimmt, sie selbst zu verwenden.

Entscheidend ist auch hier, dass gesellschaftliche Einigungen vom einzelnen Subjekt als viabel konstruiert werden. Gesellschaftliche Einigungen existieren immer nur als subjektive Unterstellung von Gemeinsamkeit, bei der die Annahme besteht, dass das, was man selbst als Konvention bzw. Regel betrachtet, auch relativ unabhängig von einer konkreten Situation für andere Angehörige einer bestimmten gesellschaftlichen Gruppe verbindlich ist. Dieses System unterstellter Gemeinsamkeiten ermöglicht den einzelnen Subjekten eine effektive Planung von Handlungen und das Abschätzen von Handlungsfolgen, da sie davon ausgehen, dass andere den Kontext, in dem eine Handlung stattfindet, zumindest hinreichend ähnlich konstruieren. Gesellschaftliche Übereinkünfte bilden sich somit daraus, wie viabel eine Bezugnahme auf sie (in Form von Handlungen und Sprache) für eine stabile Wirklichkeitskonstruktion der einzelnen Gesellschaftsmitglieder ist.

Kultur als Prozess der Stabilisierung

Die *Stabilität von Kultur(en)* als System von Denkweisen, Handlungs- und Problemlösungsstrategien ergibt sich also zunächst aus dem Maß, in dem sich einzelne Subjekte in ihrem Denken und Handeln auf sie beziehen. Vermittelt und vorgelebt durch das direkte soziale Umfeld und festgehalten in den unterschiedlichsten Medien, also als reproduzierbare Mitteilungen, sind Kultur, Gesellschaft, Konventionen, Etikette etc. nützliche und notwendige Fiktionen »subjektunabhängiger« Gemeinsamkeiten. Wenn man auch nicht davon sprechen kann, dass ein Mensch, der in einer bestimmten Kultur aufwächst, von den ihm vorgelebten Handlungs- und Denkweisen »geprägt« wird, bleibt dennoch anzuerkennen, dass sie ihm bestimmte gesellschaftliche Konventionen und Interaktionsformen nahelegen:

> »Kultur reproduziert einmal gefundene Problemlösungen über Sozialisation, Riten und Feiern, Mythen, Tabus usw. und sichert damit die Identität einer Gesellschaft. Kultur kontrolliert die Handlungsmöglichkeiten der Indivi-

duen und ermöglicht damit die soziale Integration – oder eben auch ihren Ausschluss aus sozialen Systemen. Insofern ist *der* Mensch Schöpfer aller Kultur, aber *jeder* Mensch Geschöpf einer spezifischen Kultur« (Schmidt, 1995, S. 245).

Die gegenseitige Bedingtheit von subjektiver und gesellschaftlicher Stabilität zeigt sich auch in der Differenzierung von Gesellschaften in Subsysteme, die dem Einzelnen einen eher überschaubareren und damit auch stabileren Bezugsrahmen für sein Denken und Handeln geben.

Die subjektive Stabilität der einzelnen Mitglieder sozialer Systeme ist wesentlich anfälliger gegen Störungen als die Stabilität der von ihnen unterstellten Gemeinsamkeiten, also der Organisation sozialer Systeme:

»Da die Systemorganisation aus wiederkehrenden Interaktionen letztlich aller Komponenten eines Systems besteht, führen Verhaltensänderungen weniger Individuen oder Subsysteme, die als Komponenten agieren, *nicht* zu Organisationsveränderungen; in einem solchen Fall handelt die große Zahl anderer Komponenten normalerweise in der ihnen bekannten Weise weiter. […] Sozialsysteme haben deshalb eine Tendenz zum Konservatismus. Sie neigen dazu, einmal ausgebildetes Verhalten so lange wie möglich fortzusetzen. In diesem Sinne kann man von einer *Autonomisierung der Organisation* gegenüber Einzelkomponenten sprechen« (Hejl, 1994, S. 117f.).

Diese relative Autonomie lässt sich jedoch nur auf ihre Zweckmäßigkeit zur subjektiven Erzeugung von Stabilität zurückführen. Die Anwendung von Begriffen wie Autopoiese oder Selbstorganisation auf gesellschaftliche Zusammenhänge ist problematisch, da sie eher zu der reduktionistischen Annahme führt, soziale Systeme würden unabhängig von ihren Komponenten existieren. Zudem ergeben sich hierbei theoretische Widersprüche, da als autopoietisch (und somit als autonom) betrachtete soziale Systeme selbst aus einzelnen autopoietischen Systemen bestehen. Die Autonomie der Systemmitglieder ist jedoch unvereinbar mit der Annahme, das soziale System, dem sie angehören, wäre ebenfalls autonom (siehe Kapitel 2.2.2).

Auch der Begriff der Selbstorganisation sozialer Systeme verschleiert, dass die Selbstorganisation der Systemkomponenten überhaupt erst dazu führt, dass so etwas wie ein soziales System entsteht bzw. aufrechterhalten wird.

Veränderungen sozialer Systeme etablieren sich dort, wo sie den Zweck der Herstellung von individueller Stabilität für viele Subjekte erfüllen, helfen, die Welt zu erklären und effektives Handeln in ihr ermöglichen. Wie auch in der individuellen Entwicklung wandelt sich ein einmal erreichter Stabilitätszustand nur, wenn er in immer mehr Situationen keine befriedigenden Ergebnisse mehr liefert. Letztlich ist die Veränderung sozialer Systeme auch eine Frage ihrer konkreten Relationen, da einzelne Komponenten je nach Situation, Kontext, Machtverhältnissen etc. Veränderungen anstoßen können. Die Dynamik sozialer Systeme ist somit keine eigenständige, sondern entsteht aus dem Zusammenwirken der sie konstituierenden Subjekte.

Kultur als individuelle und gesellschaftliche Stabilisierung

Das Entstehen eines umfangreichen Systems unterstellter Gemeinsamkeiten, auf das sich einzelne Menschen beziehen, ist letztlich nur aus ihrer Evolutionsgeschichte, also als Ergebnis ihrer subjektiven Entwicklung(en) zu erklären. Die *Konstruktion sozialer Wirklichkeit,* wie sie von Einzelnen durchgeführt wird, und die *soziale Konstruktion von Wirklichkeit,* wie sie in der Interaktion der einzelnen Gesellschaftsmitglieder entsteht, sind nicht voneinander zu trennen.

Aus dieser Perspektive heraus ist es nicht sinnvoll, einem dieser beiden Aspekte den Vorrang zu geben. Leider scheint aber genau hierin eine Unvereinbarkeit zwischen verschiedenen Varianten konstruktivistischen Denkens zu bestehen: »Für Konstruktivistinnen und Konstruktivisten ist der Prozess der Konstruktion der Welt ein psychologischer; er spielt sich im Kopf ab. Für Sozialkonstruktionistinnen und -konstruktionisten ist dagegen das, was wir für real halten, eine Folge sozialer Beziehung« (Gergen, 2002, S. 293 f.).

Da Konstruktivismus und sozialer Konstruktionismus in vielen Punkten vereinbar sind, ist es hilfreich, auch in diesem Punkt Missverständnisse auszuräumen, denn letztlich spielt sich die Konstruktion von Welt in den Köpfen von Subjekten ab *und* ist Folge sozialer Beziehungen. Dass der *erkenntnistheoretische* Konstruktivismus eher die individuelle Seite dieser Konstruktionsprozesse betont und der *soziale* Konstruktivismus bzw. Konstruktionismus die soziale, heißt nicht, dass sie die jeweils andere Seite verneinen, sondern dass sie andere Schwerpunkte setzen. Für ein umfassendes Verständnis der Konstruktion von Wirklichkeit lohnt es sich durchaus, beide Schwerpunkte anzuerkennen, ohne einem den Vorrang einzuräumen. Es mag im konkreten Einzelfall sinnvoll und auch hilfreich sein, die individuellen oder interindividuellen bzw. sozialen Aspekte bestimmter Vorkommnisse und Prozesse in den Vordergrund zu rücken; eine generelle Ausblendung schließt jedoch nicht nur Beschreibungs-, sondern auch Handlungsmöglichkeiten aus.

Kultur als Prozess und Resultat

Einen solchen Versuch des Brückenschlags unternimmt Siegfried J. Schmidt in seinen Büchern »Geschichten und Diskurse« und »Kulturbeschreibung – Beschreibungskultur« (Schmidt, 2003, 2014). Er unterscheidet die Ebene der Resultate von Kultur (Artefakte, Kunst, Medien) von der die prozessualen Ebene der Erzeugung von Kultur (Schmidt, 2014, S. 15, 23). Da jedes Ergebnis von Resultat von Kultur in eine Abfolge von anderen Resultaten gesetzt werden kann, ist es immer (eine) Geschichte. Da diese eben nicht nur individuell, sondern immer in sozialer Anbindung und Orientierung erzählt, geteilt und tradiert wird, ist Kultur immer auch Diskurs. Erzählung und Erzählen, Geschichten und Diskurse gehören untrennbar zusammen.

In diesem Zusammenspiel lassen sich spezifische Kulturprogramme identifizieren, die zum einen normativ und tradierend auf Kultur einwirken, die aber auch im Sinne einer »Co-Genese« modifiziert, umformuliert bzw. weitererzählt werden können (Schmidt, 2014, S. 50 f.).

Die kulturelle Narration ist immer orts- und personengebunden (z. B. Familie, Organisation, Kirche, Kunst, Architektur, Musik), wobei Medialisierung und Globalisierung den »Ort« relativieren. Viele Geschichten und Diskurse sind zugänglich und mitgestaltbar (Schmidt, 2014, S. 87 ff.).

Die Erzeugung und Aufrechterhaltung von Kultur bildet einen dynamischen Wirkungszusammenhang, der nicht nur die individuelle Wirklichkeitskonstruktion von Beobachtern orientiert, sondern auch auf Kultur zurückwirkt (Schmidt, 2014, S. 62 f.):

> »Gesellschaften *haben* keine ›Kulturen‹, sie *machen* keine ›Kulturen‹ und sie sind keine ›Kulturen‹, sondern sie *vollziehen sich als* Gesellschaft im Vollzug erfolgreicher Anwendungen von Kulturprogrammen durch Aktanten in Geschichten und Diskursen in Form von Handlungen und Kommunikationen. […]. Handlungen und Kommunikationen (samt deren Resultaten und Konsequenzen) sind die einzigen direkt beobachtbaren Komponenten gesellschaftlicher Wirkungszusammenhänge. Um sie aber als *bestimmte* Handlungen und Kommunikationen beobachten zu können, um also punktuelle Ereignisse in einen sinnvollen Zusammenhang bringen zu können, brauchen Aktanten sinnstiftende Schemata, wie sie im Wirkungszusammenhang Wirklichkeitsmodell & Kulturprogramm verfügbar sind. Handlungen und Kommunikationen treten nicht als isolierte und selbstgenügsame Ereignisse auf. Vielmehr sind sie eingebunden in die jeweiligen Lebenszusammenhänge von Aktanten, die deren Identität bestimmen« (Schmidt, 2014, S. 65 f.).

Das Wechselspiel zwischen (subjektivem) Wirklichkeitsmodell (bzw. Konstruktion sozialer Wirklichkeit) und (sozialem) Kulturprogramm (bzw. sozialer Konstruktion von Wirklichkeit) basiert auf den gleichen Prinzipien wie jede Wirklichkeitskonstruktion: Wahrnehmungserfahrung, Plausibilität, Konsistenz, Viabilität und Generalisierbarkeit (Stadler u. Kruse, 1990b, S. 133 ff.; Schmidt, 2014, S. 67).

Die stabilisierenden Rückkopplungsschleifen von Ergebnis (Geschichte) und Prozess (Diskurs) entfalten ihre Dynamik und Wandelbarkeit durch das Auftreten von Kontingenzerfahrungen und Dissens (Schmidt, 2014, S. 67). Da jede Konstruktion auch immer anders konstruiert werden könnte (Kontingenz), kann jede Geschichte auch immer anders erzählt werden.

Während das Individuum seine kognitive Entwicklung zwischen Assimilation und Akkommodation organisiert, besteht die prozessuale Dynamik von »Kultur als Programm« in der Realisierung von Tradition und Innovation (Schmidt, 2003, S. 44).

Dieser Stabilisierungsprozess des Individuellen im sozialen bzw. kulturellen Kontext soll nachfolgend hinsichtlich der individuellen Entwicklung beleuchtet werden.

4.3.2 Sozialisation und Identitätskonstruktion

> »Wissen Sie, was Ihr Problem ist? Sie sind normal aufgewachsen und das beeinträchtigt Ihre Wahrnehmung der Welt.«
> (Mel Gibson als Special Detective Skinner in dem Film »Million Dollar Hotel«, 2000)[21]

Der beschriebene Zusammenhang zwischen den (sozialen) Konstruktionen einzelner Menschen bietet eine Sichtweise, in der weder die Entwicklung sozialer Systeme noch die individuelle Entwicklung von Menschen als Ursache und Wirkung erklärt werden können. Vorstellungen, dass Menschen durch gesellschaftliche Prozesse »sozialisiert werden« und somit gleichsam eine Prägung erhalten, sind im Konstruktivismus sicher nicht mehr haltbar. Der gesellschaftliche und kulturelle Stabilisierungsprozess der Sozialisation bzw. der Enkulturation steht hier in direktem Zusammenhang mit dem individuellen Prozess der Konstruktion einer eigenen Identität bzw. der Individuation.

---

21 Die Konstruktion von Wirklichkeit orientiert sich an den Kontexten, in denen Menschen aufwachsen. Was »normal« oder »üblich« ist, hat damit zu tun, wie sie unter den jeweiligen Bedingungen Wirklichkeit konstruiert. Eine Sensibilität für die Unterschiede zwischen Wirklichkeitskonstruktionen kann daraus entstehen, dass man mit Unterschieden in den Lebenswelten konfrontiert wurde, weil man – aus welchen Gründen auch immer – nicht der Norm oder dem Üblichen entsprochen hat.

Identität und Identitätskonstruktion als Annahme und Ablehnung

Sozialisation und *Enkulturation* werden im Folgenden weitgehend synonym verwendet und beinhalten die Aspekte des *individuellen »sozial Werdens«* und der *Weitergabe und Übernahme kultureller und sozialer Werte und Verhaltensweisen* (Gudjons, 2001, S. 149 ff., 181; Zwingmann, 2003, S. 16 f.). Unter *Identität* werden hier u. a. die verschiedenen Aspekte von Selbstbild und Selbstbewusstsein verstanden, wie Werte, Einstellungen, Geschichte, Erfahrungen, Rollenverhalten, persönliche Vorlieben und Ziele etc. (siehe Kapitel 3.1.8 u. 3.2.1). Zudem bezieht sich *Identität im sozialen Kontext* immer auch auf das Fremdbild, in welchem dem jeweiligen Gegenüber entsprechende Aspekte von Identität zugeschrieben werden. Der Prozess der individuellen Identitätskonstruktion kann auch als *Individuation* bezeichnet werden (Zwingmann, 2003, S. 182)

Im Hinblick auf soziale Stabilität (Kultur) einerseits und individuelle Stabilität (Identität) andererseits ist es in der subjektiven Entwicklung entscheidend, inwieweit man sich kulturellen und sozialen Werten und Prozessen anschließt oder sich von ihnen abgrenzt. Bezogen auf den Prozesscharakter der Kultur schließt diese Orientierung eine zunehmende Teilhabe an Diskursen und an der Realisierung von Kulturprogrammen voraus (Schmidt, 2014, S. 69 ff.). Identität entsteht hierbei einerseits in der Positionierung der eigenen Person hinsichtlich der wahrgenommenen sozialen und kulturellen Tatbestände (Geschichten). Andererseits entsteht sie in einer zunehmenden Beteiligung und Mitgestaltung (Diskurse). Ebenso wie in der Kommunikation ist das Subjekt nie nur Orientierter, sondern eben auch Orientierender.

Welchen Anteil Gesellschaft an der subjektiven Identitätskonstruktion hat, bedingt sich dadurch, welches Bild der Einzelne von eben dieser Gesellschaft entwickelt (bzw. von den sozialen Systemen, denen er angehört) und in welchem Maße er sich innerhalb dieses Bildes selbst als Bestandteil konstruiert. Hierzu gehören auch seine Einflussmöglichkeiten und das Erleben eigener Wirksamkeit in der Annahme oder Abgrenzung von sozialer Wirklichkeit. Es ist so gesehen nie die Gesellschaft, die ein Individuum in seiner Entwicklung beeinflusst, sondern eher das Bild, das dieses Individuum von der Gesellschaft konstruiert und das somit den Hintergrund für seine Entscheidungen und Handlungen darstellt. Es hängt also auch von den Erfahrungen des Einzelnen ab, in welchem Umfang er sich (oder andere) als »gesellschaftlich geprägt« empfindet und welche Aspekte seiner Identität er auf »individuelle Entwicklung« oder »freie Entscheidung« zurückführt. Ein weiterer Aspekt der Identitätskonstruktion ist daher auch die subjektive Entscheidung darüber, wem oder welchen Prozessen man diese Identität zuschreibt. Identitätskonstruktion dreht sich also sowohl um die *Inhalte* von Identität als auch um ihre *Herkunft*.

Identität und Identitätskonstruktion als Rollen- und Handlungsangebot

In sozialen Systemen (z. B. Familie, Schulklasse oder Sportverein) werden dem Einzelnen Identifikations- und Handlungsmöglichkeiten ebenso wie Rollenmuster vorgelebt und auch nahegelegt. Ob er sich in seiner Entwicklung an ihnen orientiert, hängt aber *sowohl* davon ab, in welchem Umfang Identifikationsmöglichkeiten an ihn herangetragen werden, *als auch* in welchem Umfang er diese anerkennt (Keupp et al., 1999, S. 76 ff.). Man kann auch davon sprechen, dass dem Einzelnen in sozialen Prozessen »Beschreibungen nahegelegt werden, unter denen er handeln kann« (Hacking, 1996, S. 304 ff.; 1999b, S. 159 ff.). Ob eine solche Beschreibung als Bestandteil eigener Identität konstruiert wird, entscheidet sich dadurch, in welchem Umfang sie für das Subjekt zu einer Erklärung seiner Erfahrungen und seines aktuellen Erlebens beiträgt. Bezogen auf die neurobiologischen Aussagen zu Selbstbewusstsein und Selbstmodellen (siehe Kapitel 3.1.8), bedeutet Identitätskonstruktion das fortwährende Bestreben des Einzelnen, die von ihm konstruierte soziale und gesellschaftliche Wirklichkeit mit dem eigenen Selbstbild in Einklang zu bringen. Identitätskonstruktion ist ein Prozess der Aufrechterhaltung der eigenen psychischen und sozialen Stabilität, der zu keinem Zeitpunkt als abgeschlossen bezeichnet werden kann.

Welche Beschreibungen seiner selbst und der Gesellschaft der Einzelne für sich konstruiert, lässt sich nicht über feste Regeln beschreiben, sondern bleibt Ergebnis des Zusammenwirkens individueller und sozialer Prozesse, deren jeweiliger Anteil sich weder in Inhalten noch im Umfang allgemeingültig klären lässt. Sozialisation und Identitätskonstruktion sind keine Einbahnstraßen, sondern interaktive Prozesse, in denen Identität nicht einfach als Etikett übernommen wird, sondern aktiv vom einzelnen Subjekt konstruiert werden muss. Dieser Prozess kann auch als »Wechselspiel von Fremd- und Selbstattribution« bezeichnet werden.

Wenn Sozialisation und Identitätskonstruktion so gesehen nicht getrennt voneinander betrachtet werden können, kann die Frage nach dem Zusammenhang von Identität, Kultur und Gesellschaft nicht mit einem »*Entweder-individuell-oder-sozial-konstruiert*« geklärt werden, sondern muss in der Form eines »*Sowohl-als-auch*« gedacht werden. In seinem Artikel über postmoderne Erziehung schreibt der niederländische Pädagoge Gert Biesta: »Unser privater Selbstentwurf ist zwar subjektiv, bleibt aber, sowohl hinsichtlich seiner Voraussetzungen als auch im Hinblick auf seine Konsequenzen, mit Intersubjektivität verbunden« (Biesta, 1994, S. 144).

Eine Grenzlinie zwischen diesen beiden Bereichen ist nicht gegeben, sondern muss von Fall zu Fall neu konstruiert werden. Das Zitat von Biesta lässt sich also genauso gut umkehren: »Unser gesellschaftlicher Selbstentwurf ist zwar intersubjektiv, bleibt aber, sowohl hinsichtlich seiner Voraussetzungen als auch im Hinblick auf seine Konsequenzen, mit Subjektivität verbunden.« Gewichtungen zwischen diesen beiden Sichtweisen sind nicht gegeben, sondern werden aktiv erzeugt. Ob man dem individuellen oder dem gesellschaftlichen – sei es im Allgemeinen oder im Einzelfall – einen höheren Stellenwert einräumt, ist letztlich immer eine kognitive und vor allem auch sprachliche Leistung (Schmidt, 1994b, S. 202 ff.).

4.3.3 Intelligenz und Kompetenz als gesellschaftliches und individuelles Konstrukt

»Intelligent, adj. – Meiner Meinung.«
(Bierce, » Des Teufels Wörterbuch«,1986, S. 59)

»Dumm ist, wer Dummes tut.«
(Tom Hanks als »Forrest Gump« in dem Film »Forrest Gump«, 1994).[22]

Um die Zusammenhänge zwischen kognitiver Entwicklung und sozialen Prozessen zu verdeutlichen, folgt hier eine exemplarische Auseinandersetzung mit dem Begriff der Intelligenz.

Häufig wird die Intelligenz einer Person mit der individuellen Fähigkeit zur Abstraktion, Reflexion und Sprache gleichgesetzt. Intelligenz ist hier eine rein personenbezogene kognitive Fähigkeit. Die Definition von Intelligenz bzw. die Festlegung davon, wer intelligent ist, beinhaltet jedoch immer eine soziale Komponente. Die Beantwortung der Frage, was Intelligenz ist und wer über sie verfügt, verlangt nicht nur nach jemandem, der eine Bewertung vollzieht, sondern auch nach einem Kontext, auf den er sich hierbei bezieht. Intelligenz ist so gesehen ein sozial relativer Begriff, der immer auch beinhaltet, in Bezug auf was jemand intelligent ist.

Intelligenztests

Dieser Zusammenhang lässt sich gut an dem Entstehen der weitverbreiteten *Intelligenztests* zeigen. Diese gehen auf einen Test zurück, der von dem französischen Psychologen Alfred Binet im 19. Jahrhundert im Auftrag der Regierung entwickelt wurde, um Schulversagen und zu erwartende Lernschwächen vor-

---

22 Beide Zitate verweisen auf Intelligenz als kontextspezifische Fähigkeit. Während im ersten die Anschlussfähigkeit an die Konstruktionen anderer im Vordergrund steht, ist es im zweiten Fall der Aspekt der Wertung sichtbarer Handlungen.

herzusagen. Die Quantifizierung solcher Testverfahren in Form der Festlegung eines IQ-Wertes (Intelligenzquotient) durch den deutschen Psychologen William Stern Anfang des 20. Jahrhunderts und der Bezug der Testergebnisse zur allgemeinen Intelligenz einer Person erfolgte jedoch erst später. Die Idee, eine personenbezogene Problemlösekapazität bzw. Intelligenz durch einen Test messen zu können, ist seither nicht nur äußerst beliebt, sondern auch Bestandteil gesellschaftlicher Bewertungs- und Ausleseverfahren.

Betrachtet man solche Tests genauer, zeigt sich, dass sie in der Regel gar keine eigene Definition dessen beinhalten, was Intelligenz überhaupt ist. Sie setzen sozusagen direkt beim Testen ein und beziehen sich dabei höchstens auf andere Intelligenztests. Der viel zitierte Ausspruch des Harvard-Psychologen Edwin G. Boring: »Intelligenz ist, was der Intelligenztest misst«, verweist darauf, dass der Intelligenzbegriff in der Testpsychologie weitgehend unbestimmt ist (Gardner, 2002, S. 24). Im Kontext von Intelligenztests besteht Intelligenz maßgeblich aus Wahrnehmungsfähigkeit sowie aus sprachlichen und logisch-mathematischen Kompetenzen. Zumindest aber bezieht sich Intelligenz hierbei auf Fähigkeiten, die sich in einer gewissen Zeit mithilfe eines Aufgabenblattes und eines Stiftes ermitteln lassen. Intelligenz bedeutet in diesem Kontext, möglichst schnell möglichst viele Aufgaben zu lösen.

Rückt man die soziale Bedeutung von Intelligenztests in den Vordergrund, sind sie in erster Linie Instrumente zur schulischen, akademischen und beruflichen Selektion. Beachtet man, dass Intelligenztests immer auch ein bestimmtes *kulturelles Wissen* voraussetzen, scheint es nicht verwunderlich, dass Richard J. Herrnstein und Charles Murray in ihrem Buch »The Bell Curve« von 1994 nicht nur einen IQ-Unterschied zwischen »Schwarzen und Weißen« feststellten, sondern auch die gefährliche These vertreten, dass »zahlreiche soziale Mißstände unserer Zeit auf Verhalten und Eigenschaften von Personen geringer Intelligenz zurückgingen« (Gardner, 2002, S. 18). Über den ebenfalls von Herrnstein und Murray herausgearbeiteten Zusammenhang von Intelligenz und Vererbung sind letztlich auch Begründungen für eine genetische Selektion (Eugenik) gegeben.

Derartige Vorstellungen sind keineswegs neu, zeigen aber, in welche Richtung die Intelligenztest-Logik führen kann: Was mit Alfred Binet als schulischem Auslesetest begann, hat sich über die langjährige Verwechslung von Intelligenz mit den Ergebnissen von Intelligenztests zu einer Argumentationskette entwickelt, mit der sich letztlich alles Mögliche selektieren lässt. Die ehemalige Lehrerin Jane Elliot hat in einem Klassenversuch gezeigt, wie schnell Schülerinnen und Schüler sich aufgrund sozialer Zuschreibungen selbst als dumm erleben können, ohne dass dies mit ihrer »Intelligenz« in irgendeinem Zusammenhang steht (Peters, 1987). Die Ergebnisse und Implikationen von Jane Elliots Versuch sind in dem Dokumentarfilm »Blue Eyed – Blauäugig« eindrucksvoll dargestellt (Denkmal-Film München, Regie: Bertram Verhaag, 1996).

Intelligenz als Sammelbegriff kontextbezogener Fähigkeiten

Der von Gardner und anderen Wissenschaftlern eingeläutete *Abschied vom IQ* beschäftigt sich neben einer umfassenden Ablehnung der tradierten Vorstellung einer quantifizierbaren, personenbezogenen Intelligenz mit einer *qualitativen Definition von Intelligenz* (Gardner, 1991). Diese Wendung scheint wichtig zu sein, da sie nicht nur mit einem sehr banalen Verständnis von Intelligenz bricht, sondern auch ein Modell entwirft, das für die konkrete Gestaltung sozialer Kontexte weitaus hilfreicher ist als die Vorstellung, das Thema Intelligenz sei durch Tests und die Ermittlung eines personenbezogenen IQ erledigt.

Gardner beschreibt neun qualitativ verschiedene Intelligenzen (Gardner, 2002, S. 55 ff.):

1. *Sprachliche Intelligenz:* Sensibilität für gesprochene und geschriebene Sprache; die Fähigkeit, Sprache(n) zu lernen und Sprache zu bestimmten Zwecken zu gebrauchen.
2. *Logisch-mathematische Intelligenz:* Fähigkeit, Probleme logisch zu analysieren, mathematische Operationen durchzuführen und wissenschaftliche Fragen zu untersuchen.
3. *Musikalische Intelligenz:* Begabung, zu musizieren, zum Komponieren und Sinn für musikalische Prinzipien.
4. *Körperlich-kinästhetische Intelligenz:* Fähigkeit, den Körper und einzelne Körperteile zur Problemlösung, als Ausdrucksform oder zur Gestaltung von Produkten einzusetzen.
5. *Räumliche Intelligenz:* Theoretische und praktische Fähigkeit einerseits für die Erfassung von Strukturen großer Räume, wie sie z. B. von Seeleuten und Piloten zu bewältigen sind, andererseits aber auch eng begrenzter Raumfelder, die für Bildhauer, Chirurgen, Schachspieler, Grafiker oder Architekten wichtig sind.
6. *Interpersonale Intelligenz:* Fähigkeit, die Absichten, Motive und Wünsche anderer Menschen zu verstehen, und dementsprechend in der Lage zu sein, erfolgreich mit ihnen zu kooperieren.
7. *Intrapersonale Intelligenz:* Fähigkeit, sich selbst zu verstehen, ein lebensgerechtes Bild der eigenen Persönlichkeit – mitsamt ihren Wünschen, Ängsten und Fähigkeiten – zu entwickeln und dieses Wissen im Alltag zu nutzen.

8. *Naturkundliche Intelligenz:* Fähigkeit, (Natur-)Phänomene einzuordnen, zu kategorisieren, zu systematisieren und zum Aufstellen von Gesetzmäßigkeiten.
9. *Existenziale Intelligenz:* Fähigkeit, sich zu den Grenzen des Kosmos, dem Unendlichen, ins Verhältnis zu setzen und sich mit existenziellen und philosophischen Fragen, etwa der Bedeutung des Lebens und dem Sinn des Todes, auseinanderzusetzen; Spiritualität.

Diese Intelligenzen stehen nicht unabhängig voneinander, sondern sind je nach Person und Situation unterschiedlich eng miteinander vernetzt. So findet man in Verhandlungs- oder Beratungssituationen wohl nicht nur eine Verbindung interpersonaler und sprachlicher Intelligenz, sondern möglicherweise auch räumliche Intelligenz (Raum- und Rahmengestaltung) oder naturkundliche Intelligenz (Kategorisieren von Problemen). Letztlich wirkt jede Intelligenz auf die anderen und kann dazu dienen, diese zu unterstützen oder auch um Schwächen auszugleichen. In Bezug auf pädagogische Fragestellungen können beispielsweise Überlegungen angestellt werden, wie eine Stärke in musikalischer Intelligenz zur Förderung mathematischer oder sprachlicher Intelligenz genutzt werden kann. Die Verknüpfungs- und Kombinationsmöglichkeiten sind hierbei weitgehend unbegrenzt (siehe Abbildung 31).

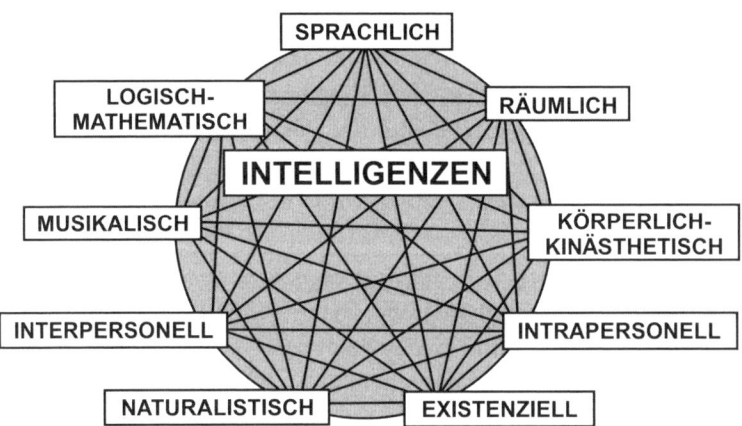

Abbildung 31: Multiple Intelligenzen als Netzwerk von Fähigkeiten

Intelligenz als kultur- und kontextabhängiges Etikett

Die *Kultur- und Kontextabhängigkeit von Intelligenz* zeigt sich in der Definition, die Gardner vorschlägt. Demnach ist Intelligenz das »biopsychologische Potential zur Verarbeitung von Informationen, das in einem kulturellen Umfeld aktiviert werden kann, um Probleme zu lösen oder geistige oder materielle Güter zu schaffen, die in einer Kultur hohe Wertschätzung genießen« (Gardner, 2002, S. 46 f.). Auf einer kommunikativen Ebene handelt es sich bei Intelligenz zudem um ein Phänomen gegenseitiger Zuschreibung, also um die Unterstellung von Intelligenz (siehe Kapitel 4.2.2). Betrachtet man personenbezogene Fähigkeiten grundsätzlich als Ergebnisse individueller und sozialer Prozesse, zeigt sich, welche Verantwortung in derartigen Zuschreibungen steckt:

> »Etiketten können stimulierend, ebenso aber auch einengend wirken. Niemand läßt sich gerne ›dumm‹ nennen, weil sein IQ zu niedrig ist, aber auch das Etikett ›räumlich ja, aber nicht sprachlich‹ kann lähmend wirken. Außerdem liegen der Etikettierung individueller Intelligenzen zwei falsche Grundannahmen zu Grunde: 1. Wir wissen, wie man Intelligenz zu evaluieren hat. 2. Die Beurteilung einer Intelligenz ist endgültig« (Gardner, 2002, S. 169).

Letztlich ist jede personenbezogene Bewertung im Sinne von Ian Hacking eine »Beschreibung, unter der man handeln kann« (Hacking, 1996, S. 304 ff.; 1999b, S. 159 ff.). Dieses Handeln ist nie »an sich« intelligent oder dumm, sondern findet immer in einem sozialen Kontext statt und wird dort kommunikativ bewertet. Intelligenz ist so gesehen ebenso wie »Schönheit« oder »Erfolg« Ausdruck der sozialen und individuellen Bewertung vor einem kulturellen Hintergrund, aber keinesfalls eine messbare und rein personenbezogene Fähigkeit.

4.3.4 Selbsterfüllende Prophezeiungen

> »›Aber ich will doch nicht unter Verrückte gehen!‹, widersprach Alice.
> ›Ach, dagegen läßt sich nichts machen‹, sagte die Katze;
> ›hier sind alle verrückt. Ich bin verrückt. Du bist verrückt.‹
> ›Woher weißt du denn, daß ich verrückt bin?‹, fragte Alice.
> ›Mußt du ja sein‹, sagte die Katze, ›sonst wärst du doch gar nicht hier.‹«
> (Carroll, 1865, dt. 1973, »Alice im Wunderland« S. 67)[23]

Definition und Beispiele selbsterfüllender Prophezeiungen

Mit dem Prinzip der sich selbst erfüllenden Prophezeiung kann aufgezeigt werden, wie Grundannahmen, Theorien, Menschenbilder etc. nicht nur den Umgang mit Menschen strukturieren, sondern geradezu zu den Ergebnissen führen, die durch sie vorhergesagt werden:

> »Eine sich selbst erfüllende Prophezeiung ist eine Annahme oder Voraussage, die rein aus der Tatsache heraus, daß sie gemacht wurde, das angenommene, erwartete oder vorhergesagte Ereignis zur Wirklichkeit werden läßt und so ihre eigene ›Richtigkeit‹ bestätigt« (Watzlawick, 1994a, S. 91).

Die Grundlage des Funktionierens solcher Vorhersagen ist der Glaube daran, dass bestimmte Ereignisse mit Sicherheit in der Zukunft eintreten werden. In diesem Glauben wird das jetzige Handeln im Hinblick auf das erwartete Ereignis gestaltet, da versucht wird, der Tatsache seines Eintretens schon möglichst frühzeitig Rechnung zu tragen. Ob dies geschieht, um sich vor Enttäuschungen zu bewahren oder weil man von der Prophezeiung so überzeugt ist, dass man sie erst gar nicht infrage stellt, ist dabei unbedeutend:

> »Ihnen allen gemeinsam ist die offensichtlich wirklichkeitsschaffende Macht eines bestimmten Glaubens an das So-Sein der Dinge; eines Glaubens, der genausogut ein Aberglauben wie eine scheinbar streng wissenschaftliche, aus objektiver Beobachtung abgeleitete Theorie sein kann« (Watzlawick, 1994a, S. 106).

---

23 Caroll spielt mit den Kontextbedingungen von Persönlichkeit und Wertmaßstäben. Ganz gemäß dem Muster »Kleider machen Leute« überträgt er diese formative Kraft von Kontextbedingungen auf die Umgebung.

Zur Veranschaulichung

Paul Watzlawick schildert den folgenden Fall einer sich selbst erfüllenden Prophezeiung: An einer Volksschule wurde vor Beginn des neuen Schuljahres ein Intelligenztest durchgeführt, von dem den Lehrkräften gesagt wurde, er würde außer dem Intelligenzgrad auch die 20 % der Schülerinnen und Schüler ermitteln, deren Leistungen sich im kommenden Schuljahr überdurchschnittlich steigern würden:

> »Nach Durchführung der Intelligenzprüfung, aber noch bevor die Lehrerinnen zum ersten Mal mit ihren neuen Schülern zusammentrafen, erhielten sie die (der Schülerliste völlig wahllos entnommenen) Namen jener Schüler, von denen aufgrund des Tests jene ungewöhnlichen Leistungen mit Sicherheit erwartet werden konnten. Der Unterschied zwischen diesen und den übrigen Kindern bestand also nur im Kopfe der jeweiligen Lehrerin« (Watzlawick, 1994a, S. 97 f.).

Am Ende des Schuljahres stellte sich bei einem erneuten Test heraus, dass sich die Annahme der Lehrerinnen bestätigt hatte und die benannten Kinder überdurchschnittliche Leistungen zeigten. »[D]ie Berichte der Lehrkräfte bewiesen ferner, daß sich diese Kinder auch sonst in Verhalten, intellektueller Neugierde, Freundlichkeit und so weiter vorteilhaft von ihren Mitschülern abhoben« (Watzlawick, 1994a, S. 98). Die Prophezeiung erfüllte sich also erst durch die Erwartungen der Lehrerinnen und die Aufmerksamkeit, die sie den ausgewählten Kindern entgegenbrachten.

Ähnliche Versuche wurden auch im Zusammenhang mit Tierexperimenten gemacht. Hier wurde der Umfang untersucht, in dem die Erwartung bestimmter Ergebnisse Einfluss auf den Ausgang der Experimente hat. Hierzu wurden zwei unabhängig voneinander arbeitenden Praktikumsgruppen jeweils dreißig Ratten anvertraut, mit denen sie Lernexperimente durchführen sollten. Den Gruppen wurde gesagt, die eine würde mit Ratten arbeiten, die aufgrund ihrer genetischen Veranlagung besonders lernfähig seien, während die andere Gruppe Ratten erhalte, die wegen ihrer Erbanlagen schlechte Ergebnisse erbringen würden. Tatsächlich wurden beiden Gruppen die gleiche Art von Ratten zugeteilt:

> »Die Studenten, die ›wußten‹, daß sie mit unintelligenten Tieren arbeiteten, drückten sich in ihren Berichten dementsprechend negativ aus, während ihre Kollegen, die mit den vermeintlich überdurchschnittlich begabten Ratten experimentiert hatten, ihre Schützlinge als freundlich, intelligent, findig und

ähnlich beurteilten und ferner erwähnten, daß sie die Tiere häufig berührt, gestreichelt und mit ihnen sogar gespielt hatten« (Watzlawick, 1994a, S. 99).

Der gleiche Versuch wurde auch bei zwei Gruppen durchgeführt, die mit Erdwürmern arbeiteten. Hier wurden ebenfalls Differenzen in der Lernfähigkeit der Tiere »festgestellt«, obwohl hier der Faktor der Zuwendung wohl von geringerem Einfluss war.

Derartige Experimente zeigen,

»welch tiefe, einschneidende Wirkung von Erwartungen, Vorurteilen, Aberglauben und Wunschdenken – also rein gedanklichen Konstruktionen oft bar jedes Schimmers von Tatsächlichkeit – auf unsere Mitmenschen ausgehen, und welches Loch diese Entdeckungen in die bequeme Annahme der überragenden Rolle von Vererbung und Anlage reißen« (Watzlawick, 1994a, S. 98).

Institutionalisierung selbsterfüllender Prophezeiungen

Überträgt man solche Untersuchungsergebnisse auf pädagogische, psychologische, soziale, gesellschaftliche oder betriebliche Kontexte, muss die Möglichkeit in Betracht gezogen werden, dass jede Vorannahme bzw. jedes Vor-Urteil nicht nur unsere Beobachtung und Bewertung beeinflusst, sondern ebensolche Wirkungen auf unseren Beobachtungsgegenstand hat. Dieser formative Zusammenhang zwischen den Strukturen und Regeln eines Systems und der daraus resultierenden Wahr-Nehmung der in diesem System agierenden Personen kann in allen möglichen Kontexten beobachtet werden, seien es Kulturen, Familien, Firmen oder dergleichen mehr. Es lässt sich sogar davon ausgehen, dass einige Formen der selbsterfüllenden Prophezeiung in institutionellen Strukturen angelegt sind oder zumindest begünstigt werden.

Zur Veranschaulichung

Die Annahme der individuellen und sozialen Konstruktion persönlicher Fähigkeiten im Sinne einer *Fremd- und Selbstattribution* wurde in Bezug auf den Umgang mit Menschen in der modernen Psychiatrie durch David L. Rosenhan bestätigt (Rosenhan, 1994). In einem Versuch ließen sich acht Frauen und Männer, die keinerlei psychische Beschwerden aufwiesen, als »Scheinpatienten« in verschiedene Kliniken einweisen. Während des Aufnahmegespräches behaupteten alle, sie würden »Stimmen hören«, was in der klassischen Psychiatrie als Symptom einer

Psychose gewertet wird. Nach der Einweisung begannen die Scheinpatienten, sich wieder völlig »normal« zu verhalten, und versicherten zudem, die Symptome haben aufgehört:

> »Trotz ihrer öffentlichen ›Zurschaustellung‹ von geistiger Gesundheit wurde keiner der Scheinpatienten als solcher entlarvt. […] Auch gibt es keine Hinweise in den Klinikunterlagen, daß der Status der Scheinpatienten verdächtig war. Eher spricht einiges dafür, daß der Scheinpatient, einmal als Schizophrener klassifiziert, mit dieser Bezeichnung behaftet blieb« (Rosenhan, 1994, S. 116 f.).

Durch ihre unentdeckte Position hatten sie nicht nur die Möglichkeit, den Umgang des Personals mit den Patienten der Kliniken zu beobachten, sondern erfuhren am eigenen Leibe die Auswirkungen, die auf die Zuschreibung einer Störung folgen. Hierzu gehörte, dass ihre Fragen nicht ernst genommen und nur spärlich oder überhaupt nicht beantwortet wurden, wobei kaum Augenkontakt aufgenommen wurde; das Personal war oft respekt- und distanzlos und beschimpfte die Patienten häufiger; während körperlicher Untersuchungen verrichteten andere Mitarbeiter im gleichen Raum ihre Angelegenheiten oder das Personal unterhielt sich sogar im Beisein der Patienten über sie, als seien sie nicht anwesend; das Personal durfte sowohl ihre Räume als auch ihre Habe zu jedem Zeitpunkt ohne Angabe von Gründen einsehen; bei Konflikten wurde der Anlass nicht auf einer zwischenmenschlichen Ebene gesehen, sondern als Ausdruck für ihr »gestörtes« Verhalten gewertet usw.

Der Glaube an die Prognose sorgt auch in diesem Fall für ihre Bestätigung. »Sobald eine Person als abnormal gekennzeichnet ist, werden ihre ganzen übrigen Verhaltensweisen und Charakterzüge durch diese Klassifizierung gefärbt« (Rosenhan, 1994, S. 119).

Zur Veranschaulichung

Die Annahme des tatsächlichen Existierens der Störung vonseiten des Personals versperrte den Scheinpatienten jede Möglichkeit verständlich zu machen, dass sie nicht »verrückt« sind, da sie weniger wegen ihres Verhaltens als vielmehr durch die Diagnose einer Störung als nicht mehr glaubwürdig angesehen wurden:

> »Hier sei nur bemerkt, daß ein wesentlicher Teil der selbsterfüllenden Wirkung psychiatrischer Diagnosen auf unserer felsenfesten Überzeugung beruht, daß

alles, was einen Namen hat, *deswegen* auch wirklich existieren muß« (Watzlawick, 1994a, S. 101).

Es kann davon ausgegangen werden,»daß zumindest gewisse sogenannte geistige Störungen reine Konstruktionen sind und daß psychiatrische Anstalten zur Konstruktion jener Wirklichkeiten beitragen, die in ihnen behandelt werden sollen« (Watzlawick, 1994a, S. 100). Anstelle psychiatrischer Anstalten kann hier auch jede beliebige andere therapeutische oder pädagogische Institution gesetzt werden.

Etikettierung

Die Ergebnisse solcher Untersuchungen lassen sich ohne Einschränkungen auf *Etikettierungen* jeglicher Form übertragen (z. B. behindert – normal, krank – gesund, begabt – unbegabt, intelligent – dumm, weiblich – männlich, wahr – falsch, erfolgreich – erfolglos, Klassenbester – Klassenschlechtester, Streber – Klassenclown, Zappelphilipp – Transuse).

Wenn sich bestimmte Beschreibungen einer Person in sozialen Kontexten, in unserer Kommunikation und unseren Umgangsweisen und letztlich auch im Selbstbild der betreffenden Person verfestigt haben, bedarf es erst einer grundlegenden Veränderung, um eine andere Beschreibung zu ermöglichen. Diese Veränderung kann – folgt man den hier dargestellten Begründungen – auf jeder Ebene stattfinden, nicht zuletzt in unseren Beobachtungen und Beschreibungen. Die Annahme, dass allein die Veränderung des Gegenübers zu einer Veränderung im pädagogischen Miteinander führen kann, bildet schon in sich einen Teufelskreis. Wenn einem Menschen bestimmte Selbstbilder und Attributionen durch Prognosen und das Verhalten ihm gegenüber nahegelegt werden, er mit Abwertungen, Ängsten und Abwehrreaktionen konfrontiert wird, ist es sehr wahrscheinlich, dass er diese Beschreibung für sich akzeptiert, sich entsprechend entwickelt und handelt:

»Menschen werden davon beeinflußt, wie sie genannt werden, und was noch wichtiger ist, von der verfügbaren Klassifizierung, innerhalb derer sie ihre eigenen Taten beschreiben und ihre eigenen beschränkten Entscheidungen treffen können. Menschen handeln und entscheiden abhängig davon, wie sie und ihre Handlungen beschrieben werden, deswegen führt das Aufkommen neuer Möglichkeiten der Beschreibung neue Handlungen mit sich. Dies beeinflußt nicht nur die Handlungen, sondern wiederum auch deren Klassifikation« (Hacking, 1999a, S. 118 f.).

Hier soll keineswegs die These vertreten werden, dass Entwicklungsmöglichkeiten allein durch die Interaktionen mit einem Menschen bestimmt und unabhängig von seinen strukturellen und persönlichen Fähigkeiten sind. Jede Rollenzuschreibung und Handlungserwartung erschwert oder behindert jedoch die Möglichkeit, dass er sich überhaupt in eine andere Richtung entwickeln *kann*. In einer positiven Wendung bedeutet dies natürlich die Chance, dass eine positive bzw. alternative Zuschreibung und Erwartung zu Entwicklungen beitragen kann, die unter anderen Beschreibungen nicht möglich wären.

Stigmatheorie

Sehr eindrücklich wurden diese Prozesse der Fremd- und Selbstattribution in der *Stigmatheorie* durch Erving Goffman beschrieben (Goffman, 1975). Der Begriff Stigma, der ursprünglich für Wund- oder Brandmal stand, die zur Kennzeichnung von Minderheiten, Ausgestoßenen oder Verbrechern dienten, bedeutet auch Vorurteil, Klischee, Etikettierung, Stereotypisierung oder Normabweichung. Der Begriff Stigmatisierung bezeichnet in der Soziologie den Prozess der Zuschreibung von Merkmalen oder Eigenschaften auf Personen einer bestimmten Kategorie (Goffman, 1975, S. 9 f.). Im Sinne einer Verkettung von Beschreibungen und Bewertungen werden hierbei durch ein bestimmtes äußeres oder inneres Merkmal weitere Wertungen und Zuschreibungen ausgelöst. Goffman unterscheidet lediglich drei Formen von Stigmata:

»Drei kraß verschiedene Typen von Stigma können erwähnt werden. Erstens gibt es Abscheulichkeiten des Körpers – die verschiedenen physischen Deformationen. Als nächstes gibt es individuelle Charakterfehler, wahrgenommen als Willensschwäche, beherrschende oder unnatürliche Leidenschaft, tückische und starre Meinungen und Unehrenhaftigkeit welche alle hergeleitet werden aus einem bekannten Katalog, zum Beispiel von Geistesverwirrung, Gefängnishaft, Sucht, Alkoholismus, Homosexualität, Arbeitslosigkeit, Selbstmordversuchen und radikalem politischen Verhalten. Schließlich gibt es die phylogenetischen Stigmata von Rasse, Nation und Religion« (Goffman, 1975, S. 12 f.).

All diese singulären Merkmale und Wertungen führen zu weiteren Merkmalszuschreibungen und Wertungen, die das Bild der entsprechenden Person »komplettieren«. Die Zuweisung von Stigmata läuft weitgehend unbewusst ab, ähnlich der Gestaltgesetze der Wahrnehmung. Die daraus folgenden Handlungen sind dann für das entsprechende Subjekt letztlich selbstverständlich und in der

Regel nicht erklärungsbedürftig. Während Goffman Stigmata nur als Negativzuschreibung versteht, können einzelne Merkmale aber auch positive Merkmalsketten auslösen.

> **Zur Veranschaulichung**
>
> Gute Beispiele solcher positiven Merkmalsketten sind Phänomene, die sich unter der Überschrift »Kleider machen Leute« zusammenfassen lassen, wie die Geschichte des »Hauptmann von Köpenick« (Friedrich Wilhelm Voigt) oder des Hochstaplers Frank William Abagnale Junior. Aussagen und sichtbare Belege über den Berufsstand (z. B. Ärztin, Professor), über den Wohnort (z. B. Berlin–Lichterfelde, Hamburg–Blankenese), über den Studienort (z. B. Harvard, Oxford, Stanford), über Besitz (z. B. Kleidung, Auto, Haus, Yacht) über Leute, die man kennt (z. B. Prominente) und dergleichen mehr erzeugen eine Aura aus Erwartungen, Bildern und Vermutungen, die das Handeln gegenüber diesen Personen beeinflussen.

Wenn man den Begriff des Stigmas verallgemeinert und weiter ausdifferenziert, kann er relativ einfach in positive wie auch negative Wertungsrichtungen angewendet werden:
- *sichtbare körperliche und äußerliche Stigmata:* z. B. Geschlecht, körperliche Beeinträchtigung, Aussehen, Haarfarbe, Hautfarbe, Kleidung;
- *unsichtbare körperliche und innere Stigmata:* z. B. Gesundheit, Krankheiten, AIDS, Sucht, psychische Beeinträchtigung;
- *Zugehörigkeits-Stigmata:* z. B. Nationalität, Religion, Volksgruppe, Kaste, Berufsstand;
- *persönlichkeitsbezogene Stigmata:* z. B. sexuelle Orientierung, politische Ansichten, Welt- und Lebensanschauung;
- *biografische Stigmata:* z. B. besuchte Schule, akademischer Abschluss, Gefängnisstrafe, Selbstmordversuch, Ex-Nazi, Ex-Rocker, Ex-Junkie, Ex-Stasi;
- *lebensweltliche Stigmata:* z. B. Obdachlosigkeit, Armut, familiärer Kontext, Wohnung, Wohngegend.

Identität und soziales Miteinander müssen immer in ihrer Interdependenz betrachtet werden – als Ergebnisse wechselseitiger Zuschreibungsprozesse.

5 Systemtheoretische und synergetische Interaktions- und Veränderungsmodelle

Betrachtet man Menschen als Systeme, auf die man (pädagogischen, therapeutischen, gesellschaftlichen, betriebswirtschaftlichen) Einfluss nehmen möchte, benötigt man eine Vorstellung davon, nach welchen Prinzipien derart komplexe Systeme, wie Menschen oder Gruppen von Menschen, funktionieren und wie sie Stabilisierungs- und Veränderungsprozesse organisieren. Solche *Funktions- und Beeinflussungsmodelle* sind in allen (pädagogischen, psychologischen, sozialen, gesellschaftlichen, betrieblichen) Handlungen implizit enthalten. Ohne eine zumindest unbewusste Vorstellung von den möglichen Konsequenzen des eigenen Tuns wäre eine Handlungsintention oder -planung undenkbar. Das jeweilige implizite oder explizite Welt- und Menschenbild ist entscheidend für die Art und Weise, wie man anderen Menschen gegenübertritt und wie man ihr Verhalten bewertet. Unterschiedliche Funktions- und Beeinflussungsmodelle führen hierbei zu einer jeweils eigenen Logik des Beobachtens und Handelns.

Die Entscheidung für ein bestimmtes Bild vom Menschen und von der Welt bedeutet bestenfalls nicht nur eine Entscheidung für eine »subjektiv richtige«, »passende« oder »anschlussfähige« Theorie, sondern geht damit einher, sich die Konsequenzen zu verdeutlichen, die es hat, wenn man den Menschen und die Welt auf diese oder auf eine andere Art betrachtet. Ganz allgemein befasst sich die *Kybernetik* mit solchen Funktions- und Beeinflussungsmodellen. Der von Norbert Wiener eingeführte Begriff bezeichnet allgemein die Wissenschaft der Steuerung und Regelung von Maschinen, lebenden und sozialen Systemen, die nicht nur lineare Wirkketten, sondern auch Feedback und Rückkopplungsschleifen berücksichtigt (von Foerster, 1985, S. 18). Ebenso, wie in der Theorie lebender Systeme wird die »Beobachtung erster Ordnung«, also eine gegenstandsbezogene Beschreibung, auch in der Kybernetik durch eine »Beobachtung bzw. Kybernetik zweiter Ordnung« ergänzt. Das beschreibende bzw. beobachtende System wird selbst ebenfalls zum Bestandteil der Beobachtung bzw. Theoriebildung herangezogen (von Foerster, 1974, S. 128 f.). Beobachtung zweiter Ordnung und Kybernetik zweiter Ordnung sind prinzipiell gleichbedeutend.

Zur Verdeutlichung wird eine konstruktivistische und systemtheoretische Sichtweise vom Menschen und der Welt daher im Folgenden in der Abgrenzung zu gegenläufigen Sichtweisen dargestellt. Hierdurch sollen vor allem die jeweiligen Implikationen und Handlungsfolgen verschiedener Funktions- und Beeinflussungsmodelle bzw. Welt- und Menschenbilder charakterisiert werden.

5.1 Triviale und nicht-triviale Systeme

Der Kybernetiker Heinz von Foerster hat zwei Modelle beschrieben, die den Zusammenhang zwischen Sicht- und Handlungsweisen verdeutlichen. Demnach ist es einem Beobachter möglich, Systeme (in diesem Fall den Menschen) als *triviale* oder als *nicht-triviale Maschine* zu beschreiben (von Foerster, 1993b, S. 244 ff.). Zunächst mag es seltsam anmuten das »System Mensch« als Maschine zu bezeichnen. Foersters Verwendung des Begriffs hat aber nichts mit Maschinen im herkömmlichen Sinne zu tun:

> »Seit Alan Turing, der Erfinder der ›Turingmaschine‹, sein logisch-mathematisches Schema als ›Maschine‹ bezeichnete […], heißen auch andere abstrakte Entitäten mit wohldefinierten funktionalen Eigenschaften ›Maschinen‹, also nicht nur Gebilde aus Zahnrädern, Druckknöpfen und Hebeln oder aus Chips, Disketten und Konnektoren« (von Foerster, 1993b, S. 357).

Die Begriffe »Maschine« und »System« können synonym verwendet werden, da die verschiedensten Systeme (lebende, kognitive, soziale) abstrakte Modelle mit »wohldefinierten Eigenschaften« darstellen (siehe oben). Im Folgenden wird der Begriff »Maschine« durch »System« ersetzt, um mechanistischen Missverständnissen vorzubeugen und um die Entsprechung mit dem Systembegriff hervorzuheben.

Die Zuschreibungen *trivial* bzw. *nicht-trivial* bezeichnen in von Foersters Unterscheidung zwei unterschiedliche Stufen der Komplexität, wobei sich *trivial* auf »allgemein bekannte« und »eindeutige« Beziehungen zwischen Ursache und Wirkung bezieht, während diese Beziehungen bei *nicht-trivialen* Systemen uneindeutig und daher vielschichtiger sind. Da Systeme – wie bereits dargestellt – *beobachterabhängig definiert werden,* kann es bei dieser Unterscheidung nicht darum gehen, zu belegen, dass bestimmte Systeme trivial sind und andere nicht (siehe Kapitel 2.1). Die Differenz zwischen trivial und nicht-trivial bezieht sich vielmehr auf *Eigenschaften, die man Systemen unterstellen kann.* Interessant ist hier also nicht eine allgemeingültige Zuschreibung von Trivialität oder

Nicht-Trivialität auf bestimmte Klassen von Systemen, sondern die Überlegung, was passiert, wenn man ein System als trivial bzw. nicht-trivial betrachtet.

5.1.1 Triviale Systeme

Definition trivialer Systeme

Ein *triviales System* zeichnet sich dadurch aus, dass es einen bestimmten *Input* fehlerfrei mit einem bestimmten *Output* verbindet. Das heißt, dass es die *Funktion* des Systems ist, aufgrund des Inputs den erwarteten Output zu erzeugen (siehe Abbildung 32). Triviale Systeme arbeiten ausschließlich nach dem Prinzip von Ursache und Wirkung, wobei ihre Aufgabe darin liegt, eine spezifische Ursache mithilfe beliebiger Zwischenschritte in eine entsprechende Wirkung umzusetzen: »Die meisten mechanischen Geräte und Apparate, mit denen wir zu tun haben, sind triviale Maschinen. Ein Lichtschalter beispielsweise ist eine solche triviale Maschine. Wenn Sie den Schalter nach oben knipsen, geht das Licht an; knipsen Sie ihn nach unten, geht das Licht wieder aus. Vorausgesetzt, daß der Schalter nicht kaputt ist, funktioniert er immer auf die gleiche Weise« (von Foerster, zit. nach Segal, 1988, S. 148).

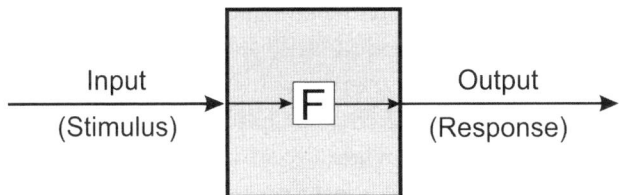

Abbildung 32: Triviales System bzw. triviale Maschine (F = Wirkungsfunktion)

Das Angenehme an solchen trivialen Systemen ist, dass sie – normalerweise – unsere Erwartungen an sie erfüllen. Zumindest ist es möglich, durch Ausprobieren herauszufinden, was die Funktionen eines trivialen Systems sind.

Zur Veranschaulichung

Beschäftigt sich beispielsweise jemand mit einem Taschenrechner, der nur blanke Tasten hat, kann er herausfinden, wozu ihre Funktionen da sind. Er braucht letztlich nur Regelmäßigkeiten zu erkennen und Regeln zu erfinden, die die Schritte zwischen zwei Zuständen des Taschenrechners erklären. Nach ausreichenden Versuchen wäre es dann möglich, ein Benutzerhandbuch für dieses System zu schreiben und somit anderen Personen die einwandfreie Handhabung zu ermöglichen. Triviale Systeme sind *analysierbar* und bei entsprechendem Wissen um ihre Funktionen auch *vorhersagbar* und *steuerbar*. Vom Prinzip her sind triviale Maschinen daher auch *vergangenheitsunabhängig*, da sie immer auf die gleiche Art und Weise funktionieren.

Da aber auch die einfachsten Systeme – wie der oben genannte Lichtschalter – kaputtgehen können, gibt es triviale Systeme nur als Idealbeschreibung vergangenheitsunabhängiger, und damit geschichtsloser, immer gleich und störungsfrei funktionierender Entitäten. Wer schon einmal sein Auto zum »Trivialisateur« gebracht hat oder seinem Computer nach einem Absturz lautstark seine Nicht-Trivialität vorgeworfen hat, weiß, dass es triviale Maschinen nur als Idee gibt, sie in unserer Wahrnehmung und Erfahrung lediglich als Wunschzustand eines Systems vorkommen. Selbst der einfachste Druckschalter ist zumindest in einem Punkt nicht trivial: Er ist – entgegen der theoretischen Idee einer trivialen Maschine – vergangenheitsabhängig. Da man die konkreten Einzelheiten und Auswirkungen seiner Vergangenheit nicht kennen kann, ist er daher auch prinzipiell unvorhersagbar und unsteuerbar.

Nachdem die triviale Maschine als Fiktion bzw. Idealvorstellung entlarvt ist, bleibt nur ein Aspekt erhalten: ihre *Analysierbarkeit*. Die Analysierbarkeit trivialer Systeme erlaubt es uns zumindest, den Fehler zu finden, der zu ihrem Fehlverhalten geführt hat. Sollte ein triviales System den Erwartungen also einmal nicht entsprechen und einen fehlerhaften Output liefern, ist die Ursache hierfür lokalisierbar. Die Logik einer trivialen Maschine ist es, dass etwas falsch funktionieren bzw. kaputt sein muss, sobald es einen falschen, d.h. unerwarteten Output erzeugt. Durch eine Reparatur lässt sich der gewohnte Zusammenhang zwischen Input und Output wieder herstellen, das System wird zu seinem trivialen Funktionieren zurückgeführt.

Umgang mit trivialen Systemen

Der große Nachteil trivialer Systeme besteht darin, dass sie in unserer Erfahrung und Beobachtung eigentlich überhaupt nicht vorkommen. Es gibt triviale Systeme nur in unserer Vorstellung. Was jedoch im Umgang mit vielen Systemen bestehen bleibt, ist die *Erwartung an ihr triviales Funktionieren*. Bei »älteren« Systemen, die man als trivial betrachtet, macht man hierbei vielleicht schon einige Einschränkungen (etwa bei einem alten Auto). Der eigentliche »Soll-Output« ist einem dabei aber in der Regel bewusst. Und so ergibt es sich, dass man Dinge häufig so lange als trivial betrachtet, bis sie den in sie gesetzten Erwartungen nicht mehr entsprechen. Oft wird uns die Nicht-Trivialität der Dinge und der Zusammenhänge ihres Funktionierens erst dann bewusst, wenn sie aufhören, unsere »trivialen« Erwartungen – bzw. Erwartungen von Trivialität – zu erfüllen.

> **Zur Veranschaulichung**
>
> Ein schönes Beispiel hierfür ist es, wenn die Wasserversorgung etwa wegen eines Rohrbruches ausfällt. Erst wenn die trivialisierende Erwartung, dass Wasser aus dem Wasserhahn kommt, enttäuscht wird, scheint man darauf aufmerksam zu werden, dass für das Funktionieren der Wasserversorgung noch ganz andere Systemkomponenten entscheidend sind. Dass man beim »normalen« Funktionieren der Dinge nicht ständig an alle Systembedingungen denkt, zeigt eine wichtige Eigenschaft jeder Wahrnehmung, jedes Modells und letztlich auch jeder Handlung: die Reduzierung von Komplexität.

Will man verschiedene Systemtypen unterscheiden, könnte man allerhöchstens sagen, dass es Systeme gibt, die »trivialer« sind als andere. Diese Unterscheidung macht zumindest Sinn, wenn man etwa das Funktionieren eines Autos als trivialer ansieht als die Funktionsweise eines Menschen. Aber genau an dieser Stelle zeigt sich, wie wichtig es ist zu *entscheiden,* welche Systeme man zumindest zeitweise getrost als triviale Systeme behandeln kann (wie z. B. Fernsehgeräte oder Gebäude), bei welchen man mit einer trivialisierenden Betrachtung sehr vorsichtig sein sollte (z. B. Atomenergie oder Biotope) und welche den Sinn und Nutzen einer trivialisierenden Betrachtung ganz infrage stellen (z. B. Menschen und Gesellschaften). Die Entscheidung darüber, welchen Grad an Trivialität man einem System zuschreibt, bedingt aber nicht nur die Erwartungen an sein Verhalten, sondern auch unsere Umgangsweise mit ihm. Die Zuschreibung von Trivialität ist also – wie jede Erklärung des Funktionierens eines Systems – in höchstem Maße handlungsrelevant.

Menschen als triviale Systeme

Was haben nun solche gegenständlichen Maschinen, wie Lichtschalter, Taschenrechner und dergleichen, mit Menschen zu tun? Die Gemeinsamkeit liegt in der grundlegenden Herangehensweise an triviale Systeme, die in vielen Bereichen dem Umgang mit anderen Menschen gleicht. Man kann auch sagen, dass einigen Handlungen eine triviale Vorstellung vom Menschen bzw. ein *trivialisierendes*

Menschenbild zugrunde liegt. In jeder Situation, in der beispielsweise Lehrerinnen und Lehrer oder Therapeutinnen und Therapeuten ihre Bemühungen darauf lenken, bei ihrem Gegenüber mithilfe eines bestimmten Inputs (pädagogische Maßnahme) einen bestimmten Output (in Form spezifischen Verhaltens) zu erreichen, erwarten sie, dass es wie eine triviale Maschine funktioniert. Dies ist vor allem in Situationen augenscheinlich, in denen der Versuch unternommen wird, bei mehreren Menschen aufgrund eines Inputs (z. B. Frontalunterricht oder Werbung) einen gleichen oder doch zumindest ähnlichen Output zu erreichen. Diese Sichtweise ist durch zwei Voraussetzungen geprägt:
- das Wissen um den richtigen Input (Stimulus),
- die Erwartung eines bestimmten Outputs (Verhalten).

Werden Menschen auf diese Weise als trivial betrachtet, geht dies mit der Annahme einher, alle Menschen müssten, da sie ja der gleichen Klasse von Systemen angehören, aufgrund eines bestimmten Inputs in der Lage sein, einen entsprechenden (gleichen) Output zu erzeugen. Diese Denkrichtung wird z. B. im Behaviorismus vertreten, der sich ausschließlich auf die beobachtbaren Komponenten der Interaktion (Stimulus/Verhalten) beschränkt und die Frage nach den inneren Funktionen und Prozessen, die zu ihnen führen, als unbeobachtbar ablehnt. Unter einer trivialisierenden Betrachtung treten Variablen, die die innere Dynamik von Lernprozessen bezeichnen, wie Denken, Reflektieren, Erfahrung etc., in den Hintergrund. Das Augenmerk liegt allein auf den beobachtbaren Ergebnissen dieser Prozesse und ihrer Beeinflussbarkeit durch äußere Faktoren wie positive oder negative Verstärkung, Konditionierung, Habituation etc.

Eine trivialisierende Betrachtung von Menschen geht mit einer konsequenten Defektlogik einher: Triviale Systeme, die nicht den »richtigen« Output liefern, funktionieren nicht oder nicht richtig. Der Versuch der Einflussnahme besteht demnach darin, das Gegenüber so zu (ver)ändern oder zu reparieren, dass es das jeweils erwartete Verhalten erzeugt. Die Fähigkeit und der Willen des Gegenübers, *erwartete* Leistungen zu erbringen und sich vorhersagbar zu verhalten, steht in diesem Modell im Vordergrund der Bewertung und Einflussnahme.

5.1.2 Nicht-triviale Systeme

Definition nicht-trivialer Systeme

Nicht-triviale Systeme unterscheiden sich von trivialen Systemen dadurch, dass ihr Output nicht durch festgelegte Funktionen hervorgebracht wird, sondern durch ihre *inneren Zustände* (siehe Abbildung 33). Jedes Mal, wenn dieses System einen Output erzeugt, ändern sich seine inneren Zustände und somit die Grundlage darauffolgender Prozesse. »Mit anderen Worten, die in der Vergangenheit durchlaufenen Schritte bestimmen das gegenwärtige Verhalten der Maschine« (von Foerster, 1993b, S. 358). Jeder durchlaufene Schritt hat Auswirkungen auf nachfolgende Schritte und verändert so die Grundlage, auf der neues Verhalten erzeugt wird. Nicht-triviale Systeme sind daher – im Gegensatz zur Grundidee ihrer trivialen Pendants – *vergangenheitsabhängig*. Sie erzeugen die Regeln, nach denen sie Outputs errechnen, buchstäblich selbst (Selbstorganisation), und beziehen sich dabei ausschließlich auf ihre eigenen inneren Zustände (Selbstreferenz). Die inneren Rückkopplungsschleifen zwischen Zustand (Z) und Wirkungsfunktion (F) führen nicht nur zur »Errechnung« eines Outputs, sondern entsprechend der internen Regelungsdynamik (z') auch zu einem neuen internen Zustand, der wiederum mit der Wirkungsfunktion in Rückkopplung steht.

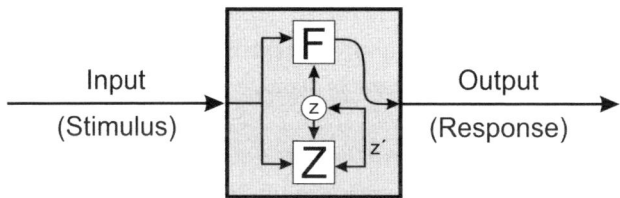

Abbildung 33: Nicht-triviales System bzw. nicht-triviale Maschine

Zur Veranschaulichung

Stellt man sich einen nicht-trivialen Taschenrechner mit blanken Tasten vor, so könnte es sein, dass man auf den dreifachen Druck einer bestimmten Taste den gleichen Output bekommt (z. B. 333). Schon froh, eines der Prinzipien dieses Systems durchschaut zu haben, drückt man dieselbe Taste erneut und erhält etwas ganz anderes oder auch gar keine Anzeige. Alle Grundannahmen, mit denen man einer trivialen Maschine gegenübertritt, scheinen für die nicht-triviale Maschine keine Geltung zu haben, da sich ihre inneren Zustände mit jedem Input verändern. Das heißt, dass man selbst dann, wenn eine solche Maschine auf einen bestimmten Input den erwarteten Output geliefert hat, nicht vorhersagen kann, ob sie dies auch bei einer erneuten Eingabe des Inputs wieder tun wird.

Man kann deshalb über einen Input nur noch sagen, dass er das System dazu *anregt* oder – besser – dazu *anregen kann,* einen Output (bzw. ein Verhalten) zu »errechnen«, bzw. zu erzeugen. Wie dieses Verhalten konkret aussehen wird, ist prinzipiell nicht vorhersagbar. Die Bedeutung eines Inputs kann daher bei nicht-trivialen Systemen besser als *Perturbation* (Ver-Störung, Anregung) bezeichnet werden (siehe Kapitel 2.2.1). Durch die Aufeinanderfolge von Zustandsveränderungen, die eine nicht-triviale Maschine bei der Erzeugung von Outputs durchläuft, ist es unmöglich, vorherzusagen, welche Auswirkungen eine Perturbation haben wird, da man ihren momentanen inneren Zustand nicht kennen kann.

Umgang mit nicht-trivialen Systemen

Eine Gebrauchsanweisung für die fehlerfreie Handhabung nicht-trivialer Systeme ist undenkbar. Nicht-triviale Systeme sind aufgrund ihrer inneren Dynamik *unanalysierbar* und ebenso *unvorhersagbar* und *unsteuerbar.* Letztlich lässt sich noch nicht einmal sagen, ob ein gezeigtes Verhalten überhaupt einen Zusammenhang mit einer bestimmten Perturbation hat.

Nicht-triviale Systeme sind auch deshalb recht verwirrend, da es ihnen sowohl möglich ist, sich berechenbar und stabil zu verhalten, als auch absolut chaotisches und unberechenbares Verhalten zu zeigen.

Unterstellt man nicht-trivialen Systemen, dass sie in der Lage sind, interne Regelmäßigkeiten auszubilden, kann man auch davon sprechen, dass sie im Verlauf ihrer Entwicklung Vorlieben, Abneigungen oder auch »blinde Flecken« herausbilden. Hinter ihrem Verhalten können daher, im Gegensatz zu trivialen Maschinen, wesentlich mehr Erklärungen stehen als ihr »richtiges« oder »falsches« Funktionieren.

Menschen als nicht-triviale Systeme

Das Modell der nicht-trivialen Maschine kann als *Funktions- und Beeinflussungsmodell lebender und kognitiver Systeme* verwendet werden (Maturana, 1982, S. 183 ff.). Hierbei muss das System immer im Kontext der zeitlichen Abfolge von Zustandsveränderungen betrachtet werden, die bei jedem Schritt zu internen Veränderungen führen (siehe Abbildung 34). Interne Funktionen und Zustände können hierbei prinzipiell stabilisiert oder destabilisiert werden, wie es in den Ausführungen zu Wahrnehmung und Bewusstsein (Kapitel 3), zur kognitiven Entwicklung (Kapitel 4.1) und zur sozialen Konstruktion von Wirklichkeit (Kapitel 4.3) dargestellt wird.

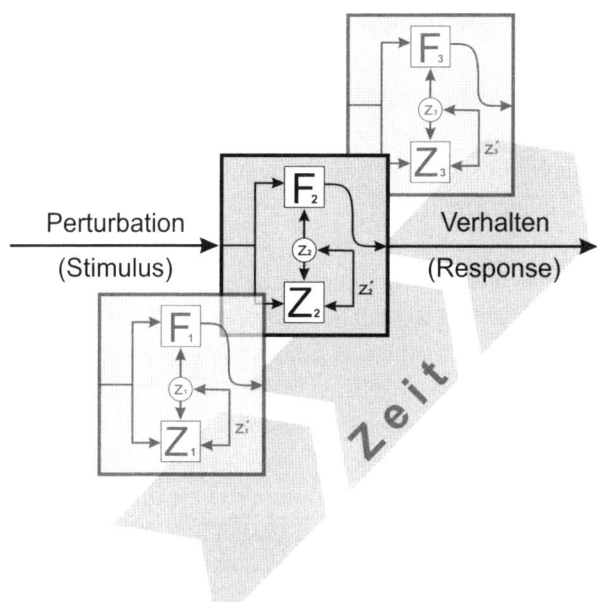

Abbildung 34: Entwicklung lebender und kognitiver (nicht-trivialer) Systeme als zeitliche Abfolge von Zustandsänderungen

Die im vorderen Teil des Buches dargestellten Grundlagen erklären, aufgrund welcher *Prinzipien* sich die inneren Zustände dieser Systeme bilden und verändern, in welchen Formen der Wechsel ihrer inneren Zustände *Ergebnisse* liefert und nach welchen *Kriterien* diese Zustände gebildet werden:
- Als *Prinzipien* des Wechsels innerer Zustände gelten für kognitive Systeme: Selbstorganisation, Selbstreferenz, Zustandsdeterminiertheit, operationale, organisationelle und informationelle Geschlossenheit, Topologie, Autonomie etc.
- Die *Ergebnisse,* die durch den Wechsel der Zustände gebildet werden, sind: Wirklichkeitskonstruktionen, Erfahrungen, Bewusstsein, Abstraktionen, Handlungsplanung, Handeln, Sprache etc.
- *Zustandsveränderungen* gestalten sich generell nach internen *Kriterien* wie: Konsistenz, Plausibilität, Viabilität, Generalisierbarkeit. Verallgemeinert nach: Anschlussfähigkeit und Komplexitätsreduktion.

Aufgrund der ständigen Veränderung der inneren Zustände lassen sich lediglich generelle Beschreibungen dieser Kategorien geben, wohingegen Aussagen über konkrete Veränderungen und Ergebnisse unmöglich sind. Bei konkreten Beschreibungen dieser Veränderungen befinden wir uns immer in der Position des äußeren Beobachters, der nur aufgrund von Vermutungen Aussagen über Zustandsveränderungen und Konstruktionen seines Gegenübers treffen kann (siehe Kapitel 2.2.1 u. 4.2.2). Das Gleiche trifft für jeden Versuch zu, bestimmte Zustandsveränderungen anzuregen, da man das Gegenüber zwar auf der Grundlage äußerer Beobachtungen perturbieren, jedoch nicht steuern kann.

Das *nicht-triviale Menschenbild* kognitiver Systeme hilft zwar beim Verstehen der inneren Dynamik von Menschen, gibt aber keine eindeutigen oder einfachen Hinweise dazu, wie man den Umgang mit ihnen gestalten soll (siehe Kapitel 7.1). Eine Folgerung ist jedoch zwangsläufig: Wenn die internen Prozesse eines Systems mit den Prinzipien kognitiver Systeme erklärt werden, können sie im Umgang mit anderen Menschen nicht mehr vernachlässigt werden, auch wenn die Annahme besteht, dass sie unbeobachtbar und unanalysierbar sind. Selbst ohne einen Zugang zu den jeweiligen Zuständen kognitiver Systeme und ohne Wissen darum, welche Perturbationen zu bestimmten Veränderungen im System führen, muss die Dynamik und Variabilität dieser Zustände aufgrund ihrer entscheidenden Rolle bei der Konstruktion von Wirklichkeit berücksichtigt werden. Es geht dann nicht mehr darum, den »richtigen« Input zu bestimmen, der den »richtigen« Output hervorbringt, sondern sich zu fragen, was für das Gegenüber überhaupt eine Perturbation darstellt und was diese *für ihn* bedeutet.

Die Zahl der möglichen Gründe für »Fehl-«Verhalten steigt im Modell nicht-trivialer Maschinen rapide an, da es weder möglich ist, Sicherheit über den »richtigen« Input zu erlangen, noch festzustellen, wozu die inneren Zustände des Systems überhaupt fähig und willens sind. Es kann also sein, dass eine Perturbation zu gar keinen Veränderungen im System führt oder, dass sich die Perturbation, die bisher notwendig war, um ein bestimmtes Verhalten anzustoßen, geändert hat.

Eine weitere Vergrößerung der Quellen für erwartetes bzw. unerwartetes Verhalten besteht in diesem Modell darin, dass die Person, die versucht, ein kognitives System zu einem bestimmten Verhalten anzuregen, selbst ein kognitives System ist, dessen Funktionieren von seinen eigenen inneren Zuständen bestimmt ist. Somit muss eine Erklärung für ein Nicht-Funktionieren der Verhaltenssteuerung sowohl die Ebene subjektiver Konstruktionen, Motivationen und Sichtweisen beider Seiten einschließen als auch die Ebene der Interaktion zwischen ihnen.

Im Gegensatz zu trivialen Maschinen gibt es im nicht-trivialen Modell mehrere mögliche Erklärungen dafür, warum eine Perturbation nicht zu einem erwünschten oder erwarteten Verhalten geführt hat:

- Die Perturbation stellt (zumindest für dieses individuelle System) keine oder nicht den geeigneten Anlass dar, ein bestimmtes Verhalten zu erzeugen.

- Die momentanen inneren Zustände sind nicht dazu geeignet, das erwartete Verhalten zu erzeugen.
- Das System ist auf Grundlage seiner inneren Zustände nicht daran »interessiert«, das erwartete Verhalten hervorzubringen.
- Das System ist auf Grundlage seiner inneren Zustände nicht in der Lage, zu »verstehen«, welches Verhalten es erzeugen soll.
- Das System lernt zwar z. B. lesen und schreiben, setzt dies jedoch nicht in beobachtbares Verhalten um.
- Das System ist mit anderen Operationen beschäftigt und kann sich daher zurzeit nicht mit der Erzeugung des gewünschten Verhaltens beschäftigen.

Dass das erwartete Verhalten nicht gezeigt wurde, kann also keineswegs linear auf einen Fehler, eine Störung oder eine mangelnde Leistungsfähigkeit des Systems zurückgeführt werden, da die inneren Zustände des Systems weder festgelegt noch unveränderbar sind. Das System kann aufgrund der angebotenen Perturbationen sogar durchaus dazu fähig sein, das erwünschte Verhalten zu zeigen, aber keine Veranlassung dazu sehen, dies auch zu tun.

Erbringt ein kognitives System hingegen das erwartete Verhalten, lassen sich hierfür ebenfalls Begründungen auf einer subjektiven oder auf einer intersubjektiven Ebene finden. Die *Motivation des kognitiven Systems,* ein erwartetes Verhalten zu zeigen, kann ebenso vielschichtig sein, wie die Motivation, dies nicht zu tun. Eine Entscheidung, ob diese Motivation im Interesse oder Desinteresse an bestimmten Perturbationen begründet liegt, in dem Wunsch nach Belohnung oder der Vermeidung von Strafen etc., ist einem Beobachter nicht ohne Weiteres möglich.

Alle Aussagen über den Aufbau und die Funktionsweise kognitiver Systeme zeigen, dass eine allgemeingültige Bewertung ihrer Leistungen ebenso unmöglich ist wie ihre lineare Beeinflussung. Auch kann in diesem Modell keine Begründung dafür gefunden werden, irgendein Verhalten im Allgemeinen als »schlechter« oder »besser« als ein anderes zu bezeichnen, da es ja für das Subjekt selbst aufgrund seiner momentanen inneren Zustände einen viablen Weg, wahrzunehmen und zu handeln, darstellt. Das bedeutet freilich nicht, dass das Subjekt mit seinen Wahrnehmungen oder Verhaltensweisen selbst zufrieden sein muss. Es kann selbst durchaus an diesen leiden, sie gerne verändern wollen und an möglichen Versuchen der Selbstbeeinflussung scheitern.

Im (pädagogischen, therapeutischen oder betrieblichen) Miteinander gibt es für das Verhalten eines Gegenübers immer eine *Grenze der Akzeptanz,* die etwa in Form von Regeln, Gesetzen, Vorschriften und Bewertungen ihren Ausdruck findet. Wird diese Grenze überschritten, führt dies in der Regel zu einer

Verstärkung der Bemühungen, das erwartete Verhalten hervorzubringen bzw. unerwünschtes Verhalten zu vermeiden – bis hin zu Bewertungen darüber, ob es überhaupt hierzu in der Lage ist oder auch zum Ausschluss aus den partnerschaftlichen, sozialen und organisationalen Bezügen.

5.1.3 Triviale und nicht-triviale Handlungslogik

> »2103 hatte Bernard, am polytechnischen Institut in Zürich tätig, bewiesen, daß Hume mit seinem ungeheuren Skeptizismus recht gehabt hatte: Gewohnheit, und nichts anderes, verkettete Ereignisse miteinander, die von den Alten Menschen als Ursache und Wirkung begriffen worden waren. [...] für sie bedeutete ein Prinzip der Akausalität das Chaos: Sie konnten nichts vorhersagen.«
> (Dick, 1987, »Die Mehrbegabten«, S. 12)[24]

Das Bild, das man komplexen Systemen, von anderen Menschen, ihren Beziehungen und Kontexten hat, ist ein entscheidender Faktor für die eigene Handlungsplanung. Dabei ist es nicht einmal notwendig, sich für dieses Bild bewusst entschieden zu haben, da es implizit allen Handlungen zugrunde liegt, die sich auf andere Menschen, ihre Beziehungen und Kontexte beziehen. Letztlich sind die expliziten und impliziten Welt- und Menschenbilder, die unserem Handeln zugrunde liegen, immer eine Form der Komplexitätsreduktion und erfüllen zudem die Funktion der Anschlussfähigkeit (siehe Kapitel 5.2.4). Um zu wirken müssen sie sich als viabel erweisen, das heißt als zufriedenstellend in unserem Wahrnehmungsbereich. Eine trivialisierende Sichtweise der Welt und des Menschen ist in vielen Situationen z. B. äußerst hilfreich, da sich sowohl lebende als auch soziale Systeme trivial verhalten *können*. Solange Handlungen die erwünschten Ergebnisse erzielen, muss man sich die Frage nach der nicht-linearen und nicht-trivialen Funktionsweise dieser Systeme gar nicht stellen.

In Alltagssituationen werden triviale Erwartungen an unsere Umwelt häufig genug erfüllt. Jedes Mal, wenn jemand einer Anweisung folgt oder sich vorhersagbar verhält, scheint sich eine trivialisierende Sichtweise zu bestätigen. Da (scheinbar) triviales Verhalten zu den Verhaltensmöglichkeiten nicht-trivialer

---

24 Die Frage, wie Menschen mit nicht-linearer Logik und nicht-trivialen Systemen umgehen, ist in zahlreichen Geschichten Philip K. Dicks zentral, wie auch die Frage – beispielsweise bezogen auf künstliche Intelligenz –, wie man lineare Systeme, die nur so tun, als seien sie nicht-trivial, von nicht-trivialen Systemen unterscheiden kann. Es bleibt in seinen Geschichten oft bei dem Schluss, dass alle Bemühungen ins Chaos führen, weil Menschen und Maschinen strikt daran festhalten, alles unter der Maßgabe linearen Funktionierens zu behandeln und dadurch die Fiktion der Vorhersagbarkeit aufrechtzuerhalten.

Systeme gehört, zeigt sich die Trivialität unserer Erwartungen in der Regel erst, wenn sie in ihrer trivialen Logik nicht erfüllt werden. Spätestens dann wird die Entscheidung wichtig, ob wir dieses Scheitern auf der Grundlage trivialer oder nicht-trivialer Funktionsmodelle erklären wollen. Dies ist vor allem für unsere Handlungsplanung relevant, da hier explizit die Frage nach den Ursachen für das Gelingen und Scheitern unserer Interaktionen gestellt wird – bis hin zur Festlegung konkreter Maßnahmen, die gelingende Interaktion zukünftig gewährleisten sollen oder das Ziel haben, scheiternde Interaktionen zu verhindern bzw. zu kompensieren.

In der Gegenüberstellung einer trivialisierenden und einer nicht-trivialisierenden Sichtweise zeigt sich, warum eine trivialisierende Systembeschreibung so beliebt ist. Systeme, denen man ein triviales Funktionieren zuschreibt, lassen sich einfacher handhaben. Wenn man ihre Funktionen kennt, kann man klare Erwartungen an sie stellen und die Gewissheit haben, dass sie diese entweder erfüllen oder kaputt sind. Nicht-triviale Systeme sind dagegen lästige Dinger, die man ständig im Auge behalten muss und die einen dennoch immer wieder überraschen können.

Tabelle 1: Gegenüberstellung einer trivialisierenden und einer nicht-trivialisierenden Systembeschreibung

Trivialisierende Sichtweise	Nicht-trivialisierende Sichtweise
Analysierbarkeit	Unanalysierbarkeit
Vorhersagbarkeit	Unvorhersagbarkeit
Steuerbarkeit	Unsteuerbarkeit
Fremdbestimmung	Selbstbestimmung
Ursache – Wirkung	Selbstorganisation
Input/Stimulus	Perturbation und Energetisierung (Verstörung, Anregung)
Output/Response	Verhalten/Handlung
Funktion	Prozess
Status	Dynamik
Linearität	Nicht-Linearität
Fehler und Störungen	Bedürfnisse und Motive

Die Einnahme einer bestimmten Systemsichtweise bzw. bestimmter Welt- und Menschenbilder, bedeutet auch immer die Entscheidung für eine entsprechende *Problem- und Handlungslogik*. Unter dem Gesichtspunkt einer trivialisierenden bzw. nicht-trivialisierenden Beschreibung von Systemen bewegen sich Handlungs- und Interaktionsplanung zwischen zwei grundlegend möglichen Sichtweisen: der *prinzipiellen Analysierbarkeit und Steuerbarkeit* einerseits und ihrer *prinzipiellen Unanalysierbarkeit und Unsteuerbarkeit* andererseits.

Eine Entscheidung für ein derart funktionales Systemverständnis muss hierbei keineswegs konsistent sein. So ist es etwa möglich, sich selbst als autonomes und selbst gesteuertes Subjekt zu begreifen, während das Gegenüber als »unfertig«, »gestört« oder »realitätsfremd« gedacht wird. Solche Inkonsistenzen müssen nicht einmal bewusst sein. Die hierbei getroffenen Zuschreibungen bestimmen jedoch maßgeblich über die gewählten Ansatzpunkte und Vorgehensweisen des praktischen Handelns. Die jeweilige Grundeinstellung ist für die eigene Handlungs- und Interaktionssteuerung in höchstem Maße relevant.

Eine nicht-trivialisierende Systemsicht hat nicht nur die Komplexität eines unanalysierbaren Handlungsbereichs zu meistern, sondern muss sich hierbei auch eingestehen, dass jeder Versuch der direktiven Steuerung prinzipiell zum Scheitern verurteilt ist. In der Kritik am systemisch-konstruktivistischen Denken wird bezweifelt, dass sich aus einer nicht-trivialisierenden Grundhaltung heraus überhaupt handlungsrelevante Aussagen treffen lassen. Aus einer konstruktivistischen Perspektive muss man sich jedoch auf die Unsicherheit einlassen, die es mit sich bringt, eine Handlungstheorie zu entwerfen, die ihren Gegenstandsbereich als nicht-triviales System definiert. Eine Handlungstheorie, die auf der prinzipiellen Unsteuerbarkeit, Unanalysierbarkeit und Unvorhersagbarkeit ihres Gegenstandsbereichs aufbaut, kann tatsächlich kein »Handbuch für den richtigen Umgang mit komplexen Systemen« produzieren. Dieser Umstand bedeutet jedoch keine Irrelevanz, sondern eine Abkehr von linearen Beeinflussungsmodellen zugunsten von Ideen der Selbstorganisation und Selbststeuerung. Hierbei befindet sich der Konstruktivismus letztlich in guter Gesellschaft mit anderen Denkansätzen, die sich vom linearen Denken abwenden und versuchen, der Autonomie und Selbststeuerung des Menschen und anderer komplexer Systeme Rechnung zu tragen.

Es ist jedoch wichtig, sich dabei zu vergegenwärtigen, dass aus einer nicht-trivialen Systemlogik keine linearen Ableitungen möglich sind. Die Komplexität, die sich zudem noch steigert, wenn mehrere nicht-triviale Systeme mit ihrer jeweils individuellen Logik aufeinandertreffen, lässt sich nicht »trivialisieren«. Hierbei ist nicht nur die Nicht-Trivialität einzelner Personen zu bedenken, mit denen man in Interaktion tritt oder die man sogar zu bestimmtem Verhalten »bewegen« möchte, sondern auch die Nicht-Trivialität aller anderen beteiligten kognitiven Systeme. Nicht zuletzt ist die Nicht-Trivialität zu bedenken, die ihre Interaktionen untereinander (im Rahmen sozialer Systeme) auszeichnet.

5.2 Interaktion zwischen Trivialisierung und Komplexitätsakzeptanz

5.2.1 Der geschlossene Kreis von Reiz und Antwort: »Mehr desselben« als Prinzip des Handelns

■ Lineare Handlungslogik

Wenn man von der Richtigkeit der eigenen Weltsicht überzeugt ist – und für sie möglicherweise sogar eine Übereinstimmung mit der Realität annimmt – besteht Einflussnahme darin, dem Gegenüber zu vermitteln, wie die »Welt an sich« ist, was er »zu tun hat«, welches Handeln »situationsangemessen« ist. Führen diese Interaktionen zu einer zufriedenstellenden Handlungskoordination – im Sinne des gegenseitigen Verstehens (siehe Kapitel 4.2.2) – ergibt sich kein Anlass, sich über die Funktionsweise des Systems, mit dem man interagiert, Gedanken zu machen.

Wenn diese Verhaltenskoordination jedoch scheitert, muss überlegt werden, woran dies liegt bzw. was zu tun ist, damit die erwünschten Ergebnisse eintreten. Man könnte auch sagen, dass der Versuch, ein Interaktionsschema auf eine bestimmte Situation anzuwenden (Assimilation), gescheitert ist und sich nun die Frage stellt, ob der Handelnde seine Denk- und Handlungsschemata verändern muss (Akkommodation) oder ob andere Teile des Systems diese Veränderungsleistung zu erbringen haben.

In einer trivialen und linearen Funktionslogik, die mit der Auffassung einhergeht, dass die eigenen Sicht- und Handlungsweisen »richtig« sind, muss jede Schwierigkeit, jedes Nicht-Verstehen und jede Verzögerung, die bei diesen Interaktions- und Beeinflussungsversuchen auftauchen, vom Gegenüber bzw. vom gegebenen Kontext ausgehen. Wenn sich andere Personen oder die Welt in einer solchen Weise widerständig verhalten, kann man die Dinge, die nicht verstanden werden, mehrfach wiederholen, versuchen, erwünschte Reaktion anzutrainieren bzw. mit größerem Nachdruck und mehr Energie auf das zu beeinflussende System einzuwirken.

Kommt man zu dem Ergebnis, dass alle Versuche, das erwünschte Systemverhalten zu erreichen, nicht zum Ziel führen, bleibt im Extremfall nur noch der Schluss, dass bei diesem System eine mangelnde Anpassungsfähigkeit oder eine Störung vorliegen muss oder dass es schlichtweg kaputt ist.

Adreano Milani-Comparetti und Ludwig O. Roser beschrieben diese Formen der Einflussnahme, die sich aus der linear-kausalen Sicht ergeben, als einen geschlossenen Kreis von Reiz und Antwort bzw. von Reiz und Reaktion (Milani-Comparetti u. Roser, 1982, S. 81 ff.; siehe Abbildung 35).

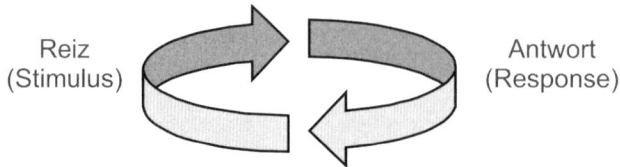

Abbildung 35: Der geschlossene Kreis von Reiz und Antwort

Sofern die »richtigen« Reize bestimmt wurden, die beim Gegenüber die »richtigen« Antworten hervorrufen sollen, liegt das Augenmerk nunmehr auf einer Verstärkung der Reize, die gegeben werden. Die innere Systemdynamik wird hierbei gänzlich vernachlässigt, da der Schluss gezogen wird, dass sowohl der gegebene Stimulus als auch die darauf zu erfolgende Reaktion einer linearen Dynamik folgen:

> »Dazu kommt, daß die ausschließliche Konzentration auf das Beobachtbare eine irreführende Definition dessen erzwingt, was einen Stimulus darstellt. Die Annahme, daß der Stimulus, den ein Beobachter in seinem Wahrnehmungsfeld isoliert hat, identisch ist mit dem, was für einen beobachteten Organismus als Stimulus funktioniert, ist nichts weiter als ein Vorurteil, das auf der naivsten Form des Realismus beruht« (von Glasersfeld, 1996d, S. 288).

Das Prinzip »Mehr desselben«

Aus der Annahme einer linearen und externen Steuerbarkeit des Verhaltens von Menschen oder anderer komplexer Systeme und einem damit verbundenen Ursache-Wirkungs-Denken folgen aber nicht nur entsprechende Versuche der Einflussnahme und Problemlösung, wie die Verstärkung von Reizen oder ihre stete Wiederholung. Es entstehen durch dieses Vorgehen auch neue, oft unerwünschte und problemhafte Verhaltensweisen des Systems.

Paul Watzlawick, John H. Weakland und Richard Fisch haben die geschilderte Vorgehensweise der Verstärkung und Wiederholung als Prinzip »mehr desselben« beschrieben (Watzlawick, Weakland u. Fisch, 1974, S. 51 ff.). Dieses Prinzip illustriert eine Gruppe von Lösungsversuchen für die verschiedensten Probleme. Je nachdem, in welchem Zusammenhang diese Lösungsversuche angewendet werden, schaffen sie jedoch oft größere Probleme, als sie beheben sollten. Die Vorgehensweise der Verstärkung und Wiederholung liefert immer dann ein befriedigendes Ergebnis, wenn durch eine Steigerung der vorher eingesetzten Mittel der gewünschte Erfolg eintritt. »Wenn der Winter kommt, heizt man das Haus und trägt wärmere Kleidung, um das Fallen der Temperatur auszugleichen.

Wenn es noch kälter wird, muss mehr geheizt und noch mehr wärmere Kleidung getragen werden« (Watzlawick, Weakland u. Fisch, 1974, S. 51). Während das Prinzip »*mehr desselben*« in diesem Fall eine Lösung des Problems darstellt, führt es in anderen Zusammenhängen zu seiner Verschärfung.

> **Zur Veranschaulichung**
>
> Watzlawick, Weakland und Fisch führen zur Illustration das Verbot von Alkohol während der amerikanischen Prohibition (1920–1933) als ein Beispiel an: Während das Verbot zu einer Verminderung der damit zusammenhängenden Probleme führen sollte, zeigte sich, dass sie trotz einer stetigen Erhöhung der Mittel und Anstrengungen eher zunahmen:
>
>> »[D]ie Trinksucht steigt, illegale Schnapsfabriken kommen auf, die Unreinheit des dort gebrannten Fusels macht das Trinken noch mehr zu einem öffentlichen Gesundheitsproblem, eine eigene Polizei muß aufgestellt werden, um die Schwarzbrenner und ihre Verteilerorganisationen auszuheben, erweist sich aber bald als besonders anfällig für Bestechungen usw. usw. Da das zu lösende Problem immer kritischer wird, liegt es auf der Hand, die Durchführung der Prohibition weiter zu verschärfen, doch führt trotzdem ›erstaunlicherweise‹ *mehr desselben* nicht zur gewünschten Veränderung; die ›Lösung‹ trägt vielmehr selbst weitgehend zur Schwere des Problems bei – ja, sie wird schließlich sogar zum größeren der zwei Übel, das heißt, einerseits des Übels eines gewissen, ziemlich stabilen Prozentsatzes von Alkoholikern in der Gesamtbevölkerung und andererseits verbreiteter Schmuggel, Untergrabung der Staatsgewalt, Korruption und Gangstertum *zusätzlich* zu einer besonders hohen Alkoholikerrate« (Watzlawick, Weakland u. Fisch, 1974, S. 51 f.).

Lineares und kausales Denken jeglicher Form führt in allen praktischen Handlungsfeldern schnell in Teufelskreise eines »Mehr-desselben«, in denen genau das Problem miterzeugt und verstärkt wird, das eigentlich behoben werden soll. Dies trifft erst recht zu, wenn die Gegenseite – etwa andere Menschen, wie Schülerinnen, Patienten, Kolleginnen, Kooperationspartner – zu den gleichen Mitteln der Wiederholung und Verstärkung greifen. Hieraus entstehen Machtspiele, die nicht nur sehr zeit- und energieaufwendig sind und nicht den erwünschten Erfolg bringen, sondern zudem neue Probleme erzeugen.

Dieses Phänomen wechselseitiger Verstärkung wurde in der Kommunikationspsychologie als Interpunktionswechsel bzw. Teufelskreis beschrieben (Watzlawick, Beavin u. Jackson, 1969, S. 58 f.; Thoman u. Schulz von Thun, 1988, S. 226 ff.; Schulz von Thun, 1989, S. 28 ff.).

5.2.2 Der Wechsel von Beobachterperspektiven

▪ Die Achtung der Innenwelt subjektiver Konstruktion

Als Beobachter anderer Menschen hat man es immer mit ihrem Verhalten zu tun, dabei vergisst man aber allzu leicht, dass dieses beobachtete Verhalten von ihrem Standpunkt aus stets eine Handlung ist. Zunächst würde eine Veränderung der Sichtweise im Hinblick auf ein nicht-triviales Verständnis von Systemen bedeuten, diese Innenwelt als relevanten Aspekt des Systemverhaltens – und damit relevant für die Interaktion – anzuerkennen. Diese Innenwelt basiert – wie in den vorangegangenen Kapiteln dargelegt – auf der subjektiven Konstruktion von Wirklichkeit. Hierzu gehören:
- Wahrnehmungen;
- Erfahrungen;
- Denk- und Handlungsschemata bzw. Wissen, Fähigkeiten und Kompetenzen;
- Bedürfnisse;
- Motive und Motivationen;
- Gefühle;
- Vorlieben, Abneigungen und Interessen;
- Weltbilder, Leit- und Glaubenssätze.

Sieht man das Verhalten von Menschen nicht als Ausdruck richtigen oder falschen Funktionierens, sondern als Ergebnis viabler Wirklichkeitskonstruktion, fordert das zunächst die prinzipielle Achtung der Konstruktionen anderer. Diese Achtung ändert zwar nichts daran, dass bestimmte Verhaltensweisen subjektiv als störend, mangelnde Kooperationsbereitschaft als lästig und gewisse Motive als unakzeptabel empfunden werden, sie verdeutlicht aber die Relativität solcher Annahmen. Was auch immer sie tun und sagen, ist ihre Antwort auf die Fragen, die ihnen durch andere Personen und die kontextuellen Bedingungen gestellt werden:

> »Was denkende menschliche Wesen tun oder sagen, ist für sie, so muß man annehmen, im Augenblick sinnvoll. Es ist daher schlicht eine Beleidigung, ihnen ganz klipp und klar ins Gesicht zu sagen, daß die von ihnen gelieferte Antwort auf eine gestellte Frage ›falsch‹ ist« (von Glasersfeld, 1997, S. 208).

Das Nachvollziehen möglicher Bedeutungen des Handelns erlaubt es häufig erst, sowohl die Sinnhaftigkeit und Plausibilität als auch die Rechtmäßigkeit des Handelns anderer Personen zu akzeptieren. An die Stelle der Sicherheit vermeintlich richtiger Sichtweisen, Bewertungen und Interaktionsmuster tritt eine grundlegende Unsicherheit, die es erfordert, das eigene Handeln immer wieder vom Standpunkt des jeweiligen Gegenübers und der kontextuellen Bedingungen zu hinterfragen.

Unterstellt man seinem Gegenüber Motive für sein Verhalten, muss davon ausgegangen werden, dass seine Handlungsmuster zumindest in ihrer Entstehung zur sinnvollen Bewältigung einer bestimmten Lebenssituation gedient haben. Die Handlungsmuster eines Menschen sowie seine Erlebniswelt werden als logisches Ergebnis seiner bisherigen Entwicklung gesehen, die als subjektiv viable Wirklichkeitskonstruktionen geschaffen wurden. Sie waren zumindest zum Zeitpunkt ihrer Entstehung ein Mittel, Widersprüche aufzulösen und das eigene Erleben zu ordnen, und erfüllten in diesem Sinne ihren Zweck.

Anlässe für Veränderung

Erst wenn die betreffende Person selbst bestimmte Aspekte ihres momentanen Denkens und Handelns als hinderlich oder ungenügend empfindet oder andere Handlungsweisen als effektiver erfährt, wird für sie eine Veränderung notwendig bzw. überhaupt erst möglich. Interaktion und Veränderung bedeuten dann, darauf abzuzielen, dass das Gegenüber innere Strukturen aufbauen kann, die alternatives Denken oder alternative Handlungsweisen erstrebenswert erscheinen lassen und diese ermöglichen.

Ein derartiger Wechsel der Beobachterperspektive ist nicht oder nur schwer möglich, wenn man sich selbst in der Position eines unbeteiligten Beobachters glaubt, der zu mehr oder minder objektiven Beschreibungen fähig ist. Nimmt man solch eine distanzierte und scheinbar objektive Haltung ein, beobachtet man sozusagen automatisch Abweichungen und Auffälligkeiten als Resultat einer falschen Anpassung an eine schon gegebene (richtige) Welt. Die Distanz, die man in dieser Betrachtungsweise einnimmt, wird zur Distanz in der Interaktion mit dem Gegenüber. Wenn man dem Handeln und Denken des Gegenübers hingegen Motive unterstellt, wird es möglich, sie als Ausdruck viabler Wirklichkeitskonstruktion zu akzeptieren und Überlegungen darüber anzustellen, welche Veränderungen es ihm gestatten können, andere Konstruktionen im Sinne von Denk- und Handlungsweisen in Betracht zu ziehen.

Vorweg soll hier schon darauf hingewiesen werden, dass dieser Wechsel der Beobachterperspektive keinerlei ethische Implikationen beinhaltet (siehe

Kapitel 6). Die Anerkennung und Nutzung von Prinzipien der Konstruktivität und Nicht-Trivialität kann prinzipiell durch jede Person zu beliebigen Zwecken erfolgen, etwa der Verbesserung einer familiären Situation oder den Verkauf von Zigaretten, der Steigerung von Produktivität und Zufriedenheit der Mitarbeiter in einer Firma oder dem Verdrängen einer unliebsamen Kollegin aus dem Team.

Wie auch immer eine Interaktion beschrieben wird – als »Förderung«, »Forderung«, »Pflege«, »Fürsorge«, »Belehrung«, »Erziehung«, »Anleitung«, »Führung«, »Kooperation«, »Manipulation«, »Verführung«, »Werbung«, »Unterdrückung«, »Aufforderung«, »Anweisung«, »Befehl«, »Bitte« oder »Ratschlag« –, sie basiert immer auf der individuellen und sozialen Konstruktion von Wirklichkeit und nutzt die dahinterliegenden Funktionsweisen. Darüber, ob Handlungen und Interaktionen zum »Besseren« oder »Schlechteren« einzelner Menschen oder Personengruppen geschehen oder sie ganz allgemein als »ethisch vertretbar« oder »politisch korrekt« gewertet werden können, wird es im konkreten Fall immer unterschiedliche Meinungen geben. Die mit interaktionalen Handlungen verbundenen Vorgehensweisen und Resultate können immer nur im Auge eines bestimmten Betrachters als hilfreich oder hinderlich, erstrebenswert oder verwerflich, unakzeptabel oder vertretbar, ablehnungswürdig oder erstrebenswert gewertet werden.

5.2.3 Der kreative Zirkel von Vorschlag und Gegenvorschlag

> Anika: »Was ist das denn schon wieder, Pippi?
> Mit einem Bett kann man doch nicht fliegen!«
> Pippi: »Du hast ja keine Ahnung. Das ist ein, äh, ein Miskodil.«
> Tommy: »Ein was? Bist du sicher?«
> Pippi: »Natürlich, Tommy, ich hab's doch selbst erfunden!«
> (Lindgren, 1972, »Pippi und die Seeräuber«,
> Hörspielfassung von Kurt Vethaken)[25]

Eine grundlegende Einsicht konstruktivistischen Denkens besteht darin, in der Individualität und den Eigenheiten eines Menschen keine Fehlerquellen zu sehen, die behoben werden müssen, sondern sie als erkenntnistheoretisch notwendige Voraussetzung seines Erlebens, Handelns und seiner Entwicklung zu akzeptieren. Handlungen, die eine Person ausführt, oder Fähigkeiten, die sie erlernen soll, müssen für diesen Menschen subjektiv Sinn und Bedeutung

---

25 Was auch immer »ist«, ist nicht, weil »es ist«, sondern weil es »als etwas« bezeichnet und behandelt wird, das »etwas ist«. Sobald etwas bezeichnet ist, kann es eigenständig und getrennt von anderem gedacht, benannt und behandelt werden.

erlangen. Jede Annahme, dass Sinn oder Bedeutung in Handlungen, im Wissen oder in Ereignissen und Abläufen selbst lägen, führt zu der Folgerung, sie könnten dem Subjekt unabhängig von seinen inneren Zuständen, seiner bisherigen Erfahrung und dem jeweiligen Kontext angewiesen oder antrainiert werden.

Wird der Mensch als »Gestalter seiner Welt« ernst genommen, müssen gerade seine Erfahrung und sein Können als Ergebnis *und* Grundlage seiner Entwicklung gesehen und zum Ausgangspunkt der Interaktion gemacht werden. Da Erfahrung, Motivation, Interesse etc. nicht von außen beobachtbar sind, muss ein Austausch mit dem Gegenüber darüber stattfinden, um auf diese inneren Zustände zielgerichtet Bezug nehmen zu können. Man kann seinem Gegenüber in jeder Form der Interaktion immer nur Optionen anbieten, in die es seine Aufmerksamkeit und seine Handlungen lenken *kann*. Ob und wie es dies tut, bestimmt sich jedoch durch die Selbstorganisation seiner kognitiven Prozesse.

Zirkulär dialogische Handlungslogik

Der Fokus der Aufmerksamkeit einer »gelingenden Interaktion« – was auch immer man darunter versteht – verschiebt sich von der Identifikation allgemeingültiger Reize und deren erwarteten Reaktionen auf die innere Dynamik der Selbstorganisation des Systems, mit dem man interagiert. Man muss mit dem System in einen Dialog treten, eigene Handlungen als Vorschlag betrachten und beobachten, was das System als Gegenvorschlag hervorbringt:

> »Unsere Aufmerksamkeit ist also nicht so sehr auf das Studium der *Antworten* als auf das Studium der *Vorschläge* zu lenken, und das bedeutet, die reizgebende Arbeitsweise zu verlassen. Reize gibt man Versuchstieren, aber nicht Kindern […]. Reiz und Antwort erschöpfen sich gegenseitig und schließen einen Kreis, der zweidimensional bleibt und die dritte Dimension der Entwicklung und des Schöpferischen ausschließt« (Milani-Comparetti u. Roser, 1982, S. 82).

Den Dialog, der aus dem Aufnehmen der gegenseitigen Vorschläge entstehen kann, beschreiben Milani-Comparetti und Roser als eine offene Spirale, in der Entwicklung im wechselseitigen Prozess zwischenmenschlicher Beziehung möglich wird (siehe Abbildung 36).

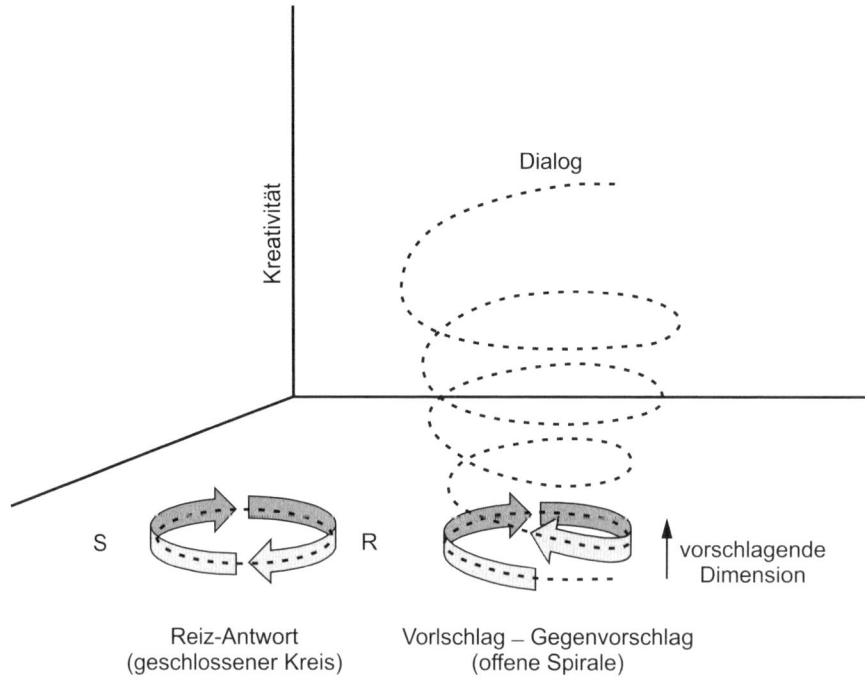

Abbildung 36: Der kreative Zirkel von Vorschlag und Gegenvorschlag, aus: Milani-Comparetti u. Roser, 1982, S. 82

Diese dialogische Grundhaltung kann auf alle Formen der Pädagogik, Sozialarbeit, Psychologie und auf betriebliche Handlungsfelder angewendet werden. Von der Gestaltung von Unterricht oder Therapie bis hin zu Fragen der Einbindung von Kundinnen und Kunden in die Produktentwicklung wird das Gegenüber als Interaktionspartner konzipiert, auf den es nicht nur Einfluss zu nehmen gilt, sondern der selbst auch beeinflusst. Eine Haltung der Neugier auf und des Nicht-Wissens um die Konstruktionen des Gegenübers sind hierfür zentral. Heinz von Foerster hat dies in einem Interview mit Bernhard Pörksen, bezogen auf schulischen Unterricht, folgendermaßen zum Ausdruck gebracht:

»Laßt den Lehrer, der wissen soll, zum Forscher werden, der wissen möchte! Und wenn man diese Idee weiterdenkt, dann werden die sogenannten Schüler und Lehrer zu kooperierenden Mitarbeitern, die gemeinsam – ausgehend von einer sie faszinierenden Frage – Wissen erarbeiten. […] Jeder stützt sich auf die Kompetenzen des anderen; das Zittern vor der Allwissenheit einer einzigen Person hat ein Ende. Und die Fragen, mit denen man es zu tun bekommt, werden zu eigenen Fragen« (von Foerster u. Pörksen, 1998, S. 71).

Die hierarchische Position von Wissenden, Lehrenden, Therapeutinnen, Führungskräften, Ärztinnen, Fachleuten im Allgemeinen wird aufgeweicht. Jeder Mensch ist in diesem dialogischen Verständnis die Fachperson, zumindest für sich selbst und die eigenen Konstruktionen.

Von Foerster hat in diesem Zusammenhang, vor allem in Bezug auf schulisches Lernen, zwei Prinzipien unterschieden, die er als das Stellen legitimer und illegitimer Fragen bezeichnet (von Foerster, 1985, S. 13; 21 f.).

Illegitime Frage

Illegitime Fragen sind Fragen, deren Antworten schon bekannt sind. Wer eine solche Frage stellt, tut dies nicht nur im Wissen um »die richtige Antwort«, sondern auch mit der Erwartung, dass das Gegenüber eben diese liefern soll. Die Geschlossenheit dieser Frage-Antwort-Beziehung lässt Antworten nur insoweit zu, wie sie den Erwartungen entsprechen. Der Zweck illegitimer Fragen ist die Überprüfung, ob das Gegenüber in der Lage ist, die gewünschten Antworten zu geben, wobei es nicht entscheidend ist, auf welche Weise es zu seinen Antworten gekommen ist oder ob es mit bestimmten Inhalten überhaupt einen Anwendungswert verbindet.

Die erfolgreichste Methode zur Beantwortung illegitimer Fragen ist das Auswendiglernen oder das Äußern des sozial Erwünschten und Erwarteten. Es ist nur notwendig, zu wissen, welche Antworten der Fragende erwartet, aber nicht, welcher Wert, welche Bedeutung oder welcher Sinn in ihnen stecken können. Die Parallele zu einem trivialisierenden Menschenbild wird klar, wenn man sich vor Augen hält, dass die Prozesse im Inneren des Gegenübers lediglich eine möglichst vorhersagbare Beziehung zwischen einem konkreten Input (Frage) und einem erwarteten Output (Antwort) herstellen sollen. Bei illegitimen Fragen richtet sich die Motivation des Gefragten in erster Linie auf das Geben erwarteter bzw. »richtiger« Antworten, darauf, den gestellten Anforderungen zu entsprechen, gute Bewertungen zu erlangen oder Repressionen zu vermeiden.

Legitime Frage

In Abgrenzung zu dieser Form der Fragestellung, beschreibt Heinz von Foerster seine gegenläufige Sichtweise als das Stellen *legitimer Fragen,* also Fragen, deren Antworten noch nicht bekannt sind bzw. auf die keine festgelegten Antworten erwartet werden.

Legitime Fragen sind keine Fragen, auf die es noch keine Antwort *gibt,* sondern auf die ein Subjekt noch keine Antwort *gefunden hat.* Legitime Fragen lassen also nicht nur *eine* Antwort zu, sondern die jeweils subjektiv gefundene. Eine Frage gilt dann als »richtig« beantwortet, wenn das Ergebnis vom Beantworter selbst als viable und befriedigende Lösung des Problems betrachtet wird. Ein Austausch mit anderen über eigene Ergebnisse und Lösungsstrategien bietet dabei die Möglichkeit zur Überprüfung ihres intersubjektiven Wertes, da hierbei festgestellt werden kann, inwieweit sie auch von anderen akzeptiert und nachvollzogen werden. Gesellschaftliche Konventionen und schon bestehende Lösungen haben hierbei nur in dem Maße Bedeutung, in dem das einzelne Subjekt sie als viable Konstruktion erfährt.

Legitime Fragen ergeben sich zunächst aus einem wertfreien Interesse an den Ergebnissen der subjektiven Konstruktionsleistung des Gegenübers. Legitime Fragen zu stellen, bedeutet, sie so zu stellen, dass sie nicht nur eine einzige Antwort zulassen.

Aus diesem Dialog über Inhalte, Themen und Sichtweisen und der damit verbundenen Identifikation von Übereinstimmungen und Unterschieden entsteht eine weitere Notwendigkeit: die Beobachtung zweiter Ordnung, also die Beobachtung der Beobachtung bzw. die Kommunikation über die Kommunikation (Luhmann, 1990/2005, S. 16). Der zunächst auf Komplexitätsreduktion und Anschlussfähigkeit ausgerichtete Dialog, der sich auf die Klärung von Inhalten, also auf das »Was« der Kommunikation richtet, wird durch die Klärung der Form, also des »Wie« der Interaktion, ergänzt. Diese Form der Metakommunikation hinterfragt die Selbstverständlichkeit der Deutungen und Kommunikationsformen und dient dazu, »blinde Flecken« unserer Interaktion aufzudecken (Bateson, 1985, S. 244 ff.; Bateson u. Ruesch, 1995, S. 35 f., 56 f.; Schulz von Thun, 1981, S. 67 f.).

5.2.4 Handlungskoordination als Frage der Macht

Aus einer sozialen Perspektive liegt die Bedeutung von Interaktion und Kommunikation in der Suche nach Zustimmung. Die Überprüfung subjektiver Wahrnehmung in Form der Zustimmung durch andere Beobachter ist letztlich nicht nur notwendig, um die eigene Wirklichkeit zu stabilisieren, sondern dient der sozialen Konstruktion von Wirklichkeit. Was gemeinhin als »objektive Beschreibung« oder als »objektive Beobachtung« betrachtet wird, ist bestenfalls eine soziale Einigung über bestimmte Beschreibungen und Beschreibungsmuster, die in bestimmten Situationen zur Geltung kommen.

Jede Beschreibung eines Systems schließt notwendigerweise andere Beschreibungen aus (Komplexitätsreduktion). Wer ein System beschreibt, sagt, welche Komponenten dazugehören und wie sie miteinander in Zusammenhang stehen, was zum System gehört und was zu seiner Umwelt. »Kommunikationen teilen die Welt nicht mit« – indem sie abbilden und beschreiben, wie sie ist –, »sie teilen sie ein« – indem sie Unterscheidungen treffen und diese kommunikativ aufrechterhalten (Luhmann, 1990, S. 27).

Um die zweite Funktion der Kommunikation – die Anschlussfähigkeit – zu erfüllen, stellt sich die Frage nach der Zustimmungsfähigkeit von Komplexitätsreduktionen. Es gibt grundsätzlich nur ein Mittel, diese – bezogen auf soziale Gruppen – zu erreichen: Macht. Niklas Luhmann geht davon aus, dass

»das Wesen der Macht nicht in ihrer (unbestreitbaren) Kausalität zu suchen ist, sondern in den Prozessen der Reduktion von Komplexität, die vorausgesetzt werden müssen, damit menschliche Kommunikation überhaupt kausal relevant werden kann« (Luhmann, 2013, S. 44).

Macht als Mittel der Handlungskoordination

Während »Wahrheit« als Komplexitätsreduktion mit dem Ziel der verstandesgemäßen Anschlussfähigkeit betrachtet werden kann, kann »Macht« als Komplexitätsreduktion mit dem Ziel der handlungsgemäßen Anschlussfähigkeit interpretiert werden (Luhmann, 2012, S. 27):

»Praktisch reichen die wahrheitsbildenden Mechanismen für Systeme, die entscheiden müssen, jedoch nicht aus. Die Wahrheit leistet einerseits mehr, als Systeme brauchen, nämlich Übertragbarkeit auf jedermann, und andererseits weniger, da sie nicht für alle Fälle den wirksamen Ausschluß aller anderen Möglichkeiten garantieren kann. Deshalb muß es in allen Sozialsystemen, die Entscheidungen treffen müssen, parallel wirkende ergänzende Mechanismen der Übertragung reduzierter Komplexität geben – eben die Macht, bindende Entscheidungen zu treffen und dadurch Entscheidungsprämissen festzusetzen« (Luhmann, 2013, S. 84 f.).

Kausale Relevanz im Sinne der Handlungssteuerung und Handlungskoordination kann aus allen Spielarten der Macht entstehen – von der befolgten Anweisung und vorauseilendem Gehorsam über das Einhalten einer Vereinbarung oder die Erfüllung eines Vertrages bis hin zu einem Einigungsprozess, der die relevanten Interessengruppen gleichberechtigt einbezieht. Macht hat in diesem Zusammenhang die Funktion der »Regulierung von Kontingenz« mit dem Ziel der »Beschränkung des Selektionsspielraumes« der Beteiligten (Luhmann, 2012, S. 15 ff.).

Macht geht hierbei nicht linear vom »Machthabenden« aus – der gegebenenfalls ja selbst zur Einhaltung und Durchsetzung von Machtstrukturen motiviert werden muss. Vielmehr handeln die Machthabenden und die anderen Beteiligten in einem Bereich übertragener und oftmals reproduzierter Selektionsleistungen, oft in Form »komplexer Machtketten«, ohne dass diese jeweils im Einzelfall angeordnet oder erzwungen werden müssen:

> »Es müßten auf beiden Seiten (bei Kettenbildung: *für alle* Beteiligten) ein *mehrdimensionales* Maß für die Komplexität der Möglichkeiten zu Grunde gelegt werden, aus denen sie ein Handeln auswählen können« (Luhmann, 2012, S. 17). Und: »Obwohl *beide* Seiten handeln, wird das, was geschieht, dem Machthaber allein zugerechnet« (Luhmann, 2012, S. 23).

Im Gegensatz zum reinen »Zwang, etwas konkret genau Bestimmtes zu tun«, bedeutet Macht eher das Wissen um erlaubte Handlungsspielräume und deren Anerkennung durch die Beteiligten:

> »Zwang bedeutet Verzicht [...] darauf, die *Selektivität* des Partners zu steuern. In dem Maße, als Zwang ausgeübt wird – wir können für viele Fälle auch sagen: mangels Macht ausgeübt werden muß –, muß derjenige, der den Zwang ausübt, die Selektions- und Entscheidungslast selbst übernehmen; die Reduktion der Komplexität wird nicht verteilt, sondern geht auf ihn über« (Luhmann, 2012, S. 16).

Macht als Erwartungserwartung

Macht bedarf nicht des Zwangs, aber immer einer drohenden Sanktion, welche letztlich den Machthabenden obliegt und die diese bei Verletzung der Handlungsspielräume auch umsetzen müssen. Wenn selbst diese Umsetzung nicht zwingend erfolgen muss, sondern als bloße Erwartung bestehen kann, so ist sie dennoch als Instrument zum fortgesetzten Erhalt der Erwartung notwendig (Luhmann, 2012, S. 31). Diese »doppelte Erwartung« – der Erwartung *des Einen* einer Erwartung *des Anderen* – bezeichnet Luhmann – nicht nur bezogen auf Phänomene der Macht – als *Erwartungserwartung* (Luhmann, 1987b, S. 219).

Mit »Machthabenden« müssen hierbei letztlich nicht einmal konkrete Personen gemeint sein, die Macht bzw. die Machtausübung realisieren, vielmehr kann drohende Sanktion auch von inneren Zuständen – also quasi als Selbstsanktionierung – ausgehen. Macht ist keine Eigenschaft einer Person oder Organisation, sondern eine kommunikative Komplexitätsreduktion auf – gegebenenfalls positiv sanktionierte – Handlungsspielräume und drohenden negativen Sanktionen bei deren Überschreitung.

Soll Macht transparent und reproduzierbar sein, muss sie

> »zitierfähig« sein, »zitierfähig durch jedermann, wann immer sich eine Situation ergibt, in der Macht in Anspruch genommen werden muß. Sie schließt Launenhaftigkeit des Machtgebrauchs nicht in der Situation oder in der Einzelentscheidung aus, wohl aber als sinnvolle, kettenwirksame, auf Entlastung durch Erwartungen rechnende Strategie aus« (Luhmann, 2012, S. 56).

Handeln gewinnt letztlich aus dem Verweis auf Macht seine Legitimation durch kommunizierte oder unkommuniziert vorausgesetzte Kausalketten von Handlungserwartungen und drohender Sanktion in Form von Beziehungen der Art: »Wenn …, dann …«, »Sofern …, …«, »Immer wenn …, …« (Luhmann, 2012, S. 56). Grundsätzlich

> »verläuft das faktische Zusammenleben der Menschen in täglichen Interaktionen auf dem Boden unbefragter Weltgewißheit durchweg unproblematisch oder doch unproblematisiert. […] Die Grundlagen des Zusammenlebens und die Bedingungen seiner Fortsetzung brauchen normalerweise nicht bedacht, Handlungen nicht gerechtfertigt, Motive nicht eigens beschafft und vorgezeigt zu werden. Problematisierungen und Thematisierungen sind nie ausgeschlossen, bleiben stets möglich; aber diese inaktuelle Möglichkeit genügt normalerweise schon als Interaktionsbasis: Wenn niemand sie ergreift, ist alles in Ordnung« (Luhmann, 2012, S. 79).

Sofern sich alle Beteiligten widerspruchsfrei verhalten und ihr Handeln anschlussfähig bleibt, stellt sich die Frage nach Sanktionierung nicht und somit auch nicht nach der machthabenden Instanz oder Person. Die Übernahme einer Position als Machthaber führt zu verschiedenen Formen von Handlungsketten nach dem Muster von Reiz und Antwort, da das erwünschte Handeln – bzw. der Freiheitsraum möglicher wünschenswerter Handlungen – feststeht: »Formulierte Macht nimmt im Kommunikationsprozess den Charakter einer Drohung an. Sie setzt sich der Möglichkeit einer expliziten Negierung aus« (Luhmann, 2012, S. 34).

Macht als Einigung und Metakommunikation

Eine »vorschlagende Dimension« hingegen setzt voraus, das künftige Handlungen – zumindest prinzipiell – noch nicht festgelegt sind und die für die Handlungskoordination notwendige Komplexitätsreduktion und auch Anschlussfähigkeit gemeinsam verhandelt wird. Zentral hierfür ist die Entscheidung zur (gemeinsamen) Übernahme einer Funktion als Machthaber und zur Erfüllung der Sanktionsfunktion.

> »Es findet zugleich mit der Kommunikation über das in Aussicht genommene Handeln oder Unterlassen eine *Metakommunikation* über Macht statt« (Luhmann, 2012, S. 34).

Die kommunikative Eröffnung von Aushandlungsspielräumen, in denen erwünschte Handlungen, Sanktionen und Machthaber gemeinsam festgelegt werden, kann Strukturen der Macht und Machtausübung zunächst transparent machen. Hierbei kann die nachfolgende Machtausübung an einzelne Personen, Gruppen oder Instanzen delegiert werden oder auch ohne Konkretisierung bleiben. Auch inwieweit es bei einer narrativen Klarung bleibt oder »Zitierfähigkeit« hergestellt wird, ist nicht notwendigerweise durch die Aufnahme des Diskurses vorgegeben:

> »Soll eine Kommunikation eine Tragweite erhalten, die über ihren unmittelbaren Eindruck hinausgeht, setzt das ein System von Vorverständigung, von eröffneten und verschlossenen Potentialitäten voraus, an dem die Beteiligten sich gemeinsam orientieren. Und ferner ist die Institutionalisierung eines Mediums erforderlich, durch welches reduzierte Komplexität ›weitergeleitet‹ werden kann. Dazu dient generalisierte Macht, die sicherstellt, daß eine getroffene Selektion auch in zeitlich-sachlich-sozial anderen Situationen beachtet und als Entscheidungsprämisse übernommen wird« (Luhmann, 2013, S. 77).

Wird in diesem Zusammenhang Einflussnahme angestrebt – die nicht durch bloßen Zwang oder Gewaltanwendung realisiert wird, damit der andere etwas Bestimmtes tut –, müssen Sinn und Motivation generalisiert werden, die das Gegenüber zu bestimmtem Handeln veranlassen (Luhmann, 2012, S. 83).

Macht setzt hierbei immer innere Bereitschaft, Bedürfnisse und Werteorientierung voraus, das Erwartete – oder das Wahrscheinliche – zu tun. Einflussnahme bedeutet diese zu bedienen, zu wecken oder bewusst zu machen. Darauf folgende Handlungsweisen – als Formen der Erfüllung und Befriedigung – sind dann auch nicht mehr notwendigerweise detailliert vorzugeben, sondern können über Verallgemeinerungen und positive Sanktionierung verstärkt werden:

»Hier liegt es zunächst nahe, Generalisierungen der Motivation dessen zu suchen, der zu bestimmtem Handeln veranlasst werden soll. Er erlebt seine Situation und seine Möglichkeiten sinnhaft und kontingent. Einflußnahme ist für ihn Selektion. Dafür braucht er Motive. Diese können, wie aller Sinn, zeitlich, sachlich und sozial generalisiert sein« (Luhmann, 2012, S. 83).

Macht zwischen Stabilisierung und Veränderung

Der Sinn und die Motivation, zu handeln, wird aber immer an konkretes Erleben rückgekoppelt. Diese können zu anderen Zeiten, in anderen Kontexten oder von anderen Personen realisiert worden sein, aktuell realisiert werden, oder – mit einem Blick in die Zukunft – als künftige Realisierung bestimmter Erlebnisinhalte hypothetisch, als eine Form der Erwartung oder des Versprechens, in Aussicht gestellt werden. Diese Kopplung der Einflussnahme bzw. Verhaltensänderung an vergangenes, aktuelles oder zukünftiges Erleben sowie die Einbettung der Motive (respektive Wert und Bedürfnisse), die ins Bewusstsein gerufen oder gar geweckt werden, ist ein zentrales Element der Einflussnahme:

»Die Lebenswelt bleibt vorbewusst im Status eines Horizontes inaktualisierter Möglichkeiten. Steigerungen von Ordnungsleistungen sind daher nur möglich als Steigerung von formulierten *und* nichtformulierten, problematisierten *und* nichtproblematisierten Sinnprämissen des sozialen Verkehrs« (Luhmann, 2012, S. 80).

Diese Grunddynamik der Einflussnahme über Bewusstwerdung von Motiven und Generalisierung damit verknüpfter Erlebnisinhalte – und damit die Entstehung, Festigung und Reproduktion von Macht –, wird von Organisationen, Werbung, Recht und Politik ebenso genutzt wie von Pädagogik, Sozialer Arbeit und Psychotherapie. Sie beschreibt einen Funktionszusammenhang und keine Anwendungsnorm: Der Machtbegriff, so wie Luhmann ihn entworfen hat, ist gänzlich wertfrei. Er beschreibt ausschließlich das Zusammenspiel der gegenseitigen Erfüllung ausgesprochener oder unausgesprochener Handlungserwartungen mit dem Ziel der Stabilisierung und Reproduktion von Selektionsleistungen und nicht deren Rechtmäßigkeit. Zur Bedeutung für organisationale Veränderungsprozesse und Führung findet sich eine gute Übersicht in dem Buch »Macht in Organisationen« von Falko von Ameln und Peter Heinelt (2016).

5.3 Systemveränderung als Übergang zwischen stabilen Zuständen[26]

Welche Bedingungen müssen gegeben sein, damit ein System, das sich in einem (relativ) stabilen Zustand seiner Prozessorganisation befindet, verändern kann, um in einen neuen (relativ) stabilen Zustand überzugehen? Zu Beantwortung dieser Frage haben Hermann Haken und Günter Schiepek, aufbauend auf ihrem allgemeinen Modell der Systemdynamik komplexer Systeme, Grundbedingungen formuliert, die gegeben sein müssen, damit solche Systemveränderungen möglich werden. Diese Bedingungen haben sie mit dem Begriff generische Prinzipien bezeichnet (Haken u. Schiepek, 2010, S. 436 ff.).

■ Die generischen Prinzipien

Der Begriff »generisch« ist vom Begriff »generieren« abgeleitet und bedeutet in diesem Zusammenhang »erzeugend«. Die generischen Prinzipien können als Modell für alle Entwicklungs- und Veränderungsprozesse komplexer Systeme dienen, wie das Entstehen von biologischen und chemischen Musterbildungen oder eben die Entwicklung von Menschen, Teams und Organisationen (Haken u. Schiepek, 2010, S. 436 ff., S. 628–631; Lindemann, 2011; 2017b, S. 183–200).

Die acht generischen Prinzipien lauten (Haken u. Schiepek, 2010, S. 436 ff.; hier zit. nach Schiepek, Kröger u. Eckert, 2001, S. 274 f.):

1. *Schaffung von Stabilitätsbedingungen:* Maßnahmen zur Erzeugung struktureller und emotionaler Sicherheit, Vertrauen, Selbstwertunterstützung);
2. *Identifikation von Mustern des relevanten Systems:* Identifikation des relevanten Systems, auf das bezogen Veränderungen beabsichtigt sind; Beschreibung und Analyse von Mustern/Systemprozessen, soweit erforderlich;
3. *Sinnbezug, Synergitätsbewertung:* Klärung und Förderung der sinnhaften Einordnung und Bewertung des Veränderungsprozesses durch den Klienten; Bezug zu Lebensstil und persönlichen Entwicklungsaufgaben;
4. *Kontrollparameter identifizieren, Energetisierungen ermöglichen:* Herstellung motivationsfördernder Bedingungen; Ressourcenaktivierung; Bezug zu Zielen und Anliegen des Klienten;

---

[26] Dieses Kapitel basiert auf der Darstellung der Synergetik in: Lindemann, 2011, S. 123–158; 2018a, S. 278–293. Der hier aufgeführte Text wurde überarbeitet und ergänzt.

5. *Destabilisierung, Fluktuationsverstärkungen realisieren:* Experimente; Musterunterbrechungen; Unterscheidungen und Differenzierungen einführen; Ausnahmen; ungewöhnliches, neues Verhalten; etc.;
6. *»Kairos« beachten, Resonanz, Synchronisation* [Anm.: *Kairos* ist der Name des griechischen Gottes der günstigen Gelegenheit und des rechten Augenblicks]: zeitliche Passung und Koordination therapeutischer Vorgehensweisen und Kommunikationsstile mit psychischen und sozialen Prozessen/Rhythmen des/der Klienten;
7. *gezielte Symmetriebrechung ermöglichen:* Zielorientierung, Antizipation und geplante Realisation von Strukturelementen des neuen Ordnungszustands;
8. *Re-Stabilisierung:* Maßnahmen zur Stabilisierung und Generalisierung neuer Kognitions-Emotions-Verhaltens-Muster.

Die generischen Prinzipien sind nicht als normatives und lineares Ablaufmodell zu verstehen, sondern als Prinzipien, die es in Veränderungs- und Entwicklungsprozessen fortlaufend zu beachten gilt, damit Veränderung nachhaltig – also bezogen auf das Erreichen und Aufrechterhalten neuer Stabilitätszustände – gelingen kann (Haken u. Schiepek, 2010, S. 436 f.). So kann etwa das Prinzip »Schaffen von Stabilitätsbedingungen« im gesamten Prozessverlauf relevant sein oder nach einer anfänglichen Bearbeitung später im Prozess wieder relevant werden. Auch wenn zunächst eine »Identifikation von Mustern des relevanten Systems« erfolgt, kann es im Veränderungsprozess notwendig sein, hierzu gehörende Aktivitäten zu wiederholen. In einzelnen Phasen der Veränderung erhalten einzelne Prinzipien – je nach tatsächlichem Verlauf und Stand der Veränderung – eine unterschiedliche Relevanz und müssen dementsprechend stärkere Beachtung finden (Haken u. Schiepek, 2010, S. 436 ff., S. 628 ff.; Schiepek et al., 2001).

Ein wichtiger Aspekt der praktischen Berücksichtigung der generischen Prinzipien ist es, zu überprüfen, ob einzelne Prinzipien ausreichend beachtet wurden oder einer erneuten bzw. verstärkten Beachtung bedürfen. Durch eine fortlaufende Reflexion anhand der generischen Prinzipien kann es gelingen, zentrale Situationen und auch Risiken in Veränderungsprozessen zu erkennen.

Aufgrund ihrer komprimierten Form und vor allem hinsichtlich ihrer praktischen Relevanz für die Reflexion von Veränderungs- und Entwicklungsprozessen ist es sinnvoll, die generischen Prinzipien auszudifferenzieren. Sie werden hier daher in einer feinschrittigeren Unterteilung dargestellt (siehe auch Lindemann, 2011; 2017b, S. 183–200). Die Reihenfolge entspricht dem ursprünglichen Modell, ist also nicht als schrittweise Abfolge zu verstehen:

1) Schaffung von Stabilitätsbedingungen

In jedem System, das sich verändern soll, gibt es auch immer Elemente, die erhalten bleiben und von Bestand sind. Es ist wichtig, stabile Bestandteile immer wieder zu definieren und sich bewusst zu machen. Erst ein ausreichendes Maß an Stabilität ermöglicht es, Veränderungen anzugehen. Je umfassender und auch bedrohlicher Veränderungen sind, desto entscheidender sind diese Stabilitätsbedingungen. Eine neue Arbeit in einer fremden Stadt anzunehmen, ist beispielsweise einfacher, wenn die Bezahlung gut und der Umzug gesichert sind, der Lebensgefährte bereit ist, mitzukommen und ein guter Freund schon in der unbekannten Stadt wohnt. Wenn die Bezahlung unsicher ist, der Umzug komplett allein organisiert werden muss, der Lebensgefährte mit Trennung droht und man in der unbekannten Stadt niemanden kennt, ist die Entscheidung für die berufliche Veränderung weitaus schwieriger. Auch das Wissen um die bereits beschriebene Dynamik von Veränderungsprozessen – die Notwendigkeit der Destabilisierung und das Eintreten einer Phase der maximalen Instabilität – kann eine ganz entscheidende Stabilitätsbedingung darstellen.

Eine Berücksichtigung dieses Prinzips kann beispielsweise erreicht werden durch:
- Maßnahmen zur Erzeugung struktureller und emotionaler Sicherheit durchführen,
- Vertrauen schaffen,
- Selbstwert unterstützen,
- Transparenz herstellen,
- Planungssicherheit bieten,
- Berechenbarkeit herstellen,
- Stabilitätsbedingungen verdeutlichen,
- feste Ansprechpersonen und Kooperationspartner benennen,
- stabile Rahmenbedingungen schaffen.

2) Identifikation von Mustern des relevanten Systems

Wer und was (welche Komponenten) gehören überhaupt zu dem System, für das Veränderungen geplant sind? Und in welchen Beziehungen (Relationen) stehen sie zueinander? Zum relevanten System gehören nicht nur Personen, Abteilungen oder Teams, sondern auch Rollen, Glaubenssätze, Gebäude, Materialien, geschriebene und ungeschriebene Gesetze, verdeckte Ziele, Stolpersteine und dergleichen mehr. Auch die Systemumwelt kann eine entscheidende Rolle bei Veränderungen spielen. Hierzu gehören beispielsweise andere, nicht direkt beteiligte Personen und Organisationen, politische Entwicklungen, das

Rechts- und Gesundheitssystem. Alle Elemente des (engeren und weiteren) relevanten Systems stehen in Beziehung zueinander. Diese Beziehungsmuster sind für Veränderungen entscheidend, da jede Veränderung des Systems, eine Veränderung der Elemente oder ihrer Beziehungen untereinander bedeutet. Eine Vorstellung davon, was zum relevanten System gehört und welche Beziehungsmuster es zwischen den Elementen gibt, wie stark und stabil, funktional oder dysfunktional diese Beziehungen sind, hilft dabei, die Systemdynamik bei der Planung von Veränderungen zu berücksichtigen.

Eine Berücksichtigung dieses Prinzips kann beispielsweise erreicht werden durch:
- das relevante System der Veränderungen beschreiben,
- Systemgrenzen identifizieren,
- das Bezugssystem darstellen,
- die Dynamik im Bezugssystem darstellen,
- Muster, Systemprozesse, Ordnungsparameter und Attraktoren im relevanten System beschreiben und analysieren.

3a) Sinnbezug

Um sich der Anstrengung einer Veränderung auszusetzen, muss sie als sinnvoll angesehen werden. Dieser Sinn bezieht sich beispielsweise auf die gesamte Organisation, die Abteilung, das Team, die Familie und jede einzelne beteiligte Person. Der Sinnbezug muss in Veränderungsprozessen mit mehreren beteiligten Personen und Ebenen immer mehrfach beachtet werden.

Eine Berücksichtigung dieses Prinzips kann beispielsweise erreicht werden durch:
- Werte und Bedürfnisse benennen,
- Ideale und Träume beschreiben,
- Prioritäten setzen,
- Veränderungsnotwendigkeit begründen,
- Überprüfung und Sicherstellung der Attraktivität der angestrebten Veränderung.

3b) Synergitätsbewertung

Der Sinn kann hierbei aber nicht nur hinsichtlich einzelner Systemelemente konstruiert werden, sondern muss bestenfalls eine Stimmigkeit hinsichtlich des Sinns für andere Systemelemente aufweisen. Wenn Sinn beispielsweise für einen selbst, ebenso wie für die eigene Familie und die Arbeitsstelle in einem

Veränderungsprozess gegeben ist, befördert das die Veränderungsbereitschaft. Hierbei können für einzelne Beteiligte oder Instanzen durchaus verschiedene, aber gleichgerichtete Sinnbezüge bestehen, die sich gegenseitig unterstützen und »Synergieeffekte« entstehen lassen (Synergität). Die Beteiligten haben durch ihr Zusammenwirken einen jeweils subjektiven Gewinn, den sie nicht oder nur schwer erzielen könnten, wenn sie den Versuch unternähmen, diesen allein und ohne den Bezug zu anderen zu erlangen.

Sinnbezüge können aber auch gegenläufig und konfligierend ausgerichtet sein (mangelnde oder fehlende Synergität). Die Person steht mit ihrem Problem oder ihrem Anliegen »allein da«. Selbst innerhalb einer Person kann es verschiedene konfligierende Sinnsysteme geben, die sich gegenseitig blockieren.

Wird die Synergität von Sinnkonstruktion und Veränderungsbewegungen nicht beachtet, werden Veränderungen schwierig und es muss vermehrt mit Widerständen oder auch Sabotage gerechnet werden. Eine Generalisierung oder »Vergemeinschaftung« von Motiven, Bedürfnissen, Werten und Sinn hilft dabei, die Richtung der Energie eines Veränderungsprozesses zu kanalisieren oder sozial zu koppeln (Luhmann, 2012, S. 83).

> Eine Berücksichtigung dieses Prinzips kann beispielsweise erreicht werden durch:
> - die (gemeinsame) sinnhafte Einordnung und Bewertung des Veränderungsprozesses durch die Beteiligten fördern,
> - persönliche Vision und Mission in den Zusammenhang zum Veränderungsprozess setzen,
> - individuelle Ideen und Aufgaben in den Gesamtkontext einbinden,
> - einen Bezug zu Lebensstilen und persönlichen Entwicklungsaufgaben der einzelnen Beteiligten herstellen,
> - gemeinsame Verantwortung schaffen,
> - gemeinsame und individuelle Vorteile und Gewinne herausstellen,
> - Korrespondenz von individuellen und gemeinsamen Zielvorstellungen verdeutlichen,
> - Win-win-Situationen herausfiltern,
> - Gemeinsamkeiten in den Vorgehensweisen darstellen,
> - Kooperationen definieren.

4a) Kontrollparameter identifizieren

Unter den Bestandteilen und Beziehungen des relevanten Systems gibt es einige, die besonders wichtig oder machtvoll sind. Diese Elemente und Beziehungen sind zentrale »Stellschrauben« für Veränderungsprozesse, da sie durch ihr

Bestehen oder ihre Veränderung sowohl zum Erfolg als auch zum Scheitern der Veränderung des Gesamtsystems beitragen können. Hierzu gehören alle Personen, Abläufe, Strukturen, Glaubenssätze und Werte, die zur Veränderung beitragen oder sie stören und verhindern können. In der Betrachtung des relevanten Systems, seiner Muster und Kontrollparameter müssen die zentralen Elemente und Wirkzusammenhänge der Systembestandteile bewertet werden. Das heißt, zu bewerten, welche Kontrollparameter eine anstehende oder geplante Veränderung dadurch begünstigen, dass sie stabil bleiben, wegfallen oder selbst verändert werden, um an der Transformation des Gesamtsystems mitzuwirken.

Eine Berücksichtigung dieses Prinzips kann beispielsweise erreicht werden durch:
- wichtige Personen, Ressourcen und Prozesse markieren,
- Machtpositionen erkennen,
- Stellschrauben sichten,
- Akkumulationspunkte von Macht identifizieren,
- Kontrolle durch Stabilität, Transformation oder Wegfall überdenken.

4b) Energetisierungen ermöglichen

Veränderung braucht Energie. Im Bild der beiden Täler (Attraktoren) gesprochen: Die Kugel muss ins Rollen gebracht werden. Motivation, Anerkennung, Freude, Spaß, in Aussicht gestellte Belohnungen, Veränderungsdruck, gute materielle Ausstattung, zeitliche Ressourcen, soziale Ereignisse, all dies und noch mehr sind energetisierende Faktoren, die gezielt auf das Gelingen von Veränderungen hinwirken, sie einleiten, aufrechterhalten und bis zum Abschluss begleiten können. Energetisierung gilt es, zu Beginn von Veränderungsprozessen herzustellen, aber auch während der Veränderung in ausreichendem Maße sicherzustellen und aufrechtzuerhalten. Energie soll hierbei nicht – wie mit einer Gießkanne – über das Gesamtsystem verteilt werden, sondern gezielt an die Stellen geleitet werden, die die Stabilität und damit auch die Veränderung des aktuellen Zustandes kontrollieren (Kontrollparameter).

Eine Berücksichtigung dieses Prinzips kann beispielsweise erreicht werden durch:
- motivationsfördernde Bedingungen herstellen,
- Ressourcen aktivieren,
- Ressourcen zielgerichtet an den Kontrollparametern einsetzen,
- Bezug zu Zielen und Anliegen der Beteiligten erzeugen,
- emotionale und motivationale Bedeutung stärken,
- Empowerment und Faszination fördern,

- Handlungsschritte umsetzen,
- Erfolge erzeugen und sichtbar machen.

5a) Destabilisierung

Mit Beginn einer Veränderung müssen Ereignisse, Verhaltensweisen und Erlebnisse in der Umgebung einsetzen, die den alten, gewohnten Strukturen und Mustern entgegenstehen und auf neue Strukturen und Muster ausgerichtet sind. Es müssen destabilisierende Faktoren eingeführt werden, die einen klaren Unterschied zum Bisherigen markieren (Haken u. Schiepek, 2010, S. 439). Das Zusammenwirken von Destabilisierung und Energetisierung muss aufrechterhalten und verstärkt werden. Ist die Energetisierung in einem destabilisierten System zu gering oder setzt zu früh aus, läuft das System Gefahr, in alte Muster zurückzufallen: Die Kugel rollt zurück in das bekannte Tal und restabilisiert die alten Gewohnheiten.

Eine Berücksichtigung dieses Prinzips kann beispielsweise erreicht werden durch:
- Experimente durchführen,
- Musterunterbrechungen erzeugen,
- Unterscheidungen und Differenzierungen einführen,
- ungewöhnliches und neues Verhalten zeigen,
- Konfrontation und Provokation zulassen,
- Veränderungsdruck und Sog zum Ziel verstärken,
- Fließgeschwindigkeit des Prozesses aufrechterhalten und erhöhen,
- nicht nachlassen.

5b) Fluktuationsverstärkungen realisieren

Mit zunehmender Destabilisierung nehmen alte Stabilitätsmuster ab und neue Stabilitätsmuster werden zunehmend sichtbar. Die Systemzustände wechseln – fluktuieren – zwischen alten und neuen Zuständen. Dieses Auftreten neuer (erwünschter) Muster und damit die Fluktuation, muss verstärkt werden. Fluktuationsverstärkung entsteht sowohl durch »Erhöhung des Drucks« aus den alten und (noch) stabilen Mustern heraus als auch durch »Verstärkung des Sogs« hin zu neuen und (noch) unstabilen Mustern hin.

Eine Berücksichtigung dieses Prinzips kann beispielsweise erreicht werden durch:
- Ausnahmen herausstellen,
- Herausstellung der ersten Erfolge,

- positive Verstärkung neuer Muster,
- Ignorieren oder Sanktionierung alter Muster.

6a) Günstige Augenblicke (»Kairos«) beachten

Es gibt Zeitpunkte, die für Veränderungsprozesse denkbar günstig oder denkbar ungünstig sind. Kairos betreffen den Beginn der Veränderung ebenso wie das Einsetzen einzelner Interventionen der Energetisierung. Will man günstige Zeitpunkte nutzen und ungünstige Zeitpunkte vermeiden, sollte man vorausschauend überlegen, wo sich diese Zeitfenster befinden. Diese können saisonal bedingt sein, mit anderen Veränderungsprozessen zu tun haben oder auch mit der vorübergehenden bzw. dauerhaften Anwesenheit oder Abwesenheit bestimmter Personen. Die Aufnahme- und Verarbeitungskapazität der Systembestandteile, die Veränderung realisieren sollen, muss beachtet werden.

Eine Berücksichtigung dieses Prinzips kann beispielsweise erreicht werden durch:
- günstige Phasen und Zeitfenster erkennen,
- ungeeignete Phasen und Zeitfenster identifizieren,
- geeignete innere und äußere Zeitpunkte finden,
- Aufnahmebereitschaft beteiligter Personen beachten.

6b) Resonanz

Veränderungsprozesse benötigen Rückkopplung. Resonanz zu erzeugen, bedeutet in diesem Zusammenhang, das System »zum Klingen« zu bringen, den Resonanzraum zu bestimmen und den dabei entstehenden »Geräuschen« zu lauschen. In dieser Resonanz können sowohl Missklänge als auch Wohlklänge wahrgenommen werden. Eigene Kommunikationen und Veränderungen können gezielt darauf ausgerichtet werden, in welchem Umfang Aufnahmebereitschaft bei anderen vorhanden ist und sie »auf der gleichen Wellenlänge« liegen (vgl. Haken u. Schiepek, 2010, S. 439). Andererseits kann aber auch bewusst gegen diese Resonanz gehandelt werden, vor allem dann, wenn es nicht darum geht, sich auf den bestehenden (Kommunikations-)Rhythmus einzustimmen und mitzuschwingen, sondern das Resonanzmuster zu verändern (Haken u. Schiepek, 2010, S. 439; Kruse, 2004, S. 60 ff.).

Das zentrale Medium der Resonanz ist Kommunikation, auch vermittelt durch die verschiedensten Feedback- und Monitoringsysteme (Schiepek, Eckert u. Kravanja, 2013, S. 55–62). Ein zentraler Punkt für den Erfolg von Veränderungen liegt nicht nur darin, in den *Inhalten der Resonanz* (Ideen, Bewertungen,

Anweisungen, Zielen, Strategien, Befürchtungen, Lob, Tadel und dergleichen), sondern auch in der Form, wie Resonanz organisiert wird, also der *Form der Resonanz* (wer, wann, wo, mit wem und wozu kommuniziert). Was kommuniziert wird, ist ebenso entscheidend wie die Bedingungen, unter denen Beteiligte in Entscheidungen, Erarbeitungsschritte und Rückmeldungen eingebunden werden.

Neben den Aspekten der Kommunikation und des Kommunikationsraums kommt dem Begriff der Resonanz noch eine weitere Bedeutung zu, die die Zustimmung oder auch Begeisterung für Ideen und Veränderungen umfasst. Wenn etwas resonanzfähig ist oder auf Resonanz trifft, kommt ein großer Teil des Systems »in Schwingung«. Wird hierbei der Punkt der »Eigenschwingung des Systems« erreicht, erklingt »der Ton« lange und nachhaltig und kann sich über »Rückkopplungsschleifen« sogar noch verstärken. Bezogen auf soziale Systeme kennt man dieses Resonanzphänomen beispielsweise von Moden, Trends oder Hypes. Aber auch bei längerfristigen Veränderungen sind Resonanzphänomene zu beobachten, bei denen sich eine Neuerung gegen eine andere durchsetzt, etwa bei Video- und Speicherformaten oder wissenschaftlichen Konzepten. Hierbei kann es zum Ausklingen einer bisherigen Resonanz und der Ausweitung einer neuen kommen, wobei sich beide überschneiden. Durch das Erzeugen, Testen und Hören von Resonanzen gilt es in Veränderungsprozessen, auch herauszufinden, was im relevanten System auf größtmögliche Resonanz stößt. Auch wenn man große Resonanz oder Eigenschwingung nicht linear steuern kann, so ist es doch möglich, bestimmte Resonanzen zu verstärken und die Rahmenbedingungen dafür zu verbessern.

Eine Berücksichtigung dieses Prinzips kann beispielsweise erreicht werden durch:
- das System zum »Erklingen« bringen,
- Austausch sicherstellen,
- Resonanzfähigkeit von Ideen und Veränderungen prüfen,
- Wünsche und Hoffnungen erfahren,
- Ängste und Befürchtungen hören,
- Beteiligung ermöglichen,
- Veränderungsnotwendigkeit kommunizieren,
- Meinungsäußerungen und Feedbacks während des gesamten Prozesses ermöglichen.

6c) Synchronisation

Wo gleichzeitig an den gleichen oder ähnlichen Themen, Veränderungen oder Projekten gearbeitet wird, haben die beteiligten Personen die Chance, ihre

Erfahrungen auszutauschen und sich zu unterstützen, Arbeitsschritte zu verknüpfen oder untereinander aufzuteilen. Das Prinzip von Selbsthilfegruppen und Interessengruppen funktioniert nach dem Prinzip der Synchronisation: Unterschiedliche Personen treffen sich, tauschen sich aus und unterstützen sich, weil sie ein gleiches oder ähnliches Thema oder eine vergleichbare Lebenssituation miteinander verbindet. Solche thematischen, räumlichen und zeitlichen Synchronizitäten können eine langfristige Abstimmung aufeinander bewirken oder auch nur eine zeitweilige Kooperation.

Bei jeder Synchronisation und Generalisierung ist zu beachten, inwieweit sich Kooperation oder Konkurrenz entwickeln. Beides kann sinnvoll, aber auch hinderlich sein. Kooperation kann ebenso zu Gleichmacherei und mangelnder Herausforderung führen wie zu Qualitätssteigerung und Effektivierung von Arbeitsprozessen. Konkurrenz kann zu Neid, Missgunst oder auch Sabotage führen oder aber »das Geschäft beleben« und zu unterschiedlichen Erfolgsmodellen führen, die gleichermaßen genutzt werden können.

> Eine Berücksichtigung dieses Prinzips kann beispielsweise erreicht werden durch:
> - Passung und Rhythmisierung von Veränderungsschritten herstellen,
> - Vorgehensweisen und Kommunikationsstile aneinander anpassen,
> - psychische und soziale Prozesse der Beteiligten rhythmisieren,
> - Anschlussfähigkeit an individuelle und gemeinschaftliche Voraussetzungen prüfen und herstellen,
> - technische und organisatorische Veränderungen aufeinander abstimmen,
> - Aufnahmebereitschaft und Austausch von Gruppen beachten,
> - Verhaltensweisen ritualisieren,
> - Feedbackschleifen verstärken.

7) Gezielte Symmetriebrechung ermöglichen

Am Punkt maximaler Instabilität gilt es, alle Bewegung auf das »Ziel-Tal« auszurichten und den Blick auf eine anstehende Konsolidierung der Veränderungsprozesse zu richten. An dieser Stelle der Veränderung muss klar herausgestellt werden, dass die alte Stabilität der Vergangenheit angehört und es nun nur noch das Neue abschließend zu etablieren gilt. Auch der Startpunkt einer Systemveränderung, also die Auflösung der anfänglichen Stabilität, kann bereits als Symmetriebrechung betrachtet werden, da schon hier durch die Destabilisierung Asymmetrie entsteht (Lindemann, 2017b, S. 197).

Eine Berücksichtigung dieses Prinzips kann beispielsweise erreicht werden durch:
- Zielorientierung auf Verstetigung richten,
- Voraussicht, Vorwegnahme und Realisation von Strukturelementen des neuen stabilen Ordnungszustandes,
- Ritualisierung gewünschter Handlungsweisen anbahnen,
- Weichenstellung in Richtung Stabilisierung,
- Entwicklungen am kritischen Punkt in die gewünschte Richtung verstärken.

8) Re-Stabilisierung

Hat die Veränderung weitgehend einen neuen Stabilitätszustand erreicht, gilt es, diesen abzusichern, zu verstärken, Prozesse zu ritualisieren und das Neue und Veränderte zu festigen. Dieser neue Zustand sollte mit dem Gefühl, »es geschafft zu haben«, »am Ziel angekommen zu sein« und nun eine »Phase der Ruhe« genießen zu können, verbunden sein. Ist das erreichte Ziel nur ein Zwischenschritt in einem längeren Veränderungsprozess, sollte er zwar ebenfalls eine entsprechende Würdigung erfahren, der nächste Teilschritt sollte aber nicht zu lange auf sich warten lassen. Wird durch die Re-Stabilisierung das Ende eines umfangreichen und auch abgeschlossenen Veränderungsprozesses markiert, sollte nicht gleich eine weitere Veränderung einsetzen, damit die damit verbundene neue Destabilisierung der gerade erreichten Re-Stabilisierung nicht entgegenwirkt.

Eine Berücksichtigung dieses Prinzips kann beispielsweise erreicht werden durch:
- Ergebnisse sichern,
- neue Muster ritualisieren,
- neue Kognitions-Emotions-Verhaltens-Muster automatisieren und generalisieren,
- Regeln festschreiben,
- Ergebnisse veröffentlichen,
- neue Symbole und Sprachmuster verstetigen,
- Identifikation mit den neuen Mustern verstärken,
- Aufgaben- und Rollenklarheit herbeiführen,
- den Abschluss feiern.

Die generischen Prinzipien erklären – wie alle in diesem Kapitel dargestellten Vorstellungen von Interaktion und Veränderung – verschiedene Blickwinkel auf die Dynamik komplexer, nicht-trivialer Systeme. Sie bieten aber keinerlei Werteorientierung, die über die durchgängige Feststellung hinausgehen, dass Werte,

Motive, Bedürfnisse und Sinnbezug als Maßstab der Handlungsorientierung für ihre Veränderung zentral sind. Dies leitet über zum nächsten Themenbereich, der sich der Beantwortung der Frage widmet, wie man – ausgehend von Konstruktivismus und Systemtheorie – Orientierung hinsichtlich Werten, Motiven, Bedürfnissen und Sinnbezug erlangen kann.

6 Praktisches Handeln als Frage der Ethik

»Wizards had always known that the act of observation changed the thing that
was observed, and sometimes forgot that it also changed the observer too.«
(Pratchett, 1995, »Interesting times«, S. 47)[27]

Grundfragen der Philosophie

Immanuel Kant formulierte in seiner »Kritik der reinen Vernunft« drei Grundfragen der Philosophie (Kant, 1787/1990, S. 838 f.):
- »Was kann ich wissen?« Dies ist eine Frage nach der Erkenntnistheorie, nach den Grenzen unserer Erkenntnis, nach Epistemologie und Ontologie. Hierzu wurde vorangehend aus der Perspektive einer konstruktivistischen Erkenntnistheorie ausführlich Stellung bezogen.
- »Was soll ich tun?« Dies ist eine Frage der Ethik. Und diese wurde bisher nicht behandelt: Was bedeutet der Abschied von einer allgemeingültigen Wahrheit, von der Zugänglichkeit einer Realität? Was fange ich mit dem Wissen um die Konstruktivität der Wahrnehmung und des Erlebens an? Welche Bedeutung hat ein nicht-lineares Verständnis von Systemen und der Dynamik ihres Verhaltens? Wie nutze ich dieses Wissen?
- »Was darf ich hoffen?« Dies ist eine Frage des Glaubens, der Logik und der Empirie. Sie kann sowohl über Glaubensinhalte, Kausalbeziehungen, Funktionsbeschreibungen als auch über mathematische Wahrscheinlichkeiten beantwortet werden. Zur Beantwortung dieser Frage wurde vorangehend ein systemtheoretisches Funktionsverständnis der Dynamik komplexer Systeme, bezogen auf Perspektiven des Menschen, des Sozialen und der Interaktion dargestellt. Letztlich fällt unter diesen Punkt auch jede Form der Folgenabschätzung und Prognose.

Die von Kant formulierten Fragen nach der normativen und ethischen bzw. prognostischen Bedeutung unserer Erkenntnis stellt sich für jede Theorie praktischen Handelns und letztlich auch für das Handeln selbst. Betrachtet man den

---

27 Wenn der Konstruktivismus als Beobachtungsform, die Dinge, die beobachtet werden, anders erscheinen lässt, stellt sich die Frage, was sich dadurch beim Beobachter verändert. Werden Menschen, die konstruktivistisch auf die Welt schauen und die Welt in Systemen und nichtlinearen Dynamiken beschreiben, zu anderen Menschen?

Menschen und den Umgang mit ihm unter nicht-trivialen Gesichtspunkten, in denen Handlungen und ihre Auswirkungen nicht mehr linear auf bestimmte Ursachen oder Anreger zurückgeführt werden können, zeigt sich, dass es nicht mehr möglich ist, eindeutige Handlungsanweisungen zu formulieren, die entweder den erwarteten Erfolg zeitigen oder den Mangel des Handlungsgegenstandes erweisen. Es ist zunehmend nicht nur die Frage zu klären, mit welchem Ziel oder zum Zwecke welcher Ergebnisse eine Einflussnahme auf Menschen, auf soziale Systeme oder auf die Welt erfolgen soll, sondern welche Handlungsstrategien hierzu zum Einsatz kommen, welche Folgen erwartbar sind und wie diese festgestellt bzw. gemessen werden können.

Norm- und Werteneutralität von Konstruktivismus und Systemtheorie

Konstruktivismus und Systemtheorie sind Grundlagentheorien der Beobachtung und Reflexion, die dem Verständnis der Funktionsweise lebender, kognitiver und sozialer Systeme dienen. Sie sind in diesem Sinne nicht werte- und normorientiert. Das dargestellte nicht-triviale Welt- und Menschenbild beinhaltet keine Aussagen darüber, mit welchen Zielen, Normen oder Werten man anderen Menschen und der Welt gegenübertreten soll. Letztlich ließen sich auf der Grundlage einer konstruktivistischen Erkenntnistheorie z. B. auch Überlegungen dazu anstellen, wie man Menschen über bestimmte Werbe- und Marketingstrategien (Handlung) dazu anregen kann, verstärkt bestimmte Produkte zu konsumieren (Ziel).

Konstruktivismus und Systemtheorie sagen nichts darüber aus, ob man die durch sie begründete Subjektivität und Pluralität von Wirklichkeitskonstruktionen und die Dynamik komplexer Systeme akzeptieren und wertschätzen oder für eigennützige Zwecke ausnutzen darf. Konstruktivismus und Systemtheorie führen zu spezifischen Beobachtungen und Beschreibungen, geben aber keine Antwort darauf, wie diese zu nutzen seien. Aus der Ablehnung linearer und trivialisierender Funktionsvorstellungen folgt nicht zwangsläufig eine Handlungsorientierung. Sie bietet höchstens eine größere Vielfalt von Interpretationsmöglichkeiten und darauf aufbauend eine größere Anzahl von Handlungsoptionen.

Diese *Norm- und Werteneutralität* ist grundsätzlich jeder Erkenntnistheorie eigen, da sie Zusammenhänge erklärt, aber nicht bestimmt, wie diese »genutzt werden sollen«. Diese erkenntnistheoretische Neutralität führt in einem normativen Verständnis der Wissenschaft zu der Angst, jedes Denken und Handeln würden auch im praktischen Miteinander als prinzipiell gleichbedeutend betrachtet und der Konstruktivismus würde in »Beliebigkeit« münden (Thümmel u. Theis-Scholz, 1995; Diesbergen, 1998).

Für diese Befürchtung der Beliebigkeit ist die Erwartung entscheidend, die man an derartige Grundlagentheorien, wie Konstruktivismus und Systemtheorie, stellt. Zielsetzungen und praktisches Handeln – so die erkenntnistheoretische Position des Konstruktivismus und der Systemtheorie – sind keine Frage der Erkenntnistheorie, die letztlich nur beschreibt, wie etwas funktioniert. Dass Erkenntnistheorie keine normativ-ethische Fundierung praktischen Handelns bieten kann, bedeutet nicht, dass es keine Werte, Normen oder ethischen Grundsätze geben kann oder gar soll, sondern dass diese anders begründet werden müssen. Diese Frage nach dem »richtigen« Handeln ist – so wie Immanuel Kant es bereits aufgeschlüsselt hat – eine Frage der Ethik. Das Verhältnis der Erkenntnistheorie – speziell des Konstruktivismus – zu Fragen der Ethik soll daher nachfolgend genauer dargestellt werden.

6.1 Ethik, Moral und Recht

> »Moralisch, adj. – Im Einklang mit örtlichen, veränderlichen Maßstäben des Rechtempfindens. Gemeinhin: nützlich.«
> (Bierce, 1986, »Des Teufels Wörterbuch«, S. 74)

> »Unmoralisch, adj. – Unzweckmäßig. Was immer, im Laufe der Zeit und in den meisten Fällen, die Menschen für unzweckgemäß halten, wird bald als falsch, verrucht und unmoralisch angesehen.«
> (Bierce, 1986, »Des Teufels Wörterbuch«, S. 115)[28]

Zunächst müssen drei Begriffe – Ethik, Moral und Recht – voneinander unterschieden und miteinander in Beziehung gesetzt werden, damit klar wird, worum es im konstruktivistischen Diskurs um Ethik geht. Hierzu stelle ich einige Definitionen und Abgrenzungen voran, die aus mehreren philosophischen und psychologischen Darstellungen zusammengestellt wurden, sich aber maßgeblich an der Systemtheorie und Kritik Niklas Luhmanns orientieren (Apel, 1988; Brentano, 1978, S. 87–93; Habermas, 1983; Hungerige u. Sabbouh, 1995; Kramaschki, 1995; Luhmann, 1978, 1989, 1993, 2008):

- *Ethik* ist ein Zweig der Philosophie, der sich damit beschäftigt, was – bezogen auf andere Menschen, Tiere, Natur und Umwelt etc. – gut und was schlecht ist. Sie befasst sich mit Werten, Prinzipien und Tugenden, an denen einzelne

---

28 Die Definitionen von Bierce verweisen auf die kontextuelle Nützlichkeit und Zweckmäßigkeit des Moralischen. Über die Wertung »moralisch« – »unmoralisch« kann Anerkennung und Teilhabe sichergestellt oder Ablehnung und Ausschluss begründet werden.

Menschen und Gruppen ihr Handeln ausrichten. Hierbei geht es nicht darum, diese Werte festzulegen, oder um direkte Handlungsanweisungen oder Gesetze, sondern um die Reflexion der leitenden Prinzipien des Handelns. Ethik kann auch verstanden werden als »Reflexionstheorie des Handelns« oder »Reflexionstheorie der Moral« (Luhmann, 2008, S. 270 f.).

- *Moral* besteht in der Erwartung der Achtung bestehender Gepflogenheiten, Gewohnheiten, Bräuche und Sitten. Ihre Achtung oder Missachtung führt zu Anerkennung oder Enttäuschung und als Konsequenz zu Teilhabe oder Ausschluss aus dem sozialen System, das diese Erwartungen und Erwartungserwartungen – als Erwartungen, die einem Gegenüber unterstellt werden – reproduziert (Luhmann, 1987b, S. 219; 2008, S. 33). Die kontextuelle Formulierung oder implizite Voraussetzung der Erwünschtheit oder Unerwünschtheit von Handlungen und Ideen reduziert Komplexität und zielt auf Anschlussfähigkeit, da die Erfüllung von Erwartungen und eine Orientierung an Erwartungserwartungen mögliche subjektive Wertungen vorwegnimmt. Während Ethik grundsätzliche Fragen des »richtigen Handelns« stellt, ist Moral auf Erwartungen und deren Erfüllung oder Nichterfüllung ausgerichtet.
Die »angewandte Ethik« oder »normative Ethik« sind diesen beiden Definitionen zufolge bereits Moral, da sie nicht nur mögliche Werte und Übergänge zum Handeln reflektieren, sondern versuchen, handlungsrelevante Vorgaben zu entwerfen. Ethik könnte daher die Aufgabe zukommen, »vor Moral zu warnen« (Luhmann, 1992a, S. 266). Das macht Moral nicht unnötig, zieht aber eine Grenze zwischen Reflexion (Ethik) und Anwendung (Moral).
- *Recht* bezeichnet die Rechtmäßigkeit oder Unrechtmäßigkeit von Handlungen. Recht orientiert sich an gesellschaftlich festgeschriebenen Normen und Gesetzen. Rechtsprechung prüft, inwieweit Handlungen diesen entsprechen oder sie übertreten. Ethik oder Moral werden in der Rechtsprechung durchaus getrennt von Recht betrachtet. In Rechtsprechungen wird daher oft zwischen rechtlichen Konsequenzen und ethisch-moralischen Überlegungen unterschieden. Prinzipiell kann man daher zu dem Schluss kommen, etwas sei rechtens, ethisch oder moralisch jedoch verwerflich.
- *Ethisches Handeln* wäre demnach ein Handeln, das hinsichtlich Werten, Prinzipien und Tugenden reflektiert ist. Ethisches Handeln setzt Bewusstheit voraus. Ethisches Handeln kann auch hinsichtlich bestehender Normen, Regeln und Gesetze reflektiert sein. Es kann sich aber auch von diesen abgrenzen, indem es ethisch begründet, aber nicht moralisch oder rechtlich legitimiert ist.
- *Moralisches Handeln* ist ein Handeln, das hinsichtlich bestehender sozialer Konventionen und Normen bzw. Erwartungen und Erwartungserwartungen

reflektiert ist. Es versucht diesen – oft unausgesprochenen – Regeln und Richtlinien zu folgen, mit dem Ziel, Anschlussfähigkeit und Teilhabe sicherzustellen.

- *Rechtmäßiges Handeln* ist ein Handeln, das hinsichtlich bestehender Rechtsvorschriften und deren Auslegung und Abwägung legitimiert ist.
- *Handeln* bezeichnet ganz allgemein jedes aktive und bewusste, in der Regel zielgerichtete oder mit einer bestimmten Folgenerwartung durchgeführte Tun. Handlungsfolgen sind in der Regel, und erst recht in komplexen, nichtlinearen Systemen, jedoch nie mit absoluter Sicherheit vorhersehbar. Intention und Ergebnis einer Handlung können also voneinander abweichen. Die Erwartung bestimmter Handlungsfolgen kann aus Planung oder Gewohnheit resultieren. Jedes Handeln ist aus einer Perspektive äußerer Beobachtung lediglich ein Verhalten, dem vermutete Intentionen zugeschrieben werden können, da kein direkter Zugang zu den inneren Prozessen besteht, die dieses Handeln hervorbringen.

Weder ethisches noch moralisches, noch rechtmäßiges Handeln sind eindeutig. Da sich zum einen die Folgen einer Handlung nicht immer vorhersagen lassen und zum anderen oft mehrere Werte, Prinzipien und Tugenden (Moral) oder Gewohnheiten, Bräuche, Sitten und Erwartungen (moralische Handlungsmuster) bzw. Normen, Regeln und Gesetze (Recht) miteinander im Widerstreit liegen. Daher gibt es in der Praxis beispielsweise Ethik-Kommissionen (Ethik), die über eine ethische Reflexion letztlich aber zu einem moralischen Urteil der »Achtung oder Missachtung« gelangen und folglich über »Teilhabe oder Ausschluss« entscheiden (Moral), und Gerichte, die über die Erfüllung bestehender Rechtsvorschriften urteilen und diese gegeneinander abwägen (Recht).

6.2 Konstruktivismus und Ethik

Ethische Überlegungen beziehen sich immer auf die Konsequenzen von Handlungen auf andere Menschen, andere Lebewesen oder »die Natur«. Ethik muss – anders als Moral oder Recht – daher zunächst begründen, »warum der einzelne überhaupt andere in Betracht ziehen soll« (von Glasersfeld, 1987a, S. 417). Diese Begründung sieht von Glasersfeld im Konstruktivismus schon auf einer erkenntnistheoretischen Ebene gegeben:

> »Um ein verläßliches Niveau von Wirklichkeitskonstruktion erreichen zu können, braucht man ganz offensichtlich die anderen. Denn was immer man

von anderen sagt, indem man ihnen die eigenen Methoden und Begriffe unterschiebt, ist unbedingt nötig, um das Niveau einer ›objektiven Wirklichkeit‹ zu erreichen. Das zeigt m. E., daß man bei der Konstruktion einer Ethik die anderen in Betracht ziehen muß: und zwar nicht aus ethischen, sondern aus epistemologischen Gründen« (von Glasersfeld, 1987a, S. 417).

Mit »objektiver Wirklichkeit« ist hier die »intersubjektive Viabilität von Denk- und Handlungsweisen« (von Glasersfeld, 1996, S. 209) gemeint, also ein sozialer Einigungsprozess und keine Objektivität im ontologischen Sinne. Unter epistemologischen Gesichtspunkten dienen andere Menschen dazu, die eigenen Konstruktionen in einem Bereich größtmöglicher Plausibilität und Konsistenz zu halten und eigene Erfahrungen zu generalisieren. Sobald andere Menschen als eigenständige Elemente der Wahrnehmung begriffen werden, stellt sich also nicht mehr die Frage, *ob* sie in Betracht zu ziehen sind, sondern welchen Stellenwert man ihnen beimisst und wie man daraufhin sein eigenes Handeln ihnen gegenüber gestaltet. Ob dies in Form von Abgrenzung oder in Zustimmung zu anderen geschieht, ergibt sich aus individuellen Erfahrungen, Ansichten und Präferenzen.

Der Konstruktivismus kann zwar die erkenntnistheoretische Notwendigkeit begründen, andere Menschen zum Bestandteil der eigenen Konstruktionen zu machen, es lassen sich aber keine Aussagen darüber ableiten, auf welche Weise man dies tun sollte. Erkenntnistheorien wie der Konstruktivismus beschreiben, *wie* Prozesse der Wahrnehmung und des Wissenserwerbs vor sich gehen und *wie* Subjekte einen gemeinsamen Bereich der Interaktion und Kommunikation herstellen.

Die Ableitung ethischer Richtlinien bzw. moralischer Grundsätze würde jedoch bedeuten, aus diesen Beschreibungen eine Empfehlung zu erstellen, auf welche Weise dieser Bereich gestaltet werden soll. Die deskriptive Eigenschaft von Erkenntnistheorie müsste demnach um pragmatische oder auch normative Aussagen ergänzt werden.

Dies ist aber jeder Kognitionstheorie unmöglich, da sie lediglich beschreibt, wie ein Subjekt zu seinem Wissen kommt, aber nicht, wie es dieses Wissen im Zusammenleben mit anderen anwenden soll. So erklären Maturanas Ausführungen zur Autopoiese »nur die Mechanismen, mit denen all das erzeugt werden kann, was wir an Lebensweisen, an ›Geschichte‹ kennen; sie bietet keine ethischen Werte, höchstens den, daß alles möglich ist, was die Autopoiese nicht beendet« (Köck, 1990, S. 160). Im weiteren Bezug auf Maturanas Theorie autopoietischer Systeme schreibt Wolfram K. Köck:

> »Aus seiner Bio-Epistemologie kann [...] keinerlei lebenspraktische Aussage abgeleitet werden, weder eine solche, die sich auf die Art unserer Lebensgestaltung bezieht, noch eine solche, die ein Menschenbild oder ein Wertsystem begründet oder rechtfertigt« (Köck, 1990, S. 180).

Der Konstruktivismus stellt somit zwar ein Modell zur Verfügung, das erklären kann, aufgrund welcher Mechanismen ein Mensch zu seinen Entscheidungen gelangt, aber nicht, wann diese Entscheidungen »richtig« bzw. ethisch vertretbar sind. Kognitionstheorie und Ethik würden sich gemäß den bisherigen Ausführungen als zwei getrennte Bereiche gegenüberstehen.

Die Entscheidung darüber, wie man der im Konstruktivismus postulierten Subjektivität und Pluralität von Erfahrungswelten im Handeln Rechnung trägt oder sogar tragen sollte, ist eine persönliche Entscheidung und nicht allgemein aus der Theorie ableitbar. Eine allgemeingültige Wertung über die Richtigkeit von Entscheidungen würde die Möglichkeit voraussetzen, Aussagen zu treffen, die unabhängig von konkreten Subjekten und Situationen für alle gültig sind. Ethische Überlegungen, die sich auf konstruktivistische Annahmen beziehen, können ausschließlich im Kontext subjektiver Entscheidungen und der Einigung unter Subjekten betrachtet werden:

> »Jedes Wertesystem, jede Ideologie, jede Beschreibung ist eine Operation in einem Konsensbereich, deren Gültigkeit nur durch jene hergestellt wird, die sie durch ihr konsensuelles Verhalten validieren« (Maturana, 1982, S. 29 f.).

Ethik entsteht so betrachtet in sozialen Prozessen, die sich auf ihren jeweiligen Kontext beziehen, und ist nicht generell und unabhängig von diesen Prozessen begründbar. Maturana votiert für eine strikte Trennung der Begründungen von Erkenntnistheorie und Ethik, verweist aber gleichzeitig darauf, dass eine ethische Positionierung – im Sinne persönlicher Präferenz – notwendig ist:

> »Der Mensch ist ein rationales Lebewesen, das seine rationalen Systeme so konstruiert, wie alle rationalen Systeme konstruiert werden, d. h. auf der Basis willkürlich akzeptierter Wahrheiten (Prämissen). Da er selbst ein relativistisches, selbstreferenzielles, deterministisches System ist, kann dies nicht anders sein. Wenn jedoch nur ein relatives, willkürlich gewähltes Bezugssystem möglich ist, besteht die unausweichliche Aufgabe des Menschen als eines seiner selbst bewußten Lebewesens, das ein Beobachter seiner eigenen kognitiven Prozesse sein kann, darin, explizit einen Bezugsrahmen für sein Wertesystem auszuwählen. [...] Durch Vermengung der Bezugssysteme und

dadurch, daß in *einem* Bereich mit Relationen argumentiert wird, die für einen *anderen* gelten, läßt sich alles rechtfertigen. Die Grundüberzeugung, auf die ein Mensch sein rationales Verhalten gründet, ist notwendigerweise seiner persönlichen Erfahrung untergeordnet und erscheint als ein Wahlakt, der eine Präferenz ausdrückt, die nicht rational übermittelt werden kann« (Maturana, 1982, S. 80).

Bei dieser Grenzziehung zwischen Erkenntnistheorie und Ethik bzw. Moral könnte man es belassen. Dennoch wurden zahlreiche Versuche unternommen, ethische Kriterien aus einer konstruktivistischen Haltung heraus zu beschreiben. Diese werden nachfolgend dargestellt und diskutiert.

6.3 Konstruktivistische Kriterien ethischen Handelns

> »Ich will darüber nicht mit Ihnen streiten, […], aber ich bin ausgebildet worden, alle Möglichkeiten in Betracht zu ziehen. Und damit meine ich wirklich und ausnahmslos alle, ohne mich von Logik oder gesundem Menschenverstand einschränken zu lassen; beides übrigens Begriffe, die allzu subjektiv und bei weitem überbewertet sind. Meine Arbeit besteht nicht darin, Möglichkeiten auszuschließen, sondern zu vermehren. Deshalb weigere ich mich auch, irgendeiner Tatsache das Adjektiv eindeutig zuzuerkennen.«
> (Palma, 2012, »Die Landkarte des Himmels«, S. 399)[29]

Im Zuge konstruktivistischer Auseinandersetzungen mit dem Themenbereich der Ethik wurde immer wieder versucht, eine nicht-trivialisierende Sicht des Menschen in handlungsleitende Ideen umzusetzen. Hierbei sind vor allem Peter M. Hejls »ethische Postulate« (Hejl, 1995, S. 55 ff.), Humberto Maturanas »ethische Konsequenzen der Theorie lebender Systeme« (Maturana, 1982, S. 79 f.; 2000, S. 312–319), Paul Watzlawicks »Konsequenzen des Konstruktivismus« (Watzlawick u. Kreuzer, 1988, S. 31) und Heinz von Foersters »ethischer Imperativ« (von Foerster, 1993b, S. 49) charakteristisch.

Bezeichnend für diese Kriterien ethischen Handelns ist, dass sie keine Aussage darüber enthalten, wann eine Handlung ethisch bzw. moralisch vertret-

---

29 Das Potenzial ethischer Überlegungen besteht darin, alles zu hinterfragen, und nicht darin, zu richten. Die Idee »Möglichkeiten zu vermehren« statt auszuschließen findet sich in Heinz von Foersters »ethischem Imperativ« wieder. Die Eindeutigkeit entsteht letzten Endes in einer Handlung, die im jeweiligen Augenblick nur auf eine Weise ausgeführt werden kann. In der Analyse, im Denken und Bewerten können Ambivalenzen und Mehrdeutigkeiten bestehen bleiben.

bar ist. Sie beschreiben vielmehr, wie man aufgrund eigener Überlegungen und Bewertungen zu ethischem Handeln kommen kann. Beschrieben werden letztlich wertebasierte Reflexionshilfen. Hierbei wird zwar auf die Gestaltung des Handelns eingegangen, aber nicht vorweggenommen, wann die dort angelegten Kriterien ethischen Handelns erfüllt sind. Ethische Reflexion anzuregen, mag vor dem Hintergrund einer konstruktivistischen Erkenntnistheorie notwendig erscheinen, die hierzu herangezogenen Werte sind jedoch erkenntnistheoretisch nicht zwingend.

Die nachfolgenden Kriterien bieten einen Reflexionsrahmen, der es dem einzelnen Menschen erlaubt, die subjektive Planung, Durchführung und Bewertung eigener Handlungen durchzuführen. Sie schließen aber die Möglichkeit der Letztbegründung aus und somit auch die Annahme, es gäbe Handlungen, die unabhängig von der Wertung eines Beobachters als ethisch oder unethisch zu betrachten sind.

Legt man Luhmanns Definition der Ethik als »Reflexionstheorie des Handelns« oder »Reflexionstheorie der Moral« zugrunde, müssen die folgenden Versuche kritisch dahingehend betrachtet werden, ob sie zu einer Reflexion über Werte und ihre handlungsgemäße Erfüllung anleiten oder ob sie bereits einen Wertehorizont festlegen und damit im engeren Sinne bereits Moral vermitteln (Luhmann, 2008, S. 270f.).

6.3.1 Ethische Postulate

Peter M. Hejl hat, ausgehend von der epistemologischen Begründung der Vielfalt von Wirklichkeitskonstruktionen, drei »ethische Postulate« formuliert, die die Reflexion praktischen Handelns anregen sollen (Hejl, 1995):

- Toleranzangebot

    »Vergiß nicht, daß andere Akteure für ihre [...] Handlungen Gründe angeben können, die im Prinzip den Begründungen deiner Handlungen gleichrangig sind. Das Toleranzangebot berücksichtigt, daß entsprechend der konstruktivistischen Position alle Menschen gleichermaßen als Konstrukteure ihrer Wirklichkeiten anzusehen sind. Differenzen ergeben sich demnach nicht durch eine kleinere oder größere Nähe zu einer absoluten Wirklichkeit/ Wahrheit, sondern aufgrund der Handlungsfolgen, die mit der im Prinzip auch anders möglichen Konstruktion einer Wirklichkeit einhergehen« (Hejl, 1995, S. 56).

Das Toleranzangebot betont die Gleichwertigkeit der Konstruktionen aller Menschen in Bezug auf ihre jeweilige Viabilität. Eine Konsequenz hieraus, die gerade für die Pädagogik relevant werden kann, ist, dass jeder Mensch innerhalb seiner Wirklichkeit Hintergründe und Motive für sein Handeln hat. Diese Zuschreibung von Sinn ermöglicht es, die Gleichwertigkeit von Lebenswirklichkeiten als subjektiv viable Konstrukte anzunehmen und dem jeweiligen Gegenüber im Wissen um die Sinnhaftigkeit seines Verhaltens bzw. Handelns gegenüberzutreten.

Während die Formulierung des Postulates noch Ethik im Luhmann'schen Sinne widerspiegelt, ist der Begriff der »Toleranz« jedoch bereits der Werteebene der Moral zuzuordnen. Das Bedenken anderer Begründungen bedeutet, Pluralität vorauszusetzen, nicht aber Toleranz.

Verantwortungsakzeptanz

Wenn die Verantwortung für Wirklichkeitskonstrukte und daraus resultierende Handlungen bei den jeweiligen Subjekten liegt, »dann müssen sie sich auch die Folgen zurechnen lassen, die durch die Handlungen bewirkt werden. […] Die entsprechende ethische Forderung lautet: *Handle so, daß du die Verantwortung für die Folgen übernehmen kannst*« (Hejl, 1995, S. 57).

Die Verantwortungsakzeptanz darf nicht als eine Akzeptanz *aller* Handlungen und ihrer Folgen missverstanden werden, sofern die entsprechende Person auch die Verantwortung dafür übernommen hat. Es handelt sich ausschließlich um die Forderung, die Verantwortung für das *eigene* Handeln und die daraus folgenden Konsequenzen zu tragen. Die Folgen des jeweiligen Handelns können zwar nicht immer von vornherein abgeschätzt werden. Es ist aber weder möglich noch wäre es sinnvoll, aus Unsicherheit über die Handlungsfolgen gar nicht zu handeln. Da jedes Handeln Konsequenzen hat, muss man sich damit auseinandersetzen, welche Auswirkungen es haben kann und ob man möchte, dass diese eintreten oder nicht. Das macht es erforderlich, andere Wirklichkeiten mitzubedenken und sich damit auseinanderzusetzen, welche Bedeutung das Gegenüber Handlungen beimisst.

Die Zurechenbarkeit von Handlungsfolgen ist in einer konstruktivistischen und systemtheoretischen Perspektive schwierig, da Handlungen und Handlungsfolgen eben nicht immer linear miteinander in Verbindung gebracht werden können. Die zirkuläre und synergetische Dynamik komplexer Systeme mag es noch erlauben, Einflussgrößen zu benennen, aber nicht Verantwortungsanteile zuzuweisen, geschweige denn einzelnen Subjekten zuzusprechen.

Begründungspflicht

»Weil die Pluralität nicht aufeinander reduzierbarer Wirklichkeiten prinzipiell [...] nicht überwunden werden kann, ist die Entscheidung für eine spezifische Wirklichkeit grundsätzlich *auch begründungsbedürftig*. Daraus läßt sich die ethische Forderung ableiten: *Begründe dein Handeln so, daß möglichst viele Interessenten deine Entscheidungsgründe rekonstruieren können*« (Hejl, 1995, S. 60).

Dieser Grundsatz besagt, dass man sein Denken und Tun so begründen soll, dass andere es *verstehen* können. Es geht dabei um die Offenlegung der Motive und Interessen, aus denen heraus eine Handlung entsteht, damit andere Menschen die Möglichkeit haben, diese hinsichtlich der subjektiven Wirklichkeit des Handelnden beurteilen können. Die Begründungspflicht unterstreicht, dass es prinzipiell keine Konstruktion oder Handlung gibt, die »selbst verständlich« ist. Begründen bedeutet daher, anderen die Chance zu geben, Gedanken und Handlungen nachzuvollziehen, ohne ihre Logik und Berechtigung als gegeben vorauszusetzen. Zwingend ist dies nicht.

Wie weit geht aber die »grundsätzliche Begründungsbedürftigkeit«, die Hejl einfordert? Für welche Handlungen und Handlungsfelder ist sie relevant? Muss in Alltagskommunikationen, Medizin und Pflege, Bildung und Erziehung sowie Unternehmensführung jede Handlung begründet werden? Besteht meine Handlung beispielsweise darin, morgens beim Bäcker ein Mohnbrötchen zu kaufen, warum sollte ich dies begründen und dann auch noch so, dass möglichst viele Interessenten diese Entscheidung nachvollziehen können?

Fazit

Kritisch betrachtet, setzen die »ethischen Postulate« schon eine moralische Positionierung voraus. Denn warum sollte die Pluralität von Wirklichkeitskonstruktionen Toleranz implizieren? Warum die Übernahme von Verantwortung? Warum die Notwendigkeit der Begründung? Es könnten vor dem Hintergrund des Konstruktivismus und der Systemtheorie genauso gut Überlegungen über die Modifikation und Unterdrückung anderer Sicht- und Lebensweisen angestellt werden, über die Abgabe oder Verschiebung von Verantwortung und über die sanktionsorientierte Durchsetzung eigener Interessen, ohne diese zu begründen. Ergibt sich beispielsweise auch in der Erziehung, Therapie oder Unternehmensführung immer wieder die Pflicht der Begründung, oder gibt es Bereiche, in denen die Bitte um Befolgung und Vertrauen ausreichen? Wie sieht es mit größeren Gruppen von Menschen aus, innerhalb derer unterschiedliche Sichtweisen und Begründungen vorgetragen werden? Wie handele ich, wenn ich zwar tolerant bin, meine Sichtweise begründet habe, aber keine Anschlussfähigkeit erreiche? Reicht es dann, zu sagen: »Ich übernehme die Verantwortung«?

Die ethischen Postulate regen die Reflexion über praktisches Handeln an, sind aber für die Gestaltung praktischen Handelns nicht hinreichend konkretisiert. Für eine kritische-ethische Reflexion gehen sie bereits zu weit, da sie Werteorientierung und Handlungsrichtungen vorgeben, wo es gegebenenfalls hilfreicher wäre, lediglich die Spannungsfelder verschiedener Werteausrichtungen und Konstruktionsweisen, sozialer Orientierungen und Machtstrukturen darzustellen. Für eine moralische Orientierung gehen sie nicht weit genug, da sie hierfür zu allgemein gefasst sind.

6.3.2 Ethische Implikationen der Theorie lebender Systeme

Trotz der durch ihn formulierten Trennung von Erkenntnistheorie und Ethik hat Maturana vier Werte benannt, die zwar nicht rational aus seiner Theorie lebender Systeme abgeleitet werden könnten, aber als biologische Phänomene des Menschseins entstünden: Liebe, Freiheit, Verantwortung und Toleranz (Maturana, 1982, S. 80; 2000, S. 312–318):

Liebe

> »Alle Ethik entsteht aus unserer Fürsorge für den Mitmenschen, nicht aus dem Einverständnis mit einem rationalen Argument, und unsere Fürsorge für unsere Mitmenschen ist emotionaler und nicht rationaler Art. Die Liebe ist die Emotion, die soziale Koexistenz konstituiert, die die Bereiche unserer Fürsorge in den Gemeinschaften festlegt, die wir mit anderen Menschen zusammen schaffen« (Maturana, 2000, S. 312 f.).

Liebe als biologischer Fürsorgeimpuls muss aber auch immer hinsichtlich der Dynamik und Grenzen sozialer Systeme interpretiert werden. Wo sich Liebe auf eine bestimmte Person oder Gruppe richtet, führt sie gegebenenfalls auch dazu, diese gegen Personen, die als außerhalb dieses sozialen Systems liegend definiert werden, zu verteidigen. Als »Sozialtrieb« richtet sich Liebe immer auf den eigenen Konsensbereich und bedingt ein »innen« und »außen« dessen, worauf sie sich bezieht (Exner u. Reithmayr, 1993, S. 146).

Verantwortung

»Die Bewußtheit unseres Wünschens oder Nichtwünschens der Konsequenzen unserer Handlungen macht uns bewußt, daß wir immer tun, was wir tun, weil wir die Konsequenzen unseres Tuns wünschen, auch wenn wir manchmal behaupten, daß wir diese Konsequenzen nicht wünschen. Mit anderen Worten, unser Bewußtsein, unser Wünschen und Nichtwünschen der Konsequenzen unserer Handlungen, konstituiert unsere Verantwortung für die Konsequenzen unserer Handlungen« (Maturana, 2000, S. 317 f.).

Verantwortung setzt Bewusstheit des Wünschens und Nichtwünschens ebenso voraus, wie eine Bewusstheit der Konsequenzen. Ist aber gerade das vor dem Hintergrund der Determiniertheit lebender Systeme einerseits und ihrer Unsteuerbarkeit andererseits überhaupt möglich? Der Verantwortungsbegriff zerfällt letztlich in zwei Teile: Einerseits geht es um die Zurechnung von Konsequenzen auf das handelnde Subjekt, andererseits um die Forderung nach der Abschätzung von Konsequenzen (Exner u. Reithmayr, 1993, S. 143).

Ebenso wie bei den »ethischen Postulaten« Hejls ergibt sich das Problem der Zurechenbarkeit in nicht-linearen, dynamischen Systemen.

Freiheit

»Schließlich konstituiert die Bewußtheit unseres Wünschens oder Nichtwünschens der Konsequenzen unseres Handelns unsere Freiheit, denn sie macht uns auch für unsere Emotionen verantwortlich, indem sie uns diese Emotionen ebenso bewußt macht wie das Wünschen und Nichtwünschen dieser Emotionen in unseren Handlungen« (Maturana, 2000, S. 318).

Freiheit setzt laut Maturana voraus, dass der lebende Organismus sich selbst beobachten, also eine Beobachtung zweiter Ordnung herstellen kann (Maturana, 2000, S. 143). Erst hierdurch kann er Handeln und Handlungsfolgen mit anderen, optionalen Möglichkeiten des Handelns und deren optionalen Konsequenzen miteinander vergleichen. Es bleibt jedoch kritisch zu hinterfragen, ob hier der Begriff der »Freiheit« nicht eher durch den Begriff der »Autonomie« ersetzt werden sollte, der ja ein zentraler Bestandteil der Theorie lebender Systeme ist (Exner u. Reithmayr, 1993, S. 139).

Unter den Maßgaben der operationalen Geschlossenheit autopoietischer Systeme müssen alle inneren Zustände als Ergebnisse des Operierens eben dieses Systems interpretiert werden, wobei alle äußeren Faktoren als Perturbation konzipiert werden müssten. Dies impliziert Selbstreferenz, nicht jedoch Freiheit.

Dies gilt umso mehr, da das »bewusste Wünschen«, die Handlungsplanung und das Handeln, die Beobachtung und Bewertung von Konsequenzen und die damit verbundenen Emotionen zwar einer Beobachtung zweiter Ordnung zugänglich sind, aber weder »frei« gesteuert werden können, noch konsistent sein müssen.

Toleranz

»Als autopoietische, geschlossene, strukturdeterminierte Systeme haben wir keinerlei Möglichkeit, irgendeine kognitive Aussage über eine absolute Realität zu machen. […] Jedes Wertesystem, jede Ideologie, jede Beschreibung ist eine Operation in einem Konsensbereich, deren Gültigkeit nur durch jene hergestellt wird, die sie durch ihr konsensuelles Verhalten validieren« (Maturana, 1982, S. 29 f.).

Diese grundlegende Toleranz – oder Pluralitätsakzeptanz – verschiedener Sichtweisen und der Verweis auf die Notwendigkeit ihrer Anschlussfähigkeit kann nicht zur Begründung und Durchsetzung einzelner Sichtweisen dienen, sondern nur zu ihrem Verständnis beitragen. Maturanas Toleranzbegriff ist daher epistemisch zu verstehen und nicht als Aufforderung zur Akzeptanz der Konsequenzen, die aus unterschiedlichen Sichtweisen folgen (Exner u. Reithmayr, 1993, S. 147).

Auch in diesem Punkt zeigt sich eine Parallele zu Hejls »ethischen Postulaten« und führt zur gleichen Kritik: Die Feststellung epistemischer Pluralität bedingt nicht Toleranz.

Fazit

In den Aussagen Maturanas finden sich wie bei Hejl zentrale Begriffe wie Verantwortung und Toleranz wieder. Aber auch hier gibt es – was Maturana selbst an vielen Stellen seiner Schriften unterstreicht – keinerlei Notwendigkeit oder Ableitung, die sich zwingend aus dem Konstruktivismus und der Systemtheorie ergeben. Als davon unabhängiger und eigenständiger Versuch einer Ethik, ist Maturanas Entwurf jedoch nicht hinreichend ausdifferenziert und teilweise stark biologistisch, obwohl seine Ethik ja den Anspruch haben will, ein anderes Bezugssystem zu entwerfen (Exner u. Reithmayr, 1993, S. 148–152).

Liebe, Verantwortung, Freiheit und Toleranz sind als Werte einer moralischen Orientierung zuzuordnen. Sie sind nicht zwingend, sondern immer schon Präferenz. Das kritische Potenzial konstruktivistischer und auch systemtheoretischer Reflexion spiegeln sie nicht wider. Maturanas Ausführungen zur

Ethik sollten daher als epistemologische Funktionsbeschreibung interpretiert werden, nicht als handlungsorientierte, ethisch-moralische Werteorientierung.

6.3.3 Konsequenzen des Konstruktivismus

Toleranz und Verantwortung

Zur Verdeutlichung der Anschlussfähigkeit von Hejls Postulaten und Maturanas Implikationen an andere Überlegungen sei nur kurz darauf verwiesen, dass auch andere Vertreterinnen und Vertreter des Konstruktivismus auf Toleranz und Verantwortung als Konsequenzen der Erkenntnistheorie kommen. Beispielhaft soll hier Watzlawick herangezogen werden:

> »Aus der Idee des Konstruktivismus ergeben sich zwei Konsequenzen. Erstens die Toleranz für die Wirklichkeiten anderer – denn dann haben die Wirklichkeiten anderer genausoviel Berechtigung als meine eigene. Zweitens ein Gefühl der absoluten Verantwortlichkeit. Denn wenn ich glaube, dass ich meine eigene Wirklichkeit herstelle, bin ich für diese Wirklichkeit verantwortlich, kann ich sie nicht jemandem anderen in die Schuhe schieben« (Watzlawick u. Kreuzer, 1988, S. 31).

Auch hier würde es das kritische Potenzial des Konstruktivismus stärken, wenn zwar eine epistemische Pluralitätsakzeptanz (Toleranz) und Zurechenbarkeit von Handlungsfolgen (Verantwortung) behauptet würde, aber keine Handlungsleitung. Gerade bei Watzlawick verwundert die zitierte Haltung. Als Therapeut hat er schließlich viel über die Paradoxien und zirkulären Dynamiken geschrieben, in denen therapeutisches Handeln ja geradezu darauf ausgerichtet ist, Wirklichkeit zu transformieren und Verantwortung nicht Einzelnen zuzuweisen, sondern zu teilen. Hierbei sind die epistemischen Grundannahmen des Konstruktivismus sicherlich hilfreich. Im praktischen Handeln jedoch geht es um ein kreatives Spiel mit Wirklichkeiten und Verantwortungen, um die Suche nach »hilfreichen Fiktionen«. Hierzu ist als Ergänzung zur Pluralitätsakzeptanz und Zurechenbarkeit die Selbstanwendung des Konstruktivismus entscheidend:

> »Der Radikale Konstruktivismus begreift sich selbst als eine Konstruktion und nicht als eine letzte Wahrheit, er ist eine Möglichkeit, die Dinge zu sehen. Für mich ist, dies kann ich auch mit Blick auf meine therapeutische Arbeit sagen, allein die Frage ausschlaggebend, welche Konstruktion sich

als die nützlichste und menschlichste erweist« (Watzlawick, zit. nach Pörksen, 2002, S. 222).

Erhellend ist auch die Entgegnung von Bernhard Pörksen, der das Gespräch führte, aus dem das letztere Zitat von Paul Watzlawick stammt:

»Das bedeutet, dass konstruktivistische Aussagen immer eine paradoxale Verfasstheit behalten und in einer strukturellen Schwebe bleiben müssen. Und sie sollten, auch das scheint mir folgerichtig, auf eine flexible, eine offene und leichte Weise vertreten werden. Das ist wohl die einzige Möglichkeit, wie es vermieden werden kann, dass sich der Konstruktivismus zu einem Metadogmatismus entwickelt« (Pörksen, 2002, S. 222).

Nützlichkeit, Viabilität und Anschlussfähigkeit

Hinsichtlich der Handlungsorientierung rückt demnach ein weiteres Element in den Fokus der Aufmerksamkeit: die Nützlichkeit. Zieht man weitere damit verbundene Konzepte aus dem konstruktivistischen und systemtheoretischen Diskurs hinzu, könnte man Viabilität – nach von Glasersfeld – und Anschlussfähigkeit – nach Luhmann – ergänzen.

Es ergäben sich drei ethische Fragenbereiche:
- Nützlichkeit: Dient es dem Anliegen? Hilft es bei der Zielerreichung?
- Viabilität: Ist es gangbar? Funktioniert es?
- Anschlussfähigkeit: Ist es innerpsychisch und kognitiv anschlussfähig? Ist es im sozialen Kontext anschlussfähig?

Vor dem Hintergrund der prinzipiellen Unvorhersagbarkeit von Handlungsfolgen in komplexen Systemen entfaltet sich ethische Reflexion immer in einem Vorher und einem Nachher des Handelns: der Prognose dessen, was vermutlich eintreten wird und ob dies wünschenswert sei, und der nachfolgenden Bewertung, ob die eingetretenen Folgen diesem Erwartungshorizont entsprechen. Die Paradoxie des ethisch reflektiert gut Gemeinten mit verwerflichen Folgen und des unmoralisch Gehandelten mit gutem Ausgang, bleibt hierbei jedoch ungelöst (Luhmann, 2008, S. 313).

Ethische Reflexion und praktisches Handeln wären dann eine Jonglage mit den Bällen Pluralitätsakzeptanz (Toleranz), Zurechenbarkeit (Verantwortung) sowie Nützlichkeit, Viabilität und Anschlussfähigkeit. Die Aufgabe der Ethik bestünde darin, diese Bälle in Bewegung zu halten, jedes Festhalten zu hinterfragen. Praktisches Handeln und moralische Orientierung wären darauf ausgerichtet, die Bälle auch tatsächlich zu ergreifen und zu werfen, sie nicht einfach festzuhalten oder fallen zu lassen. Reflexiv ethische Kreisläufe im Sinne einer moralischen Versicherung und Verunsicherung, so hilfreich und sinnvoll sie an vielen Stellen sein mögen, können aber nicht zum Dogma jeden Handelns erhoben werden. Das spontane, intuitive, unreflektierte Handeln hat ebenso seine Berechtigung, auch wenn es sich nachfolgender ethischer Reflexion und moralischer Wertung stellen muss.

6.3.4 Der ethische Imperativ

Heinz von Foerster hat aufgrund seiner Überzeugung, dass ethisches Handeln aus subjektiven Überlegungen entsteht, einen »ethischen Imperativ« aufgestellt, der es ermöglicht, die eigenen Handlungen hinsichtlich ethischer Aspekte zu reflektieren: »Handle stets so, daß die Anzahl der Möglichkeiten wächst« (von Foerster, 1993b, S. 49).

Dieser Satz enthält ebenso wie die bereits angeführten ethischen Postulate Kriterien des Handelns, ohne dabei der eigentlichen Entscheidung vorzugreifen. Dadurch ist eine Vielfalt von Handlungen möglich, die subjektiv als ethisch gewertet werden können. An dieser Stelle zeigt sich, dass das Ziel konstruktivistischer Überlegungen darin liegt, die Legitimationspraxis für ethisches Handeln zu verändern und die selbstverantwortliche Reflexion der eigenen Entscheidungsgrundlagen anzuregen. Es kann nicht allgemein bestimmt werden, was der ethische Imperativ in einer konkreten Entscheidungssituation bedeutet oder sogar bedeuten sollte, er kann lediglich die Reflexion über Handlungen und ihre Konsequenzen anregen. Um diesen nicht-normativen Charakter des ethischen Imperativs zu unterstreichen, hat Heinz von Foerster ihn später in einem Gespräch umformuliert in: »*Heinz,* handle stets so, daß die Anzahl der Möglichkeiten wächst« (von Foerster u. Pörksen, 1998, S. 36).

Die Entscheidung darüber, was man selbst als Erweiterung von Möglichkeiten betrachtet oder von welchen Möglichkeiten man überhaupt möchte, dass sie zunehmen, verbleibt in der eigenen Verantwortung. Auch in dieser Definition ethischen Handelns ist es nicht möglich, zu allgemein verbindlichen Setzungen oder zu einer konkreten Handlungsleitung zu kommen. Denn ein Zuwachs von Möglichkeiten ist ein Kriterium, das der persönlichen Auffassung darüber unterliegt, was man überhaupt als Möglichkeit betrachtet und welche Konsequenzen für ihren Anstieg angenommen werden. Die Erweiterung von Möglichkeiten bedeutet in aller Regel auch immer, dass dafür andere Möglichkeiten eingeschränkt werden, andere Wege nicht beschritten, Alternativen nicht genutzt werden. Eine umfassende Begründungskultur müsste dann nicht nur die Auswahl von Handlungen darstellen, sondern auch die verworfenen Alternativen abbilden und die getroffene Präferenz erklären.

Der ethische Imperativ bietet keine moralische Orientierung. Vielmehr ist er dazu geeignet, eine Reflexion über eigene Wertmaßstäbe, das eigene Mehr oder Weniger an Möglichkeiten, anzuregen. Er ist daher als ethische Provokation äußerst hilfreich.

6.4 Konstruktivistische Ethik?

»Ethik? – das ist nur was für Leute, die nicht wissen, was sich gehört.«
(Dörner, 2001, »Der gute Arzt«, S. 8)[30]

Konsequenzen konstruktivistischer Enthaltsamkeit

Die Feststellung, dass keine Ableitungen einer (normativen) Ethik bzw. moralischen Orientierung, aus konstruktivistischem Denken möglich ist und dass andererseits dennoch Versuche einer »konstruktivistischen Ethik« unternommen wurden, die die Reflexivität dieser Erkenntnistheorie unterstreichen, mag der Kritik geschuldet sein, die an der praktischen Relevanz des Konstruktivismus geübt wurde. Befriedigend sind die Ergebnisse nicht, da sie letztlich auch ohne Referenz auf den Konstruktivismus erstellt werden können. Schließlich lassen die konstruktivistischen Versuche zur Ethik durchweg Aspekte des Humanismus und Pluralismus erkennen. Letztlich könnten aber auch Elemente des Pragmatismus und der Aufklärung widerspruchsfrei herangezogen werden, ebenso wäre aber auch eine Referenz auf (Neo-)Liberalismus oder Machiavellismus möglich, weil die Erkenntnistheorie des Konstruktivismus eben keinerlei Wertehorizont beinhaltet:

> »Viele haben davor Angst, da sie meinen, eine derartige Auffassung könne alles rechtfertigen, und Gut und Böse, Wahrheit und Falschheit würden dadurch im Prinzip gleichbedeutend und gleichwertig« (Maturana, 1982, S. 30).

---

30 So kurz dieses Zitat auch ist, stellt es doch einen wichtigen Bezug zum sozialen Kontext moralischen Handelns her. »Wissen, was sich gehört« bedeutet immer einen Bezug zu einem konkreten Kontext. Ethik, bzw. ethischer Diskurs, stellt erst einmal jede Moral infrage und setzt daher voraus, dass sie von Menschen betrieben werden, die auch bereit sind, das eigene Wissen darüber, »was sich gehört«, abzulegen und zu hinterfragen.

Diese Angst beruht auf der Vorstellung, konstruktivistische Grundannahmen könnten zur Legitimation jeder beliebigen Wertung herangezogen werden. Da Wertungen – wie wahr und falsch oder viabel und nicht viabel – im konstruktivistischen Diskurs auf ihren Ursprung als subjektive Entscheidung zurückgeführt werden, ist jedoch lediglich der Schluss zulässig, dass *keine* derartige Legitimation aus konstruktivistischen Theorien erfolgen kann:

> »Wie jede Kognitions- oder Erkenntnistheorie ist auch der Radikale Konstruktivismus für Alltagshandeln und -kommunizieren irrelevant […]. Im Alltag gehen wir mit unseren kognitiven Welten um, als wären sie real, und bemerken diese Als-Ob-Fiktion nicht einmal. […] Daraus kann kein sinnvoller Einwand gegen eine Erkenntnistheorie gewonnen werden, die den Als-Ob-Charakter dieser Praxiswelten erweist. […]. [Konstruktivistisches Denken] dient nicht dazu, unsere Orientierung in der Praxis zu erschweren […], sondern […] die *Legitimationspraxis* zu verändern, uns die Arroganz zu nehmen, die aus vermeintlichem Wahrheitsbesitz herrührt« (Schmidt, 1987a, S. 75).

Konstruktivismus als Grundlage einer Individual- und Diskursethik

An die Stelle einer vermeintlich allgemeingültigen Ethik tritt im Konstruktivismus daher eine *Individual- und Diskursethik* subjektiver Entscheidung und sozialer Einigung, die sich nicht auf »objektive« Gegebenheiten, Grundannahmen und Werte berufen kann, sondern nur mehr auf ihre Anschlussfähigkeit. Wobei sich direkt die Frage anschließt, an wen oder welche Gruppen sich dieser Anschluss richten soll. Wo der Konstruktivismus keine Klärung bieten kann, ist jeder Versuch unbefriedigend. Eine klare Absage oder Abstinenz gegenüber Forderungen nach ethisch-moralischer Orientierung wäre gegebenenfalls vorzuziehen.

Bezieht man die Konstruktion einer Ethik auf den Begriff der Viabilität, so gilt auch hier, dass all jene Konstruktionen möglich sind, die sich im Wahrnehmungsbereich eines Subjekts als gangbar erweisen. Dieses Postulat eines »anything goes, if it works« ist eine *Beschreibung* über die Konstruktion von Wirklichkeit, aber keinesfalls eine *Forderung*, die aus einer konstruktivistischen Sichtweise folgt (von Glasersfeld, 1987a, S. 429; Feyerabend, 1976). Daher kann nicht der Vorwurf erhoben werden, dass von konstruktivistischer Seite aus die Forderung gestellt wird, sich in »wertneutralem Pluralismus« zu üben (Thümmel u. Theis-Scholz, 1995, S. 174):

> »Ein bewußter Konstruktivismus schließt also einen erkenntnistheoretischen Egalitarismus ein, nicht aber die Akzeptanz aller Wirklichkeitskonstrukte und schon gar nicht die ihrer Handlungsfolgen« (Hejl, 1995, S. 54).

Vielmehr wird die Frage aufgeworfen, wie wir in einer pluralistischen Gesellschaft und vor dem Hintergrund unterschiedlicher subjektiver, sozialer und gesellschaftlicher Wirklichkeitskonstruktionen zu Werten kommen können. Der konstruktivistische Abschied von absoluten Instanzen wie »Wahrheit« und »Objektivität« verweist die Konstruktion von Wirklichkeit und somit auch von Ethik, moralischer Werteorientierung und die Abschätzung von Handlungsfolgen auf das Subjekt und die sozialen Systeme, die diese erzeugen:

> »Wollen wir die Mündigkeit erhalten und dennoch eine gewisse Sicherheit konstruieren, dann können wir nur eine Ethik bilden, die im möglichst wechselseitigen Konsens uns auf menschliche Werte festlegt, die für alle gelten sollten« (Reich, 1999b, S. 501).

Treffen mehrere Menschen zusammen, haben sie es nicht nur mit einer Vielfalt prinzipiell gleichwertiger Wirklichkeiten zu tun, sondern sind auch von den Handlungen betroffen, die aus ihnen folgen. In der Interaktion geht es um die Koordinierung verschiedener Wirklichkeiten sowie der aus ihnen entstehenden Konsequenzen, aber keinesfalls um eine wertfreie Billigung von Handlungen. Ob man hierbei eine Handlung als ethisch reflektiert bzw. moralisch betrachtet, legt man in der aktiven Bewertung ihrer Konsequenzen fest. Maturana hat dies in einem Gespräch mit Volker Riegas und Christian Vetter folgendermaßen formuliert:

> »Irgendeine isoliert betrachtete Handlung ist aus sich heraus nicht von ethischer Bedeutung. Ein ethischer Konflikt entsteht erst, wenn Sie darüber Überlegungen anstellen, ob Sie die Folgen der eigenen Handlungen für andere Menschen mögen oder nicht« (Riegas u. Vetter, 1990a, S. 87 f.).

Ethik und Handlungsfolgen

Ob eine Handlung letztlich ethisch bzw. moralisch vertretbar – im Sinne ihrer Beobachterinnen und Beobachter sowie vermeintlicher Verursacherinnen und Verursacher – war, zeigt sich erst, wenn Konsequenzen eingetreten sind und bewertet werden. Diese Wertungen sind ebenso subjektive und soziale Wirklichkeitskonstruktionen wie die vorausgegangene Handlungsplanung. Es bleibt ein Kreislauf aus (impliziter oder expliziter) Reflexion, Werteorientierung, Handlungsplanung, Abschätzung von Konsequenzen, Handlung und Bewertung der tatsächlich eingetretenen Konsequenzen. Letztlich also ein Kreislauf des Lernens und der kognitiven Entwicklung.

In welchem Rahmen ist ein Mensch im konstruktivistischen Verständnis nicht nur für seine Konstrukte, sondern auch für sein Handeln und dessen Auswirkungen verantwortlich, wenn prinzipiell jede Handlung in ihren Konsequenzen sowohl als ethisch als auch als unethisch, als moralisch oder unmoralisch bewertet werden kann und ihre Konsequenzen oft nicht vorhersehbar, geschweige denn eindeutig zurechenbar sind?

> »Verantwortlich ist, wer die Folgen des eigenen Tuns kennt und in diesem Bewußtsein handelt. Darin steckt die Dynamik der Verantwortung: erstens Wissen um die Konsequenzen des eigenen Tuns, zweitens Handeln im Bewußtsein, diese zu wollen oder nicht. Richte ich ein Gewehr auf jemanden und drücke ab, so ist das eine vorsätzliche Tötung; anders jedoch, wenn ich die Funktion des Drückers nicht kenne, also höchstens fahrlässig handele« (Maturana, 1996, S. 234).

Auf einer *intersubjektiven Ebene* besteht somit eine Verantwortung für die Konsequenzen, die sich aus den eigenen Handlungen ergeben, sofern diese bewusst gewollt sind. Ethisches Reflektieren und moralisches Handeln bedeutet dann, dass die erwarteten Folgen des eigenen Tuns positiv bewertet und in einem individuellen und/oder sozialen Kontext als erstrebenswert angesehen werden. Die Verantwortung hierfür besteht im Rahmen einer bewussten Entscheidung für diese Folgen.

Dies ist unabhängig davon, ob andere Menschen dieses Handeln als ethisch oder moralisch bezeichnen würden. Eine Auseinandersetzung über den intersubjektiven Wert ethischer Vorstellungen und moralischer Orientierung kann zwar in der Kommunikation stattfinden und zur gemeinsamen Formulierung einer Ethik oder Moral führen, es ist hingegen unmöglich, eine Handlung generell als ethisch oder moralisch zu bewerten bzw. dem einzelnen Menschen die Verantwortung hierfür zu nehmen:

> »Ethiken sind bemüht, Normen universeller Art aufzustellen und zu begründen, und diese Normen hatten immer die zeitunabhängige Form: Du sollst immer! […] Aber sowenig wie *absolute* Wahrheiten erforderlich sind, um wahre Aussagen zu treffen, so wenig benötigt man *absolute* Normen, Werte und moralische Ordnungsprinzipien, um Handeln sozial kalkulierbar und legitimierbar zu machen« (Schmidt, 2003, S. 122).

Ethik als Prozess der Werte- und Handlungsorientierung

Ethik kann in dieser Logik nicht als Setzung von Werten oder Handlungsnormen konzipiert werden, sondern muss als *Prozess der Werte- und Handlungsorientierung* immer wieder an die handelnden Akteure zurückverwiesen werden. Eben als »Reflexionstheorie der Moral« und nicht als Moraltheorie (Luhmann, 2008, S. 270 f.).

Selbst dort, wo Handlungen und die Bewertung von Handlungsfolgen scheinbar durch Gesetze und Normen reguliert sind, ist es eine durch die tatsächlich beteiligten Personen zu erbringende Reflexions- und Bewertungsleistung, ob lediglich gesetzes- und normkonform oder ethisch bzw. moralisch gehandelt wird. Gesellschaftliche Regelungen beziehen sich prinzipiell auf Fragen der rechtlichen Haftung bezüglich der Konsequenzen bestimmter Handlungen, nicht aber zwingend auf ethisch-moralische Überlegungen. Bei der hier vertretenen Vorstellung von Ethik, moralischer Werteorientierung und Verantwortung handelt es sich nicht um eine rechtliche Klärung des Begriffs oder um Aspekte der Haftung oder Schuldzuweisung, sondern um einen Verweis von Entscheidungen über die Ethik und Moralität von Handlungen in den Verantwortungsbereich jedes Einzelnen.

Geht man davon aus, dass der ethische Wert einer Handlung nicht generell geklärt werden kann, kann weder die Entscheidung für eine Handlung noch ihre Bewertung vorweggenommen werden. In Bezug auf Wittgensteins Aussage: »Es ist klar, daß sich die Ethik nicht aussprechen läßt« (Wittgenstein, 1921/1963, S. 112) geht von Foerster davon aus, dass die Ethik *in* jeder Handlung liegt, da sich jedes handelnde Subjekt mit seiner Entscheidung für eine Handlung auch für die von ihm erwarteten Handlungsfolgen entschieden hat. Das Gefühl der Verantwortlichkeit, das aus einer Reflexion der eigenen Handlungen und der damit verbundenen Akzeptanz der für sie angenommenen Konsequenzen entsteht, bezeichnet von Foerster als *implizite Ethik* (von Foerster, 1993, S. 354).

Eine Konsequenz für ethisch unreflektiertes oder unmoralisches Handeln liegt somit, abgesehen von gesellschaftlichen Regelungen und Gesetzen, in der Handlung selbst, sobald zurechenbare Folgen eintreten, die das handelnde Subjekt nicht erwartet und die es selbst ablehnt. Der innere Konflikt, etwas getan zu haben, was man nicht wollte, ist Ausdruck subjektiven ethisch-moralischen Empfindens. Moral ist in diesem Verständnis keine Setzung in Form von Anweisungen (»Du sollst ...«), sondern eine persönliche Entscheidung (»Ich soll ...«). Ethische Reflexion und moralisches Handeln können als subjektive und soziale Erwartung und Bewertung bestimmter Handlungsfolgen nicht unabhängig von den Subjekten beschrieben werden, die spezifische Handlungen durchführen und deren Handlungsfolgen bewerten müssen. Während die Rückkopplung zu einer moralischen Werteorientierung letztlich erst in der Bewertung von Handlungsfolgen entsteht, bedeutet Verantwortung, diese auch hinsichtlich ihrer Auswirkungen vertreten zu können.

Fazit

Handlungsmodelle, die sich auf Grundlage einer konstruktivistischen Position oder systemtheoretischer Grundlagen erstellen lassen, münden weder in Ausschließlichkeit noch in Beliebigkeit, sondern stellen jede Entscheidung in den Kontext subjektiver und sozialer Verantwortungsprozesse, indem sie eine Präformation dieser Entscheidung strikt ablehnen und in einen anderen Zuständigkeitsbereich verweisen.

Unter der Maßgabe von Ethik als Reflexionstheorie der Moral können Konstruktivismus und Systemtheorie äußerst hilfreich sein. Zur Begründung jeglicher Moral (oder »angewandten Ethik«, bzw. »normativen Ethik«) können sie – in dem hier entwickelten Verständnis – nicht herangezogen werden.

6.5 Systemisch-konstruktivistische Werte- und Handlungsorientierung

> »glauben ist das eine ding wissen ein ganz anderes
> interpretation spekulation halt jetzt langt es
> denn die ansprüche die du jetzt an andere leute stellst
> sind eine projektion deiner person und ein spiegel deiner selbst«
> (Die Fantastischen Vier, 1993, »Schizophren«,
> Song auf dem Album »die 4. Dimension«)[31]

Das Verhältnis des Konstruktivismus zu den Handlungswissenschaften

In jeder Handlungswissenschaft sind Überlegungen über die Konsequenzen des eigenen Handelns grundlegend, da sich dieses Handeln stets auf andere Menschen bezieht. Es gibt in den vorliegenden handlungswissenschaftlichen Publikationen zur Pädagogik, Sozialen Arbeit, Therapie und Beratung, Journalistik, Politik, Mitarbeiterführung, Organisationsentwicklung etc. explizit oder implizit drei Vorstellungen darüber, inwieweit der Konstruktivismus (und ebenso

---

31 Jede Verallgemeinerung moralischer Grundsätze in Form von »Ansprüchen« ist Projektion eigener Wertevorstellungen auf andere Personen oder Übertragung der Wertmaßstäbe einer Gruppe auf eine andere.

die Systemtheorie) für praktisches Handeln wirksam sein kann (Pörksen, 2006, S. 64 ff.; Kramaschki, 1995, S. 253):
- *Ableitung:* Aus dem Konstruktivismus folgen spezifische Handlungsstrategien und Grundsätze ethisch-moralischen Handelns.
- *Strikte Trennung:* Der Konstruktivismus ist eine deskriptive Erkenntnistheorie, die keinerlei Richtung oder Grundsätze für unser Handeln impliziert.
- *Anregungsverhältnis:* Erkenntnistheoretische Einsichten, Modelle, Konzepte und Begriffe des Konstruktivismus können als Inspiration und Irritation unseres Handelns dienen, aber nicht zu Handlungsvorgaben.

In der handlungsorientierten Literatur, die sich auf Konstruktivismus und Systemtheorie bezieht, zeigt sich in den Formulierungen implizit oder explizit die Annahme eines Anregungsverhältnisses oder gar einer Ableitbarkeit praktischer Konsequenzen. Unter den Attributionen »systemisch«, »konstruktivistisch«, »systemisch-konstruktivistisch« wird das Verhältnis zu den Grundlagentheorien Konstruktivismus und Systemtheorie aber nicht immer klar benannt. Es ist daher nicht immer erkennbar, ob eine Ableitung, eine strikte Trennung oder ein Anregungsverhältnis vorausgesetzt wird.

Formulierungen – wie »konstruktivistisches Handeln«, »konstruktivistische Erziehung« (DeVries u. Zan, 2000), »konstruktivistische Didaktik« (Reich, 2002a), konstruktivistische Unterrichtsmethoden« (Reich, 1998), »konstruktivistische Lernkultur« (Müller, 1996, S. 75 f.), »konstruktivistische Schulpraxis« (Meixner u. Müller, 2001), »der konstruktivistische Lehrer« (Palmowski, 1999), »systemisches Handeln« (König u. Vollmer, 2016), »systemische Therapie und Beratung« (von Schlippe u. Schweitzer, 2012) – lassen das zugrunde gelegte Verhältnis zu Konstruktivismus und Systemtheorie nicht auf den ersten Blick erkennen und können leicht dahingehend interpretiert werden, dass eine eindeutige Ableitbarkeit möglich sei. Einige Autorinnen und Autoren positionieren sich hierzu, andere äußern sich zu ihren Setzungen nicht, sondern lassen nur implizit erkennen, wie sie das Verhältnis zu den Grundlagentheorien sehen.

Die Notwendigkeit der Grenzziehung

Einer größeren begrifflichen Umsicht geschuldet, finden sich aber auch Formulierungen, die lediglich auf ein Anregungsverhältnis oder gar eine strikte Trennung hinweisen, wie »konstruktivistisch orientiertes Handeln«, »konstruktivistisch motiviertes Handeln« oder »systembezogenes Handeln« (z. B. von Schlippe, 2015, S. 6).

Letztere Formulierung ist keine reine Tautologie, da sich – aus systemischer Perspektive – ja jedes Handeln auf ein System bezieht, sondern verweist darauf, dass beim Handeln hinsichtlich möglicher Systembezüge und -dynamiken reflektiert wird. Ebenso zurückhaltend könnte man von »systemtheoretisch reflektiertem Handeln« oder »konstruktivistisch reflektiertem Handeln« sprechen. Vorsichtige Formulierungen wären auch »systemisches Denken« oder »konstruktivistisches Denken«, da sie nur auf Reflexion, nicht jedoch auf das Handeln verweisen.

Gerade die »systemische«, »konstruktivistische« und »systemisch-konstruktivistische« Pädagogik, die zeitlich nach den Entwicklungen »systemischer Therapie« entstanden ist, muss sich den Vorwurf gefallen lassen, dass die Systemtheorie und der Konstruktivismus methodisch nichts Neues oder Eigenständiges beizutragen imstande waren. An vielen Stellen wurden lediglich methodische Ansätze der systemischen Therapie adaptiert und der Versuch unternommen, Methoden der Reformpädagogik und des offenen Unterrichts für sich zu vereinnahmen (Heyting, 1994, S. 119; Siebert, 1999, S. 141; Lindemann, 2006, S. 223 f.).

Diese Kritik schmälert aber nicht den Stellenwert des Konstruktivismus und der Systemtheorie als Reflexionstheorien:

> »Etwas Neues bietet konstruktivistisches Denken letztlich auf einer anderen Ebene, da er eine erkenntnistheoretische Grundlage bietet, auf der sich die verschiedensten Methoden und Modelle der Praxisgestaltung wiederfinden können, und auf dem die Pluralität möglicher Vorgehensweisen undogmatisch reflektiert werden kann. Eine Stärke des Konstruktivismus liegt sicherlich darin, dass er weniger auf eine vereinheitlichte pädagogische Praxis abzielt als auf einen reflexiven Umgang mit Fragen der Praxisgestaltung« (Lindemann, 2006, S. 224).

Bezogen auf Methoden und Praxisgestaltung kann aus der erkenntnistheoretischen Position des Konstruktivismus letztlich »alles« herangezogen werden, da »alles« im Sinne einer Perturbation zu Systemstabilisierung oder Systemveränderung beitragen kann. Jede Auswahl ist reine Präferenz. Konstruktivismus und Systemtheorie bleiben deshalb auf der für praktisches Handeln unerträglichen Ebene einer deskriptiven Funktionalität: »anything goes, if it works«. Jede praktische Konkretisierung würde sie ihrer provokativen und kritischen Kraft berauben.

Die Notwendigkeit der Handlungsorientierung

Nun sind Werte und Handlungsorientierung für jede Handlungswissenschaft jedoch zwingend notwendig, wenn sie sich nicht in einer erkenntnistheoretischen Pluralität und pragmatischen Abstinenz verlieren möchte. Es sei an dieser Stelle nur die Forderung erhoben, deutlich zu machen, dass sich diese aus anderen Quellen speisen müssen als dem Konstruktivismus und der Systemtheorie. Und dies selbstverständlich nur, wenn man der hier ausgeführten Logik einer strikten Trennung folgen möchte.

In systemisch-konstruktivistisch orientierten Handlungstheorien werden an vielen Stellen Werte benannt – die Therapeutinnen, Pädagogen, Führungskräfte und andere »systemisch handelnde« Personen vertreten sollen – wie Neugier, Offenheit, Neutralität, Zirkularität, Eigenverantwortung, Respekt, Ressourcenorientierung oder Selbstbestimmung, die dann für das praktische Handeln leitend sein sollen. Die Überschrift, unter der diese Werteebene systemischer Praxis beschrieben wird, lautet »Systemische Haltung« (De Jong u. Berg, 1998, S. 359–372; König u. Vollmer, 2000, S. 256–266; Radatz, 2002, S. 31–55; Schwing u. Fryszer, 2006; S. 30; von Schlippe u. Schweitzer, 2012, S. 199–211; Hanswille, 2016, S. 25 ff.; Barthelmess, 2016; Erpenbeck, 2017).

Diese Werte können aber – folgt man der hier vorangestellten Begründung – nicht aus einer konstruktivistischen oder systemtheoretischen Sichtweise abgeleitet werden. Auch in der Auffassung eines »Anregungsverhältnisses« sind die aufgezählten Werte nicht zwingend, sondern bedürfen immer der Referenz auf die gelebte Praxis oder weitere Disziplinen, die eine derartige Werteorientierung bieten, etwa auf humanistische Vorstellungen (Stangl, 1989, S. XIV).

Es ist natürlich wichtig und richtig, dass Fach- und Berufsgesellschaften, Fachgruppen, Institute, Firmen und dergleichen ethisch-moralische Orientierung – im Sinne einer Reflexionspraxis – und daran anschließend moralische Grundsätze – im Sinne von Werteorientierungen und Ausschlusskriterien – formulieren und diese über Ethik-Kommissionen und einen regen Diskurs immer wieder hinterfragen und absichern (DGSF, 2016; SG, 2017).

Die Möglichkeit einer konstruktivistischen oder systemtheoretischen Legitimation zu behaupten, wäre jedoch irreführend. Hierzu muss angemerkt werden, dass sich »Systemische Therapie« (analog »Systemische Beratung«, »Systemische Pädagogik« etc.) parallel zu Konstruktivismus und Systemtheorie entwickelt hat. Konstruktivismus und Systemtheorie wurden dabei zwar zunehmend als Reflexions- und Referenztheorien herangezogen. Es ist aber nicht so, dass die systemischen Methoden, Anwendungen, Handlungsformen und Haltungen aus diesen Grundlagentheorien entstanden wären, geschweige denn abgeleitet werden könnten (Erpenbeck, 2017, S. 115 ff.).

Die Formulierung einer »Systemischen Haltung« bzw. einer »Systemischen Praxis« erklärt sich über einen Sinnbezug hinsichtlich der moralischen Orientierung einer spezifischen Handlungspraxis und Handlungstradition, nicht jedoch hinsichtlich der Grundlagentheorien des Konstruktivismus und der Systemtheorie.

Der inflationäre und oft unbestimmte Gebrauch der Adjektive »systemisch«, »konstruktivistisch« oder »systemisch-konstruktivistisch« ist bezogen auf jeden Handlungszusammenhang problematisch, wenn man der Argumentation folgt, dass Konstruktivismus und Systemtheorie keinerlei Handlungspräferenzen im Sinne ethischer Reflexionsrichtlinien oder moralischer Entscheidungen begründen können. Ein »Anregungsverhältnis« kann sich nur dann ergeben, wenn klar ist, hinsichtlich welcher Wert- und Zielvorstellungen Konstruktivismus und Systemtheorie eine Anregung bieten sollen. Ohne einen vorher festgelegten oder implizit vorausgesetzten Wertehorizont bieten jedoch weder Konstruktivismus noch Systemtheorie Wertorientierungen, Zielvorstellungen oder gar Handlungsrichtlinien.

Die Gefahren von Reduktionismus und Legitimierung

In verkürzten Darstellungen der Grundlagentheorien werden Werte, die in spezifischen Handlungsfeldern – wie Beratung, Therapie oder Pädagogik – zugrunde gelegt wurden, auf die Grundlagen projiziert. Es wird unterstellt, diese würden spezifische Wertehaltung bedingen und könnten die erwünschte Handlungspraxis legitimieren. Aus einer Erkenntnistheorie lassen sich epistemische und reflexionsorientierte Haltungen begründen – wie Skeptizismus, Relativismus, Beobachterabhängigkeit oder eine auf die Komplexität von Systemdynamik ausgerichtetes Denken –, moralische Konsequenzen oder gar spezifische Methoden und Handlungsempfehlungen lassen sich jedoch nicht ableiten: »Rationale Modelle der Epistemologie können weder ethische noch ästhetische Standards determinieren« (von Glasersfeld, 2009, S. 119; Übers. HL).

»Systemisch« oder »systemisch-konstruktivistisch« bezeichnet daher bestenfalls eine durch Systemtheorie und Konstruktivismus angeregte Form der Handlungstheorie und Handlungspraxis. Aber auch, wenn diese Rückbezüge auf die genannten Erkenntnistheorien hergestellt werden, so ist doch keine dieser Rückbezüge zwingend. Sie greifen immer auf Werte und Haltungen ihrer Fachdisziplin, ihrer Handlungstheorien und ihres Handlungsfeldes zurück. Der Vorwurf, dass Konstruktivismus und Systemtheorie beispielsweise für die Pädagogik als Handlungswissenschaft nicht wirklich etwas Neues bieten, ist daher berechtigt. Auch ein Blick in die Geschichte der »Systemischen Therapie und

Beratung« zeigt, dass ihre Praxis zu weiten Teilen ohne Bezüge zu Systemtheorie und Konstruktivismus entstanden ist und dass auch hier bestenfalls ein Anregungsverhältnis zugrunde liegt (von Schlippe u. Schweitzer, 2012, S. 29–86).

Sicherlich haben Systemtheorie und Konstruktivismus als Reflexionshintergrund viele Ideen und Strömungen Systemischer Therapie und Beratung beeinflusst. Keine dieser Beeinflussungen oder Anregungen kann jedoch als Ableitung oder als durch die Grundlagentheorien legitimiert verstanden werden.

»Wenn sich systemische Praxis vor allem als angewandte Erkenntnistheorie versteht […], dann ›gibt‹ es keine spezifische systemische Methode. […] Es geht also nicht darum, eine eigene ›Schule‹ mit einer spezifischen Praxis vorzustellen: ›Handlungen ›an sich‹ können zwar bestimmte Wirkungen haben oder auf Motive zurückzuführen sein, die der Beobachter dann auch bewerten kann, aber sie ›sind‹ genauso wenig systemisch, wie sie ›katholisch‹ oder ›grün‹ sind«« (von Schlippe, 2015, S. 14; unter Verwendung eines Zitates von Simon, 2012, S. 13).

Die hier vertretene Auffassung begründet zunächst eine strikte Trennung. Im systemisch-konstruktivistischen Diskurs wird jedoch vielfach davon ausgegangen, dass sich die dort herrschenden Haltungen und Interventionen aus den Grundlagentheorien ergeben. Auch von Schlippe schränkt seine klare Abgrenzung zwischen Grundlagentheorie und Handlung an anderer Stelle ein und erzeugt einen Widerspruch, indem er behauptet, dass sich aus den grundlegenden Überlegungen der Systemtheorie passende und unpassende Interventionen ergeben:

»Systemische Therapie und Beratung (oder weitergehend systemische Praxis) lassen sich sozusagen als ›umgesetzte Erkenntnistheorie‹ verstehen […]. Beinahe zwangsläufig ergeben sich aus den grundsätzlichen Überlegungen heraus dann Interventionen, die dazu passen, und andere, die sich verbieten« (von Schlippe u. Schweitzer, 2019, S. 56; mit Bezug auf das oben angeführte Zitat aus: von Schlippe, 2015, S. 14).

Leider fehlt eine Auflistung dieser passenden und unpassenden Interventionen ebenso wie eine Begründung, wie diese sich nun aus den Grundlagentheorien ergeben sollen. Und selbst wenn es diese gäbe, wäre damit die Paradoxie der Unsteuerbarkeit komplexer Systeme nicht aufgehoben (Luhmann, 2008, S. 313). »Passende Intervention« könnten unerwünschte Folgen haben, ebenso wie »unpassende Interventionen« zu wünschenswerten Ergebnissen führen könnten.

Handlungsorientierung ist für das Handeln absolut notwendig, sie ergibt sich aber nicht aus den »grundsätzlichen Überlegungen«. Systemtheorie und Konstruktivismus führen nicht zu einer Unterscheidung zwischen passenden oder unpassenden Interventionen. Ein – wie auch immer geartetes – »Anregungsverhältnis« setzt eine ergänzende Wert- und Zielorientierung voraus, hinsichtlich derer Konstruktivismus und Systemtheorie als Anregung bzw. Reflexionsgrundlage dienen können. Erst dann können sie eine handlungsorientierte Reflexion über die Zusammenhänge beobachteter Phänomene ermöglichen und zu verschiedensten Hypothesenbildungen anregen. Sie können aber aus sich selbst heraus keine Handlungsnormen begründen. Die Anregung, die von Konstruktivismus und Systemtheorie ausgeht, kann sich nur auf die *Reflexion von Handlungen hinsichtlich vorher zu bestimmender Werte* beziehen, aber nicht auf deren Legitimation. Es ist daher – in dem hier vertretenen Verständnis – äußerst irreführend, ethische Grundsätze aus den Grundlagentheorien »abzuleiten« und gar von einer »Implementierung der systemischen Ethik« zu sprechen (Blume, 2016, S. 150–160).

Die Notwendigkeit von Werteorientierung, Reflexion und Diskurs

Größere Klarheit könnte erreicht werden, würde darauf verwiesen, dass ethische Reflexion, die Klärung von Bedürfnissen und Werten sowie die Formulierung einer Haltung in der praktischen Tätigkeit der Beratung, Therapie, Pädagogik, Unternehmensführung etc. erfolgen können, sollten oder gar müssten. Sollen Handlungsorientierung oder praktisches Handeln nach den obigen Überlegungen ethisch reflektiert und moralisch orientiert sein, müssen ihre Konsequenzen für einen selbst, eine definierte Gruppe von Menschen oder für andere Bezugsebenen – wie »die Natur«, »bestimmte Lebewesen« oder »bestimmte Ideale« – als wünschenswert eingeschätzt werden.

Solche ethisch-moralischen Überlegungen sind implizit in jeder Selbstreflexion und jedem Diskurs enthalten. Diese Reflexionen und Diskurse explizit hinsichtlich einer Werte- und Handlungsorientierung zu führen, mag den diskursiven Ansprüchen eines nicht-linearen Machtverständnisses entsprechen (Luhmann, 2012, S. 34; 2013, S. 77). Wie jede diskursiv entstehende Komplexitätsreduktion muss die Anschlussfähigkeit im jeweiligen Kontext erfolgen und überprüft werden. *Diskurspraxis* wäre demnach eine Forderung, nicht jedoch die Einhaltung spezifischer Postulate (Müssen, 1995; Rotthaus, 2016).

Es wäre hierbei nicht nur der Weg zu einer (ethisch reflektierten bzw. moralisch orientierten) Handlungsentscheidung zu bedenken, sondern auch der Umgang mit den (möglichen) Konsequenzen von Handlungen. Wie diese Konsequenzen einer Handlung letztlich aussehen, ist nicht durch die Handlung selbst oder durch die angestrebten Ergebnisse bestimmt, sondern ist – folgt man der Unsteuerbarkeit komplexer Systeme – nur bedingt vorhersagbar.

> »Wenn das moralische Urteil sich auf Absichten […] bezieht und die Zukunft als offen gedacht werden muß, sieht es sich mit dem Problem der guten Folgen schlimmer Absichten oder auch mit dem Problem der schlimmen Folge guter Absichten konfrontiert« (Luhmann, 2008, S. 313).

Diese »Paradoxie der Moral« ist letztlich unauflösbar, unabhängig davon, wie sorgfältig ethisch reflektiert oder den moralischen Leitplanken von Berufsverbänden und Ethik-Richtlinien Folge geleistet wird. Letztlich unterliegt jede Handlungsfolge auch den im Nachhinein vorgenommenen Bewertungen beteiligter und betroffener Personen. Daher ist es unmöglich, Handlungen oder Maßnahmen zu definieren, die in ihrer Durchführung unabhängig von ihrer Bezugsebene und den Beteiligten zu Erfolgen führen oder gar als vertretbar gelten können. Der Erfolg oder Misserfolg bzw. die Ethik oder Moral praktischen Handelns kann in einer nicht-trivialisierenden Sicht des Menschen nicht mehr linear auf bestimmte Ursachen zurückgeführt werden. Es müssten aus einer systemtheoretisch und konstruktivistisch orientierten Perspektive letztlich fünf Grundfragen geklärt werden:

1. Wie kann ich mithilfe systemtheoretischer und konstruktivistischer Modelle das System beschreiben, auf das ich einwirken möchte?
2. Welche Werte vertrete ich bezogen auf dieses durch mich beschriebene »relevante System«?
3. Wie kann ich mithilfe systemtheoretischer und konstruktivistischer Modelle Handlungsweisen beschreiben, die bezogen auf das »relevante System« geeignet erscheinen, meine Werte zu verwirklichen und meine Ziele zu erreichen?
4. Von welchen Handlungsalternativen nehme ich Abstand? Und: Warum?
5. Wie kann ich die Konsequenzen meiner Handlungen hinsichtlich meiner Werte und Ziele überprüfen und bewerten?

Diese Fragen müssen, um soziale Orientierung zu bieten, in einem konsensuellen Bereich geklärt werden. Hieraus kann aber keine Forderung erwachsen, dass dies auch zu tun sei. Soll dies gemäß eigener Präferenz oder der Machtverhältnisse geschehen, wären die vier Grundfragen entsprechend des Plurals der Gruppe (Wir, uns, unsere, …) umzuformulieren.

Aus dem Konstruktivismus erwächst eine *Individualethik* nur hinsichtlich der Zurechenbarkeit subjektiver Konstruktion auf das Subjekt. Verantwortung hingegen ist ein individueller Prozess der Übernahme oder ein sozialer Prozess der Zuschreibung.

Aus dem Konstruktivismus ergibt sich eine *Diskursethik* lediglich hinsichtlich der epistemologischen Notwendigkeit zur Absicherung subjektiver Konstruktionen und zur Herstellung von Anschlussfähigkeit. Diese setzen aber den Willen zu diskursiver Klärung sowie zu geteilter Macht voraus.

Bestenfalls könnte hieraus ein Hinweis auf die Notwendigkeit ethischer Reflexion und situativ-kontextueller moralischer Orientierung erwachsen. Also darauf, sich die Frage danach zu stellen, wo »der Ort«, wann »die Zeit« und wer »die Beteiligten« ethischer Reflexion und daraus folgender Handlungsplanungen sein sollen. Nichtsdestotrotz kann jedes Handeln aber auch unreflektiert, intuitiv und experimentell erfolgen, ohne auch nur im Geringsten mit dem Versuch einer Werteorientierung und Folgenabschätzung in Verbindung gebracht worden zu sein. Systemische Handlungspraxis als »Ort der Ethik« kann dann die Aufforderung beinhalten, Werte, Handlungsoptionen und Handlungsfolgen zu reflektieren. Spezifische Werte oder Moralvorstellungen zu vertreten, mag im Anschluss an die Richtlinien von Fach- und Berufsverbänden erfolgen, ist aber hinsichtlich der Grundlagentheorien nicht zwingend (Blume, 2016, S. 130 ff.).

Konstruktivistische Vorstellungen praktischer Handlungsleitung müssen von kontextabhängigen, subjektiven Entscheidungen über Handlungen ausgehen, die bestenfalls sozial reflektiert werden können. Der Übernahme oder Zuschreibung von Verantwortung kann basierend auf einer konstruktivistischen Erkenntnistheorie nicht durch die Setzung vermeintlich richtiger Handlungsstrategien vorgegriffen werden. Konstruktivistisch orientierte Handlungstheorie kann somit keine vorgreifende Legitimation für praktisches Handeln bieten, sondern muss Legitimation unter dem Gesichtspunkt der Gestaltung von Legitimationspraxis thematisieren. Oder anders ausgedrückt: Sie muss thematisieren, wie die Anschlussfähigkeit von Komplexitätsreduktion hergestellt werden soll (Luhmann, 2013, S. 44 ff.). Handlungspraxis gestaltet sich somit als Reflexions- und Entscheidungsraum für ethisches Handeln.

Fazit

Soll praktisches Handeln vor dem Hintergrund dieser ethischen Überlegungen entwickelt werden, müssen Bedingungen beschrieben werden, ethische Reflexionen und Entscheidungen im Kontext praktischen Handelns zuzulassen. Das heißt, dass Handlungspraxis zunächst konkretisieren muss, wann, wie und durch wen Bedürfnisse und Werte bezogen auf das Handlungsfeld und den Handlungsgegenstand benannt und vereinbart bzw. vergemeinschaftet werden können bzw. sollen. Aufbauend auf der Grundlage dieser Werteorientierung können nachfolgend Entscheidungen über konkrete Handlungen und Maßnahmen hinsichtlich erwünschter und erwarteter Folgen vor dem Hintergrund des geteilten Wertehorizonts gefällt werden.

Die Frage ethischer Handlungspraxis lautet nicht, welche Werte sie zu vertreten habe, sondern wo der Ort (respektive die Zeit und der Raum) besteht, diese Werte und deren Erfüllung zu thematisieren und entsprechende Handlungen zu vereinbaren. Moralische Orientierung braucht ethischen Diskurs, auch, wenn es schriftlich durch Fachverbände und Organisationen fixiert wird:

> »Das, was in Druck gegeben wird, muß so erscheinen, als ob es aus der Konversation stammte, für die sie bestimmt sei und in ihr geprüft worden sei oder doch werden könnte. Die Moral muß in, heute würde man sagen, lässiger Form auftreten: spontan, knapp, aphoristisch und in diskontinuierlicher Reihung; jedenfalls nicht als langweiliger systematischer Traktat. Sie muß in jeder Wendung etwas Überraschendes und Gefälliges bieten, und sie darf Aufmerksamkeit nicht zu sehr strapazieren. Sie darf nicht belehrend auftreten, aber sie muss verführen können. So kann man eine Weile glauben, die Geltungssicherheit der Moral durch die Form ihrer Kommunikation garantieren zu können, und kann auf dieser Basis dann provokant das Individuum als Letztgarantie der Moral thematisieren – und destruieren. Aber diese Absicherung in der Konversation greift, und das wird ihr bald darauf ein Ende bereiten, völlig an dem vorbei, was sich als Ordnung der modernen Gesellschaft bereits ankündigt« (Luhmann, 2008, S. 300 f.).

Ethische Reflexion und moralische Orientierung brauchen Räume, Zeiten und Teilnehmende. Letztbegründungen und moralische Schriften – wie ethische bzw. moralische Grundsätze oder Ethik-Richtlinien – sind notwendige Artefakte der Komplexitätsreduktion und Anschlussfähigkeit, aber keine hinreichenden Garanten der Handlungsorientierung. Ebenso wenig bieten sie einen Schutz gegen die Paradoxie der Moral, gegen die Differenz von Handlungsabsicht und Handlungsfolgen. Nicht zuletzt verlangen ethische Reflexion und moralische Orientierung nach Evaluation der Vorgehensweisen und Prüfung der Handlungsfolgen.

7 Reflexion, Handlungsorientierung und Handlungsleitung

7.1 Wirkungsebenen von Theorie und Praxis

Da weder der Konstruktivismus noch die Systemtheorie direkt dem Bereich der Handlungswissenschaften zugerechnet werden und für diese auch keine normative Kraft entfalten können, stellt sich die Frage danach, wie Handlungsorientierung ausgehend von diesen Grundlagentheorien entstehen soll. Um dies genauer zu beleuchten, ist es hilfreich, unterschiedliche Wissensformen bzw. Wirkungsebenen zu unterscheiden.

Wissensformen und Wirkungsebenen

Der Philosoph Gilbert Ryle unterschied bereits in den 1950er Jahren zwischen *Erklärungswissen* (»Knowing that«) und *Handlungswissen* (»Knowing how«), wobei er davon ausging, dass es sich – wie im vorhergehenden Kapitel dargestellt – um eine epistemologische Differenz handelt (Ryle, 1949/2000, S. 16 ff.). Es wäre jedoch ein Fehlschluss, schlichtweg zwischen »Theorie« einerseits und »Praxis« andererseits zu unterscheiden, da jede Theorie eine praktische Seite beinhaltet – beispielsweise der praktischen Forschung und Publikation – sowie jede Praxis eine theoretische Seite – beispielsweise der Reflexion und Standardisierung (Benner, 2001, S. 29 ff.; Kron, 1999, S. 272; Kleve, 2003, S. 19 ff.).

Vielmehr muss ein Übergang zwischen Erklärungswissen und Handlungswissen definiert werden, der eine normative Ausrichtung der Handlungsplanung erlaubt, also das »Knowing why«. Ist dieser Übergang nicht gegeben, bliebe es bei einer Beliebigkeit von Handlungsentscheidungen, da keinerlei Präferenz begründbar wäre. Bezogen auf pädagogische Handlungsfelder benennt Herbert Gudjons das *Orientierungswissen* als Bindeglied, wobei er die Verantwortung der Handelnden hinsichtlich ihrer Reflexions- und Urteilskompetenz betont:

»*Erklärungswissen* (das beispielsweise hilft, Entstehungsursachen von Aggression oder Gewalt zu begreifen) oder *Orientierungswissen* (das etwa ein Bewusstsein für die vielen Entscheidungen bei der Lehr-/Lernplanung schafft) oder *Handlungswissen* (das zur Bewältigung praktischer Probleme dient). Das Studium der Erziehungswissenschaften wird mehr und mehr eingebettet sein in eine viel *umfassendere Reflexions- und Urteilskompetenz* im Hinblick auf diese neuen Herausforderungen. Professionalität von pädagogisch Handelnden ist nicht mehr denkbar ohne eine solche umfassende sozialwissenschaftliche, humanwissenschaftliche und ethisch-philosophische Reflexionskompetenz« (Gudjons, 2001, S. 259 f.).

Mit dem Orientierungswissen ist die Zielbestimmung des Handelns verbunden. Die Verbindung von Erklärungswissen (»Was?«) und Handlungswissen (»Wie?«) geschieht über die orientierende Frage nach dem »Wozu?«.

Auf der Grundlage des jeweiligen – impliziten und unbewussten oder expliziten und bewussten – Welt- und Menschenbildes (Erklärung) verweisen – implizite und unbewusste oder explizite und bewusste – Werte, Bedürfnisse und Zielbestimmungen (Orientierung) auf die – impliziten und unbewussten oder expliziten und bewussten – Handlungsoptionen, die zu ihrer Erfüllung führen können. Handlungswissen entsteht hierbei letztlich durch individuelle, gemeinschaftliche und tradierte Erfahrung über Versuch und Irrtum, Lehre, Unterricht, Experimente, empirische Untersuchungen und alle möglichen Formen der Verallgemeinerung.

Ergänzt werden müssen diese drei *Wirkungsebenen* letztlich noch durch drei weitere Ebenen:
- die »Beobachtung der Ausgangssituation«, die erst den Anlass bildet, etwas erklären zu wollen,
- das »tatsächliche Handeln«, das einer Handlungsorientierung und dem Wissen um Handlungsmöglichkeiten folgt,
- und die »Beobachtung der Handlungsfolgen«, als Blick auf die Ergebnisse von Handlungen,

sodass ein zusammenfassendes Modell aus sechs Ebenen entsteht (siehe Tabelle 2).

Tabelle 2: Wirkungsebenen von Theorie und Praxis (in Anlehnung an Carle, 2000, S. 259, 349)

BEOBACHTUNG I: AUSGANGSSITUATION (»Observing«) **Phänomene und Ereignisse** WAS SEHE ICH? WAS SEHEN ANDERE?
Deskriptive, bestenfalls wertfreie Beschreibung
ERKLÄRUNGSWISSEN UND REFLEXIONSLEITUNG (»Knowing that«) **Erklärende und interpretative Modelle** WAS IST DAS RELEVANTE SYSTEM? WIE FUNKTIONIERT ES?
Lern- und Entwicklungstheorie, Kommunikationstheorie, Welt-, Gesellschafts- und Menschenbild, epistemologische Grundannahme
Beispiele: Konstruktivismus, Systemtheorie, Synergetik, Wissenschaftstheorie, Empirie, Psychologie, Philosophie, Ethik
ORIENTIERUNGSWISSEN UND GESTALTUNGSLEITUNG (»Knowing why«) **Orientierende und konzeptionelle Modelle** WAS WILL ICH? WAS WOLLEN WIR? WOZU SOLLEN WIR ETWAS TUN?
Werte, Motive, Bedürfnisse, Zwecke, Moral
Beispiele: Teilhabe, Demokratie, Gesundheit, Mündigkeit, Emanzipation, Autonomie, Vielfalt, Interdisziplinarität, Solidarität, Vernetzung, Verantwortung, Ruhe, Schlaf, Geborgenheit, Bildung, Neutralität, Allparteilichkeit, Effizienz, Gewinnmaximierung
HANDLUNGSWISSEN UND HANDLUNGSLEITUNG (»Knowing how«) **Strategische, operative und pragmatische Modelle** WAS SOLL GETAN WERDEN? WANN? WO? WIE? WOMIT? MIT WEM? WIE OFT? WIE LANGE?
Leitbilder, Leitsätze, Verfahrensvorgaben, Werkzeuge, Ablaufpläne, Methoden, Materialien, Arbeitsstandards, Zielvereinbarungen, Organisations-, Handlungs- und Interaktionsvorgaben, Strategien, Programme
Beispiele: Raumgestaltungskonzepte, Arbeitsmaterialien, Ausstattung, Methoden, Didaktik, Gesprächsführungstechniken, Moderationstechniken, Beratungsmethoden
HANDLUNGEN (»Doing it«) **Praktische Tätigkeit** WAS WIRD GETAN? WAS WIRD GESAGT?
Gewohnheiten, Handlungsrepertoire, Persönlichkeit, Authentizität, Spontaneität, Einfühlungsvermögen, direkte Selbst- und Situationseinschätzung, Tagesform
Beispiele: Reden, Schweigen, etwas tun oder lassen, Aufträge annehmen oder ablehnen, eingreifen oder laufen lassen, sich einmischen, seine Meinung sagen, Fragen stellen, lügen, etwas herstellen, arbeiten oder freinehmen, andere grüßen etc.
BEOBACHTUNG II: HANDLUNGSFOLGEN (»Observing and evaluating«) **Ergebnisse und Wirkungen** WAS WURDE ERREICHT? WELCHEN FAKTOREN KÖNNEN EINZELNE ERGEBNISSE ZUGERECHNET WERDEN?
Wirkungen, Konsequenzen, Resultate, Ergebnisse, Effekte, Messkriterien, Feedback
Beispiele: Verbesserung, Verschlechterung, Stabilisierung, Destabilisierung, Erhöhung, Verringerung, Vermehrung, Reduktion, erwünschte und unerwünschte Effekte etc.

Die dichotome Unterscheidung von Theorie und Praxis wird durch ein mehrstufiges Modell von Wirkungsebenen ersetzt, die jeweils theoretische und praktische Zugänge bereithalten. Einzig die Ebene des Handelns kann als rein praktische Ebene definiert werden, da ihre theoretische Begründung in den anderen Ebenen enthalten ist. Eine »praktische Relevanz spezifischer Theorien« – hier des Konstruktivismus und der Systemtheorie – kann in diesem Modell nicht generell geklärt werden, sondern muss hinsichtlich der getrennten *orientierenden, strategischen, operativen, praktischen und evaluativen* Wirkungsebenen beschrieben werden.

Beobachtung I: Ausgangssituation

Den Einstieg in jede Reflexion, jede Orientierung und Planung bildet immer eine Beobachtung, eine Wahrnehmung oder eine Erfahrung. Hierzu wurde in den Ausführungen zum Konstruktivismus bereits einiges erläutert. Was auch immer beobachtet, wahrgenommen oder erfahren wurde, kann auf den nachfolgenden Ebenen reflektiert, verarbeitet und behandelt werden.

Erklärungswissen und Reflexionsleitung

Als *Erklärungswissen und Reflexionsleitung* stellen Konstruktivismus und Systemtheorie eine klar umrissene erkenntnistheoretische Denkrichtung dar, auch wenn sie viele Parallelen zu anderen erkenntnistheoretischen und philosophischen Richtungen aufweist bzw. diese aufgreift (z. B. Skeptizismus, Pluralismus, Pragmatismus, Konstruktionismus, konstruktiver Realismus). Auf dieser Ebene bieten Konstruktivismus und Systemtheorie sowohl ein erkenntnistheoretisches Fundament im Hinblick auf *anthropologische Annahmen* (Wahrnehmung, Bewusstsein, Selbstorganisation, Autonomie, Lernen, Begriffsbildung etc.) als auch im Hinblick auf ein Verständnis *sozialer Prozesse* (Kommunikation, Interaktion, Konstruktion sozialer Wirklichkeit, Identitätskonstruktion, Dynamik komplexer Systeme etc.). Sie erklären jedoch ausschließlich funktionale Zusammenhänge und geben keinerlei Auskunft darüber, wie man dieses Wissen nutzen sollte. Ethik ist dieser Ebene zuzuordnen, da sie Dynamiken und Funktionsweisen von Handlungsorientierung reflektiert, aber nicht festlegt.

Orientierungswissen und Gestaltungsleitung

Die auf der Ebene von *Orientierungswissen und Gestaltungsleitung* angesiedelten Entscheidungen über Werte und Normen lassen sich im Konstruktivismus zwar hinsichtlich ethischer Gesichtspunkte reflektieren, aber nicht normativ begründen. Die Begründung von Werten kann nicht aus dem Erklärungswissen abgeleitet werden, sondern bedarf einer Grundhaltung, die sich aus anderen Quellen speist, wie etwa: Humanismus, Idealismus, Aufklärung, Pragmatismus, (Neo-)Liberalismus, Machiavellismus, Kapitalismus, Sozialismus, Marxismus, Nationalismus, Konservativismus, Protektionismus, Positivismus, Empirismus, Hedonismus, Existenzialismus, Hinduismus, Buddhismus, Judentum, Islam, Christentum.

Forderungen, die aus diesen entstehen, geben eine Richtung vor, in die man die im Konstruktivismus und der Systemtheorie dargestellten Zusammenhänge berücksichtigen bzw. für die eigenen Zwecke nutzen kann.

Sobald in Schriften zum Konstruktivismus ethische Aussagen im Sinne einer Orientierung oder Gestaltungsleitung gemacht werden, findet sich ein impliziter oder expliziter Bezug zum Humanismus und Pragmatismus, teilweise auch zum Buddhismus (Varela u. Thompson, 1992, S. 295–343; Hayward, 1996; S. 61–108). Aber auch bezogen auf Kapitalismus und Marketing werden Systemtheorie und Konstruktivismus – ebenso wie Methoden der systemischen Beratung und Therapie – als Referenzen herangezogen (Klöckner, 2014; Kreggenfeld, 2014). Hierbei handelt es sich bereits um moralische Orientierung im Sinne der Festlegung von Werten oder der Formulierung von Leitlinien.

Handlungswissen und Handlungsleitung

Bezogen auf *Handlungswissen und Handlungsleitung* ergeben sich – der Orientierung folgend – verschiedene Strategien, das als wünschenswert Beschriebene zu erreichen. Die Handlungsleitung kann basierend auf verallgemeinerter persönlicher Erfahrung, Wirksamkeitsforschung, empirischen Ergebnissen, Best-Practice-Analysen, Vereinbarungen oder Anweisungen beschrieben werden. Folgt man Luhmanns Machttheorie, ist gerade dieser Übergang von der »Generalisierung der Motivation« zur »Generalisierung der Handlungsselektion« die entscheidende Schnittstelle der Metakommunikation über Macht und deren Legitimation (Luhmann, 2012, S. 34, 83).

In jeder Handlungsleitung sind implizit Werte und Orientierung enthalten. Oft bilden sie unhinterfragte Bestandteile eines Berufsstandes oder Handlungsfeldes. Und häufig sind die Aspekte des eigenen Orientierungswissens und der Gestaltungsleitung nicht einmal bewusst. Gewohnheiten, Tradition und Routinen bilden dann die Handlungsleitung.

Handeln

Das tatsächliche *Handeln* entsteht nicht kausal-linear aus einer Folgerungskette von

»Wissen was« → »Wissen wozu« → »Wissen wie«,

sondern beinhaltet auch Elemente des Zufalls, der Intuition, der Kreativität, der spontanen Eingebung ebenso wie von Gewohnheiten und Routinen. Erklärungs-, Orientierungs- und Handlungswissen haben hierbei keinen ausschließlich formativen Charakter für das Handeln, sondern werden ebenso durch das Handeln und aktuelle Erlebnisse beeinflusst. Verbindungen sind daher zwischen allen Wirkungsebenen in beide Richtungen denkbar: Reflexion kann Orientierung, Handlungsleitung und Handeln ebenso beeinflussen wie umgekehrt oder mit anderem Ausgangspunkt.

Beobachtung II: Handlungsfolgen

Bezogen auf die *Handlungsfolgen* geht es zunächst nur um Formen der Beobachtung und Messung: »Was hat sich verändert?« Nachfolgend stellt sich die Frage der Bewertung: »Ist das gut oder schlecht, wünschenswert oder unerwünscht?« Diese Bewertung erfolgt immer hinsichtlich der Gestaltungsleitung, also des Wertehorizontes, der zugrunde gelegt wurde. Zudem stellt sich die Frage der Zurechenbarkeit: »Wer oder was hat welchen Beitrag zu den Ergebnissen geleistet?« Während es unter kontrollierten Laborbedingungen durchaus möglich ist, kausale Beziehungs- und Wirkungsmuster zu formulieren, ist dies in komplexen, dynamischen Systemen nahezu unmöglich. Bezogen auf die Folge von Handlungen muss die Paradoxie beachtet werden, dass theoretisch, ethisch, moralisch oder methodisch abgelehnte Denkmuster und Vorgehensweisen dennoch wünschenswerte Ergebnisse haben können, während akzeptierte Denkmuster und Vorgehensweisen zu unerwünschten Ergebnissen führen können (Luhmann, 2008, S. 313).

Eine Erfahrung oder Veränderung auf einer der Ebenen kann Impulse für jede andere Ebene ergeben (siehe Abbildung 37).

Betrachtet man jedwede Handlungsbegründung als Konstrukt subjektiver und sozialer Wirklichkeit, ist es nicht mehr bedeutsam, aufgrund welcher Reflexionsleitung sie getroffen werden. Der Fokus liegt dann eher auf ihrer Komplexitätsreduktion und Anschlussfähigkeit, also auf einer Frage der Machtausübung als Anweisung oder Einigung. Übergänge zwischen den Wirkungsebenen werden dementsprechend nicht als depersonalisierte Ableitung verstanden, sondern als – gegebenenfalls ethisch reflektierte – Entscheidung handelnder Personen.

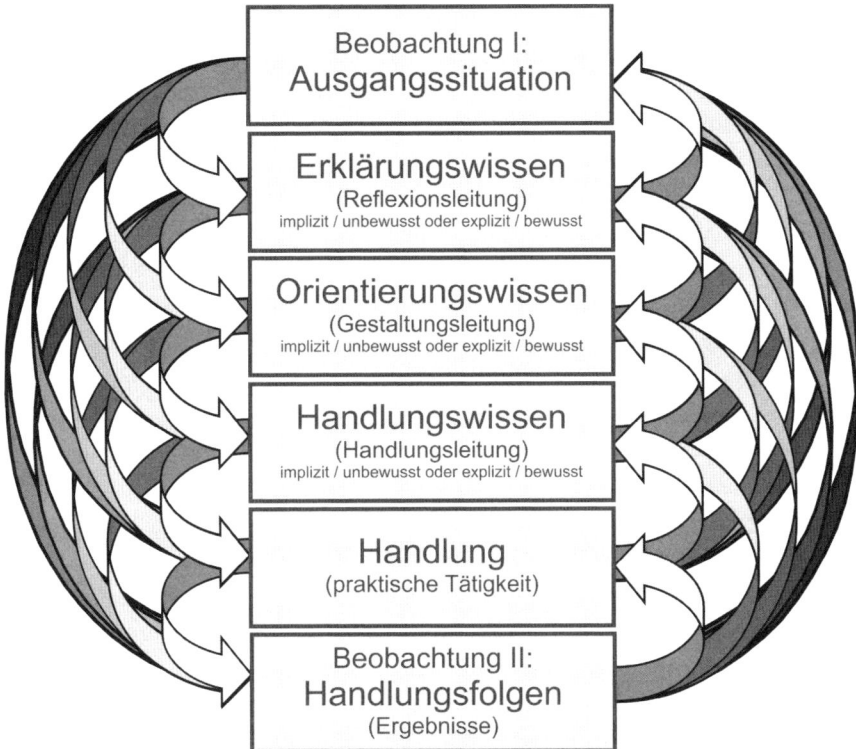

Abbildung 37: Theorie- und Praxisgestaltung als fortlaufender Austauschprozess zwischen den fünf Wirkungsebenen

Die Entscheidung für bestimmte Formen praktischen Handelns lässt sich weder in einer konstruktivistischen noch systemtheoretischen Sichtweise durch allgemeingültige Handlungsanweisungen und Patentrezepte vorwegnehmen. Was Konstruktivismus und Systemtheorie letztlich liefern können, ist ein erkenntnistheoretischer Hintergrund, vor dem man Entscheidungen reflektieren kann, sie bieten aber keine Möglichkeit der direkten Ableitung von Handlungsweisen. Um zu handeln, müssen die einzelnen Wirkungsebenen auch nicht zwangsläufig beachtet werden. Jedes spontane Tun, jede intuitive Aktion kann und muss unreflektiert durchgeführt werden. Aus ihr und ihren Ergebnissen können dann gegebenenfalls Handlungs-, Orientierungs- und Erklärungswissen abgeleitet werden.

Ein ähnliches Schema findet sich übrigens auch in Dietrich Dörners Klassiker »Die Logik des Mißlingens. Strategisches Denken in komplexen Situationen« (Dörner, 1989, S. 67). Dort steht aber weniger die ethisch-moralische Orientierung als Handlungsgrundlage im Vordergrund, sondern Prognose und Extrapolation, also die Folgenabschätzung von Handlungsplanungen und Handlungen.

7.2 Beobachtung I: Ausgangssituation

Der Ausgangspunkt jeder Erklärung und Handlung liegt in einer Beobachtung. Man sieht und erlebt etwas, das man erklären, beeinflussen oder verändern möchte. Wie Warnehmung entsteht, wie Wirklichkeit konstruiert wird, wie kognitive Systeme ihr Erleben organisieren und sowohl individuell als auch sozial stabilisieren, wurde im Grundlagenteil dieses Buches ausführlich dargestellt.

7.3 Erklärungswissen und Reflexionsleitung: Der epistemologische Perspektivenwechsel

Generell müssen – der bis hierher entworfenen Logik folgend – alle Aussagen des Konstruktivismus und der Systemtheorie der Ebene des Erklärungswissens und der Reflexionsleitung zugeordnet werden. Hier bieten diese Grundlagentheorien durchaus einen Gegenentwurf zu anderen Theorien.

Zur Verdeutlichung dieses *epistemologischen Perspektivenwechsels* nehmen viele Autoren eine Gegenüberstellung von Begriffen vor, die einerseits einer »linear-deterministischen« und andererseits einer »systemisch-konstruktivistischen« Sichtweise zugeordnet werden (Siebert, 1998, S. 285; 1999, S. 15, 146; Reich, 2002a, S. 31; Lindemann, 2003a; 2006, S. 201). Eine Auswahl der hierbei gegenübergestellten Begriffe ist in Tabelle 3 zusammengefasst und erweitert. Hierbei werden ausschließlich Begriffe auf der Ebene der Reflexionsleitung übernommen.

Tabelle 3: Aspekte einer linear-deterministischen Sichtweise in Gegenüberstellung zu einer systemisch-konstruktivistischen Reflexionsleitung

Erkenntnistheoretischer Perspektivenwechsel	
Linear-deterministische Reflexionsleitung	Systemisch-konstruktivistische Reflexionsleitung
lineare Modelle	nicht-lineare Modelle
trivialisierendes Systemverständnis	nicht-trivialisierendes Systemverständnis
Erkenntnis als Abbildung	Erkenntnis als Konstruktion
objektive Wahrheit	Pluralität von Wirklichkeitskonstruktionen
Beobachtung erster Ordnung	Beobachtung erster und zweiter Ordnung
Wahrheit	Anschlussfähigkeit
Objektivität	Relativität
richtig – falsch	viabel – unviabel relevant – unrelevant
Fremdsteuerung	Selbststeuerung
Determinismus	Selbstorganisation

Eine solche Gegenüberstellung weckt leicht den Anschein, als könnten auch Methoden oder praktisches Handeln der einen oder anderen Seite zugeordnet werden. Der systemisch-konstruktivistische Perspektivenwechsel bezieht sich jedoch zunächst nur auf generelle Positionen, ohne Bewertungsmaßstäbe für darauf aufbauende Handlungen festzulegen. Der Unterschied zwischen linear-deterministischer und systemisch-konstruktivistischer Reflexionsleitung kann nicht zu einer Ableitung einer linear-deterministischen und systemisch-konstruktivistischen Gestaltungs- oder Handlungsleitung führen. Konstruktivismus und Systemtheorie können dazu dienen, diese zu deuten und zu hinterfragen, nicht aber sie zu begründen. Sie verfolgen ausschließlich Erklärungsziele.

Derlei Erklärungen müssen im konkreten Fall individueller oder gemeinschaftlicher Entscheidungskontexte nicht bewusst sein oder ausgesprochen werden. Sie können durchaus als implizite und unbewusste Funktionserwartung oder Erfahrung auf die anderen Ebenen wirken. In einer konstruktivistischen Erkenntnis- und Systemtheorie mag ein entscheidender Aspekt darin liegen, dass nicht nur die Phänomene beobachtet werden (Beobachtung erster Ordnung), sondern dass auch der Prozess der Beobachtung selbst in Erklärungsversuche und Hypothesenbildungen einbezogen wird (Beobachtung zweiter Ordnung).

7.4 Orientierungswissen und Gestaltungsleitung: Werte, Bedürfnisse und Motive

Der Dreh- und Angelpunkt, der zwischen Erklärungswissen und Handlungswissen vermittelt, liegt im Orientierungswissen, letztlich also in einer impliziten oder expliziten moralischen Ausrichtung, die über Achtung und Missachtung von Werten, Bedürfnissen und Motiven die Zugehörigkeit zu spezifischen Wertegemeinschaften sicherzustellen versucht (Luhmann, 2008, S. 102).

Definitionen

Erst, wenn definiert ist, »wo es hingehen soll«, welche Werte verfolgt und welche Bedürfnisse befriedigt werden sollen, ergeben sich Orientierungen. Diese geben nachfolgend die Richtung für die Handlungen vor, von denen vermutet werden kann, dass sie den angestrebten Werten und Bedürfnissen dienen. Diese Zweckbestimmungen orientieren Handlungsplanungen und -entscheidungen. Werte beschreiben, »was eine Person als für sich und andere erstrebenswert ansieht. […] Werte geben Orientierung und sie können als Kompass angesehen werden« (Frey, 2016, S. 2).

Werte können von Motiven und Bedürfnissen abgegrenzt werden:

> »Motive sind also tieferliegend und universeller. Ein und dasselbe Motiv kann sich in unterschiedlichsten Bedürfnissen äußern. Bedürfnisse und meist auch Motive sind bewusst und kognitiv repräsentiert, sodass eine Metakommunikation über diese Konzepte möglich ist. Dagegen sind Werte nicht immer bewusst, was den Austausch über sie erschwert. Weiterhin können Bedürfnisse und Motive zwischen Situationen oder in verschiedenen Lebensphasen variieren, z. B. haben wir hungrig andere Bedürfnisse als gesättigt, ebenso verändern sich diese vom Kindes- zum Erwachsenenalter« (Frey, 2016, S. 8).

Was Werte, Bedürfnisse und Motive hingegen gemeinsam auszeichnet, ist, dass sie unser Handeln hinsichtlich seiner Richtung bestimmen. Sie sollen hier daher nicht getrennt voneinander betrachtet werden, zumal sie nicht immer ganz trennscharf voneinander unterschieden werden können. Es gibt auch noch weitere Begriffe, die einen ähnlichen Bereich betreffen, wie etwa Ideale, Sinn, Zweck oder Vision. Für die handlungslogische Markierung des Übergangs von Erklärungs- und Handlungswissen ist eine genauere Unterscheidung nicht zwingend erforderlich. Auch muss keine Hierarchisierung erfolgen, wie dies etwa in der Maslow'schen Bedürfnispyramide vorgenommen wurde (Maslow, 1981), obwohl diese Bedürfnishierarchie einen ganz entscheidenden Aspekt verdeutlicht: Es gibt Bedürfnisse, die grundlegender sind als andere und die daher nachfolgend auch eine Priorisierung von Handlungen bewirken, die daraus hervorgehen. Oder, wie Bertolt Brecht es in seiner Dreigroschenoper zum Ausdruck gebracht hat: »Erst kommt das Fressen, dann kommt die Moral« (Brecht, 1928/2004, S. 76).

Gerade innerpsychisch oder interindividuell widerstreitende Bedürfnisse stellen eine zentrale Herausforderung für jede Handlungsentscheidung dar.

Um eine Übersicht zu erhalten, worum es bei Werten, Motiven und Bedürfnissen geht, sind einige in Tabelle 4 – ohne weitere Differenzierung – gelistet (Maslow, 1981; Rosenberg, 2005; S. 74 f.; Holler, 2005, S. 81; Engelmann, 2012, S. 247; Frey, 2016, S. 4 ff.):

Tabelle 4: Alphabetische Auflistung einer Auswahl von Werten, Bedürfnissen und Motiven

Abgrenzung
Abwechslung
Achtsamkeit
Aktivität
Aktualisierung
Akzeptanz
Alleinsein
Anerkennung
Annahme
Anregung
Anschlussfähigkeit
Ästhetik
atmen
Aufmerksamkeit
Aufrichtigkeit
Augenhöhe
Ausdruck
Ausgeglichenheit
Ausgewogenheit
Austausch
authentisch sein
Authentizität
Autonomie
Balance von aktiv sein und ausruhen
Balance von Arbeit und Freizeit
Balance von geben und nehmen
Balance von sprechen und zuhören
Balance von X und Y
Begeisterung
Begründung
Beitrag leisten
Belastbarkeit
Berechenbarkeit
Berührung
Besonderes
Beständigkeit
Bestätigung
Beteiligung
Bewegung
Bewusstheit
Bildung
Dankbarkeit
Danksagung
Dauerhaftigkeit
dienen

Diskretion
Disziplin
Effektivität
Effizienz
Ehrfurcht
Ehrlichkeit
einbezogen sein
Einfachheit
Einfühlsamkeit
Einsicht
Empathie
empfangen
Empowerment
Engagement
entdecken
Entfaltung
Entspannung
Entwicklung
Erfahrung
Erfolg
Erholung
Ermutigung
Ernst
ernst genommen werden
etwas erreichen
essen
Exaktheit
Familienaktivität
Familienzusammenhalt
Fantasie
feiern
Fitness
Flexibilität
Freiheit
Freizeit
Freude
Freude bereiten
freundlicher Umgang
Freundlichkeit
Freundschaft
Frieden
Fruchtbarkeit
Fürsorge
Ganzheit
Ganzheitlichkeit
Gastfreundschaft
geben
Geborgenheit
Geburt

gehört werden
Gelassenheit
Gemeinsamkeit
Gemeinschaft
Gemeinschaftssinn
Genauigkeit
genießen
Genuss
Gerechtigkeit
gesehen werden
Gesellschaft
Gesundheit
Gewissen
Gleichgewicht
Gleichwertigkeit
Glück
Großzügigkeit
handeln
Harmonie
Heilung
Herausforderung
Hilfe
Hilfsbereitschaft
Hoffnung
Humor
Identität
Individualität
Information
Initiative
Innerer Friede
Inspiration
Integrität
Intelligenz
Intensität
Interesse
Intimität
Klarheit
Komfort
Kommunikation
Kompetenz
Konfliktfähigkeit
Kongruenz
Könnerschaft
Kontakt
Kontinuität
Konzentration
Kraft
Kreativität
Kultur

Lebenserhalt
Lebensfreude
Leichtigkeit
Lernen
Liebe
loslassen
Loyalität
Mäßigung
Meisterschaft
Menschlichkeit
Mitentscheidung
Mitgefühl
Mitgestalten
Mitsprache
Mitteilung
Motivation
Mut
Nachhaltigkeit
Nächstenliebe
Nähe
Nahrung
Natur
Natürlichkeit
Neues erleben
Neutralität
Neugier
Offenheit
Optimismus
Ordnung
Orientierung
Originalität
Partnerschaftlicher Umgang
Partnerschaftlichkeit
persönlicher Ausdruck
persönliches Wachstum
Persönlichkeit
Pflege
Präsenz
Privatsphäre
Pünktlichkeit
Respekt
Rhythmus
Risikofreude
Rituale
Rücksichtnahme
Ruhe
Sättigung
Sauberkeit

Schaffensfreude
Schönheit
Schutz
Sein
Selbstachtung
Selbstbestimmung
Selbstentfaltung
Selbsterkenntnis
Selbstrespekt
Selbstverantwortung
Selbstvertrauen
Selbstverwirklichung
Selbstwertgefühl
Selbstwertschätzung
Selbstwirksamkeit
Sexualität
Sicherheit
Sinn
Sinnhaftigkeit
soziales Engagement
Spaß
Spiel
Spiritualität
Sport
Stabilität
Stärke
Stille
Stimmigkeit
Stimulation
Struktur
Strukturiertheit
Tapferkeit
Tatkraft
Teilhabe
Teilnahme
Tiefe
Toleranz
Transparenz
Trauer
Treue
trinken
Trost
Umweltbewusstsein
Umweltschutz
Unabhängigkeit
Unterkunft
Unterstützung
Ursache sein

Verantwortlichkeit
Verantwortung
Verantwortungsbewusstsein
Verbindlichkeit
Verbindung
Verbundenheit
Vergebung
Vergnügen
Verlässlichkeit
Verständigung
Verständnis
verstehen
vertrauen
Vertraulichkeit
Vielfalt
Vorbildlichkeit
Vorwärtskommen
Wachstum
Wahlmöglichkeit
wahrgenommen werden
Wahrhaftigkeit
Wahrheit
Wärme
Wechselbeziehung
Weisheit
Weitblick
Weiterkommen
Wertschätzung
wirtschaftliche Sicherheit
Wissbegierde
Wissen
Würde
Würdigung
Zärtlichkeit
Zeit
Zeit effektiv nutzen
Zeit für …
Zeit sinnvoll nutzen
Zentriertheit
Zielstrebigkeit
Zivilcourage
Zugehörigkeit
zuhören
Zuneigung
Zusammenarbeit
Zuspruch
Zuversicht
Zweckbestimmung

Konflikte und Überschneidungen von Werten, Bedürfnissen und Motiven

Werte, Bedürfnisse und Motive bestehen nie singulär, sondern stellen immer eine Gemengelage dar, in der sie ähnlich und gleichgerichtet, teilweise aber auch unterschiedlich und widerstreitend auftreten. Das Bedürfnis nach Essen kann gemeinsam auftreten mit den Werten Gesundheit, Ästhetik und Genuss, aber auch mit Finanzierbarkeit und Zeitersparnis. Nicht nur innerpsychisch bestimmen gleichgerichtete und widerstreitende Antreiber unsere Handlungsplanung, sondern erst recht in der Interaktion mit anderen.

Wertkonflikte bilden in sozialen Systemen die zentralen Antreiber für nachfolgende strategische Entscheidungen und Veränderungen. Etwa bei der Frage nach ausreichender Medizin, Pflege und menschlicher Zuwendung einerseits und ökonomischen Überlegungen der Effizienz und Gewinnerzielung andererseits. Bezogen auf die soziale Arbeit wurde dieser Wertkonflikt durch Heiko Kleve beispielsweise als Paradoxie helfender Berufe beschrieben, da diese einerseits dafür Sorge tragen wollen, dass Klienten möglichst ohne Hilfe ihr Leben gestalten können, andererseits aber ökonomisch davon abhängig sind, dass diese fortlaufend auf Hilfe angewiesen sind (Kleve, 2006).

Sofern die Werte und Bedürfnisse bewusst sind und transparent kommuniziert werden können, ist eine Abwägung und Priorisierung – auch hinsichtlich möglicher Handlungen und Handlungsfolgen – möglich. Hierbei muss dann auch eine Abwägung zwischen widerstreitenden Werten und Bedürfnissen erfolgen. Diese können prinzipiell dann zeitlich, räumlich, materiell oder personell verteilt (z. B. »erst dies, dann das«, »dies hier, das dort«, »so viel hierfür, so viel dafür«, »dies durch Person A, das durch Person B«), miteinander verknüpft (»etwas von diesem, etwas von jenen«) oder priorisiert werden (»lieber dieses statt jenes«).

Der Schritt der Auseinandersetzung mit Werten und Bedürfnissen ist von ganz praktischer Bedeutung. Beispielsweise bildet er einen zentralen Schritt der Konfliktklärung und Mediation, um von widerstreitenden Positionen – die sich in der Regel auf Handlungsforderungen und Bezifferungen materiellen Ausgleichs beziehen – auf die dahinterliegenden generellen Antreiber des Konfliktes bzw. zu einer Lösung zu kommen (z. B. Jiranek u. Edmüller, 2007; Oboth u. Seils, 2011; Bähner, Oboth u. Schmidt, 2008; Lindemann, Mayer u. Osterfeld, 2018). Auch im Konzept der »Gewaltfreien Kommunikation« stellt die Ebene der Bedürfnisse eine zentrale Überleitung zur Handlungsebene dar (Rosenberg, 2005).

▨ Werteorientierung: Wichtig, aber nicht kosntruktivistisch legitimierbar

An dieser Stelle erfolgt nochmals ein Rückbezug zum vorherigen Kapitel über Ethik: Eine handlungsfeldspezifische Setzung von Werten, wie sie im Rahmen »systemisch-konstruktivistischer« Pädagogik, Beratung, Therapie, Organisationsentwicklung, Forschung und anderen Bereichen teilweise vorgenommen werden, sind nicht aus der Systemtheorie oder dem Konstruktivismus ableitbar, sondern bedürfen anderer Bezugstheorien, wie dem Humanismus, der implizit vielen Handlungsfeldern – vor allem der Pädagogik und Psychologie – zugrunde liegt (Stangl, 1989, S. XIV). Sobald also bezogen auf die Gestaltungsleitung Werte benannt werden – wie Neutralität, Toleranz, Akzeptanz, Gleichwertigkeit, Verständnis, Empathie, Verantwortung, Freiheit und dergleichen mehr –, liegen diese außerhalb der Begründungsmöglichkeiten, die der Konstruktivismus und die Systemtheorie bieten.

Antworten auf die Frage, wie man mit der in diesen Grundlagentheorien postulierten Vielfalt und Pluralität von Konstruktionen, der Subjektivität von Wissen oder der Dynamik komplexer Systeme umzugehen habe, liegen nicht in der Theorie begründet. »Vielfalt«, »Pluralität«, »Subjektivität« und »Dynamik« müssen hier als deskriptive Kategorien verstanden werden, aus denen keine Präferenz folgt. Wertschätzung, Anerkennung und Unterstützung sind prinzipiell ebenso möglich und wahrscheinlich wie Leugnung, Bekämpfung und Unterdrückung.

7.5 Handlungswissen und Handlungsleitung: Einstellungen, Leit- und Glaubenssätze[32]

▨ Handlungswissen als Erfolgserwartung

Handlungswissen entsteht aus der Erwartung, dass bestimmte Handlungen zu bestimmten Ergebnissen führen. In vielen Bereichen sind dies Handlungs- und Denkschemata, die erlernt werden und weitgehend automatisiert ablaufen. Sie brauchen dann keine bewusste Reflexion und Entscheidung mehr, sondern folgen der strukturdeterminierten Logik der Erfahrung (Kahneman, 2012, S. 32–36).

Erst wenn man scheitert – oder anders ausgedrückt, wenn eine Assimilation dieser Schemata an eine Erfahrung nicht gelingt – muss man das eigene Vor-

---

32 Teile dieses Kapitels wurden in überarbeiteter und erweiterter Form aus Lindemann (2018b) übernommen.

gehen überdenken, andere Schemata anwenden oder neue entwickeln (Akkommodation; Piaget, 1983, S. 32; von Glasersfeld, 1994a, S. 33).

Eine Vielfalt möglicherweise widerstreitender Werte und Bedürfnisse erweist sich auch für das Know-how als Herausforderung. Gegebenenfalls sind Strategien bewusst und verfügbar, die einige, aber eben nicht alle Orientierungspunkte erfüllen. Der Landkarte der Gestaltungsleitung müssen daher auch ebenso vielfältige, sich ergänzende oder auch sequenzierte Handlungsprogramme folgen, die sich hinsichtlich ihrer (möglichen) Folgen bewährt haben. Aus einer reflexiv-ethischen oder normativ-moralischen Perspektive stellt sich aber nicht nur die Frage, ob bestimmte Maßnahmen und Handlungen zu bestimmten Ergebnissen führen, sondern auch, ob diese selbst als vertretbar und gerechtfertigt gelten können. Kurzgefasst, geht es um die Frage, ob der Zweck (Bedürfnisbefriedigung, Werteerfüllung) die Mittel (Maßnahmen und Handlungen) »heiligt«. Andersherum gewendet, kann auch gefragt werden, ob eine gewisse »Selbstähnlichkeit« von Werten, Mitteln und Ergebnissen erwünscht und angestrebt ist oder eben nicht. Beispielsweise bei der Erzwingung von Demokratie durch militärische Intervention, der Erziehung zur Mündigkeit durch Drill und Strafe, einer top-down angewiesenen Richtlinie zur Mitarbeiterbeteiligung und dergleichen mehr.

Einstellungen, Leit- und Glaubenssätze

Wenn man sich die Dynamik von Funktionswissen, Bedürfnisbefriedigung bzw. Werteorientierung und Handlungsleitung bewusst macht, kann man eine dahinterstehende Verknüpfungslogik erkennen, die bewusst oder unbewusst Denken, Handlung und erwartete Folgen abbildet. Konkretisiert man derartige Denk- und Handlungsprogramme als sprachliche Formulierung erhält man *Leit- und Glaubenssätze,* die diese impliziten Denk- und Handlungsmuster explizieren. Nichts anderes versuchen Unternehmen, die Leitbilder erstellen, Familien, die Familienregeln aufstellen, Schulklassen, die Klassenregeln verfassen, oder Gesetzgeber, die Gesetze erlassen oder Forscherinnen, die Funktionsregeln und Gesetzmäßigkeiten formulieren. Auch Gebrauchsanweisungen jeglicher Art bilden – im Gegensatz zur intuitiven Bedienung – explizierte Handlungsmuster ab, deren Befolgung in der Zielerreichung und Bedürfnisbefriedigung münden sollen.

Das Konzept der Leit- und Glaubenssätze (»Beliefs«) steht eng mit dem psychologischen Modell der Einstellungen (»Attitudes«) in Verbindung. Hierbei wird davon ausgegangen, dass Einstellungen aus drei miteinander in Zusammenhang stehenden Komponenten bestehen: Denken (kognitiv), Handlungsimpulsen (behavioral) und Gefühlen (affektiv) (Ajzen u. Fishbein, 2005, S. 177). Die Regeln, Muster und Schemata, nach denen wir – wie bereits angemerkt oft unbewusst – unser Erleben organisieren, betreffen immer alle drei Bereiche von Einstellungen, weshalb man sie auch als »Kognitions-Emotions-Verhaltens-Muster« bezeichnen kann (Haken u. Schiepek, 2010, S. 43 f., 245). Ein Leit- oder Glaubenssatz ist letztlich nichts anderes als ein ausformuliertes »Kognitions-Emotions-Verhaltens-Muster«. Hierbei ist es zudem völlig gleichgültig, welchen Quellen diese Einstellungen entspringen, ob sie aus eigenem oder gemeinsamem Erleben, überlieferter Erfahrung, Tradition, Glauben oder der Wissenschaft entstammen.

Die Form von Einstellungen, Leit- und Glaubenssätzen

»Vollständige Leitsätze« müssten letztlich beinhalten, »wie etwas ist« (kognitiv), »was man tun oder lassen soll« (behavioral) und »welches Gefühl sich dann bei einem selbst oder bei anderen einstellt« (affektiv). In der Regel haben Leitsätze Formen, wie (Lindemann, 2016, S. 9; 2018b, S. 119 f.):
- »Wenn (nicht) A, dann (nicht) B.«
- »Immer, wenn (nicht) A, muss (nicht) B.«
- »Bevor (nicht) A, sollte (nicht) B.«
- »Sobald (nicht) A, dann (nicht) B.«
- »Solange (nicht) A, dann (nicht) B.«
- »Erst (nicht) A, dann (nicht) B.«
- »Erst wenn (nicht) A, dann (nicht) B.«
- »Bis (nicht) A, darf (nicht) B.«
- »Nur A (nicht), sonst B (nicht).«
- »Nur, wenn A (nicht), auch B (nicht).«
- »Während (nicht) A, (nicht) B.«
- »Um (nicht) A zu sein, muss man B tun …«

Die drei genannten Komponenten der Kognitions-Emotions-Verhaltens-Muster wirken immer zusammen, wobei der Kreislauf aus Denken, Handlungsimpulsen und damit verbundenen bzw. daraus resultierenden Gefühlen keinen eindeutigen Ausgangspunkt hat: Man kann etwas fühlen, daraufhin denken und einem Handlungsimpuls folgen, ebenso, wie man etwas tun, daraufhin etwas fühlen und die Situation dann kognitiv bewerten kann. Diese in jeder beliebigen Reihenfolge beschreibbaren Prozesse führen zu stabilen Kreisläufen, die als Gewohnheiten, Sichtweisen, Intuitionen, Handlungsabläufe und Erwartungen das Erleben und Handeln organisieren (siehe Abbildung 38).

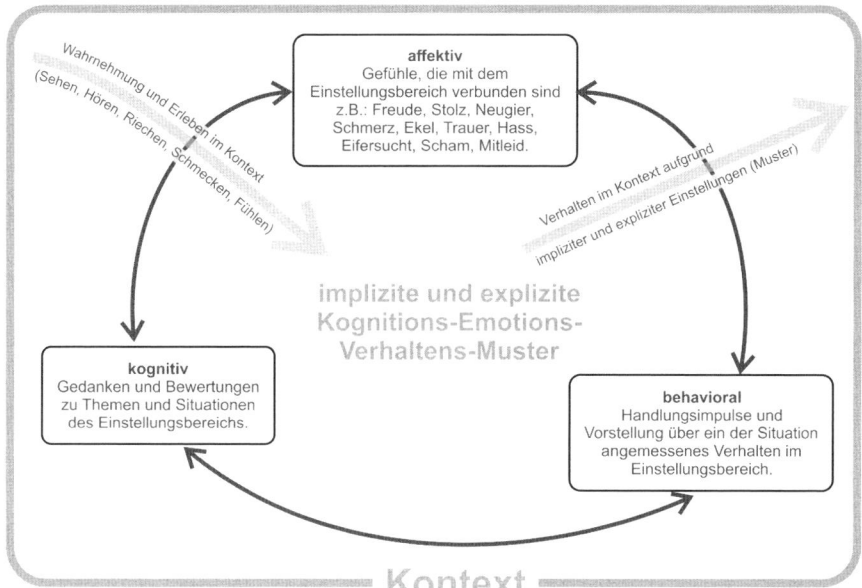

Abbildung 38: Zusammenhänge der drei Komponenten (Kognition, Emotion, Verhalten) von Einstellungen

Einstellungen können sowohl implizit sein – also unbewusste Bewertungen und Regeln darstellen, denen wir folgen – als auch explizit in Form bewusst zugänglicher oder sogar in Form von Leit- und Glaubenssätzen ausformulierter Bewertungen und Richtlinien vorliegen.

Einstellungen – ob nun implizit oder explizit – sind äußerst hilfreich, da sie die Komplexität möglicher Entscheidungen und Denkweisen reduzieren. Als eine Form der Komplexitätsreduktion bieten sie Orientierung und helfen dabei, Handlungsfolgen abzuschätzen und sowohl das eigene als auch das Verhalten anderer vorhersagbarer zu machen. Letztlich bieten Einstellungen über ihre Anschlussfähigkeit auch die Möglichkeit der Zugehörigkeit zu »Gleichgesinnten« und damit die Entwicklung oder Bestätigung sozialer Identität (Ajzen u. Fishbein, 2005, S. 194).

Das tatsächliche Handeln folgt aber nicht unbedingt unseren bewussten und expliziten Einstellungen, sondern richtet sich oft nach unbewussten und impliziten Regeln, Mustern und Schemata und ist zudem situativ bedingt (Ajzen u. Fishbein, 2005, S. 207). Die Feststellung, dass man in einer Situation anders gehandelt hat, als man es eigentlich wollte oder gar für »richtig« erachtet, lässt sich durch das Bestehen solcher unbewussten Handlungsroutinen erklären oder auch durch widerstreitende Werte, Bedürfnisse und Motive, die sich erst in der Situation realisieren und vorher nicht erwartet wurden.

Die Veränderung von Einstellungen, Leit- und Glaubenssätzen

Einstellungsänderungen bzw. Musterveränderungen können sich durch jede Form der Dissonanz ergeben: durch neue und gegenläufige Erfahrungen, Meinungsverschiedenheiten, Perspektivenwechseln, Destabilisierungen, Musterunterbrechungen und das Scheitern bewährter Muster. Sicherlich können Dissonanzen mit Wiederholungs- und Verstärkungsstrategien, wie dem Prinzip »mehr desselben«, beantwortet werden (Watzlawick, Weakland u. Fisch, 1974, S. 51 ff.). Dennoch bieten sie prinzipiell die Chance der Veränderung, da das oft unbewusste, »komfortable Prozessieren« unterbrochen wird.

Entstehende Dissonanzen müssen aber unbewusst verarbeitet und nicht nur in bestehende Mustererkennungsprozesse eingeordnet werden. Dies geschieht im Alltag ebenso wie beispielsweise in der hypnotherapeutischen Praxis. Da kognitive Systeme so aufgebaut sind, dass sie Störungen, Abweichungen und Musterunterbrechungen zu Bewusstsein bringen, kann aber in den meisten Fällen davon ausgegangen werden, dass Dissonanzen bewusst werden müssen, um Wirkung zu entfalten. Werden sie übersehen oder nicht zur Kenntnis genommen, sind sie ohne Bedeutung. Sogenannte »Lippenbekenntnisse« – also bewusste und auch explizit geäußerte Einstellungen, die sich nicht im Handeln niederschlagen – haben genau hierin ihren Ursprung: Die unbewussten Regeln, Muster und Schemata, nach denen unser kognitives System unser Erleben organisiert, sind andere, als diejenigen, die uns bewusst sind und von denen wir denken, dass sie unserem Denken und Handeln zugrunde liegen. Diese Inkonsistenzen oder Dissonanzen zwischen impliziten und expliziten Einstellungen müssen den betreffenden Personen nicht einmal bewusst sein. Man könnte auch sagen, das eine sind die Muster, denen wir folgen, das andere ist die Geschichte, die wir darüber erzählen. Wird (bewusst oder unbewusst) etwas anderes geäußert, als es der eigenen Einstellung entspricht, zeigt sich das Phänomen der sozialen Erwünschtheit: Es wird schlichtweg das gesagt, was im sozialen Kontext anschlussfähig ist. Auch hierbei müssen die eigenen Einstellungen nicht zwingend bewusst oder ausformuliert sein.

Bezogen auf die bereits getroffenen Aussagen zu Bewusstseinsphänomenen, mag es durchaus so sein, dass wir immer nur im Nachhinein – nachdem unsere unbewusst ablaufenden Denk- und Handlungsmuster unser Verhalten gesteuert haben – bewusste Erklärungen dafür angeben, warum wir auf diese oder jene Weise gedacht und gehandelt haben, anstatt dass unser Handeln unseren Begründungen folgt (Smith, 2016, S. 12). Unbenommen bleibt jedoch die Rückwirkung dieser Begründungen auf künftige Handlungen und auf eine Veränderung von Mustern oder Schemata.

Das Infragestellen von Begründungen und Einstellungen kann durchaus durch den systemtheoretisch-konstruktivistischen Abschied von absoluter Wahrheit motiviert sein. Ein »ethisches Anregungsverhältnis« ist aber keine notwendige Folge der Reflexionsleitung. Solange unser Denken, Verhalten und Fühlen zu einem konsistenten und widerspruchsfreien Erleben führen, solange wir mit unserem Erleben zufrieden sind oder es für unveränderbar halten, gibt es auch keinen Grund, die Bewertungen und Regeln, aus denen unsere Einstellungen bestehen, zu hinterfragen. Die Notwendigkeit der Reflexion oder gar Veränderungsdruck entsteht erst durch bewusst erlebte Dissonanz, wenn Unstimmigkeiten zwischen Denken, Handeln und Gefühlen in einem bestimmten Kontext auftreten. Beispielsweise:

- weil das Handeln nicht zum Denken passt;
- weil angestrebte Ergebnisse nicht erzielt werden;
- weil man etwas tut, was man eigentlich nicht will;
- weil das Denken und Handeln in einem bestimmten Kontext fortwährend zu negativen Gefühlen führt;
- weil man etwas tut, das man auch genauso tun möchte, sich aber trotzdem schlecht fühlt;
- weil das eigene Denken, Handeln und Fühlen zwar konsistent ist, aber vom Umfeld kritisiert oder abgewertet wird.

Veränderung setzt bewusste Dissonanzen voraus. Bezogen auf praktisches Handeln bedeutet dies nicht nur, erlebte Dissonanzen zu beseitigen, sondern auch – sofern man Veränderungen anstoßen möchte –, in einem widerspruchsfreien Erleben Dissonanzen zu erzeugen. Bezogen auf die Dynamik komplexer Systeme würde man davon sprechen, das System zu destabilisieren (Haken u. Schiepek, 2010, S. 439). Das Bewusstmachen von Leit- und Glaubenssätzen, ihre Veränderung und Einbettung in konkrete Handlungen bildet hierzu eine gute Möglichkeit (Smith, 2016, S. 112 ff.). Hierbei ist zu beachten, dass lediglich die kognitiven und behavioralen Aspekte von Einstellungen direkt durch Reflexion, Argumentation, Experimente, letztlich auch durch Bildungsangebote, Therapie, Leitbildentwicklungsprozesse oder Dienstvereinbarungen veränderbar sind. Gefühle hingegen sind bedingte Faktoren, die – außer durch die Einnahme von Drogen und Medikamenten – keiner direkten Veränderung zugänglich sind und eine adaptive Funktion erfüllen (Goschke u. Dreisbach, 2006, S. 132, 142).

Sicherlich kann man beispielsweise etwas tun, um wütend zu werden, oder sich Bilder und Situationen visualisieren, die Traurigkeit hervorrufen, das entstehende Gefühl ist aber immer sekundär, als Folge der Handlung oder des Erlebens:

»Vor dem Hintergrund dieser Überlegungen stellt sich Handlungssteuerung als ein Optimierungsproblem dar, das eine dynamische, kontextabhängige Balance zwischen antagonistischen Anforderungen, insbesondere der kognitiven Kontrolle emotionaler Impulse einerseits und der emotionalen Modulation der Aufmerksamkeit andererseits erfordert« (Goschke u. Dreisbach, 2006, S. 152).

Gefühle als affektive Komponente von Einstellungen haben in diesem Sinne die Funktion, Leitsätze, Handlungsimpulse und nachfolgend das tatsächliche Handeln sowie dessen Konsequenzen in Form von Beobachtungen und inneren Zuständen (wie Bewertungen und Gedanken) als wünschenswert oder nicht wünschenswert zu »markieren« (Damásio, 1998). Selbst in einer reflektierenden Vorwegnahme von Handlungen und der Vorstellung möglicher Konsequenzen kann eine solche »emotionale Markierung« eintreten und darauf hinweisen, ob geplantes Handeln wünschenswert oder nicht wünschenswert ist. Diese Gefühlsmarker können sich jedoch auch verselbstständigen, generalisieren und von Wahrnehmungsinhalten abkoppeln – etwa bei generalisierten Angststörungen – sodass sie ihre markierende Funktion der Verhaltenssteuerung nicht mehr – im Sinne der betroffenen Person – zielführend erfüllen und zu Vermeidungshandlungen führen (Hoyer u. Beesdo-Baum, 2011, S. 939 f.).

7.6 Praktisches Handeln

Praktisches Handeln besteht aus dem musteradäquaten Prozessieren des kognitiven Systems. Auch bezogen auf komplexere Systeme, wie soziale Gruppen, Organisationen oder Gesellschaften, liegen dem praktischen Handeln Prozesse der Musterbildung und der Stabilisierung zugrunde (Haken, 1995, S. 128 ff.).

Schnelles und langsames Denken

Folgt man der Theorie über Denk- und Handlungsroutinen, wie sie durch Daniel Kahneman und Amos Tversky entwickelt wurden, ist davon auszugehen, dass es zwei grundlegende Formen von Prozessmustern gibt, denen kognitive Systeme in der Herstellung von Stabilität folgen: *schnelles und langsames Denken* (Kahneman, 2012, S. 32–36):
- Die eine Form von Prozessmustern arbeitet schnell, intuitiv, vereinfachend, energiesparend und entsprechend fehleranfällig. Alltagsroutinen, Intuition,

Automatismen und Plausibilität sind die Maßgaben seines Funktionierens. Viele Prozessmuster dieses Typs funktionieren unbewusst.
- Der andere Typ von Prozessmustern arbeitet langsam, deduktiv, analytisch und ist grundsätzlich bewusst. Er erfordert zusätzliche Anstrengung und Energie, da er kein eingeübtes Assimilationsschema realisiert, sondern nach Aufmerksamkeit und Kontrolle verlangt.
Anstelle des effizienzorientierten Prozessierens tritt ein Prozess, der auch ein grundsätzliches Infragestellen erlaubt. Eine neue Situation wird nicht nur durch gewohnheitsgemäßes Denken und Handeln beantwortet, sondern es wird nach einer Antwort gesucht. Hierbei können im direkten Handeln Bezüge zu den im Hintergrund liegenden Ebenen der Reflexionsleitung, Gestaltungsleitung und Handlungsleitung hergestellt werden.

Beide Formen haben ihre Vor- und Nachteile, wobei die erste Form des schnellen Denkens und Handelns eher assimilatorisch funktioniert und nur im Falle des (wahrgenommenen) Scheiterns zum Innehalten und Akkomodieren Anlass gibt. Die zweite Form des langsamen Denkens und Handelns setzt immer schon bei jedem Schritt die Möglichkeit einer oder mehrerer Alternativen voraus. Das zugrunde liegende Erklärungs-, Orientierungs- und Handlungswissen wird immer schon herangezogen.

Grundfragen der Praxisgestaltung

Das »langsame« Hinterfragen von Handlungen und Rahmenbedingungen und die Entscheidung Begründung von Handlung kann über *Grundfragen der Praxisgestaltung* strukturiert werden. Dieses Modell aus drei Fragen muss im Rahmen der hier geführten Auseinandersetzung um die »orientierende Frage« einer Werte- und Bedürfnisorientierung (Gestaltungsleitung) ergänzt werden (vgl. Eberhard, 1999, S. 17):

1. Die phänomenale Frage I:
   - *Was ist beobachtbar?* (Beschreibungen, deskriptive Beobachtung, messbare Ereignisse, Kennzahlen, Anamnese)
2. Die kausale Frage (Reflexionsleitung):
   - *Warum ist das so?* (Erklärungen, Begründungen, Interpretationen, empirische Evidenz)
3. Die orientierende Frage (Gestaltungsleitung):
   - *Welche Werte und Bedürfnisse sollten erfüllt werden?* (Vision, Grundsatzentscheidungen, Vorsätze, Leitlinien)

4. Die aktionale Frage (Handlungsleitung):
   - *Was ist zu tun? Was sollte getan werden?* (Handlungsplanungen, Intuition, Routinen, Konzepte, Interventionen, Best Practices)

Es folgt das direkte, gegebenenfalls geplante und nicht nur intuitive Handeln. Abschließend müsste die phänomenale Frage erneut hinsichtlich der gewünschten Veränderungen gestellt werden, um zu überprüfen, inwieweit Handlungsfolgen eingetreten sind und mit den intendierten Veränderungen übereinstimmen. Sie kann dann als abschließende Überprüfung oder Evaluation gewertet werden oder einen neuen Handlungszyklus auslösen, wenn die beobachtbaren Veränderungen (noch) nicht zufriedenstellend sind:

5. Die phänomenale Frage II (Handlungsfolgen):
   - *Was ist jetzt beobachtbar? Was hat sich verändert?* (Beschreibungen, deskriptive Beobachtung, messbare Ereignisse, Kennzahlen, erneute Anamnese)

Systemische Hypothesenbildung

Die vier Grundfragen der Praxisgestaltung ähneln sehr stark dem *4-Schritte-Modell der systemischen Hypothese,* wie Reinert Hanswille sie in Erweiterung des Hypothesenmodells von Arist von Schlippe und Jochen Schweitzer entworfen hat (Hanswille, 2016, S. 62 f.; mit Bezug auf von Schlippe u. Schweitzer, 2012, S. 204). Die orientierende Frage der Werte- und Bedürfnisorientierung ist hier nicht explizit enthalten, sondern wird implizit über die »Anregungsfunktion« geklärt, die eine Orientierung am »Anliegen der Klienten« – und damit an deren Werten und Bedürfnissen – thematisiert:

1. Beobachtungsfunktion I:
   - Was wurde von wem im System beobachtet?
   - Was davon ist bedeutsam und relevant?
2. Ordnungsfunktion (Reflexionsleitung):
   - Welche Zusammenhänge und Muster sind erkennbar?
   - Welche Reduktionen von Komplexität können das Geschehen abbilden?
3. Anregungsfunktion (Gestaltungsleitung):
   - Welche Perspektiven, neuen Informationen und Erklärungen ergeben sich hieraus?
   - Welche Bestärkungen, Verunsicherungen und Ressourcen können für das Anliegen der Klienten hilfreich sein?

4. Interventionsfunktion (Handlungsleitung):
   • Durch welche Handlungen kann das System zur gewünschten Veränderung angeregt werden?
   • Welche Handlungen, Experimente etc. können vorgeschlagen werden?

Gemäß der hier vorgeschlagenen Logik würde auch in diesem Fall das Handeln folgen und es müsste ebenfalls erneut die Beobachtungsfunktion als finale Überprüfung oder zur Einleitung eines weiteren Hypothesen-Interventionszyklus folgen:

5. Beobachtungsfunktion II (Handlungsfolgen):
   • Was wird nun von wem im System beobachtet?
   • Was davon ist nun bedeutsam und relevant?

Feedbackschleifen, Evaluationszyklen und Prüfmechanismen

Letztlich bleibt es immer eine Frage praktischen Handelns, wann eingespielte und intuitive Prozessmuster fortlaufen und wann man in Reflexions-, Bewertungs- und Entscheidungsprozesse eintritt, die diese grundlegender betrachten und gegebenenfalls zu Neubewertungen und Veränderungen führen. Im praktischen Handeln scheinen daher Feedbackschleifen, Evaluationszyklen und andere zirkuläre Prüfmechanismen sinnvoll und hilfreich zu sein, um die Zusammenhänge zwischen den Wirkungsebenen zu überprüfen. Um zu bewerten, ob alles, was geplant ist, auch getan wird, und ob es die angestrebten Bedürfnisse und Werte auch befriedigt. Dies ist aber bestenfalls eine pragmatische Notwendigkeit, keine epistemologische. Aus epistemologischen Gesichtspunkten entsteht eine solche Notwendigkeit immer erst dann, wenn Assimilation scheitert, also wenn eingeübte und vertraute Denk- und Handlungsmuster scheitern oder nicht mehr zu den gewünschten Ergebnissen führen.

Worin auch immer die Motivation besteht, eingeübte Handlungsroutinen zu hinterfragen und gegebenenfalls zu verändern, es muss beim Eintritt in Reflexions-, Bewertungs- und Entscheidungsprozesse immer auch (implizit oder explizit) die Frage nach der Beteiligung beantwortet werden: Wer soll an der Beobachtung, Reflexion, Gestaltungs- und Handlungsentscheidung beteiligt werden? Und wie soll dies geschehen?

Praktisches Handeln in systemischen Handlungsfeldern

Für das *praktische Handeln in systemischen Praxisfeldern* der Beratung und Therapie, Pädagogik, Sozialer Arbeit, Unterricht, Organisationsentwicklung, Unternehmensführung etc. kann das Modell der Wirkungsebenen als Anregung verstanden werden, eine Entscheidung darüber zu treffen, ob die eigene Tätigkeit einen »Ort der Ethik« eröffnen soll (Blume, 2016, S. 130–145).

Dies würde bedeuten, den einzelnen Wirkungsebenen bzw. den »Grundfragen der Praxisgestaltung« oder den »Schritten der Hypothesenbildung« in einer Form des »langsamen Denkens« einen Klärungsraum zu bereiten. Vor allem im Kontext mehrerer Beteiligter ginge es darum, Perspektivenwechsel zu ermöglichen und im Sinne einer Diskursethik zu Entscheidungen zu gelangen.

Ethisches Handeln, wie es hier konzipiert wird, besteht darin, den Schritten drei bis fünf in den aufgeführten Modellen Beachtung, Zeit und Raum einzuräumen und – im Sinne sozialer Orientierung und Anschlussfähigkeit – Resonanz zu ermöglichen. Langsames Denken zuzulassen und sich die Beweggründe, Handlungsoptionen und Handlungsfolgen bewusst zu machen. Ethische Reflexion und moralische Orientierung brauchen kein Erklärungswissen, keine Reflexionsleitung, keinen Konstruktivismus und keine Systemtheorie. Diese Trennung ist für alle Formen von Einigungs- und Entscheidungsprozessen wichtig, da letztlich Einigung über Werte und Handlungen notwendig sind und nicht über die Begründungen, warum diese (nicht) zu erwünschten Ergebnissen führen. Das Ziel dieser ethischen Reflexion ist moralische Orientierung, eine Festlegung der Bedingungen für gegenseitige Achtung und Missachtung, für Teilhabe und Ausschluss. Nicht in einem absoluten Sinne, sondern bezogen auf die Frage, wer in welchen Bereichen gemeinsam oder allein, mit welchen Handlungen und Erwartungen etwas zur Erfüllung gemeinsamer oder eigener Werte und zur Befriedigung gemeinsamer oder eigener Bedürfnisse beiträgt.

Zwingend ist aber auch dieser explizite Raum des ethischen Diskurses und der moralischen Orientierung in einer systemischen Haltung nicht. Und auch nicht konstruktivistisch oder systemtheoretisch herleitbar oder einzufordern. Der ethische Diskurs als Bestandteil von Beratung oder jeder anderen Form von Einigungs- und Veränderungsprozessen, bildet jedoch eine Option, die situativ präferiert, aber auch bewusst ausgelassen werden kann.

Letzteres erst recht, wenn man bedenkt, dass »Nicht-Wissen« auch für Klientinnen und Klienten hilfreich und heilsam sein kann. Sie gegebenenfalls eine Intervention annehmen können, gerade weil sie von den Begründungen, Mustern und Zusammenhängen, die der beratenden Person als Basis einer Intervention dienen, nichts wissen bzw. – bei einigen Klientinnen und Klienten, beispielsweise Kindern – auch gar nichts wissen können. Gegebenenfalls verspielt man durch eine Haltung der Transparenz und Nachvollziehbarkeit »um jeden Preis« die Chance auf eine Veränderung im Sinn des geäußerten Anliegens. Transparenz, Nachvollziehbarkeit und Beteiligung sind selbst schon Werte, deren

Setzung möglicherweise die Erfüllung anderer Werte und die Befriedigung anderer Bedürfnisse behindert oder unmöglich macht.

Paradoxien und nicht-lineare Dynamik sollten bei der ethischen Reflexion und Handlungsplanung Beachtung finden. Es kann nicht allein um das Befolgen ethischer (bzw. moralischer) Richtlinien gehen, sondern um eine lebendige Reflexion und Kommunikation des Ethischen mit dem Ziel moralischer Orientierung und Handlungskoordination.

In einer Beobachtung zweiter Ordnung muss die beratende Person auch die eigenen Werte klären, um zu entscheiden, ob sie den Anliegen und damit den Werten und Bedürfnissen der Klientinnen und Klienten unterstützend dienlich sein möchte. Allein schon aus strategischen Gründen muss die beratende Person Entscheidungen über die Beteiligungspraxis und Prozessgestaltung treffen. Darüber, was sie selbst transparent offenlegt (»Begründungspflicht«?), wie sie die Sichtweisen anderer direkt und indirekt beteiligter Personen sichtbar werden lassen kann und will (»Toleranzangebot«?) und wie sie die Verantwortung für die Konsequenzen eigener Handlungen übernehmen und die Konsequenzen der Handlungen anderer bei diesen belassen kann und will (»Verantwortungsakzeptanz«?). Bei der Reflexion und Planung von Interventionen muss sie zudem die Nützlichkeit, Viabilität und Anschlussfähigkeit beachten.

All dies im Sinne einer lebendigen ethischen Reflexion und moralischen Orientierung im Praxisfeld und nicht als vermeintliche Ableitung aus den Grundlagentheorien. Der hier aufgezeigte Handlungsrahmen des Ethischen obliegt in seiner Gestaltung den an der Praxis beteiligten Personen. Weder Grundlagentheorien noch Fachverbände können ihn präformativ mit Inhalten füllen. Sie können keine Klärung bieten, aber darauf hinweisen, dass es Wege der Klärung gibt. Bezogen auf die Zugehörigkeit zu einer Fachgemeinschaft oder Institution muss immer im Einzelfall eine moralische Abwägung erfolgen, ob einer konkreten Praxis – bezogen auf Werte und Bedürfnisse, Handlungen und Handlungsfolgen – Achtung oder Missachtung zugesprochen wird und damit Teilhabe oder Ausschluss umgesetzt, gegebenenfalls Sanktion und Wiedergutmachung eingefordert wird. Diese normative Funktion erfolgt jedoch immer im Nachhinein und ersetzt in keiner Weise die Verantwortung der Praxis.

7.7 Beobachtung II: Handlungsfolgen

Handlungsfolgen sollen hier unter drei Gesichtspunkten reflektiert werden:

1. Feststellung von Handlungsfolgen,
2. Zurechenbarkeit von Wirkungen,
3. Bewertung von Wirkungen.

Feststellung von Handlungsfolgen

Handlungsfolgen sind zunächst deskriptiv darstellbare Veränderungen. Die *Feststellung von Handlungsfolgen* bedarf zunächst einer gerichteten Aufmerksamkeit und entsprechender »Messinstrumente«. Neben sogenannten »harten« Faktoren, wie Kosten und Umsätze, Dauer und Zeiten, Gewichte und Längen, gibt es auch »weiche« Faktoren, wie Meinungen und Stimmungen, Befindlichkeiten und Wohlbefinden, Wissen und Kompetenzen. Weiche Faktoren können über Befragungen, Tests, Stimmungsbarometer und unstrukturierte oder strukturierte, teilnehmende oder nicht-teilnehmende, verdeckte oder offene Beobachtung erhoben werden. Nicht nur die empirische Forschung hat hierzu weitreichende Methoden entwickelt, sondern auch alle Formen der Qualitätssicherung und Evaluation unternehmen den Versuch, den Zustand des Beobachtungsgegenstandes zu erfassen.

Bezogen auf Handlungsfolgen jeglicher Art stellt sich in Medizin, Pädagogik, Psychotherapie, Betriebswirtschaft etc. die Frage der Evidenzbasierung: »Gibt es für ein bestimmtes Vorgehen hinreichende Belege für die Wirksamkeit?« Bei der Suche nach Evidenzen ist jedoch kritisch anzumerken, dass es hierbei nicht nur um eine wissenschaftliche Absicherung verschiedener Verfahren und Vorgehensweisen gehen kann, sondern dass auch die Evidenz, bezogen auf die direkt in einem Handlungskontext befindlichen Personen, in den Blick genommen werden muss (Schiepek et al., 2013, S. 86 f.).

Eine Methode oder Vorgehensweise, die im wissenschaftlichen Kontext als wirksam bewertet wird, kann im Einzelfall wirkungslos sein oder sogar gegenläufige Effekte haben. Was sich in Studien mit zahlreichen Probanden für die Mehrzahl der Teilnehmenden als wirksam erweisen mag, ist für Einzelne nicht zwingend hilfreich. Empirische Forschung kann immer nur Wahrscheinlichkeiten für das Eintreten bestimmter Effekte benennen, und dies auch nur unter den kontrollierten Bedingungen des Forschungsdesigns. Der Blick auf die direkte Zielgruppe von Handlungen und auf weitere direkt und indirekt beteiligte Personen sowie die Messung der Wirkungen auf diese ist demnach –

unabhängig von Fragen der Forschung und der Verallgemeinerung von Vorgehensweisen – eine zentrale Aufgabe der Handlungspraxis (Haken u. Schiepek, 2010, S. 449 ff.).

Je nach zugrunde liegendem Wertehorizont können aber auch noch andere Auswirkungsmerkmale beobachtet oder gemessen werden, etwa, wenn Aspekte der Effizienz, Kostendeckung, Ästhetik, Nachhaltigkeit oder Ökologie einbezogen werden.

Zurechenbarkeit von Wirkungen

An die Frage der Feststellung von Wirkungen schließt sich direkt die Frage der *Zurechenbarkeit von Wirkungen* an: »Welchen Faktoren ist diese Wirkung zuzuschreiben?« Ein gutes Beispiel für die Problematik der Zurechenbarkeit von Wirkungen liefern Placebo-Effekte: Ein an sich wirkungsloses Mittel wird verabreicht, wobei jedoch eine Wirksamkeit suggeriert wird. Ein Effekt ergibt sich aus dem Glauben der Patientinnen und Patienten an eine Wirkung, aber eben nur im Zusammenspiel mit der quasi rituellen Medikamentengabe und der begleitenden Suggestion. Hinzukommen die körperliche und psychische Verfassung, genetische Faktoren sowie das Umfeld der Patientinnen und Patienten. Ebenso weitere Faktoren, die im Einzelfall eine Rolle spielen können, wie begleitende Therapien, andere Medikamente, Ernährung, Arbeitssituation und dergleichen mehr. Je mehr Faktoren dem »relevanten System« zugerechnet werden, desto unzugänglicher wird dieses System einer empirischen Analyse. Dies gilt umso mehr, da die Probanden zu ausreichend großen Merkmalsgruppen zusammengefasst werden müssen. Die Bewusstheit der Limitationen empirischer Forschung und eine vorsichtige Formulierung bei der Darstellung der Befunde gehören zu den Standards wissenschaftlicher Arbeit (Döring u. Bortz, 2016, S. 9).

Da die Zurechenbarkeit von Effekten zu Einzelfaktoren in komplexen und dynamischen Systemen nahezu unmöglich ist, können Ergebnisse prinzipiell als Gesamtleistung des Systems und des Einflusses der Systemumwelt betrachtet werden. Dies mag vor dem Hintergrund individuellen Leistungsdenkens unbefriedigend sein, entspricht aber einem nicht-linearen Systemmodell.

Bewertung von Wirkungen

Der dritte Aspekt von Handlungsfolgen bezieht sich auf die *Bewertung der festgestellten Wirkungen.* Zunächst können Wertungen von beteiligten und betroffenen Einzelpersonen durch verschiedenste Formen der Befragung und des Feedbacks wahrgenommen werden. Bezogen auf das konkrete Handlungsfeld ließe sich eine Wertungsmatrix erstellen, anhand derer genauer geschaut werden kann, wer spezifische Wirkungen wahrnimmt und auf welche Weise bewertet. Gegebenenfalls können so Personen oder Personengruppen identifiziert werden, für die und mit denen weitere Maßnahmen entworfen werden können. Maßstäbe der Zufriedenheit oder des Erfolgs liegen hierbei grundsätzlich bei den beteiligten Personen, für die die erzielten Ergebnisse nicht »gut« – im Sinne allgemeiner und übergreifender Qualitätsmerkmale –, sondern »gut genug« – im Sinne persönlicher Zufriedenheit – gewertet werden müssen. Dieses allgemeine Verständnis gilt für alle Handlungsprozesse, beispielsweise in Pädagogik, Therapie, Medizin oder Wirtschaft.

Für ein gutes »Wertungsmonitoring«, das es auch erlaubt, auf Wertungen zu reagieren, diese zu thematisieren und ergänzende Maßnahmen zu entwerfen, ist es entscheidend, eine Frequenz der Messzeitpunkte festzulegen, die Wertungen und Wertungsentwicklungen zeitnah sichtbar macht (Haken u. Schiepek, 2010, S. 654 ff.).

Um Langzeitwirkungen abzubilden und eine gute Nachsorge sicherzustellen, sollte dies auch nach Beendigung von Handlungssequenzen oder Abschluss von Interventionen fortgeführt werden.

7.8 Legitimation als reflexiver Verantwortungsprozess

Ambivalenzen verschiedener Bedürfnisse

Der Dreh- und Angelpunkt für die Legitimation unseres Handelns liegt in den Bedürfnissen, Werten und Motiven, zu deren Erfüllung unsere Handlungsplanungen und Handlungen erfolgen. Jedoch sind diese Bedürfnisse, Werte und Motive ebenso wenig selbstverständlich wie die Wege, die dazu verhelfen können, sie zu befriedigen. Nicht nur bezogen auf die individuellen Reflexions- und Entscheidungsprozesse einzelner Personen ergibt sich eine Gemengelange verschiedenster und auch widerstreitender Bedürfnisse, Werte und Motive, mit ebenso zahlreichen Möglichkeiten, diese gleichzeitig, nacheinander oder getrennt voneinander zu befriedigen. Erst recht trifft dies auf alle Reflexions- und Entscheidungsprozesse zu, an denen mehrere Personen beteiligt sind. Es ist deshalb fast unvermeidlich, dass bei jeder Bedürfnisbefriedigung andere Bedürfnisse zu kurz kommen.

Denkbar sind beispielsweise Ambivalenzen zwischen Wirtschaftlichkeit und Ökologie, Gewinnsteigerung und Gesundheit, Verteidigung und Unversehrtheit. Der Dissens zwischen Werten lässt sich nur dadurch bewältigen, dass man bestimmte Werte priorisiert, sie zeitweilig anderen überordnet, sie zeitlich, räumlich oder sozial rhythmisiert oder parallelisiert, oder indem Kompromisse gefunden werden.

Bei jeder Handlungsplanung – sei sie nun explizit oder implizit an Werten, Bedürfnissen und Motiven ausgerichtet – existieren unzählige Handlungsalternativen. Jede Konkretisierung und Entscheidung schließt andere Optionen aus. Selbst wenn Bedürfnisse, Werte und Motive geklärt sind, bestimmen sich die Handlungen zu ihrer Erreichung über individuelle und soziale Aspekte der Kompetenzen, Handlungsstile, Gewohnheiten, Ressourcen, Gesetze und dergleichen mehr.

Keine Legitimation ...

Konstruktivismus und Systemtheorie bieten hierbei keinerlei Werteorientierung. Sie bieten bestenfalls eine erkenntnistheoretische Grundlage, vor deren Hintergrund sich mögliche Werte und Handlungen reflektieren lassen. Sie können hierbei durchaus als Begründung für jede Form praktischen Handelns und zur Reflexion herangezogen werden, jedoch nur in einem *deskriptiven,* nicht in einem *legitimativen* Sinn. Legitimation verlangt eben nicht nur nach Funktionsbeschreibungen, wie Konstruktivismus und Systemtheorie sie liefern können, sondern nach einer Werteorientierung.

Die Frage der Beteiligungspraxis selbst stellt jedoch schon eine Werteentscheidung dar und ist letztlich ein Phänomen der Macht: Die vorgenommenen oder geplanten Reduktionen von Komplexität müssen sich in ihrer Anschlussfähigkeit erweisen (Luhmann, 2013, S. 41). Zahlreich ist die Fülle der Möglichkeiten zur Konkretisierung von Komplexitätsreduktion und Anschlussfähigkeit – etwa Entscheidungen mit Machtmitteln durchzusetzen, für Verständnis zu werben, Ideen anderer Akteure zu berücksichtigen, Entscheidungen zu delegieren oder auszusitzen oder sie als gemeinsamen Reflexions- und Einigungsprozessen zu konzipieren (Lindemann, 2017a, S. 77–90).

Viel entscheidender für die Auseinandersetzung mit den Konsequenzen konstruktivistischen und systemtheoretischen Denkens auf praktisches Handeln mag folgende Feststellung sein: Alle Wege der Komplexitätsreduktion sind aus einer systemtheoretisch-konstruktivistischen Sichtweise heraus möglich und keine ist prinzipiell überlegen oder zu bevorzugen. Ebenso bleibt die Frage nach der Anschlussfähigkeit prinzipiell unbeantwortbar, da es immer einer Entscheidung bedarf, mit der festgelegt wird, an wessen Wirklichkeitskonstruktionen Anschluss gesucht wird. Diese Feststellung verweist handelnde

Personen zurück auf ihre eigenen Handlungs- und Entscheidungsmöglichkeiten, ihre individuellen Präferenzen und ihre eigene Verantwortung. Oder wie von Foerster es ausgedrückt hat: »Wir können nur jene Fragen entscheiden, die prinzipiell unentscheidbar sind« (von Foerster, 1993, S. 351).

- … sondern Aufforderung zu persönlicher und gemeinschaftlicher Verantwortungsübernahme: für mich

Ich selbst habe mit meinen Büchern zu Formen systemischer Beratung und zur Gestaltung pädagogischer Praxis – vor allem bezogen auf die Gestaltung einer inklusiven Schule und auf Fragen der Schulorganisation und des Bildungsmanagements – immer wieder betont, dass es hierbei im Regelfall um gemeinschaftliche Verantwortungsprozesse gehen sollte. Dort, wo Entscheidungs- und Handlungsspielräume nicht partizipativ geklärt werden können – oder sollen –, bietet es sich an, die bestehende und geplante Entscheidungs- und Beteiligungspraxis transparent zu kommunizieren (Lindemann, 2017a, S. 80–83).

Ebenso finden sich in dem von mir entwickelten Ablaufschema der Gesprächsführung Phasen der Werte- und Bedürfnisklärung, der Handlungsplanung und Ergebnissicherung, um alle Wirkungsebenen unterhalb der Reflexionsleitung abzubilden und somit »blinde Flecken« im Verlaufsprozess zu vermeiden (Lindemann, 2017c, 2018; Lindemann, Mayer u. Osterfeld, 2018). Es gibt zahlreiche Modelle und Methoden, die ebenfalls mehrere Wirkungsebenen umfassen und die ich in meine Struktur integriert habe, beispielsweise die »Gewaltfreie Kommunikation« oder die »logischen Ebenen« (Rosenberg, 2005; Dilts, 2005). Auch können Modelle der Handlungsforschung und »vollständigen Handlung« hilfreich eingesetzt werden, wenn möglichst alle Wirkungsebenen berücksichtigt werden sollen (Lindemann, 2006, S. 244–252; 2017b, S. 175–179).

Diese von mir hierbei vertretene Haltung basiert aber bereits auf einer werteorientierten Setzung, auf einer persönlichen Präferenz, die Werte und Bedürfnisse – wie Partizipation, Teilhabe, Mitsprache, Konsensorientierung, Transparenz und die Wertschätzung unterschiedlicher Meinungen – beinhaltet. Diese liegen in meinem persönlichen Werteverständnis begründet und sind in keiner Weise durch Konstruktivismus und Systemtheorie zu rechtfertigen. Vor dem Hintergrund dieser Werte bieten Konstruktivismus und Systemtheorie jedoch einen hervorragenden Ausgangspunkt für die Reflexion und Gestaltung von Veränderungsprozessen. Aber eben immer hinsichtlich der persönlichen Präferenzen für einen bestimmten Wertehorizont und bestimmte Handlungsformen.

- Die »Sollbruchstelle« zwischen Konstruktivismus, Systemtheorie und praktischem Handeln

Eben dies ist aber genau die »Sollbruchstelle«, an der ein Buch über Konstruktivismus, Systemtheorie und praktisches Handeln enden muss. Jede konstruktivistisch und systemtheoretisch reflektierte Praxis in den zahlreichen Handlungsfeldern – wie Schulpädagogik, Soziale Arbeit, Erziehung, Therapie, Beratung, Unternehmensführung, Forschung, Politik, Lobbyismus, Produktdesign, Marketing, Entwicklungszusammenarbeit und vielen mehr – wird entweder auf implizit vorhandenen Werten und Bedürfnissen basieren oder diese explizit zum Bestandteil ihrer Überlegungen und Planungen machen müssen.

8 Fazit

> »hey ich rate dir nichts
> denn wie könnte ich es wagen dir etwas zu sagen
> willst du klarheit musst du schon dich selber fragen
> du bist nicht opfer sondern schöpfer deiner welt
> also schlag ich vor du machst sie wie sie dir gefällt«
> (Die Fantastischen Vier, 1993, »Alles Ist Neu«,
> Song auf dem Album »die 4. Dimension«)[33]

Ob die aus dem Konstruktivismus und der Systemtheorie erwachsende Weigerung, allgemeingültige ethische bzw. moralische und damit auch handlungsleitende Entscheidungen zu treffen, als Freischein für eine Beliebigkeit in den Handlungswissenschaften, bei der Gestaltung praktischer Handlungsfelder und dem praktischen Handeln selbst betrachtet wird oder als eine Grundlegung für eigenverantwortliches reflexives Handeln, ist allein durch die Erwartungen bestimmt, die man an eine (Erkenntnis-)Theorie stellt. Wer Gewissheit über die Richtigkeit des eigenen Handelns sucht, eine Absolution für bestimmte Handlungsweisen, wird zwangsläufig von einer Theorie enttäuscht sein, die diese Gewissheit in einem absoluten oder präformativen Sinn nicht nur für unmöglich hält, sondern bestenfalls versucht, eine Praxis der Letztbegründung zu verändern. Diese Veränderung der Legitimationspraxis und ein Rückverweis auf das konstruierende Subjekt und seinen sozialen Kontext treffen nicht nur auf den Konstruktivismus zu, sondern sind bezeichnend für viele postmoderne und pluralistische Entwürfe.

Konstruktivismus und Systemtheorie bieten in dieser Pluralität ein erkenntnistheoretisches Fundament, das die Vielfalt theoretischer Modelle, Praxiskonzepte und Lebenswelten zum Ausgangspunkt seiner Überlegungen macht und diesen – als jeweils subjektiv viablen Konstrukten – einen prinzipiell gleichwertigen Status zuspricht. Fragen der Wertung, Auswahl und Konkretisierung sind aus dieser Perspektive nicht aus einer vorauseilenden theoretischen Betrachtung zu beantworten, sondern müssen aus einer ethischen Perspektive heraus situativ hinsichtlich ihrer angenommenen Handlungsfolgen geklärt werden. Eine systemtheoretisch-konstruktivistische Reflexionsleitung bietet somit die Chance für eine offene Auseinandersetzung über die Begründungen sub-

---

33 Die Verantwortung für das eigene Denken und Handeln zu übernehmen, ist eine Kernaussage, die aus der hier vorgelegten Darstellung des Konstruktivismus und der Systemtheorie folgt: Schöpfer zu sein und sich nicht auf das eigene Gewordensein zurückzuziehen.

jektiven Handelns, bei der sich Ethik – als Reflexion – und Moral – als Handlungsorientierung – in Form einer Einigung ergeben können und nicht auf scheinbare Gegebenheiten und Notwendigkeiten gegründet werden. Die Enthaltsamkeit konstruktivistischer Argumentation hinsichtlich der Legitimation praktischer Vorgehensweisen bedeutet hierbei aber nicht nur eine größere Verantwortung praktisch handelnder Personen für ihre Gestaltungsprozesse, sondern auch eine größere Autonomie und Verantwortung.

Für das praktische Handeln bedeutet dies, eine Perspektive einzunehmen, die hinsichtlich konkreter Situationen und Arbeitsfelder immer prinzipiell begründungsbedürftig ist, wobei jedoch keine generelle Begründungspflicht postuliert werden kann. Der Freiraum, den konstruktivistisches und systemtheoretisches Denken hierbei schafft, zielt letztlich auf eine veränderte Legitimationspraxis ab, die den verschiedenen Praxisfeldern nicht nur die Verantwortung für ihre Gestaltungsprozesse zuspricht, sondern die die jeweils Handelnden mit ihren Wertvorstellungen als aktiv Gestaltende ihrer Lebenswirklichkeiten in den Mittelpunkt rückt.

Anhänge

Glossar

Anschlussfähigkeit
Anschlussfähigkeit bezeichnet die kognitiv-emotional-verhaltensmäßige Einfügung einer Konstruktion an eine andere, also eine Form von Passung. Bezogen auf System bzw. Kommunikation kann die Anschlussfähigkeit als Kapazität des Systems verstanden werden, andere Systeme bzw. Kommunikationen mit vorhergehenden verbinden zu können. Wird ▸ System bzw. ▸ Kommunikation als Form der beobachterabhängigen ▸ Komplexitätsreduktion begriffen, bezieht sich die Anschlussfähigkeit immer auf die Kapazität dieser reduzierten Komplexität, mit anderen verbunden zu werden.

Äquilibration
Im Sinne der Aufrechterhaltung ihrer ▸ Organisation streben kognitive Systeme danach, Widersprüche zwischen neuen und schon gemachten Erfahrungen aufzulösen und somit ein Gleichgewicht (Äquilibrium) herzustellen. Dieses Gleichgewicht stellt keinen statischen Ruhepunkt dar, sondern bezeichnet das Bestreben, innerhalb sich ständig ändernder Umstände einen Ausgleich der Erfahrungen zu erreichen.

Akkommodation
Lassen sich neue Erfahrungen nicht aufgrund vorhandener ▸ Strukturen verarbeiten, muss ein kognitives ▸ System seine Struktur erweitern (akkommodieren), um den Widerspruch der neuen Erfahrung mit den bestehenden aufzulösen (▸ Äquilibration). Diese Erweiterung ist immer ein Lernprozess im Sinne einer kognitiven ▸ Entwicklung.

Assimilation
Bei der Assimilation handelt es sich um Wahrnehmung neuer Situationen aufgrund vorhandener Strukturen. Neue Erfahrungen werden wie solche behandelt, für die schon eine strukturelle ▸ Re-Präsentation vorhanden ist. Es handelt sich

also um einen interpretativen Prozess, der neue Erfahrungen mit bekannten in Beziehung setzt. Assimilation stellt demnach »eine Form des Umgangs mit Neuem [dar], die dieses *Neue als ein Vorkommnis von etwas Bekanntem* behandelt« (von Glasersfeld, 1994a, S. 27 f.).

Autonomie
»Ein [▶] System ist autonom, wenn seine Zustandsänderungen nur von den [▶] Operationen im [▶] System abhängen und externe Ursachen keine entscheidende Rolle spielen. Das [▶] System operiert nur mit Bezug auf sich selbst, das heißt mit Bezug auf seine eigenen [▶] Operationen« (Krohn u. Küppers, 1992b, S. 388).

Autopoiese
(gr. autos: selbst, poiein: machen) Dieser von Humberto Maturana geprägte Begriff bezeichnet den grundlegenden Mechanismus lebender ▶ Systeme. Diese Systeme erzeugen ihre eigenen Komponenten ständig neu, sie sind das einzige Produkt ihrer ▶ Organisation. Hierbei gibt es keine Trennung zwischen Erzeuger und Erzeugnis. »Ein Beispiel für ein einfaches lebendes System ist die Zelle. Sie produziert als *arbeitsteiliges Netzwerk* die spezifischen Bestandteile (komplexe organische Moleküle), aus denen sie besteht. Gleichzeitig ermöglichen die Zellbestandteile erst die Existenz des durch eine ›Grenze‹ (die Zellmembran) von der Umwelt abgegrenzten Produktionsnetzwerks. Alle Prozesse im Zellinnern sind auf die Selbsterzeugung und Existenzerhaltung der Zelle hin ausgerichtet, also auf die Fortdauer der Autopoiese« (Riegas, 1990, S. 329; ▶ Selbstreferenz). Es liegt also ein zirkulärer Prozess vor, der auf die Selbsterhaltung der ▶ Struktur und ▶ Organisation eines lebenden Systems ausgerichtet ist, wobei das Produkt dieses Prozesses gleichzeitig Produzent weiterer Prozesse ist. Der Begriff der Autopoiese dient hierbei ausschließlich der Beschreibung der biologischen Prozesse einzelner lebender ▶ Systeme.

Bedeutung
Bedeutung heißt auf neuronaler Ebene immer, dass zwei oder mehr Einzelmerkmale in Beziehung zueinander gesetzt werden. Die Bedeutung der Zusammenhänge von Wahrnehmungen (auch die Bedeutung der Wahrnehmungen und Zusammenhänge sprachlicher Äußerungen) wird ausschließlich im Subjekt konstruiert und liegt nicht in den Dingen und Äußerungen selbst begründet. Bedeutung ist nie »an sich«, sondern immer Ausdruck einer Relation. Bei der Frage nach der Bedeutung »von etwas« stellt sich immer auch die Frage nach der Bedeutung »wofür«. Es kann auch gefragt werden, welche

Funktion »das eine« für »das andere« hat (und umgekehrt) bzw. welche Funktionen ihnen wechselseitig zugeschrieben werden (können).

Beobachter
Der Beobachter stellt die Position dar, in der sich jeder Wahrnehmende befindet. Jede Beobachtung ist subjektiv, da sie im Erfahrungsbereich des Beobachters stattfindet und nicht unabhängig von ihm. Somit müssen der jeweilige Beobachter und die Prozesse, die zu seinen Beobachtungen führen, als bestimmende Faktoren einen Bestandteil jeder Theorie bilden, die einen spezifischen Gegenstandsbereich (beobachtend) beschreibt.

Beobachtung zweiter Ordnung
Während der ▶ Beobachter die unhintergehbare »Ich-Perspektive des erkennenden Subjekts« bezeichnet, bezieht sich Beobachtung zweiter Ordnung auf die »Beobachtung der Beobachtung«. Das erkennende Subjekt macht seinen Erkenntnisprozess selbst zum Beobachtungsgegenstand.

Entwicklung
Entwicklung beschreibt jede Veränderung des momentanen Status eines ▶ Systems. Der Begriff der Entwicklung ist wertfrei, da durch ihn keine Richtung festgelegt ist. Hieraus ergibt sich, dass ein System in stetiger Entwicklung begriffen ist. Allein die Auflösung eines Systems als letzte Statusveränderung setzt diesem Prozess ein Ende. Diese Definition schließt nicht aus, dass Entwicklung subjektiv als abgeschlossen, statisch oder zyklisch empfunden und interpretiert werden kann.

Epistemologie, Erkenntnistheorie, Kognitionstheorie
Erkenntnislehre. Sie behandelt die Frage danach, wie ein kognitives ▶ System Wissen erlangt. Epistemologie beschäftigt sich in einem konstruktivistischen Verständnis mit ▶ Wirklichkeit(en) und nicht mit ▶ Realität oder einem Zusammenhang zu ihr.

Erwartungserwartung
Die Erwartung eines Subjekts bezogen auf das, was sein Gegenüber erwartet.

Ethik
Ethik ist ein Zweig der Philosophie, der sich damit beschäftigt, was – bezogen auf andere Menschen – gut und was schlecht ist. Sie befasst sich mit Werten, Prinzipien und Tugenden, an denen einzelne Menschen und Gruppen ihr Han-

deln ausrichten. Hierbei geht es nicht darum, diese Werte festzulegen, oder um direkte Handlungsanweisungen oder Gesetze, sondern um die Reflexion der leitenden Prinzipien des Handelns. Ethik kann auch verstanden werden als »Reflexionstheorie des Handelns« oder »Reflexionstheorie der Moral« (Luhmann, 2008, S. 270 f.).

Ethisches Handeln
Ethisches Handeln ist ein Handeln, das hinsichtlich Werten, Prinzipien und Tugenden reflektiert ist. Ethisches Handeln setzt Bewusstheit voraus. Ethisches Handeln kann auch hinsichtlich bestehender Normen, Regeln und Gesetze reflektiert sein. Es kann sich aber auch von diesen abgrenzen, indem es ethisch begründet, aber nicht ▶ moralisch oder ▶ rechtlich legitimiert ist.

Geschlossenheit, organisationelle, operationale und informationelle
▶ Autopoietische ▶ Systeme sind *organisational geschlossen,* d. h., die Aufrechterhaltung ihrer zirkulären ▶ Organisation ist allein in eben dieser Organisation begründet.
▶ Autopoietische ▶ Systeme sind *operational geschlossen,* d. h., Operationen der Struktur- und Zustandsveränderung beziehen sich ausschließlich auf die vorherigen operationalen Zustände des Systems.
▶ Autopoietische ▶ Systeme sind *informationell geschlossen,* d. h., sie nehmen keine »Informationen« von außen auf, sondern erzeugen selbst die Informationen, die sie in ihren Prozessen verarbeiten.

Handeln
Handeln bezeichnet ganz allgemein jedes aktive und bewusste, in der Regel zielgerichtete oder mit einer bestimmten Folgenerwartung durchgeführte Tun. Handlungsfolgen sind in der Regel und erst recht in komplexen, nicht-linearen ▶ Systemen, jedoch nie mit absoluter Sicherheit vorhersehbar. Intention und Ergebnis einer Handlung können also voneinander abweichen. Die Erwartung bestimmter Handlungsfolgen kann aus Planung oder Gewohnheit resultieren. Jedes Handeln ist aus einer Perspektive äußerer Beobachtung lediglich ein Verhalten, dem vermutete Intentionen zugeschrieben werden können, da kein direkter Zugang zu den inneren Prozessen besteht, die dieses hervorbringen.

Interaktion
Jedes Handeln in Bezug auf andere (▶ Kommunikation).

Kognition

Bedeutungshafte neuronale Prozesse des Erkennens, der Kategorisierung und Klassifikation, der Modulation von Wahrnehmungsprozessen, Prozesse auf Grundlage interner Modelle, Vorstellungen und Hypothesen sowie Aufmerksamkeitsprozesse und »mentale Aktivitäten« wie Denken, Vorstellen und Erinnern (Roth, 1994c, S. 30).

Kommunikation

Handeln in Bezug auf andere mit der Intention, diese zu orientieren bzw. die Unterstellung, dass eine Handlung mit dieser Intention ausgeführt wurde (▶ Interaktion). Im Prozess der Kommunikation können die Kommunikationspartner wechselseitig die Position des Orientierenden und des Orientierten einnehmen (Rusch, 1992).

Komplexitätsreduktion

Jede Wahrnehmung, jedes System, jede Kommunikation ist eine Form der Reduktion von Komplexität, da sie immer nur eine Möglichkeit ihrer Konkretisierung auf eine bestimmte Weise realisiert. Alle anderen Möglichkeiten werden hierdurch ausgeschlossen bzw. nicht genutzt. Prinzipiell sind alle Formen der Komplexitätsreduktion gleichwertig. Entscheidend ist ihre ▶ Anschlussfähigkeit an andere Reduktionen von Komplexität.

Konsensueller Bereich

Interaktiver Bereich gegenseitiger Wahrnehmung und ▶ Perturbation (▶ Interaktion).

Moral

Moral besteht in der Erwartung der Achtung bestehender Gepflogenheiten, Gewohnheiten, Bräuche und Sitten. Ihre Achtung oder Missachtung führt zu Anerkennung oder Enttäuschung und als Konsequenz zu Teilhabe oder Ausschluss aus dem sozialen System, das diese Erwartungen und ▶ Erwartungserwartungen – als Erwartungen, die einem Gegenüber unterstellt werden – reproduziert (Luhmann, 1987b, S. 219; 2008, S. 33). Die kontextuelle Formulierung oder implizite Voraussetzung der Erwünschtheit oder Unerwünschtheit von Handlungen und Ideen reduziert Komplexität und zielt auf Anschlussfähigkeit, da die Erfüllung von Erwartungen und eine Orientierung an Erwartungserwartungen mögliche subjektive Wertungen vorwegnimmt. Während Ethik grundsätzliche Fragen des »richtigen Handelns« stellt, ist Moral auf Erwartungen und deren Erfüllung oder Nichterfüllung ausgerichtet.

Moralisches Handeln

Moralisches Handeln ist ein Handeln, das hinsichtlich bestehender sozialer Konventionen und Normen bzw. Erwartungen und Erwartungserwartungen reflektiert ist. Es versucht, diesen, oft unausgesprochenen Regeln und Richtlinien zu folgen mit dem Ziel, ▸ Anschlussfähigkeit und Teilhabe sicherzustellen.

Ontologie

Lehre vom Sein der Dinge, von der absoluten, von uns unabhängigen ▸ Realität. Ontologisch: das Sein betreffend. Ontisch: Seiend.

Organisation

Organisation bezeichnet die Relationen und das Zusammenspiel der einzelnen Bestandteile eines ▸ Systems. »Organisation bezieht sich also auf die Relationen zwischen den Elementen einer als Ganzes funktionierenden (interagierenden) Einheit mit den für die entsprechende Klasse von Einheiten charakteristischen Eigenschaften« (Riegas, 1990, S. 334). Veränderungen in ihrer ▸ Struktur haben keine Auswirkung auf die Organisation einer Einheit, es sei denn, sie haben destruktiven Charakter und führen somit zu ihrer Auflösung.

Perturbation

»Zustandsveränderungen in der Struktur eines Systems, die von Zuständen in dessen Umwelt ausgelöst (d. h. nicht verursacht) werden« (Maturana u. Varela, 1987, S. 27). Man könnte auch von einer (Ver-)Störung reden, die in dem Moment eintritt, wenn Sinneszellen aktiv werden. Perturbation ist hierbei lediglich die Beschreibung eines Beobachters, der Strukturveränderungen eines ▸ Systems auf ein Ereignis in dessen ▸ Umwelt zurückführt. Der Verlauf der Veränderung ist nur durch die ▸ Struktur des Systems bestimmt, das damit in Zusammenhang gebrachte äußere Ereignis hat hierauf keinen Einfluss im Sinne einer Ursache (▸ Strukturdeterminiert).

Realität

Die Welt jenseits unserer Wahrnehmung und Erfahrung, über die nach konstruktivistischen Annahmen keine Aussage getroffen werden kann (▸ Ontologie).

Recht

Recht bezeichnet die Rechtmäßigkeit oder Unrechtmäßigkeit von Handlungen. Recht orientiert sich an gesellschaftlich festgeschriebenen Normen und Gesetzen. Rechtsprechung prüft, inwieweit Handlungen diesen entsprechen oder sie übertreten. ▸ Ethik oder ▸ Moral werden in der Rechtsprechung durchaus getrennt von Recht betrachtet. In Rechtsprechungen wird daher oft zwischen rechtlichen Konsequenzen und ethisch-moralischen Überlegungen unterschieden. Prinzipiell kann man daher zu dem Schluss kommen, etwas sei rechtens, ▸ ethisch oder ▸ moralisch jedoch verwerflich.

Rechtmäßiges Handeln
Rechtmäßiges Handeln ist ein Handeln, das hinsichtlich bestehender Rechtsvorschriften und deren Auslegung und Abwägung legitimiert ist.

Re-Präsentation
(lat. repraesentare: vergegenwärtigen) Piaget versteht unter Re-Präsentation die Re-Konstruktion eines Objekts aus der Erinnerung, also in Bezug auf eine gemachte Erfahrung. Es handelt sich hierbei nicht um die Repräsentation eines »realen« Objekts bzw. um ein Abbild der ▸ »Realität«, sondern um ein mentales Modell.

Selbstorganisation
Selbstorganisation bezeichnet den Prozess, bei dem ein ▸ System seine ▸ Organisation in einem sich selbst reproduzierenden Netzwerk verwirklicht. Dieser Prozess schließt eine Abgrenzung des Systems von seiner ▸ Umwelt ein.

Selbstreferenz
»Autopoietische Systeme sind selbstreferentiell, d. h., sie beziehen sich im Prozeß der Aufrechterhaltung ihrer Organisation ausschließlich auf sich selbst« (Schmidt, 1987a, S. 25).

Sprache
Als Sprache wird jedes Zeichensystem bezeichnet (gesprochene Sprache, Schrift- und Zeichensprache), mit dessen Hilfe Konstruktionen bei einem Gegenüber »angestoßen« werden können. Entscheidend bei dieser Definition ist ein bestehendes Repertoire an intersubjektiv bedeutsamen Zeichen, denen je subjektiver Sinn zugeschriebenen werden kann. Eine Sprache besteht somit dann, wenn ein ▸ Beobachter die Handlung eines Gegenübers als Zeichen betrachtet, dem ein bestimmter Sinn zugeschrieben werden kann (z. B. Mimik oder Lautäußerungen).

Struktur
»Unter der Struktur von etwas werden die Bestandteile und Relationen verstanden, die in konkreter Weise eine bestimmte Einheit konstituieren und ihre Organisation verwirklichen« (Maturana u. Varela, 1987, S. 54).

Strukturdeterminiertheit

Strukturveränderungen eines ▶ Systems sind lediglich abhängig von dessen ▶ Struktur, demnach also strukturdeterminiert. Eine Anregung des Systems (▶ Perturbation) findet nur dann statt, wenn die Struktur in der Lage ist, eine solche Anregung zu erfahren; der Ablauf der Strukturveränderung ist ausschließlich durch den Aufbau der Struktur bestimmt.

System

Ein System ist eine Beschreibung von Bestandteilen (Komponenten) und den Beziehungen (Relationen) zwischen ihnen (▶ Struktur, ▶ Organisation). Durch die Festlegung der Komponenten und Relationen eines Systems erhält man automatisch eine Systemgrenze, die das System von seiner ▶ Umwelt trennt. Systeme sind immer Beschreibungen, die die Sichtweise eines ▶ Beobachters ausdrücken. Unterschiedliche Systembeschreibungen verfolgen unterschiedliche (Erklärungs-)Ziele und setzen unterschiedliche Schwerpunkte. Unter verschiedenen Gesichtspunkten können Menschen als lebende bzw. ▶ autopoietische Systeme, kognitive bzw. neuronale Systeme oder als psychische Systeme beschrieben werden. Die Beschreibung sozialer Systeme kann einzelne Menschen (Hejl, 1990, S. 211 f.) oder Kommunikationen (Luhmann, 1987b, S. 66) als kleinste Komponenten definieren.

System, nicht-triviales

Im Gegensatz zu ▶ trivialen Systemen funktionieren nicht-triviale Systeme nicht nach einfachen Funktionsregeln, die einen bestimmten Input mit einem bestimmten Output verbinden. Jeder Schritt der »Errechnung eines Outputs« hat Auswirkungen auf nachfolgende Schritte und verändert so die Grundlage, auf der neues Verhalten erzeugt wird. Nicht-triviale Systeme sind daher *vergangenheitsabhängig*. Sie erzeugen die Regeln, nach denen sie Outputs »errechnen«, bzw. erzeugen, buchstäblich selbst (▶ Selbstorganisation) und beziehen sich dabei ausschließlich auf ihre eigenen inneren Zustände (▶ Selbstreferenz).

System, triviales

Triviale Systeme (oder triviale Maschinen) arbeiten ausschließlich nach dem Prinzip von Ursache und Wirkung, wobei ihre Aufgabe darin liegt, eine spezifische Ursache mithilfe beliebiger Zwischenschritte in eine entsprechende Wirkung umzusetzen (von Foerster, 1993b, S. 244 ff.).

Umwelt

Umwelt ist für ein Subjekt alles, was es als außerhalb von sich liegend erfährt, bzw. alles, was ein Beobachter für ein von ihm beobachtetes ▶ System als Umwelt

(Medium) definiert. Zur Umwelt eines Subjekts gehören auch andere Subjekte, zu deren Umwelt wiederum das Subjekt gehört. Die Grenze zwischen ▶ System und Umwelt entsteht durch die Definition des ▶ Systems. Komponenten, die als systemzugehörig definiert werden, gehören nicht zu seiner Umwelt. Komponenten, die als nicht-systemzugehörig definiert werden, gehören zu seiner Umwelt.

Verstehen
Die Unterstellung, dass ein Gegenüber etwas hinreichend ähnlich konstruiert. Dies zeigt sich in der Regel darin, dass er nichts tut, was der eigenen Erwartung widerspricht. Verstehen bedeutet so gesehen, einer Orientierungserwartung zu entsprechen (Rusch, 1992, S. 224).

Viabilität
Subjektive Gangbarkeit bzw. »Passen« einer Vorgehensweise. Hierbei kann es sich um eine konkrete Handlung, Wahrnehmungen, Theorien handeln – kurz, um alle Elemente der Wirklichkeitskonstruktion. Viabel: gangbar.

Wirklichkeit
Die Welt subjektiver Wahrnehmungen und Erfahrungen (▶ Epistemologie).

Literatur

Ajzen, I., Fishbein, M. (2005). The influence of attitudes on behavior. In D. Albarracín, B. T. Johnson, M. P. Zanna (Hrsg.), The handbook of attitudes (S. 173–221). Mahwah, NJ: Erlbaum.
Ameln, F. von (2004). Konstruktivismus Die Grundlagen systemischer Therapie, Beratung und Bildungsarbeit. Tübingen u. Basel: Francke.
Ameln, F. von, Heinelt, P. (2016). Macht in Organisationen. Denkwerkzeuge für Führung, Beratung und Change Management. Stuttgart: Schäffer-Poeschel.
Apel, K.-O. (1988). Diskurs und Verantwortung. Das Problem des Übergangs zur postkonventionellen Moral. Frankfurt a. M.: Suhrkamp.
Arnold, R. (1993). Natur als Vorbild. Selbstorganisation als Modell der Pädagogik. Frankfurt a. M.: Verlag für akademische Schriften.

Baecker, D. (1999). Organisation als System. Frankfurt a. M.: Suhrkamp.
Baecker, D. (Hrsg.) (2016). Schlüsselwerke der Systemtheorie. Wiesbaden: Springer.
Baecker, D., Beke, L., Meyer, E., Pedretti, A., Perniola, M., Pichler, F., Pool Processing (Hrsg.) (1990). Im Netz der Systeme. Berlin: Merve.
Baecker, D., Markowitz, J., Stichweh, R., Tyrell, H., Wilke, H. (Hrsg.) (1987). Theorie als Passion. Niklas Luhmann zum 60. Geburtstag. Frankfurt a. M.: Suhrkamp.
Bähner, C., Oboth, M., Schmidt, J. (2008). Praxisbox Konfliktklärung in Teams & Gruppen. Praktische Anleitung und Methoden zur Mediation in Gruppen. Paderborn: Junfermann.
Bardmann, T. M. (1994). Wenn aus Arbeit Abfall wird – Aufbau und Abbau organisatorischer Realitäten. Frankfurt a. M.: Suhrkamp.
Bardmann, T. M. (Hrsg.) (1997). Zirkuläre Positionen – Konstruktivismus als praktische Theorie. Opladen: Westdeutscher Verlag.
Bardmann, T. M., Kersting, H. J., Vogel, H. C. (Hrsg.) (1992). Das gepfefferte Ferkel: Lesebuch für Sozialarbeiter und andere Konstruktivisten. Institut für Beratung und Supervision. Aachen: Kersting.
Bartels, J., Holz, H. H., Lensink, J., Pätzold, D. (1986). Dialektik als offenes System. Historisch-systematische Untersuchungen zu Widerspiegelung – Wahrheit – Widerspruch. Köln: Pahl-Rugenstein.
Barthelmess, M. (2016). Die systemische Haltung. Was systemisches Arbeiten im Kern ausmacht. Göttingen: Vandenhoeck & Ruprecht.
Başar, E., Roth, G. (1996). Kooperative Gehirnprozesse bei kognitiven Leistungen. In G. Küppers (Hrsg.), Chaos und Ordnung. Formen der Selbstorganisation in Natur und Gesellschaft (S. 290–322). Stuttgart: Reclam.
Bateson, G. (1976). Orders of change. In R. Fields (Ed.), Loka II: A Journal from Naropa Institute (pp. 283–290). Garden City, N.Y.: Anchor Books.
Bateson, G. (1985). Ökologie des Geistes. Anthropologische, psychologische, biologische und epistemologische Perspektiven. Frankfurt a. M.: Suhrkamp.

Bateson, G., Ruesch, J. (1995). Kommunikation. Die soziale Matrix der Psychiatrie. Heidelberg: Carl Auer.
Benner, D. (2001). Allgemeine Pädagogik. Eine systematisch-problemgeschichtliche Einführung in die Grundstruktur pädagogischen Denken und Handelns. Weinheim: Juventa.
Benseler, F., Hejl, P. M., Köck, W. K. (Hrsg.) (1980). Autopoiesis, communication, and society. The theory of autopoietic systems in the social sciences. Frankfurt a. M. u. a.: Campus.
Berg, H. de, Prangel, M. (Hrsg.) (1995). Differenzen: Systemtheorie zwischen Dekonstruktion und Konstruktivismus. Tübingen u. Basel: Francke.
Berger, P. L., Luckmann, T. (1989). Die gesellschaftliche Konstruktion der Wirklichkeit. Eine Theorie der Wissenssoziologie. Frankfurt a. M.: Fischer.
Bertalanffy, L. von (1990). Das biologische Weltbild. Die Stellung des Lebens in Natur und Wissenschaft. Wien u. a.: Böhlau.
Bierce, A. (1986). Des Teufels Wörterbuch. Zürich: Haffmans.
Biesta, G. (1994). Postmoderne Erziehung: zwischen Kontingenz und Engagement. In F. Heyting, H.-E. Tenorth (Hrsg.), Pädagogik und Pluralismus. Deutsche und niederländische Erfahrungen im Umgang mit Pluralität in Erziehung und Erziehungswissenschaft (S. 131–148). Weinheim: Deutscher Studien Verlag.
Blume, R. G. (2016). Systemische Ethik. Orientierung in der globalen Selbstorganisation. Göttingen: Vandenhoeck & Ruprecht.
Böcher, W. (1996). Selbstorganisation, Verantwortung, Gesellschaft. Von subatomaren Strukturen zu politischen Zukunftsvisionen. Opladen: Westdeutscher Verlag.
Boghossian, P. (2013). Angst vor der Wahrheit. Ein Plädoyer gegen Relativismus und Konstruktivismus. Frankfurt a. M.: Suhrkamp.
Borg-Laufs, M., Duda, L. (1991). Zur sozialen Konstruktion von Geschmackswahrnehmung. Braunschweig u. Wiesbaden: Vieweg.
Braitenberg, V., Hosp, I. (Hrsg.) (1996). Die Natur ist unser Modell von ihr. Forschung und Philosophie. Reinbek: Rowohlt.
Brecht, B. (1928/2007). Die Dreigroschenoper. Frankfurt a. M.: Suhrkamp.
Breidbach, O. (1996). Konturen einer Neurosemantik. In G. Rusch, S. J. Schmidt, O. Breidbach (Hrsg.), Interne Repräsentationen. Neue Konzepte der Hirnforschung (S. 9–38). Frankfurt a. M.: Suhrkamp.
Breidbach, O. (1997). Die Materialisierung des Ich. Zur Geschichte der Hirnforschung im 19. und 20. Jahrhundert. Frankfurt a. M.: Suhrkamp.
Brentano, F. (1978). Grundlegung und Aufbau der Ethik: Nach den Vorlesungen über »Praktische Philosophie« aus dem Nachlass herausgegeben. Hamburg: Felix Meiner.
Bronfenbrenner, U. (1981). Die Ökologie der menschlichen Entwicklung. Natürliche und geplante Experimente. Stuttgart: Klett-Cotta.
Brooks, J. G., Brooks, M. G. (1999). In search of understanding: The case for constructivist classrooms. Alexandria, VA: Association for Supervision and Curriculum Development.

Carle, U. (2000). Was bewegt die Schule? Hohengehren: Schneider.
Carroll, L. (1865, dt. 1973). Alice im Wunderland. Frankfurt a. M.: Insel.

Damásio, A. (1998). The somatic marker hypothesis and the possible functions of the prefrontal cortex. In A. C. Roberts, T. W. Robbins, L. Weiskrantz (Eds.), The prefrontal cortex: Executive and cognitive functions (pp. 36–50). New York: Oxford University Press.
Danziger, K. (1990). Constructing the subject. Historical origins of psychological research. Cambridge: University Press.
Descartes, R. (1644/2005). Die Prinzipien der Philosophie. Hamburg: Felix Meiner.
Deutsches Institut für Fernstudienforschung an der Universität Tübingen (Hrsg.) (1990). Funkkolleg Medien und Kommunikation. Konstruktionen von Wirklichkeit. Weinheim u. Basel: Beltz.

De Jong, P., Berg, I. K. (1998). Lösungen (er-)finden. Das Werkstattbuch der lösungsorientierten Kurztherapie. Dortmund: Modernes Lernen.
DeVries, R., Kohlberg, L. (1999). Constructivist early education: Overview and comparison with other programs. Washington: National Association for the Education of Young Children.
DeVries, R., Zan, B. (2000). Herstellen einer konstruktivistischen Atmosphäre im Klassenraum. In W. E. Fthenakis, M. R. Textor (Hrsg.), Pädagogische Ansätze im Kindergarten (S. 132–144). Weinheim u. Basel: Beltz.
DeVries, R., Zan, B., Hildebrandt, C., Edmiaston, R., Sales, C. (2002). Developing constructivist early childhood curriculum. New York: Teachers College Press.
DGSF – Deutsche Gesellschaft für Systemische Therapie, Beratung und Familientherapie (2016). Ethik-Richtlinien der Deutschen Gesellschaft für Systemische Therapie, Beratung und Familientherapie. Zugriff am 29.12.2018 unter www.dgsf.org/service/download-bereich/dgsf-rili-ethik.END.pdf/at_download/file
Dick, P. K. (1978a). Das Globusspiel. München: Goldmann.
Dick, P. K. (1978b). Zeitlose Zeit. München: Goldmann.
Dick, P. K. (1984). Joe von der Milchstraße. Frankfurt a. M.: Fischer.
Dick, P. K. (1987). Die Mehrbegabten. Bergisch Gladbach: Bastei Lübbe.
Dick, P. K. (2002a). Marsianischer Zeitsturz. München: Heyne.
Dick, P. K. (2002b). Die elektrische Ameise. In P. K. Dick, Der unmögliche Planet. München: Heyne.
Diesbergen, C. (1998). Radikal-konstruktivistische Pädagogik als problematische Konstruktion. Eine Studie zum Radikalen Konstruktivismus und seiner Anwendung in der Pädagogik. Bern u. a.: Lang.
Dilts, R. (2005). Professionelles Coaching mit NLP. Mit dem NLP-Werkzeugkasten geniale Lösungen ansteuern. Paderborn: Junfermann.
Doering, W., Doering, W., Dose, G., Stadelmann, M. (Hrsg.) (1996). Sinn und Sinne im Dialog. Der Kongress zur Wahrnehmung, 2. bis 4. März 1995, Marburg. Dortmund: Borgmann.
Döring, N., Bortz, J. (2016). Forschungsmethoden und Evaluation in den Sozial- und Humanwissenschaften. Stuttgart: Springer.
Dörner, D. (1989). Die Logik des Mißlingens. Strategisches Denken in komplexen Situationen. Reinbek: Rowohlt.
Dörner, K. (2001). Der gute Arzt. Lehrbuch der ärztlichen Grundhaltung. Stuttgart: Schattauer.
Dress, A., Hendrichs, H., Küppers, G. (Hrsg.) (1986). Selbstorganisation. Die Entstehung von Ordnung in Natur und Gesellschaft. München: Piper.

Eberhard, K. (1999). Einführung in die Erkenntnis- und Wissenschaftstheorie. Geschichte und Praxis der konkurrierenden Erkenntniswege. Stuttgart: Kohlhammer.
Edelstein, W., Hoppe-Graff, S. (Hrsg.) (1993). Die Konstruktion kognitiver Strukturen. Perspektiven einer konstruktivistischen Entwicklungspsychologie. Bern u. a.: Huber.
Einstein, A., Infeld, L. (1995). Die Evolution der Physik. Reinbek: Rowohlt.
Engel, A. K. (1996). Prinzipien der Wahrnehmung: Das visuelle System. In G. Roth, W. Prinz (Hrsg.), Kopf-Arbeit: Gehirnfunktionen und kognitive Leistungen (S. 181–207). Heidelberg u. a.: Spektrum.
Engelmann, B. (2012). Therapie-Tools. Positive Psychologie. Achtsamkeit, Glück, Mut. Weinheim: Beltz.
Engels, E.-M. (1989). Erkenntnis als Anpassung? Eine Studie zur Evolutionären Erkenntnistheorie. Frankfurt a. M.: Suhrkamp.
Erpenbeck, M. (2017). Wirksam werden im Kontakt. Die systemische Haltung im Coaching. Heidelberg: Carl Auer.
Exner, H., Reithmayr, F. (1993). Anmerkungen zu Maturanas Versuch einer Ethik. In H. R. Fischer (Hrsg.), Autopoiesis – Eine Theorie im Brennpunkt der Kritik (S. 137–153). Heidelberg: Carl Auer.

Faulstich, P. (1998). Viabilität statt Wahrheit? Biologie statt Ontologie? Ethik und Sozialwissenschaft, 4 (9), 518–520.
Faulstich, P. (1999). Zeitgeist und Theoriekonstruktion. In R. Arnold (Hrsg.), Erwachsenenpädagogik. Zur Konstruktion eines Fachs (S. 58–68). Baltmannsweiler: Schneider.
Faulstich, P., Gnahs, D., Seidel, S., Bayer, M. (Hrsg.) (2002). Praxishandbuch selbstbestimmtes Lernen. Konzepte, Perspektiven und Instrumente für die berufliche Aus- und Weiterbildung. Weinheim u. München: Juventa.
Fedrowitz, J., Matejovski, D., Kaiser, G. (Hrsg.) (1994). Neuroworlds. Gehirn – Geist – Kultur. Frankfurt a. M. u. New York: Campus.
Feinberg, T. E. (2002). Gehirn und Persönlichkeit. Wie das Erleben eines stabilen Selbst zustande kommt. Kirchzarten: VAK.
Feyerabend, P. (1976). Wider den Methodenzwang, Skizzen einer anarchistischen Erkenntnistheorie. Frankfurt a. M.: Suhrkamp.
Feyerabend, P. (1979). Erkenntnis für freie Menschen. Frankfurt a. M.: Suhrkamp.
Fischer, E. P. (2005). Wieso können wir die Welt erkennen? Merkur (Themenheft: Wirklichkeit! Wege in die Realität), 59 (9/10), 794–804.
Fischer, H. R. (Hrsg.) (1993). Autopoiesis – Eine Theorie im Brennpunkt der Kritik. Heidelberg: Carl Auer.
Fischer, H. R. (Hrsg.) (1995a). Die Wirklichkeit des Konstruktivismus. Zur Auseinandersetzung um ein neues Paradigma. Heidelberg: Carl Auer.
Fischer, H. R. (1995b). Abschied von der Hinterwelt? Zur Einführung in den Radikalen Konstruktivismus. In H. R. Fischer (Hrsg.), Die Wirklichkeit des Konstruktivismus. Zur Auseinandersetzung um ein neues Paradigma (S. 11–34). Heidelberg: Carl Auer.
Fischer, H. R., Retzer, A., Schweitzer, J. (Hrsg.) (1992). Das Ende der großen Entwürfe. Frankfurt a. M.: Suhrkamp.
Fischer, H. R., Schmidt, S. J. (Hrsg.) (2000). Wirklichkeit und Welterzeugung. In memoriam Nelson Goodman. Heidelberg: Carl Auer.
Flacke, M. (1994). Verstehen als Konstruktion: Literaturwissenschaft und Radikaler Konstruktivismus. Opladen: Westdeutscher Verlag.
Flohr, H. (1994). Denken und Bewußtsein. In J. Fedrowitz, D. Matejovski, G. Kaiser (Hrsg.), Neuroworlds. Gehirn – Geist – Kultur (S. 335–352). Frankfurt a. M. u. New York: Campus.
Florey, E., Breidbach, O. (Hrsg.) (1993). Das Gehirn – Organ der Seele? Zur Ideengeschichte der Neurobiologie. Berlin: Akademie Verlag.
Foerster, H. von (1974). Cybernetics of cybernetics (Physiology of revolution). In H. von Foerster (eds.), Cybernetics of cybernetics or the control of control and the communication of communication (pp. 128–129). Urbana, IL: University of Illinois.
Foerster, H. von (1981). On cybernetics of cybernetics and social theory. In G. Roth, H. Schwegler (Eds.), Self-organizing systems (pp. 102–105). Frankfurt a. M. u. New York: Campus.
Foerster, H. von (1985). Sicht und Einsicht: Versuche zu einer operativen Erkenntnistheorie. Braunschweig u. Wiesbaden: Vieweg.
Foerster, H. von (1987). Erkenntnistheorie und Selbstorganisation. In S. J. Schmidt (Hrsg.), Der Diskurs des Radikalen Konstruktivismus (S. 133–158). Frankfurt a. M.: Suhrkamp.
Foerster, H. von (1991). Was ist Gedächtnis, dass es Rückschau und Vorschau ermöglicht? In S. J. Schmidt (Hrsg.), Gedächtnis. Probleme und Perspektiven der interdisziplinären Gedächtnisforschung (S. 56–85). Frankfurt a. M.: Suhrkamp.
Foerster, H. von (1992). Entdecken oder Erfinden. Wie läßt sich Verstehen verstehen? In H. Gumin, A. Mohler (Hrsg.), Einführung in den Konstruktivismus (S. 41–88). München: Piper.
Foerster, H. von (1993a). KybernEthik. Berlin: Merve.
Foerster, H. von (1993b). Wissen und Gewissen. Frankfurt a. M.: Suhrkamp.

Foerster, H. von (1994a). Wissenschaft des Unwißbaren. In J. Fedrowitz, D. Matejovski, G. Kaiser (Hrsg.), Neuroworlds. Gehirn – Geist – Kultur (S. 33–59). Frankfurt a. M. u. New York: Campus.
Foerster, H. von (1994b). Das Konstruieren einer Wirklichkeit. In P. Watzlawick (Hrsg.), Die erfundene Wirklichkeit: wie wissen wir, was wir zu wissen glauben? Beiträge zum Konstruktivismus (8. Aufl., S. 39–60). München: Piper.
Foerster, H. von (1996a). Eine Theorie von Lernen und Wissen vis-à-vis Unbestimmbarem, Unentscheidbarem und Unwissbarem. Vortrag auf dem Kongress: »Die Schule neu erfinden«, Heidelberg 1996. Heidelberg: Carl Auer (Audio-Kassette).
Foerster, H. von (1996b). Wahrnehmen oder Falschnehmen? In W. Doering, W. Doering, G. Dose, M. Stadelmann (Hrsg.), Sinn und Sinne im Dialog. Der Kongress zur Wahrnehmung, 2. bis 4. März 1995, Marburg (S. 115–130). Dortmund: Borgmann.
Foerster, H. von (1997). Aufbau und Abbau. In F. B. Simon (Hrsg.), Lebende Systeme. Wirklichkeitskonstruktionen in der systemischen Therapie (S. 32–51). Frankfurt a. M.: Suhrkamp.
Foerster, H. von (2002). Der Anfang von Himmel und Erde hat keinen Namen. Berlin: Kadmos.
Foerster, H. von, Pörksen, B. (1998). Wahrheit ist die Erfindung eines Lügners: Gespräche für Skeptiker. Heidelberg: Carl Auer.
Fort, C. H. (1995). Das Buch der Verdammten. Frankfurt a. M.: Zweitausendeins.
Fort, C. H. (1998). Wilde Talente. Frankfurt a. M.: Zweitausendeins.
Fosnot, C. T. (2004). Constructivism. Theory, perspectives and practice. New York: Teachers College Press.
Frey, D. (Hrsg.) (2016). Psychologie der Werte. Von Achtsamkeit bis Zivilcourage – Basiswissen aus Psychologie und Philosophie. Heidelberg: Springer.
Friele, B. (2007). Psychotherapie, Emanzipation und Radikaler Konstruktivismus: Eine kritische Analyse des systemischen Denkens in der klinischen Psychologie und sozialen Arbeit. Gießen: Psychosozial-Verlag.

Gabriel, M. (2013). Warum es die Welt nicht gibt. Berlin: Ullstein.
Gardner, H. (1991). Abschied vom IQ. Die Rahmentheorie der vielfachen Intelligenzen. Stuttgart: Klett-Cotta.
Gardner, H. (2000). Vielerlei Intelligenzen. Spektrum der Wissenschaft Spezial: Intelligenz (S. 18–24). Heidelberg: Spektrum.
Gardner, H. (2002). Intelligenzen – Die Vielfalt des menschlichen Geistes. Stuttgart: Klett-Cotta.
Gergen, K. J. (2002). Konstruierte Wirklichkeiten. Eine Hinführung zum sozialen Konstruktionismus. Stuttgart: Kohlhammer.
Gergen, K. J. (2003). Soziale Konstruktion und pädagogische Praxis. In R. Balgo, R. Werning (Hrsg.), Lernen und Lernprobleme im systemischen Diskurs (S. 55–88). Dortmund: Borgmann.
Girgensohn-Marchand, B. (1992). Der Mythos Watzlawick und seine Folgen. Weinheim: Deutscher Studien Verlag.
Glasersfeld, E. von (1980). The concept of equilibration in a constructivist theory of knowledge. In F. Benseler, P. M. Hejl, W. K. Köck (Eds.), Autopoiesis, communication, and society (pp. 75–86). Frankfurt a. M. u. New York: Campus.
Glasersfeld, E. von (1981). An epistemology for cognitive systems. In G. Roth, H. Schwegler (Eds.), Self-organizing systems (pp. 121–131). Frankfurt a. M. u. New York: Campus.
Glasersfeld, E. von (1984). Konstruktivistische Diskurse. Lumis-Schriften der Universität Siegen, Bd. 2. Siegen: LUMIS.
Glasersfeld, E. von (1987a). Siegener Gespräche über den radikalen Konstruktivismus. In S. J. Schmidt (Hrsg.), Der Diskurs des Radikalen Konstruktivismus (S. 401–440). Frankfurt a. M.: Suhrkamp.

Glasersfeld, E. von (1987b). Wissen, Sprache und Wirklichkeit. Braunschweig u. Wiesbaden: Vieweg.
Glasersfeld, E. von (1990). Die Unterscheidung des Beobachters: Versuch einer Auslegung. In V. Riegas, C. Vetter (Hrsg.), Zur Biologie der Kognition. Ein Gespräch mit Humberto R. Maturana und Beiträge zur Diskussion seines Werkes (S. 281–295). Frankfurt a. M.: Suhrkamp.
Glasersfeld, E. von (1991a). Wissen ohne Erkenntnis. In M. F. Peschl (Hrsg.), Formen des Konstruktivismus in Diskussion. Materialien zu den „acht Vorlesungen über den konstruktiven Realismus" (S. 24–31). Wien: Universitätsverlag.
Glasersfeld, E. von (1991b). Abschied von der Objektivität. In P. Watzlawick, P. Krieg (Hrsg.), Das Auge des Betrachters. Beiträge zum Konstruktivismus (S. 17–30). München: Piper.
Glasersfeld, E. von (1992a). Aspekte des Konstruktivismus: Vico, Berkeley, Piaget. In G. Rusch, S. J. Schmidt (Hrsg.), Konstruktivismus: Geschichte und Anwendung (Delfin 1992, S. 20–33). Frankfurt a. M.: Suhrkamp.
Glasersfeld, E. von (1992b). Das Ende einer großen Illusion. In H. R. Fischer, A. Retzer, J. Schweitzer (Hrsg.), Das Ende der großen Entwürfe (S. 85–98). Frankfurt a. M.: Suhrkamp.
Glasersfeld, E. von (1992c). Konstruktion der Wirklichkeit und des Begriffs der Objektivität. In H. Gumin, A. Mohler (Hrsg.), Einführung in den Konstruktivismus (S. 9–40). München: Piper.
Glasersfeld, E. von (1993). Buchbesprechung zu Nüse, Groeben, Freitag, Schreier (1991). Über die Erfindungen des radikalen Konstruktivismus. Soziologische Revue, 16 (3), 288–290.
Glasersfeld, E. von (1994a). Piagets konstruktivistisches Modell: Wissen und Lernen. In G. Rusch, S. J. Schmidt (Hrsg.), Piaget und der radikale Konstruktivismus (Delfin 1994. S. 16–42). Frankfurt a. M.: Suhrkamp.
Glasersfeld, E. von (1994b). Einführung in den radikalen Konstruktivismus. In P. Watzlawick (Hrsg.), Die erfundene Wirklichkeit: wie wissen wir, was wir zu wissen glauben? Beiträge zum Konstruktivismus (8. Aufl., S. 16–38). München: Piper.
Glasersfeld, E. von (1995a). Aspekte einer konstruktivistischen Didaktik. In Landesinstitut für Schule und Weiterbildung (Hrsg.), Lehren und lernen als konstruktive Tätigkeit. Beiträge zu einer konstruktivistischen Theorie des Unterrichts (S. 7–14). Bönen: DruckVerlag Kettler.
Glasersfeld, E. von (1995b). Die Wurzeln des »Radikalen« Konstruktivismus. In H. R. Fischer (Hrsg.), Die Wirklichkeit des Konstruktivismus. Zur Auseinandersetzung um ein neues Paradigma (S. 35–46). Heidelberg: Carl Auer.
Glasersfeld, E. von (1996a). Über Grenzen des Begreifens. Bern: Benteli.
Glasersfeld, E. von (1996b). Die Welt als »black box«. In V. Braitenberg, I. Hosp (Hrsg.), Die Natur ist unser Modell von ihr. Forschung und Philosophie (S. 15–26). Reinbek: Rowohlt.
Glasersfeld, E. von (1996c). Zuerst muß man das Lernen lernen. Vortrag auf dem Kongress: »Die Schule neu erfinden« Heidelberg 1996 (Audio Kassette). Heidelberg: Carl Auer.
Glasersfeld, E. von (1996d). Radikaler Konstruktivismus: Ideen, Ergebnisse, Probleme. Frankfurt a. M.: Suhrkamp.
Glasersfeld, E. von (1997). Wege des Wissens. Konstruktivistische Erkundungen durch unser Denken. Heidelberg: Carl Auer.
Glasersfeld, E. von (1999). Konstruktivistische Anregungen für Lehrer: Was in Bezug auf Sprache zu bedenken wäre. In H.-E. Renk (Hrsg.), Lernen und Leben aus der Welt im Kopf. Konstruktivismus in der Schule (S. 5–18). Neuwied u. Kriftel: Luchterhand.
Glasersfeld, E. von (2009). Constructivism, fascism and the question of ethics in constructivism. Constructivist Foundations, 4 (3). 117–120.
Glasersfeld, E. von, Richards, J. (1987). Die Kontrolle von Wahrnehmung und die Konstruktion von Realität. Erkenntnistheoretische Aspekte des Rückkoppelungs-Kontroll-Systems. In S. J. Schmidt (Hrsg.), Der Diskurs des radikalen Konstruktivismus (S. 192–228). Frankfurt a. M.: Suhrkamp.
Goffman, E. (1975). Stigma. Über Techniken der Bewältigung beschädigter Identität. Frankfurt a. M.: Suhrkamp.

Goodman, N. (1998). Weisen der Welterzeugung. Frankfurt a. M.: Suhrkamp.
Goschke, T., Dreisbach, G. (2006). Kognitiv-affektive Neurowissenschaft: Emotionale Modulation des Erinnerns, Entscheidens und Handelns. In H.-U. Wittchen, J. Hoyer (Hrsg.), Klinische Psychologie & Psychotherapie (S. 129–168). Heidelberg: Springer.
Grundmann, M. (1999). Konstruktivistische Sozialisationsforschung. Frankfurt a. M.: Suhrkamp.
Gudjons, H. (2001). Pädagogisches Grundwissen. Bad Heilbrunn: Klinkhardt.
Gumin, H., Mohler, A. (Hrsg.) (1992). Einführung in den Konstruktivismus. München: Piper.

Habermas, J. (1983). Diskursethik – Notizen zu einem Begründungsprogramm. In J. Habermas, Moralbewußtsein und kommunikatives Handeln (S. 53–125). Frankfurt a. M.: Suhrkamp.
Hacking, I. (1996). Multiple Persönlichkeit. Zur Geschichte der Seele in der Moderne. München: Hanser.
Hacking, I. (1999a). Kindesmißbrauch – Geschichte eines Diskurses. In C. von Braun, G. Dietze (Hrsg.), Multiple Persönlichkeit: Krankheit, Medium oder Metapher? (S. 117–164). Frankfurt a. M.: Verlag Neue Kritik.
Hacking, I. (1999b). Was heißt »soziale Konstruktion«? Zur Konjunktur einer Kampfvokabel in den Wissenschaften. Frankfurt a. M.: Fischer.
Haken, H. (1994). Erfolgsgeheimnisse der Wahrnehmung: Synergetik als Schlüssel zum Gehirn. Frankfurt a. M. u. Berlin: Ullstein.
Haken, H. (1995). Erfolgsgeheimnisse der Natur. Synergetik: Die Lehre vom Zusammenwirken. Reinbek: Rowohlt.
Haken, H., Stadler, M. (Hrsg.) (1990). Synergetics of cognition. Berlin u. Heidelberg: Springer.
Haken, H., Schiepek, G. (2010). Synergetik in der Psychologie. Selbstorganisation verstehen und gestalten. Göttingen: Hogrefe.
Hanswille, R. (2016). Haltungen systemischer Therapeuten und Therapeutinnen. In R. Hanswille (Hrsg.), Handbuch systemische Kinder- und Jugendlichenpsychotherapie (S. 23–69). Göttingen: Vandenhoeck & Ruprecht.
Hauptmeier, H., Rusch, G. (1984). Erfahrung und Wissenschaft. Überlegungen zu einer konstruktivistischen Theorie der Erfahrung. Lumis-Schriften der Universität Siegen, Bd. 4. Siegen: LUMIS.
Hayek, F. A. von (2011). Die Irrtümer des Konstruktivismus und die Grundlagen legitimer Kritik gesellschaftlicher Gebilde. In V. J. Vanberg (Hrsg.), Hayek Lesebuch (S. 209–229). Tübingen: Mohr Siebeck.
Hayward, J. (1996). Die Erforschung der Innenwelt – Neue Wege zum wissenschaftlichen Verständnis von Wahrnehmung, Erkennen und Bewußtsein. Frankfurt a. M. u. Leipzig: Insel.
Heiden, U. an der, Roth, G., Stadler, M. (1986). Das Apriori-Problem und die kognitive Konstitution des Raumes. Schriftliche Vorlage zum Symposium »Philosophie und Wissenschaft«. Bremen: Universität Bremen.
Hejl, P. M. (1978). Herrschaft, Objektivität, Trivialisierung: Zur Entstehung der theoretischen Komplexität moderner Wissenschaft aus handlungs- und kognitionstheoretischer Perspektive. In P. M. Hejl, W. K. Köck, G. Roth (Hrsg.), Wahrnehmung und Kommunikation (S. 231–258). Frankfurt a. M. u. a.: Peter Lang.
Hejl, P. M. (1980). The problem of a scientific description of society. In F. Benseler, P. M. Hejl, W. K. Köck (Eds.), Autopoiesis, communication, and society (pp. 147–162). Frankfurt a. M. u. New York: Campus.
Hejl, P. M. (1981). The definition of system and the problem of the observer: The example of the theory of society. In G. Roth, H. Schwegler (Eds.), Self-organizing Systems (pp. 170–185). Frankfurt a. M. u. New York: Campus.
Hejl, P. M. (1987). Konstruktion der sozialen Konstruktion: Grundlinien einer konstruktivistischen Sozialtheorie. In S. J. Schmidt (Hrsg.), Der Diskurs des radikalen Konstruktivismus (S. 303–339). Frankfurt a. M.: Suhrkamp.

Hejl, P. M. (1990). Soziale Systeme: Körper ohne Gehirne oder Gehirne ohne Körper? Rezeptionsprobleme der Theorie autopoietischer Systeme in den Sozialwissenschaften. In V. Riegas, C. Vetter (Hrsg.), Zur Biologie der Kognition. Ein Gespräch mit Humberto R. Maturana und Beiträge zur Diskussion seines Werkes (S. 205–236). Frankfurt a. M.: Suhrkamp.

Hejl, P. M. (1991). Wie Gesellschaften Erfahrungen machen oder Was Gesellschaftstheorie zum Verständnis des Gedächtnisproblems beitragen kann. In S. J. Schmidt (Hrsg.), Gedächtnis. Probleme und Perspektiven der interdisziplinären Gedächtnisforschung (S. 293–336). Frankfurt a. M.: Suhrkamp.

Hejl, P. M. (1992a). Selbstorganisation und Emergenz in sozialen Systemen. In W. Krohn, G. Küppers (Hrsg.), Emergenz. Die Entstehung von Ordnung, Organisation und Bedeutung (S. 269–292). Frankfurt a. M.: Suhrkamp.

Hejl, P. M. (1992b). Die zwei Seiten der Eigengesetzlichkeit. Zur Konstruktion natürlicher Sozialsysteme und zum Problem ihrer Regelung. In S. J. Schmidt (Hrsg.), Kognition und Gesellschaft. Der Diskurs des radikalen Konstruktivismus (S. 167–213). Frankfurt a. M.: Suhrkamp.

Hejl, P. M. (1994). Die Entwicklung der Organisation von Sozialsystemen und ihr Beitrag zum Systemverhalten. In G. Rusch, S. J. Schmidt (Hrsg.), Konstruktivismus und Sozialtheorie (Delfin 1993, S. 109–132). Frankfurt a. M.: Suhrkamp.

Hejl, P. M. (1995). Ethik, Konstruktivismus und gesellschaftliche Selbstregelung. In G. Rusch, S. J. Schmidt (Hrsg.), Konstruktivismus und Ethik (Delfin 1995, S. 28–121). Frankfurt a. M.: Suhrkamp.

Hejl, P. M. (1999). Konstruktivismus, Beliebigkeit, Universalien. In G. Rusch (Hrsg.), Wissen und Wirklichkeit. Beiträge zum Konstruktivismus (S. 163–197). Heidelberg: Carl Auer.

Hejl, P. M. (Hrsg.) (2001). Universalien und Konstruktivismus (Delfin 2000). Frankfurt a. M.: Suhrkamp.

Hejl, P. M., Köck, W. K., Roth, G. (Hrsg.) (1978). Wahrnehmung und Kommunikation. Frankfurt a. M. u. a.: Peter Lang.

Heyting, F. (1994). Konstruktiver Pluralismus – Diversität als Baustein erziehungswissenschaftlicher Theoriebildung. In F. Heyting, H.-E. Tenorth (Hrsg.), Pädagogik und Pluralismus. Deutsche und niederländische Erfahrungen im Umgang mit Pluralität in Erziehung und Erziehungswissenschaft (S. 101–120). Weinheim: Deutscher Studien Verlag.

Heyting, F., Tenorth, H.-E. (Hrsg.) (1994). Pädagogik und Pluralismus. Deutsche und niederländische Erfahrungen im Umgang mit Pluralität in Erziehung und Erziehungswissenschaft. Weinheim: Deutscher Studien Verlag.

Hildeschmidt, A., Sander, A. (1993). Kind-Umfeld-Analyse – ein ökosystemischer Ansatz. St. Ingbert: Röhrig.

Hirschberger, J. (1980). Geschichte der Philosophie. 2 Bände. Freiburg: Herder.

Holler, I. (2005). Trainingsbuch Gewaltfreie Kommunikation. Abwechslungsreiche Übungen für Selbststudium, Seminare und Übungsgruppen. Paderborn: Junfermann.

Hoyer, J., Beesdo-Baum, K. (2011). Generalisierte Angststörung. In H.-U. Wittchen, J. Hoyer (Hrsg.), Klinische Psychologie & Psychotherapie (S. 937–952). Heidelberg: Springer.

Hungerige, H., Sabbouh, K. (1995). Let's talk about ethics. Ethik und Moral im konstruktivistischen Diskurs. In G. Rusch, S. J. Schmidt (Hrsg.), Konstruktivismus und Ethik (Delfin 1995, S. 123–173). Frankfurt a. M.: Suhrkamp.

Jackson, D. D. (1980). Der Mythos der Normalität. In P. Watzlawick, J. H. Weakland (Hrsg.), Interaktion (S. 225–233). Bern u. a.: Huber.

Janich, P. (1993). Über den Einfluß falscher Physikverständnisse auf die Neurobiologie. In E. Florey, O. Breidbach (Hrsg.), Das Gehirn – Organ der Seele? (S. 309–326). Berlin: Akademie Verlag.

Janich, P. (1996). Konstruktivismus und Naturerkenntnis. Frankfurt a. M.: Suhrkamp.

Jaspers, K. (1948). Der philosophische Glaube. München u. Zürich: Artemis.

Jaspers, K. (1949). Vom Ursprung und Ziel der Geschichte. München u. Zürich: Artemis.

Jensen, S. (1994). Im Kerngehäuse. In G. Rusch, S. J. Schmidt (Hrsg.), Konstruktivismus und Sozialtheorie (Delfin 1993, S. 47–108). Frankfurt a. M.: Suhrkamp.
Jensen, S. (1999). Erkenntnis – Konstruktivismus – Systemtheorie. Einführung in die Philosophie der konstruktivistischen Wissenschaft. Opladen u. Wiesbaden: Westdeutscher Verlag.
Jiranek, H., Edmüller, A. (2007). Konfliktmanagement. Konflikten vorbeugen, sie erkennen und lösen. Planegg: Haufe.

Kant, I. (1787/1990). Kritik der reinen Vernunft. Hamburg: Meiner.
Keeney, B. P. (Hrsg.) (1987). Konstruieren therapeutischer Wirklichkeiten. Dortmund: Verlag Modernes Lernen.
Keupp, H., Ahbe, T., Gmür, W., Höfer, R., Mitzscherlich, B., Kraus, W., Strauss, F. (1999). Identitätskonstruktionen. Das Patchwork der Identitäten in der Spätmoderne. Reinbek: Rowohlt.
Kincheloe, J. L. (2005). Critical constructivism. New York: Peter Lang.
Kleve, H. (1996). Konstruktivismus und Soziale Arbeit. Die konstruktivistische Wirklichkeitsauffassung und ihre Bedeutung für die Sozialarbeit/Sozialpädagogik und Supervision. Aachen: Kersting.
Kleve, H. (2003). Sozialarbeitswissenschaft, Systemtheorie und Postmoderne. Grundlegung und Anwendung eines Theorie- und Methodenprogramms. Freiburg i. Br.: Lambertus.
Kleve, H. (2006). Zwischen Unwahrscheinlichkeit und Möglichkeit – Zur Ambivalenz des Erfolgs in der Sozialen Arbeit. In R. Balgo, H. Lindemann (Hrsg.), Theorie und Praxis systemischer Pädagogik (S. 134–151). Heidelberg: Carl Auer.
Klöckner, B. W. (2014). Systemisch verkaufen und beraten in der Finanzbranche. Dauerhaft erfolgreich durch gelingende Kundenbindung. Wiesbaden: Springer Gabler.
Knorr-Cetina, K. (1984). Die Fabrikation von Erkenntnis. Zur Anthropologie der Naturwissenschaft. Frankfurt a. M.: Suhrkamp.
Knorr-Cetina, K. (1989). Spielarten des Konstruktivismus. Soziale Welt, 40 (1/2), 86–96.
Köck, W. K. (1978). Kognition – Semantik – Kommunikation. In P. M. Hejl, W. K. Köck, G. Roth (Hrsg.), Wahrnehmung und Kommunikation (S. 187–214). Frankfurt a. M. u. a.: Lang.
Köck, W. K. (1980). Autopoiesis and communication. In F. Benseler, P. M. Hejl, W. K. Köck (Eds.), Autopoiesis, communication, and society (pp. 87–112). Frankfurt a. M. u. New York: Campus.
Köck, W. K. (1981). On communication and the stability of social systems. In G. Roth, H. Schwegler (Eds.), Self-organizing systems (pp. 145–169). Frankfurt a. M. u. New York: Campus.
Köck, W. K. (1990). Autopoiese, Kognition und Kommunikation. Einige kritische Bemerkungen zu Humberto Maturanas Bio-Epistemologie und ihren Konsequenzen. In V. Riegas, C. Vetter (Hrsg.), Zur Biologie der Kognition. Ein Gespräch mit Humberto R. Maturana und Beiträge zur Diskussion seines Werkes (S. 159–188). Frankfurt a. M.: Suhrkamp.
Köck, W. K. (1993). Zur Geschichte des Instinktbegriffs. In E. Florey, O. Breidbach (Hrsg.), Das Gehirn – Organ der Seele? (S. 217–258). Berlin: Akademie Verlag.
König, E., Vollmer, G. (Hrsg.) (1999). Praxis der Systemischen Organisationsberatung. Weinheim: Deutscher Studien Verlag.
König, E., Vollmer, G. (2000). Systemische Organisationsberatung – Grundlagen und Methoden. Weinheim: Deutscher Studien Verlag.
Konrad, W.-A. (1999). Das Ich-Bewußtsein – Anmerkungen zu einer Konstruktion der Identität. In G. Rusch, S. J. Schmidt (Hrsg.), Konstruktivismus in der Medien- und Kommunikationswissenschaft (Delfin 1997, S. 301–319). Frankfurt a. M.: Suhrkamp.
Kramaschki, L. (1995). Wie universalistisch kann die Moralphilosophie diskutieren? Hinweise aus radikalkonstruktivistischer Sicht. In G. Rusch, S. J. Schmidt (Hrsg.), Konstruktivismus und Ethik (Delfin 1995. S. 249–275). Frankfurt a. M.: Suhrkamp.
Kraus, B. (2017). Plädoyer für den Relationalen Konstruktivismus und eine Relationale Soziale Arbeit. Forum Sozial, (1), 29–35.

Kreggenfeld, U. (2014). Erfolgreich systemisch Verhandeln. Ganzheitliche Verhandlungsstrategien – Checkliste – Anwendungsbeispiele. Wiesbaden: Springer Gabler.

Krohn, W., Krug, H.-J., Küppers, G. (Hrsg.) (1992). Selbstorganisation – Jahrbuch für Komplexität in den Natur-, Sozial- und Geisteswissenschaften. Bd. 3: Konzepte von Chaos und Selbstorganisation in der Geschichte der Wissenschaft. Berlin: Duncker & Humblot.

Krohn, W., Küppers, G. (1989). Die Selbstorganisation der Wissenschaft. Frankfurt a. M.: Suhrkamp.

Krohn, W., Küppers, G. (1990a). Wissenschaft als selbstorganisierendes System. Eine neue Sicht alter Probleme. In W. Krohn, G. Küppers (Hrsg.), Selbstorganisation. Aspekte einer wissenschaftlichen Revolution (S. 303–328). Braunschweig u. Wiesbaden: Vieweg.

Krohn, W., Küppers, G. (Hrsg.) (1990b). Selbstorganisation. Aspekte einer wissenschaftlichen Revolution. Braunschweig u. Wiesbaden: Vieweg.

Krohn, W., Küppers, G. (1992a). Die natürlichen Ursachen der Zwecke. Kants Ansätze zu einer Theorie der Selbstorganisation. In G. Rusch, S. J. Schmidt (Hrsg.), Konstruktivismus: Geschichte und Anwendung (Delfin 1992, S. 34–58). Frankfurt a. M.: Suhrkamp.

Krohn, W., Küppers, G. (Hrsg.) (1992b). Emergenz. Die Entstehung von Ordnung, Organisation und Bedeutung. Frankfurt a. M.: Suhrkamp.

Krohn, W., Küppers, G., Paslack, R. (1992). Selbstorganisation – Zur Genese und Entwicklung einer wissenschaftlichen Revolution. In S. J. Schmidt (Hrsg.), Der Diskurs des radikalen Konstruktivismus (S. 441–465). Frankfurt a. M.: Suhrkamp.

Kron, F. W. (1999). Wissenschaftstheorie für Pädagogen. München: Ernst Reinhardt.

Kron, F. W. (2001). Grundwissen Pädagogik. München: Ernst Reinhardt.

Krüger, H.-P. (1990). Luhmanns autopoietische Wende. In U. Niedersen, L. Pohlmann (Hrsg.), Selbstorganisation – Jahrbuch für Komplexität in den Natur-, Sozial- und Geisteswissenschaften (Bd. 1., S. 129–147). Berlin: Duncker & Humblot.

Kruse, P. (1996). Das dynamische Gehirn – wie entsteht Ordnung und Stabilität im Erleben und Verhalten? In W. Doering, W. Doering, G. Dose, M. Stadelmann (Hrsg.), Sinn und Sinne im Dialog (S. 183–204). Dortmund: Borgmann.

Kruse, P. (2004). next practice. Erfolgreiches Management von Instabilität. Veränderung durch Vernetzung. Offenbach: Gabal.

Kruse, P., Roth, G., Stadler, M. (1987). Ordnungsbildung und psychophysische Feldtheorie. Gestalt Theory, 9 (3/4), 150–166.

Kruse, P., Stadler, M. (1990a). Wahrnehmen, Verstehen, Erinnern. Der Aufbau des psychischen Apparates. In Deutsches Institut für Fernstudienforschung an der Universität Tübingen (Hrsg.), Funkkolleg Medien und Kommunikation (Studienbrief 3, S. 11–45). Weinheim u. Basel: Beltz.

Kruse, P., Stadler, M. (1990b). Stability and instability in cognitive systems: Multistability, suggestion, and psychosomatic interaction. In H. Haken, M. Stadler (Eds.), Synergetics of cognition (pp. 32–52). Berlin u. Heidelberg: Springer.

Kruse, P., Stadler, M. (Eds.) (1995). Ambiguity in mind and nature: Multistable cognitive phenomena. Berlin u. Heidelberg: Springer.

Kuhn, T. S. (1976). Die Struktur wissenschaftlicher Revolutionen. Frankfurt a. M.: Suhrkamp.

Küppers, B.-O. (Hrsg.) (1991). Ordnung aus dem Chaos. Prinzipien der Selbstorganisation und Evolution des Lebens. München: Piper.

Küppers, G. (Hrsg.) (1996). Chaos und Ordnung. Formen der Selbstorganisation in Natur und Gesellschaft. Stuttgart: Reclam.

Kurt, R. (1995). Subjektivität und Intersubjektivität: Kritik der konstruktivistischen Vernunft. Frankfurt a. M. u. New York: Campus.

Lelgemann, R. (2003). Radikaler Konstruktivismus und Sonderpädagogik – Thesen und Anfragen aus theoretischer und praktischer Perspektive. In Heilpädagogik online, 2 (4), 4–20.

Lindemann, H. (2001). Bastelstunde: Pädagogische Systeme. Ein Blick auf die konstruktivistische Demontage sinnvollen Lernens. System Schule. Zeitschrift für innovative Schulpraxis, 5 (2), 60–64.
Lindemann, H. (2003a). Was ist ein System? Was ist systemisches Denken? In R. Voss (Hrsg.), Unterricht neu erfinden. Systemisch-konstruktivistische Annäherungen (Multimedia CD-Rom). Koblenz: Universität Koblenz.
Lindemann, H. (2003b). Perspektiven erweitern: Von der Ursachensuche zu systemischem Denken. In R. Balgo, R. Werning (Hrsg.), Lernen und Lernprobleme im systemischen Diskurs (S. 131–152). Dortmund: Borgmann.
Lindemann, H. (2006). Konstruktivismus und Pädagogik. Grundlagen, Modelle, Wege zur Praxis. München: Ernst Reinhardt.
Lindemann, H. (2009). Multiperspektivität, Ethik und Bildung aus konstruktivistischer Sicht. In F. Benseler, B. Blanck, R. Keil, W. Loh (Hrsg.), Erwägen – Wissen – Ethik. Streitforum für Erwägungskultur, 20 (2), 283–286.
Lindemann, H. (2011). Systeme in Bewegung bringen: Veränderung durch gemeinsame Selbstveränderung. In R. Arnold (Hrsg.), Veränderung durch Selbstveränderung: Impulse für das Changemanagement (S. 111–158). Hohengehren: Schneider.
Lindemann, H. (2016). 75 Bildkarten für die Arbeit mit Leit- und Glaubenssätzen. Weinheim: Beltz.
Lindemann, H. (2017a). Unternehmen Schule. Führung und Zusammenarbeit. Göttingen: Vandenhoeck & Ruprecht.
Lindemann, H. (2017b). Unternehmen Schule. Organisation und Organisationsentwicklung. Göttingen: Vandenhoeck & Ruprecht.
Lindemann, H. (2017c). Moderation, Mediation und Beratung in der Schule. Systemisch-lösungsorientierte Gesprächsführung. Göttingen: Vandenhoeck & Ruprecht.
Lindemann, H. (2018a). Systemisch-lösungsorientierte Gesprächsführung in Beratung, Coaching, Supervision und Therapie. Göttingen: Vandenhoeck & Ruprecht.
Lindemann, H. (2018b). Systemisch Arbeiten mit Leit- und Glaubenssätzen in Schule und Schulleitung. In J. Teichert, B. Ratajczak, R. Ofianka (Hrsg.), Erfolgreich leiten – Neues Handwerkszeug für Schulleitung (S. 116–128). Weinheim: Beltz.
Lindemann, H., Mayer, C.-H., Osterfeld, I. (2018). Systemisch-lösungsorientierte Mediation und Konfliktklärung. Göttingen: Vandenhoeck & Ruprecht.
Lindemann, H., Vossler, N. (1999). Die Behinderung liegt im Auge des Betrachters. Konstruktivistisches Denken für die pädagogische Praxis. Neuwied u. Kriftel: Luchterhand.
Lohmann, G. (1994). Beobachtung und Konstruktion von Wirklichkeit. Bemerkungen zum Luhmannschen Konstruktivismus. In G. Rusch, S. J. Schmidt (Hrsg.), Konstruktivismus und Sozialtheorie (S. 205–219). Frankfurt a. M.: Suhrkamp.
Longino, H. (1990). Science as social knowledge: Values and objectivity in scientific inquiry. Princeton: Princeton University Press.
Lorenzen, P. (1974). Konstruktive Wissenschaftstheorie. Frankfurt a. M.: Suhrkamp.
Luhmann, N. (1969). Klassische Theorien der Macht. Kritik ihrer Prämissen. Zeitschrift für Politik, 16, 149–170.
Luhmann, N. (1977). Zweckbegriff und Systemrationalität. Frankfurt a. M.: Suhrkamp.
Luhmann, N. (1978). Soziologie der Moral. In N. Luhmann, S. Pfürtner (Hrsg.), Theorietechnik und Moral (S. 8–116). Frankfurt a. M.: Suhrkamp.
Luhmann, N. (1985). Die Autopoiese des Bewußtseins. Soziale Welt, 36 (4), 402–446.
Luhmann, N. (1987a). Autopoiesis als soziologischer Begriff. In H. Haferkamp, M. Schmid (Hrsg.), Sinn, Kommunikation und soziale Differenzierung. Beiträge zu Luhmanns Theorie sozialer Systeme (S. 307–324). Frankfurt a. M.: Suhrkamp.
Luhmann, N. (1987b). Soziale Systeme. Frankfurt a. M.: Suhrkamp.
Luhmann, N. (1988). Wie ist Bewußtsein an Kommunikation beteiligt? In H. U. Gumbrecht, K. L. Pfeiffer (Hrsg.), Materialität der Kommunikation (S. 884–905). Frankfurt a. M.: Suhrkamp.

Luhmann, N. (1989). Ethik als Reflexionstheorie der Moral. In N. Luhmann (Hrsg.), Gesellschaftsstruktur und Semantik (Bd. 3., S. 358–448). Frankfurt a. M.: Suhrkamp.
Luhmann, N. (1990). Die Wissenschaft der Gesellschaft. Frankfurt a. M.: Suhrkamp.
Luhmann, N. (1990/2005). Soziologische Aufklärung 5: Konstruktivistische Perspektiven. Wiesbaden: Springer.
Luhmann, N. (2002). Einführung in die Systemtheorie. Heidelberg: Carl Auer.
Luhmann, N. (1992a). Beobachtungen der Moderne. Opladen: Westdeutscher Verlag.
Luhmann, N. (1992b). Die operative Geschlossenheit psychischer und sozialer Systeme. In H. R. Fischer, A. Retzer, J. Schweitzer (Hrsg.), Das Ende der großen Entwürfe (S. 117–131). Frankfurt a. M.: Suhrkamp.
Luhmann, N. (1993). Wirtschaftsethik – als Ethik? In J. Wieland (Hrsg.), Wirtschaftsethik und Theorie der Gesellschaft (S. 134–147). Frankfurt a. M.: Suhrkamp.
Luhmann, N. (1997). Die Gesellschaft der Gesellschaft. Frankfurt a. M.: Suhrkamp.
Luhmann, N. (2002). Das Erziehungssystem der Gesellschaft. Frankfurt a. M.: Suhrkamp.
Luhmann, N. (2004). Schriften zur Pädagogik. Frankfurt a. M.: Suhrkamp.
Luhmann, N. (2008). Die Moral der Gesellschaft. Frankfurt a. M.: Suhrkamp.
Luhmann, N. (2012). Macht. Konstanz: UVK.
Luhmann, N. (2013). Macht im System. Frankfurt a. M.: Suhrkamp.
Luhmann, N., Schorr, K. E. (Hrsg.) (1982). Zwischen Technologie und Selbstreferenz. Fragen an die Pädagogik. Frankfurt a. M.: Suhrkamp.
Luhmann, N., Schorr, K. E. (Hrsg.) (1986). Zwischen Intransparenz und Verstehen. Fragen an die Pädagogik. Frankfurt a. M.: Suhrkamp.
Luhmann, N., Schorr, K. E. (Hrsg.) (1990). Zwischen Anfang und Ende. Fragen an die Pädagogik. Frankfurt a. M.: Suhrkamp.
Luhmann, N., Maturana, H. R., Namiki, M., Redder, V., Varela, F. (1990). Beobachter. Konvergenz der Erkenntnistheorie? München: Fink.
Lutterer, W. (2000). Auf den Spuren ökologischen Bewußtseins. Eine Analyse des Gesamtwerks von Gregory Bateson. Norderstedt: BoD.

Marginter, P. (1988). Königrufen. Frankfurt a. M.: Suhrkamp.
Maslow, A. H. (1981). Motivation und Persönlichkeit. Reinbek: Rowohlt.
Matthies, E., Baecker, J., Wiesner, M. (1991). Erkenntniskonstruktion am Beispiel der Tastwahrnehmung. Braunschweig u. Wiesbaden: Vieweg.
Maturana, H. R. (1978). Cognition. In P. M. Hejl, W. K. Köck, G. Roth (Hrsg.), Wahrnehmung und Kommunikation (S. 29–50). Frankfurt a. M. u. a.: Peter Lang.
Maturana, H. R. (1980). Man and society. In F. Benseler, P. M. Hejl, W. K. Köck (Eds.), Autopoiesis, communication, and society (pp. 11–32). Frankfurt a. M. u. New York: Campus.
Maturana, H. R. (1982). Erkennen. Die Organisation und Verkörperung von Wirklichkeit. Braunschweig u. Wiesbaden: Vieweg.
Maturana, H. R. (1987a). Biologie der Sozialität. In S. J. Schmidt (Hrsg.), Der Diskurs des radikalen Konstruktivismus (S. 287–302). Frankfurt a. M.: Suhrkamp.
Maturana, H. R. (1987b). Kognition. In S. J. Schmidt (Hrsg.), Der Diskurs des radikalen Konstruktivismus (S. 89–118). Frankfurt a. M.: Suhrkamp.
Maturana, H. R. (1990a). The biological foundations of self consciousness and the domain of existence. In N. Luhmann, H. R. Maturana, M. Namiki, V. Redder, F. Varela, Beobachter. Konvergenz der Erkenntnistheorien? (S. 47–118). München: Fink.
Maturana, H. R. (1990b). Wissenschaft und Alltag: Die Ontologie wissenschaftlicher Erklärungen. In W. Krohn, G. Küppers (Hrsg.), Selbstorganisation. Aspekte einer wissenschaftlichen Revolution (S. 107–138). Braunschweig u. Wiesbaden: Vieweg.

Maturana, H. R. (1993). The origin of the theory of autopoietic systems. In H. R. Fischer (Hrsg.), Autopoiesis – Eine Theorie im Brennpunkt der Kritik (S. 121–124). Heidelberg: Carl Auer.
Maturana, H. R. (1996). Was ist Erkennen? München: Piper.
Maturana, H. R. (2000). Biologie der Realität. Frankfurt a. M.: Suhrkamp.
Maturana, H. R., Pörksen, B. (2002). Vom Sein zum Tun. Die Ursprünge der Biologie des Erkennens. Heidelberg: Carl Auer.
Maturana, H. R., Varela, F. (1987). Der Baum der Erkenntnis. München u. a.: Scherz.
Meinefeld, W. (1995). Realität und Konstruktion. Erkenntnistheoretische Grundlagen einer Methodologie der empirischen Sozialforschung. Opladen: Leske & Budrich.
Meixner, J., Müller, K. (Hrsg.) (2001). Konstruktivistische Schulpraxis. Beispiele für den Unterricht. Neuwied: Luchterhand.
Metzinger, T. (1985). Neuere Beiträge zur Diskussion des Leib-Seele-Problems. Frankfurt a. M. u. a.: Peter Lang.
Metzinger, T. (1993). Subjekt und Selbstmodell. Die Perspektivität phänomenalen Bewusstseins vor dem Hintergrund einer naturalistischen Theorie mentaler Repräsentation. Paderborn u. a.: Schöningh.
Metzinger, T. (1995a). Das Problem des Bewußtseins. In T. Metzinger (Hrsg.), Bewußtsein: Beiträge aus der Gegenwartsphilosophie (S. 15–53). Paderborn u. a.: Schöningh.
Metzinger, T. (Hrsg.) (1995b). Bewußtsein: Beiträge aus der Gegenwartsphilosophie. Paderborn u. a.: Schöningh.
Milani-Comparetti, A. (1980). Integration – Wunsch und Wirklichkeit. In A. Buch, B. Heinecke, U. Baesler (Hrsg.), An den Rand gedrängt – Was Behinderte daran hindert, normal zu sein (S. 137–145). Reinbek: Rowohlt.
Milani-Comparetti, A. (1987). Grundlagen der Integration behinderter Kinder und Jugendlicher in Italien. Behindertenpädagogik, 26 (3), 227–234.
Milani-Comparetti, A. (1996). Von der »Medizin der Krankheit« zu einer »Medizin der Gesundheit«. In E. Janssen, H. von Lüpke (Hrsg.), Von der Behandlung der Krankheit zur Sorge um Gesundheit. Entwicklungsförderung im Dialog. Dokumentationen von Fachtagungen des Paritätischen Bildungswerks Bildungsverband e. V. (S. 16–27). Heidelberg: Mattes.
Milani-Comparetti, A., Roser L. O. (1982). Förderung der Normalität und der Gesundheit in der Rehabilitation. In M. Wunder, U. Sierck (Hrsg.), Sie nennen es Fürsorge. Behinderte zwischen Vernichtung und Widerstand (S. 77–88). Berlin: Verlagsgesellschaft Gesundheit.
Minuchin S. (1977). Familie und Familientherapie. Theorie und Praxis struktureller Familientherapie. Freiburg i. Br.: Lambertus.
Montada, L. (1987). Die geistige Entwicklung aus der Sicht Jean Piagets. In R. Oerter, L. Montada (Hrsg.), Entwicklungspsychologie (S. 413–462). Weinheim: Psychologie Verlags Union.
Müller, K. (1996). Wege konstruktivistischer Lernkultur. In K. Müller (Hrsg.), Konstruktivismus. Lehren – Lernen – Ästhetische Prozesse (S. 71–115). Neuwied: Luchterhand.
Müssen, P. (1995). »Gnothi seauton«. Konstruktivismus und die sokratische Methode der Maieutik. Versuch über konstruktivistische Fragen zur Ethik. In G. Rusch, S. J. Schmidt (Hrsg.), Konstruktivismus und Ethik (Delfin 1995, S. 178–209). Frankfurt a. M.: Suhrkamp.

Neuberger, O. (2002). Führen und führen lassen: Ansätze, Ergebnisse und Kritik der Führungsforschung. Stuttgart: Lucius & Lucius.
Niedersen, U., Pohlmann, L. (Hrsg.) (1990). Selbstorganisation – Jahrbuch für Komplexität in den Natur-, Sozial- und Geisteswissenschaften. Bd. 1: Selbstorganisation und Determination. Berlin: Duncker & Humblot.
Niedersen, U., Pohlmann, L. (Hrsg.) (1991). Selbstorganisation – Jahrbuch für Komplexität in den Natur-, Sozial- und Geisteswissenschaften. Bd. 2: Der Mensch in Ordnung und Chaos. Berlin: Duncker & Humblot.

Nietzsche, F. (1882/2001). Die fröhliche Wissenschaft. Die digitale Bibliothek der Philosophie. Berlin: Directmedia.
Nüse, R. (1995). Und es funktioniert doch: Der Zugang des Gehirns zur Welt und die Kausaltheorie der Wahrnehmung. In H. R. Fischer (Hrsg.), Die Wirklichkeit des Konstruktivismus. Zur Auseinandersetzung um ein neues Paradigma (S. 177–194). Heidelberg: Carl Auer.
Nüse, R., Groeben, N., Freitag, B., Schreier, M. (1991). Über die Erfindungen des radikalen Konstruktivismus. Weinheim: Deutscher Studien Verlag.

Oboth, M., Seils, J. (2011). Mediation in Gruppen und Teams. Praxis und Methodenbuch. Paderborn: Junfermann.
Oerter, R., Montada, L. (Hrsg.) (1987). Entwicklungspsychologie. Weinheim: Psychologie Verlags Union.

Palma, F. J. (2012). Die Landkarte des Himmels. Reinbek: Rowohlt.
Palmowski, W. (1999). Woran erkenne ich den systemisch-konstruktivistischen Lehrer? System Schule, 3 (4), 131–135.
Paslack, R. (1991). Urgeschichte der Selbstorganisation: zur Archäologie eines wissenschaftlichen Paradigmas. Braunschweig u. Wiesbaden: Vieweg.
Paslack, R. (1992). Ursprünge der Selbstorganisation. In G. Rusch, S. J. Schmidt (Hrsg.), Konstruktivismus: Geschichte und Anwendung (Delfin 1992, S. 59–90). Frankfurt a. M.: Suhrkamp.
Pasternack, G. (Hrsg.) (1985). Erklären, Verstehen, Begründen (Schriftenreihe Zentrum philosophische Grundlagen der Wissenschaften, Bd. 1). Bremen: Zentrum philosophische Grundlagen der Wissenschaften.
Pasternack, G. (Hrsg.) (1989). Tatsache, Bedeutung, Konstruktion. (Schriftenreihe Zentrum philosophische Grundlagen der Wissenschaften, Bd. 7). Bremen: Zentrum philosophische Grundlagen der Wissenschaften.
Pauen, M. (2001). Grundprobleme der Philosophie des Geistes. In M. Pauen, G. Roth (Hrsg.), Neurowissenschaften und Philosophie (S. 93–122). München: Fink.
Pauen, M., Roth, G. (Hrsg.) (2001). Neurowissenschaften und Philosophie. München: Fink.
Peschl, M. F. (1990). Cognitiv Modelling: ein Beitrag zur Cognitiv Science aus der Perspektive des Konstruktivismus und des Konnektionismus. Wiesbaden: Deutscher Universitäts Verlag.
Peschl, M. F. (Hrsg.) (1991). Formen des Konstruktivismus in Diskussion. Wien: Universitätsverlag.
Pessoa, F. (1987). Das Buch der Unruhe des Hilfsbuchhalters Bernardo Soares. Frankfurt a. M.: Fischer.
Peters, W. (1987). A class divided. Then and now. New Haven: Yale University Press.
Piaget, J. (1973). Einführung in die genetische Erkenntnistheorie. Frankfurt a. M.: Suhrkamp.
Piaget, J. (1974a). Biologie und Erkenntnis. Über die Beziehung zwischen organischen Regulationen und kognitiven Prozessen. Frankfurt a. M.: Fischer.
Piaget, J. (1974b). Theorien und Methoden der modernen Erziehung. Frankfurt a. M.: Fischer.
Piaget, J. (1975). Der Aufbau der Wirklichkeit beim Kinde. Stuttgart: Klett.
Piaget, J. (1976). Die Äquilibration der kognitiven Strukturen. Stuttgart: Klett.
Piaget, J. (1979). Sprechen und Denken des Kindes. Düsseldorf: Schwann.
Piaget, J. (1983). Meine Theorie der geistigen Entwicklung. Frankfurt a. M.: Fischer.
Piaget, J. (1993). Probleme der Entwicklungspsychologie: Kleine Schriften. Hamburg: Europäische Verlags Anstalt.
Pöppel, E. (2000). Grenzen des Bewußtseins. Wie kommen wir zur Zeit, und wie entsteht Wirklichkeit? Frankfurt a. M.: Insel.
Pörksen, B. (2002). Die Gewissheit der Ungewissheit. Gespräche zum Konstruktivismus. Heidelberg: Carl Auer.

Pörksen, B. (2006). Die Beobachtung des Beobachters. Eine Erkenntnistheorie der Journalistik. Konstanz: UVK.
Pörksen, B. (Hrsg.) (2015). Schlüsselwerke des Konstruktivismus. Wiesbaden: Springer.
Pongratz, L. A. (2009). Untiefen im Mainstream. Zur Kritik konstruktivistisch-systemtheoretischer Pädagogik. Paderborn: Schöningh.
Popper, K. R., Eccles, J. C. (1996). Das Ich und sein Gehirn. München: Piper.
Postman, N. (1995). Keine Götter mehr. Das Ende der Erziehung. Berlin: Berlin Verlag.
Pratchett, T. (1995). Interesting times. London: Corgi.
Prigogine, I., Stengers, I. (1990). Dialog mit der Natur. München: Piper.
Probst, G. J. B. (1987). Selbstorganisation: Ordnungsprozesse in sozialen Systemen aus ganzheitlicher Sicht. Berlin u. Hamburg: Parey.

Radatz, S. (2002). Beratung ohne Ratschlag. Systemisches Coaching für Führungskräfte und BeraterInnen. Wien: Edition Institut für systemisches Coaching und Training.
Rapp, F. (Hrsg.) (1997). Die konstruierte Welt. Theorie als Erzeugungsprinzip. Dortmund: Projekte Verlag.
Reich, K. (1998). Konstruktivistische Unterrichtsmethoden – lerntheoretische Voraussetzungen und ausgewählte Beispiele. System Schule, 2 (1), 20–26.
Reich, K. (1999a). Die Ordnung der Blicke: Perspektiven des interaktionistischen Konstruktivismus. Bd. 1. Zugriff am 06.04.2019 unter www.uni-koeln.de/hf/konstrukt/reich_works/buecher/ordnung/index.html
Reich, K. (1999b). Die Ordnung der Blicke: Perspektiven des interaktionistischen Konstruktivismus. Bd. 2. Zugriff am 06.04.2019 unter www.uni-koeln.de/hf/konstrukt/reich_works/buecher/ordnung/index.html
Reich, K. (2000). Systemisch-konstruktivistische Pädagogik. Einführung in Grundlagen einer interaktionistisch-konstruktivistischen Pädagogik. Neuwied u. Kriftel: Luchterhand.
Reich, K. (2002a). Konstruktivistische Didaktik. Leben und Lernen aus interaktionistischer Sicht. Neuwied u. Kriftel: Luchterhand.
Reich, K. (2002b). Grundfehler des Konstruktivismus. Eine Einführung in das konstruktivistische Denken unter Aufnahme von 10 häufig gehörten kritischen Einwänden. In J. Fragner, U. Greiner, M. Vorauer (Hrsg.), Menschenbilder. Zur Auslöschung der anthropologischen Differenz (S. 91–112). Linz: Schriften der Pädagogischen Akademie des Bundes in Oberösterreich.
Riegas, V. (1990). Das Nervensystem – offenes oder geschlossenes System? In V. Riegas, C. Vetter (Hrsg.), Zur Biologie der Kognition. Ein Gespräch mit Humberto R. Maturana und Beiträge zur Diskussion seines Werkes (S. 99–115). Frankfurt a. M.: Suhrkamp.
Riegas, V., Vetter, C. (1990a). Gespräch mit Humberto R. Maturana. In V. Riegas, C. Vetter (Hrsg.), Zur Biologie der Kognition. Ein Gespräch mit Humberto R. Maturana und Beiträge zur Diskussion seines Werkes (S. 11–90). Frankfurt a. M.: Suhrkamp.
Riegas, V., Vetter, C. (Hrsg.) (1990b). Zur Biologie der Kognition. Ein Gespräch mit Humberto R. Maturana und Beiträge zur Diskussion seines Werkes. Frankfurt a. M.: Suhrkamp.
Rosenberg, M. B. (2005). Gewaltfreie Kommunikation. Paderborn: Junfermann.
Rosenhan, D. L. (1994). Gesund in kranker Umgebung. In P. Watzlawick (Hrsg.), Die erfundene Wirklichkeit: wie wissen wir, was wir zu wissen glauben? Beiträge zum Konstruktivismus (8. Aufl., S. 111–137). München: Piper.
Roth, G. (1978). Die Bedeutung der biologischen Wahrnehmungsforschung für die philosophische Erkenntnistheorie. In P. M. Hejl, W. K. Köck, G. Roth (Hrsg.), Wahrnehmung und Kommunikation (S. 56–78). Frankfurt a. M. u. a.: Peter Lang.
Roth, G. (1980). Cognition as a self-organising system. In F. Benseler, P. M. Hejl, W. K. Köck (Eds.), Autopoiesis, communication, and society (pp. 45–52). Frankfurt a. M. u. New York: Campus.

Roth, G. (1981). Biological systems theory and the problem of reductionism. In G. Roth, H. Schwegler (Eds.), Self-organizing systems (pp. 106–120). Frankfurt a. M. u. New York: Campus.
Roth, G. (1985). Die Selbstreferenzialität des Gehirns und die Prinzipien der Gestaltwahrnehmung. Gestalt Theory, 7 (4), 228–244.
Roth, G. (1986a). Selbstorganisation und Selbstreferentialität als Prinzipien der Organisation von Lebewesen. In H. J. Sandkühler, H. H. Holz (Hrsg.), Dialektik 12: Die Dialektik und die Wissenschaften (S. 194–213). Köln: Pahl-Rugenstein.
Roth, G. (1986b). Selbstorganisation – Selbsterhaltung – Selbstreferentialität: Prinzipien der Organisation der Lebewesen und ihre Folgen für die Beziehung zwischen Organismus und Umwelt. In A. Dress, H. Hendrichs, G. Küppers (Hrsg.), Selbstorganisation. Die Entstehung von Ordnung in Natur und Gesellschaft (S. 149–180). München: Piper.
Roth, G. (1987a). Autopoiese und Kognition: Die Theorie H. R. Maturanas und die Notwendigkeit ihrer Weiterentwicklung. In S. J. Schmidt (Hrsg.), Der Diskurs des radikalen Konstruktivismus (S. 256–286). Frankfurt a. M.: Suhrkamp.
Roth, G. (1987b). Die Entwicklung kognitiver Selbstreferentialität im menschlichen Gehirn. In D. Baecker, J. Markowitz, R. Stichweh, H. Tyrell, H. Wilke (Hrsg.), Theorie als Passion. Niklas Luhmann zum 60. Geburtstag (S. 394–422). Frankfurt a. M.: Suhrkamp.
Roth, G. (1987c). Erkenntnis und Realität: Das reale Gehirn und seine Wirklichkeit. In S. J. Schmidt (Hrsg.), Der Diskurs des radikalen Konstruktivismus (S. 229–255). Frankfurt a. M.: Suhrkamp.
Roth, G. (1989). Das Gehirn und seine Leistungen. Unterricht Biologie, 13 (149), 2–10.
Roth, G. (1990). Gehirn und Selbstorganisation. In W. Krohn, G. Küppers (Hrsg.), Selbstorganisation. Aspekte einer wissenschaftlichen Revolution (S. 167–180). Braunschweig u. Wiesbaden: Vieweg.
Roth, G. (1991a). Die Konstitution von Bedeutung im Gehirn. In S. J. Schmidt (Hrsg.), Gedächtnis. Probleme und Perspektiven der interdisziplinären Gedächtnisforschung (S. 360–370). Frankfurt a. M.: Suhrkamp.
Roth, G. (1991b). Neuronale Grundlagen des Lernens und des Gedächtnisses. In S. J. Schmidt (Hrsg.), Gedächtnis. Probleme und Perspektiven der interdisziplinären Gedächtnisforschung (S. 127–158). Frankfurt a. M.: Suhrkamp.
Roth, G. (1992a). Kognition: Die Entstehung von Bedeutung im Gehirn. In W. Krohn, G. Küppers (Hrsg.), Emergenz. Entstehung von Ordnung, Organisation und Bedeutung (S. 104–132). Frankfurt a. M.: Suhrkamp.
Roth, G. (1992b). Das konstruktive Gehirn: Neurobiologische Grundlagen von Wahrnehmung und Erkenntnis. In S. J. Schmidt (Hrsg.), Kognition und Gesellschaft. Der Diskurs des radikalen Konstruktivismus (S. 277–336). Frankfurt a. M.: Suhrkamp.
Roth, G. (1994a). Braucht die Hirnforschung die Philosophie? In J. Fedrowitz, D. Matejovski, G. Kaiser (Hrsg.), Neuroworlds. Gehirn – Geist – Kultur (S. 81–92). Frankfurt a. M. u. New York: Campus.
Roth, G. (1994b). Entstehung von Wahrnehmung und Bewußtsein im Gehirn. Biologie in unserer Zeit, 24 (3), 33–35.
Roth, G. (1994c). Das Gehirn und seine Wirklichkeit. Kognitive Neurobiologie und ihre philosophischen Konsequenzen. Frankfurt a. M.: Suhrkamp.
Roth, G. (1995a). Gehirn oder Geist? Warum hören Geisteswissenschaftler ungern auf Hirnforscher? Die ZEIT, 8.
Roth, G. (1995b). Die Konstruktivität des Gehirns: Der Kenntnisstand der Hirnforschung. In H. R. Fischer (Hrsg.), Die Wirklichkeit des Konstruktivismus. Zur Auseinandersetzung um ein neues Paradigma (S. 47–62). Heidelberg: Carl Auer.
Roth, G. (1996a). Die Bedeutung der Hirnforschung für die philosophische Erkenntnistheorie und das Leib-Seele-Problem. In V. Braitenberg, I. Hosp (Hrsg.), Die Natur ist unser Modell von ihr. Forschung und Philosophie (S. 87–110). Reinbek: Rowohlt.

Roth, G. (1996b). Schnittstelle Gehirn. Zwischen Geist und Welt. Bern: Benteli.
Roth, G. (2001a). Neurobiologische Grundlagen des Bewusstseins. In M. Pauen, G. Roth (Hrsg.), Neurowissenschaften und Philosophie (S. 155–209). München: Fink.
Roth, G. (2001b). Fühlen, Denken, Handeln. Wie das Gehirn unser Verhalten steuert. Frankfurt a. M.: Suhrkamp.
Roth, G. (2003). Aus Sicht des Gehirns. Frankfurt a. M.: Suhrkamp.
Roth, G., Prinz, W. (Hrsg.) (1996). Kopf-Arbeit: Gehirnfunktionen und kognitive Leistungen. Heidelberg u. a.: Spektrum.
Roth, G., Schwegler, H. (Hrsg.) (1981). Self-organizing Systems: an interdisciplinary approach. Frankfurt a. M. u. New York: Campus.
Rotthaus, W. (2016). Ethik und Recht. In T. Levold, M. Wirsching (Hrsg.), Systemische Therapie und Beratung – Das große Lehrbuch (S. 497–509). Heidelberg: Carl Auer.
Rowling, J. K. (2007). Harry Potter und die Heiligtümer des Todes. Hamburg: Carlsen.
Runkel, G., Burkart, G. (Hrsg.) (2005). Funktionssysteme der Gesellschaft. Beiträge zur Systemtheorie von Niklas Luhmann. Wiesbaden: Verlag für Sozialwissenschaften.
Rusch, G. (1986). Verstehen verstehen – Ein Versuch aus konstruktivistischer Sicht. In N. Luhmann, K. E. Schorr (Hrsg.), Zwischen Intransparenz und Verstehen, Fragen an die Pädagogik (S. 40–71). Frankfurt a. M.: Suhrkamp.
Rusch, G. (1987). Erkenntnis, Wissenschaft, Geschichte: von einem konstruktivistischen Standpunkt. Frankfurt a. M.: Suhrkamp.
Rusch, G. (1990). Verstehen verstehen. Kognitive Autonomie und soziale Regulierung. In Deutsches Institut für Fernstudienforschung an der Universität Tübingen (Hrsg.), Funkkolleg Medien und Kommunikation (Studienbrief 5, S. 11–44). Weinheim u. Basel: Beltz.
Rusch, G. (1992). Auffassen, Begreifen und Verstehen. Neue Überlegungen zu einer konstruktivistischen Theorie des Verstehens. In S. J. Schmidt (Hrsg.), Kognition und Gesellschaft. Der Diskurs des radikalen Konstruktivismus (S. 214–256). Frankfurt a. M.: Suhrkamp.
Rusch, G. (Hrsg.) (1999a). Konstruktivistische Theorien des Verstehens. In G. Rusch (Hrsg.), Wissen und Wirklichkeit. Beiträge zum Konstruktivismus (S. 127–160). Heidelberg: Carl Auer.
Rusch, G. (Hrsg.) (1999b). Wissen und Wirklichkeit. Beiträge zum Konstruktivismus. Heidelberg: Carl Auer.
Rusch, G., Schmidt, S. J. (Hrsg.) (1992). Konstruktivismus: Geschichte und Anwendung (Delfin 1992). Frankfurt a. M.: Suhrkamp.
Rusch, G., Schmidt, S. J. (Hrsg.) (1994a). Piaget und der radikale Konstruktivismus (Delfin 1994). Frankfurt a. M.: Suhrkamp.
Rusch, G., Schmidt, S. J. (Hrsg.) (1994b). Konstruktivismus und Sozialtheorie (Delfin 1993). Frankfurt a. M.: Suhrkamp.
Rusch, G., Schmidt, S. J. (Hrsg.) (1995). Konstruktivismus und Ethik (Delfin 1995). Frankfurt a. M.: Suhrkamp.
Rusch, G., Schmidt, S. J. (Hrsg.) (1999). Konstruktivismus in der Medien- und Kommunikationswissenschaft (Delfin 1997). Frankfurt a. M.: Suhrkamp.
Rusch, G., Schmidt, S. J. (Hrsg.) (2000). Konstruktivismus in Psychiatrie und Psychologie. Frankfurt a. M.: Suhrkamp.
Rusch, G., Schmidt S. J., Breidbach, O. (Hrsg.) (1996). Interne Repräsentationen (Delfin 1996). Frankfurt a. M.: Suhrkamp.
Ryle, G. (1949/2000). The concept of mind. London: Penguin.

Sandkühler, H. J. (1991). Die Wirklichkeit des Wissens. Geschichtliche Einführung in die Epistemologie und Theorie der Erkenntnis. Frankfurt a. M.: Suhrkamp.
Sandkühler, H. J. (Hrsg.) (1991a). Wissenschaftliche Weltbilder (Schriftenreihe Zentrum philosophische Grundlagen der Wissenschaften, Bd. 10). Bremen: Zentrum philosophische Grundlagen der Wissenschaften.

Sandkühler, H. J. (Hrsg.) (1991b). Ontologie, Epistemologie und Methodologie. (Schriftenreihe Zentrum philosophische Grundlagen der Wissenschaften, Bd. 11). Bremen: Zentrum philosophische Grundlagen der Wissenschaften.
Sandkühler, H. J. (Hrsg.) (1992). Wirklichkeit und Wissen. (Schriftenreihe Zentrum philosophische Grundlagen der Wissenschaften, Bd. 12). Bremen: Zentrum philosophische Grundlagen der Wissenschaften.
Sandkühler, H. J. (Hrsg.) (1993). Repräsentation und Modell, Formen der Welterkenntnis. (Schriftenreihe Zentrum philosophische Grundlagen der Wissenschaften, Bd. 14). Bremen: Zentrum philosophische Grundlagen der Wissenschaften.
Sandkühler, H. J., Holz, H. H. (Hrsg.) (1986). Dialektik 12: Die Dialektik und die Wissenschaften. Köln: Pahl-Rugenstein.
Satir, V. (1988). Kommunikation, Selbstwert, Kongruenz: Konzepte und Perspektiven familientherapeutischer Praxis. Paderborn: Junfermann.
Saxer, U. (1992). Thesen zur Kritik des Konstruktivismus. Communicatio Socialis, 25 (2), 178–183.
Schiepek, G. (1999). Die Grundlagen der Systemischen Therapie. Göttingen: Vandenhoeck & Ruprecht.
Schiepek, G., Eckert, H., Kravanja, B. (2013). Grundlagen systemischer Therapie und Beratung. Psychotherapie als Förderung von Selbstorganisationsprozessen. Göttingen: Hogrefe.
Schiepek, G., Kröger, F., Eckert, H. (2001). »Nichts ist praktischer als eine gute Theorie« – Das systemische Projekt als wissenschaftliche Herausforderung. Kontext – Zeitschrift für systemische Therapie und Familientherapie, 32 (4), 265–289.
Schimmer, J. (1991). Der verfremdete konstruktive Realismus – Erkenntnistheoretische Grundannahmen und Probleme. In M. F. Peschl (Hrsg.), Formen des Konstruktivismus in der Diskussion (S. 32–51). Wien: Universitätsverlag.
Schlippe, A. von (2015). Systemisches Denken und Handeln im Wandel. Impulse für systembezogenes Handeln in Beratung und Therapie. Kontext – Zeitschrift für systemische Therapie und Familientherapie, 46 (1), S. 6–26.
Schlippe, A. von, Schweitzer, J. (2012). Lehrbuch der systemischen Therapie und Beratung I. Das Grundlagenwissen. Göttingen: Vandenhoeck & Ruprecht.
Schlippe, A. von, Schweitzer, J. (2019). Gewusst wie, gewusst warum. Die Logik systemischer Interventionen. Göttingen: Vandenhoeck & Ruprecht.
Schmidt, S. J. (1986). Selbstorganisation – Wirklichkeit – Verantwortung. Der wissenschaftliche Konstruktivismus als Erkenntnistheorie und Lebensentwurf. Lumis-Schriften der Universität Siegen, Bd. 9. Siegen: LUMIS.
Schmidt, S. J. (1987a). Der radikale Konstruktivismus: Ein neues Paradigma im interdisziplinären Diskurs. In S. J. Schmidt (Hrsg.), Der Diskurs des radikalen Konstruktivismus (S. 11–88). Frankfurt a. M.: Suhrkamp.
Schmidt, S. J. (Hrsg.) (1987b). Der Diskurs des radikalen Konstruktivismus. Frankfurt a. M.: Suhrkamp.
Schmidt, S. J. (1990). Wir verstehen uns doch? Von der Unwahrscheinlichkeit gelingender Kommunikation. In Deutsches Institut für Fernstudienforschung an der Universität Tübingen (Hrsg.), Funkkolleg Medien und Kommunikation (Studienbrief 2, S. 50–78). Weinheim u. Basel: Beltz.
Schmidt, S. J. (Hrsg.) (1991). Gedächtnis: Probleme und Perspektiven der interdisziplinären Gedächtnisforschung. Frankfurt a. M.: Suhrkamp.
Schmidt, S. J. (1992a). Wissenschaft als ästhetisches Konstrukt, Konstruktivismus – Wissenschaftlichkeit – Empirie (Typoskript zum Kongress: Die Aktualität des Ästhetischen). Hannover: Stiftung Niedersachsen.
Schmidt, S. J. (Hrsg.) (1992b). Kognition und Gesellschaft. Der Diskurs des radikalen Konstruktivismus 2. Frankfurt a. M.: Suhrkamp.

Schmidt, S. J. (1992c). Über die Rolle von Selbstorganisation beim Sprachverstehen. In W. Krohn, G. Küppers (Hrsg.), Emergenz. Die Entstehung von Ordnung, Organisation und Bedeutung (S. 293–333). Frankfurt a. M.: Suhrkamp.

Schmidt, S. J. (1992d). Der Kopf, die Welt, die Kunst. Konstruktivismus als Theorie und Praxis. Wien u. a.: Böhlau.

Schmidt, S. J. (1993). Zur Ideengeschichte des Radikalen Konstruktivismus. In E. Florey, O. Breidbach (Hrsg.), Das Gehirn – Organ der Seele? (S. 327–350). Berlin: Akademie Verlag.

Schmidt, S. J. (1994a). Chimäre Neurophilosophie oder: Gehirn und Kultur. In J. Fedrowitz, D. Matejovski, G. Kaiser (Hrsg.), Neuroworlds. Gehirn – Geist – Kultur (S. 60–80). Frankfurt a. M. u. New York: Campus.

Schmidt, S. J. (1994b). Kognitive Autonomie und soziale Orientierung. Konstruktivistische Bemerkungen zum Zusammenhang von Kognition, Kommunikation, Medien und Kultur. Frankfurt a. M.: Suhrkamp.

Schmidt, S. J. (1995). Sprache, Kultur und Wirklichkeitskonstruktion(en). In H. R. Fischer (Hrsg.), Die Wirklichkeit des Konstruktivismus. Zur Auseinandersetzung um ein neues Paradigma (S. 239–254). Heidelberg: Carl Auer.

Schmidt, S. J. (1998). Die Zähmung des Blicks. Konstruktivismus – Empirie – Wissenschaft. Frankfurt a. M.: Suhrkamp.

Schmidt, S. J. (2003). Geschichten und Diskurse. Abschied vom Konstruktivismus. Reinbeck: Rowohlt.

Schmidt, S. J. (2005a). Lernen, Wissen, Kompetenz, Kultur. Vorschläge zur Bestimmung von vier Unbekannten. Heidelberg: Carl Auer.

Schmidt, S. J. (2005b). Selbstorganisation und Lernkultur. In R. Voß (Hrsg.), LernLust und EigenSinn. Systemisch-konstruktivistische Lernwelten (S. 99–108). Heidelberg: Carl Auer.

Schmidt, S. J. (2014). Kulturbeschreibung – Beschreibungskultur. Weilerswist: Velbrück Wissenschaft.

Schnabel, U., Sentker, A. (1997). Wie kommt die Welt in den Kopf? Reinbek: Rowohlt.

Schulz von Thun, F. (1981). Miteinander reden 1. Störungen und Klärungen. Allgemeine Psychologie der Kommunikation. Reinbek: Rowohlt.

Schwegler, H. (1992a). Systemtheorie als Weg zur Vereinheitlichung der Wissenschaften? In W. Krohn, G. Küppers (Hrsg.), Emergenz. Die Entstehung von Ordnung, Organisation und Bedeutung (S. 27–56). Frankfurt a. M.: Suhrkamp.

Schwegler, H. (1992b). Konstruierte Wissenschaftswelten. Die Erfahrungen eines Physikers. In S. J. Schmidt (Hrsg.), Kognition und Gesellschaft. Der Diskurs des radikalen Konstruktivismus (S. 257–276). Frankfurt a. M.: Suhrkamp.

Schwing, R., Fryszer, A. (2006). Systemisches Handwerk. Werkzeug für die Praxis. Göttingen: Vandenhoeck & Ruprecht.

Searle, J. R. (1997). Die Konstruktion der gesellschaftlichen Wirklichkeit. Zur Ontologie sozialer Tatsachen. Reinbek: Rowohlt.

Searle, J. R. (2004). Geist, Sprache und Gesellschaft. Frankfurt a. M.: Suhrkamp.

Seel, M. (2005). Wie phänomenal ist die Welt? Merkur (Themenheft: Wirklichkeit! Wege in die Realität), 59 (9/10), 784–793.

Segal, L. (1988). Das achtzehnte Kamel oder die Welt als Erfindung. München: Piper.

Senge, P., Cambron-McCabe, N., Lucas, T., Smith, B., Dutton, J., Kleiner, A. (2000). Schools that learn. New York: Doubleday.

SG – Systemische Gesellschaft (2017). Ethik-Richtlinien der Systemischen Gesellschaft. Zugriff am 29.12.2018 unter www.systemische-gesellschaft.de/wp-content/uploads/2017/08/Ethik-Richtlinien_der_Systemischen_Gesellschaft.pdf

Siebert, H. (1998). Ein konstruktivistisches »Reframing« der Pädagogik? In R. Voß (Hrsg.), SchulVisionen: Theorie und Praxis systemisch-konstruktivistischer Pädagogik (S. 280–288). Heidelberg: Carl Auer.

Siebert, H. (1999). Pädagogischer Konstruktivismus. Eine Bilanz der Konstruktivismusdiskussion für die Bildungspraxis. Neuwied u. Kriftel: Luchterhand.
Siebert, H., Arnold, R. (2011). Am Anfang war das Wort und mit ihm die Entschiedenheit. Perspektivenverschränkung zur Kritik am Konstruktivismus. In S. Möller, C. Zeuner, A. Grotelüsche (Hrsg.), Die Bildung der Erwachsenen. Perspektiven und Utopien (S. 35–49). Weinheim: Juventa.
Simon, F. B. (Hrsg.) (1997). Lebende Systeme. Wirklichkeitskonstruktionen in der systemischen Therapie. Frankfurt a. M.: Suhrkamp.
Simon, F. B. (1999). Die Kunst, nicht zu lernen. Heidelberg: Carl Auer.
Simon, F. B. (2000). Meine Psychose, mein Fahrrad und ich. Zur Selbstorganisation der Verrücktheit. Heidelberg: Carl Auer.
Simon, F. B. (2012). Einführung in Systemtheorie und Konstruktivismus. Heidelberg: Carl Auer.
Simon, F. B., Autorengruppe CONECTA (1998). Radikale Marktwirtschaft. Heidelberg: Carl Auer.
Singer, W. (2002). Der Beobachter im Gehirn. Essays zur Hirnforschung. Frankfurt a. M.: Suhrkamp.
Singer, W. (2003). Was kann ein Mensch wann lernen? In W. E. Fthenakis (Hrsg.), Elementarpädagogik nach Pisa. Wie aus Kindertagesstätten Bildungseinrichtungen werden (S. 67–75). Freiburg u. a.: Herder.
Smith, A. C. T. (2016). Cognitive Mechanisms of Belief Change. London: Pelgrane, Macmillan.
Spencer Brown, G. (1969, dt. 1997). Laws of form. Gesetze der Form. Lübeck. Bohmeier.
Stadler, M., Kruse, P. (1986). Gestalttheorie und Theorie der Selbstorganisation. Gestalt Theory, 8 (2), 75–98.
Stadler, M., Kruse, P. (1990a). The self-organization perspective in cognition research: Historic remarks and new experimental approaches. In H. Haken, M. Stadler (Eds.), Synergetics of cognition (pp. 32–52). Berlin u. Heidelberg: Springer.
Stadler, M., Kruse, P. (1990b). Über Wirklichkeitskriterien. In V. Riegas, C. Vetter (Hrsg.), Zur Biologie der Kognition. Ein Gespräch mit Humberto R. Maturana und Beiträge zur Diskussion seines Werkes (S. 133–158). Frankfurt a. M.: Suhrkamp.
Stadler, M., Kruse, P. (1992a). Konstruktivismus und Selbstorganisation: Methodologische Untersuchungen zur Heuristik psychologischer Experimente. In S. J. Schmidt (Hrsg.), Kognition und Gesellschaft. Der Diskurs des radikalen Konstruktivismus (S. 146–167). Frankfurt a. M.: Suhrkamp.
Stadler, M., Kruse, P. (1992b). Der radikale Konstruktivismus – ein Antirealismus? In H. J. Sandkühler (Hrsg.), Wirklichkeit und Wissen. (Schriftenreihe Zentrum philosophische Grundlagen der Wissenschaften, Bd. 12, S. 87–100). Bremen: Zentrum philosophische Grundlagen der Wissenschaften.
Stadler, M., Kruse, P., Carmesin, H. O. (1996). Erleben und Verhalten in der Polarität von Chaos und Ordnung. In G. Küppers (Hrsg.), Chaos und Ordnung. Formen der Selbstorganisation in Natur und Gesellschaft (S. 323–352). Stuttgart: Reclam.
Stangl, W. (1989). Das neue Paradigma der Psychologie. Die Psychologie im Diskurs des radikalen Konstruktivismus. Braunschweig u. Wiesbaden: Vieweg.
Störig, H. J. (1992). Kleine Weltgeschichte der Philosophie. Frankfurt a. M.: Fischer.
Strunk, G., Schiepek, G. (2006). Systemische Psychologie. Eine Einführung in die komplexen Grundlagen menschlichen Verhaltens. München: Elsevier.

Thümmel, I., Theis-Scholz, M. (1995). (Sonder-)Pädagogik und Postmoderne – Wider eine Pädagogik der Beliebigkeit. Behindertenpädagogik, 34 (2), 171–177.

Varela, F. J. (1987). Autonomie und Autopoiese. In S. J. Schmidt (Hrsg.), Der Diskurs des radikalen Konstruktivismus (S. 119–132). Frankfurt a. M.: Suhrkamp.
Varela, F. J. (1990). Kognitionswissenschaft – Kognitionstechnik. Eine Skizze aktueller Perspektiven. Frankfurt a. M.: Suhrkamp.

Varela, F., Thompson, E. (1992). Der mittlere Weg der Erkenntnis. Die Beziehung von Ich und Welt in der Kognitionswissenschaft – der Brückenschlag zwischen wissenschaftlicher Theorie und menschlicher Erfahrung. Bern: Scherz.
Vester, F. (2002). Die Kunst, vernetzt zu denken. Ideen und Werkzeuge für einen neuen Umgang mit Komplexität. München: dtv.
Vonnegut, K. (1989). Frühstück für starke Männer. München: Goldmann.

Wagner, M. (1995). Menschen mit geistiger Behinderung – Gestalter ihrer Welt. Bad Heilbrunn: Klinkhardt.
Wallner, F. (1990). Acht Vorlesungen über den konstruktiven Realismus. Wien: Universitätsverlag.
Watzlawick, P. (1988). Anleitung zum Unglücklichsein. München: Piper.
Watzlawick, P. (1993). Wie wirklich ist die Wirklichkeit? München: Piper.
Watzlawick, P. (1994a). Selbsterfüllende Prophezeiungen. In P. Watzlawick (Hrsg.), Die erfundene Wirklichkeit: wie wissen wir, was wir zu wissen glauben? Beiträge zum Konstruktivismus (8. Aufl., S. 91–110). München: Piper.
Watzlawick, P. (1994b). Bausteine ideologischer »Wirklichkeiten«. In P. Watzlawick (Hrsg.), Die erfundene Wirklichkeit: wie wissen wir, was wir zu wissen glauben? Beiträge zum Konstruktivismus (8. Aufl., S. 192–228). München: Piper.
Watzlawick, P. (Hrsg.) (1994c). Die erfundene Wirklichkeit: wie wissen wir, was wir zu wissen glauben? Beiträge zum Konstruktivismus (8. Aufl.). München: Piper.
Watzlawick, P., Beavin, J. H., Jackson, D. D. (1969). Menschliche Kommunikation. Bern u. a.: Huber.
Watzlawick, P., Kreuzer, F. (1988). Die Unsicherheit unserer Wirklichkeit. Ein Gespräch über den Konstruktivismus. München: Piper.
Watzlawick, P., Krieg, P. (Hrsg.) (1991). Das Auge des Betrachters. Beiträge zum Konstruktivismus. München: Piper.
Watzlawick, P., Nardone, G. (Hrsg.) (1991). Kurzzeittherapie und Wirklichkeit. Eine Einführung. München: Piper.
Watzlawick, P., Weakland, J. H. (Hrsg.) (1980). Interaktion. Bern u. a.: Huber.
Watzlawick, P., Weakland, J. H., Fisch, R. (1974). Lösungen. Zur Theorie menschlichen Wandels. Bern u. a.: Huber.
Weber, S. (1999). Was können Systemtheorie und nicht-dualisierende Philosophie zu einer Lösung des medientheoretischen Realismus/Konstruktivismus-Problems beitragen? In G. Rusch, S. J. Schmidt (Hrsg.), Konstruktivismus in der Medien- und Kommunikationswissenschaft (Delfin 1997, S. 189–222). Frankfurt a. M.: Suhrkamp.
Willaschek, M. (2005). Realismus – die vermittelte Unmittelbarkeit unseres Zugangs zur Welt. Merkur (Themenheft: Wirklichkeit! Wege in die Realität), 59 (9/10), 762–772.
Wilson, F. P. (2004). Die Pine Barrens. In J. Turner (Hrsg.), Spur der Schatten. Neue Geschichten aus dem Cthulhu-Mythos. Bergisch Gladbach: Bastei Lübbe.
Wittgenstein, L. (1921/1963). Tractatus logico-philosophicus. Fankfurt a. M.: Suhrkamp.

Youniss, J. (1994). Soziale Konstruktion und psychische Entwicklung. Frankfurt a. M.: Suhrkamp.

Zieger, A. (1992). Selbstorganisation und Subjektentwicklung. Ontologische und ethische Aspekte neuropädagogischer Förderung schwerstbehinderter Menschen. Behindertenpädagogik, 31 (2), 118–137.
Zieger, A. (1995). Informationen und Hinweise für Angehörige von Schädel-Hirn-Verletzten und Menschen im Koma und apallischen Syndrom. Oldenburg: Eigenverlag.
Zieger, A. (1996). Wieviel Gehirn braucht der Mensch? In W. Doering, W. Doering, G. Dose, M. Stadelmann (Hrsg.), Sinn und Sinne im Dialog (S. 57–94). Dortmund: Borgmann.

Ziemke, A. (1992). System und Subjekt: Biosystemforschung und radikaler Konstruktivismus im Lichte der Hegel'schen Logik. Braunschweig/Wiesbaden: Vieweg.

Zwingmann, P. (2003). Grundwissen Sozialisation. Wiesbaden: Verlag für Sozialwissenschaften.

Sachregister

Abstraktion 74, 98, 115, 145, 147–150, 153, 173, 193
  empirische 147, 149, 151
  reflexive 148 f., 151
Akkommodation 85, 142–145, 155, 170, 199, 273, 295
Anschlussfähigkeit 38, 44, 48 f., 58, 78, 193, 208 f., 212, 223, 230, 240–242, 245, 255, 257, 264, 275, 283, 287, 295, 299
Äquilibration 140, 144 f., 152, 162, 295
Äquilibrationsmodell 85, 140
Assimilation 85, 140–145, 155, 170, 199, 272, 281, 295
Attraktor 83–85, 217, 219
Autonomie 66, 117, 130, 133, 136 f., 167, 193, 198, 239, 261 f., 292, 296
Autopoiese 58, 63, 65–68, 70 f., 74, 78, 89, 91, 144, 167, 232, 296

Bedürfnisse 43, 202, 212 f., 217 f., 225, 255, 258, 260 f., 267 f., 271, 273, 275, 280, 283, 286, 288
Beobachter 31 f., 35, 47, 54 f., 60–62, 65, 102, 143, 158, 164, 186, 195, 202, 208, 246, 297, 301 f.
Beobachtung 21, 26, 30, 35, 59 f., 74, 92, 113, 115, 117, 121, 132, 135, 143, 153, 160–162, 164, 166, 188, 228, 264, 284
  erster Ordnung 35, 185, 266
  zweiter Ordnung 35, 185, 208, 239 f., 266, 283, 297
Beteiligung 124, 126, 171, 222, 281 f.
Beteiligungspraxis 283, 287 f.
Bewusstsein 85, 115, 117 f., 120 f., 123–125, 127 f., 131, 133–135, 149, 192 f., 213, 262
  Aktualbewusstsein 119 f.
  Hintergrundbewusstsein 119, 121

Destabilisierung 82–85, 215 f., 220, 223, 261, 276
Dualismus 24, 28, 33 f., 130, 132, 134
  Eigenschaftsdualismus 131
  interaktionistischer 131

Einstellungen 273, 275–278
Enkulturation 170 f.
Entwicklung 36, 78, 90, 105–107, 111 f., 126, 154, 165, 168, 170, 172, 204, 214, 275, 297
  kognitive 85, 137 f., 140, 150, 154, 170, 173
  ontogenetische 106
  phylogenetische 106
  subjektive 165, 171
Epistemologie 17, 22 f., 25, 27 f., 32, 227, 297
Erkenntnistheorie 17, 22, 30, 45, 49, 109, 133, 227 f., 232, 234 f., 238, 241, 244, 250, 253, 257
Erklärungswissen 259 f., 262, 265–268, 279, 282
Ethik 13, 229–231, 233–236, 238, 242, 244 f., 247–249, 292, 297
  Diskursethik 245, 257, 282
  Individualethik 245, 257

Geist 24, 34, 129–131, 138
Generalisierbarkeit 38, 41, 43, 49, 170, 193
Gesellschaft 75 f., 78 f., 85, 171 f., 246
Gestaltungsleitung 263 f., 267, 272 f., 279 f.

Handlung 19, 21, 37, 117, 129, 133, 136, 140, 142, 156, 158, 166, 202, 231, 234, 237, 246–248, 256, 273, 277, 298
Handlungsfolgen 186, 231, 236, 239, 242, 246, 248, 257, 264, 275, 280, 284 f., 298

Handlungsleitung 11, 243, 257, 263 f., 267, 273, 279
Handlungswissen 49, 259 f., 264, 267 f., 272, 279

Identität 58, 127, 132, 170–172, 184, 275
Identitätskonstruktion 171 f., 262
Instabilität 82 f., 144, 216, 223
Intelligenz 173–177

Kognition 58, 70–74
Kognitionstheorie 17, 40, 233
Kommunikation 77, 85, 137, 156–165, 182, 208, 295
Komplexitätsreduktion 38, 57, 80, 102, 193, 196, 208, 210, 255, 257 f., 264, 275, 287, 295, 299
Konsistenz 25, 36, 41, 43, 49 f., 68 f., 92, 101, 144, 170, 193, 232
Kultur 49, 165 f., 169, 172
Kybernetik 18, 185
  zweiter Ordnung 185

Lernen 82, 135, 137, 140, 207, 247, 262

Macht 209–213, 219, 257, 263
Metakommunikation 159, 208, 211, 263
Minimalrealismus 28, 44, 47, 139 f.
Moral 229 f., 234–236, 247–249, 256, 292, 299 f.

Neurobiologie 18, 34, 49, 58, 109, 117, 130, 135
Nützlichkeit 25, 242, 283

Ontologie 18, 22, 25, 27, 31 f., 44, 47, 140, 227, 300
Organisation 49, 63–67, 71, 76, 79, 167, 300
Orientierungswissen 259 f., 262 f., 267

Perturbation 61 f., 82, 91, 97, 143, 162, 192, 194, 239, 251, 300
Plausibilität 36, 38, 41 f., 90, 170, 193, 203, 232, 279
Pluralismus 11, 18, 244 f., 262
postmodern 58, 172, 291
Potenziallandschaft 87
Prinzipien
  generische 214 f., 224
Prinzip »mehr desselben« 200, 276

Realismus 29
  konstruktiver 28, 33, 262
Realität 21, 23, 25–33, 40, 44, 47, 58, 133, 164
Reflexion 127, 148–150, 153, 173, 215, 230, 235, 238, 242 f., 248, 255, 257 f., 264, 277, 282 f., 288, 292, 298
Reflexionsleitung 288
Repräsentation (Re-Präsentation) 98, 109, 145–150, 152–154

Selbstbewusstsein 115, 171 f.
Selbstbild 79, 115, 117, 121, 129, 133, 137, 171 f., 182
selbsterfüllende Prophezeiung 178 f.
Selbstorganisation 64, 66, 82, 84, 133, 137, 167, 191, 193, 198, 205, 262, 301
Selbstreferenz 64, 72, 112, 191, 193, 239, 296
Selbststeuerung 198
Solipsismus 23, 27, 46 f.
Sozialisation 170, 172
Sprache 97, 149–151, 153–156, 165, 173, 175, 193, 301
Stabilität 34, 84, 102, 105–107, 113, 144, 165–167, 216, 219, 278
  individuelle 171
  soziale 171
  subjektive 167
Stigmatisierung 183
Struktur 35, 63 f., 67, 69, 76, 91, 94, 121, 125 f., 142, 147, 288
Subjekt 17, 21–23, 31 f., 34–36, 38, 45, 49, 75, 111, 120, 127, 135, 140–143, 145, 147–153, 156 f., 163, 165, 171 f., 183, 195, 198, 207, 232, 248
Synergetik 19, 81, 261
Systeme
  autopoietische 65 f., 68, 72, 91, 167, 302
  kognitive 54, 58, 66–68, 71 f., 75, 82, 90–92, 105, 127, 134 f., 137, 162, 193–195, 302
  lebende 54, 58 f., 61, 64–67, 71 f., 74 f., 82, 90, 134, 302
  neuronale 72, 106, 108, 302
  nicht-triviale 85, 186, 190, 192, 197 f., 224, 302
  psychische 54, 138, 302
  soziale 38, 54, 56–58, 66, 75, 77 f., 82, 165, 167, 170, 172, 302
  triviale 186–190, 302

Verantwortung 45, 135 f., 177, 218, 236 f.,
    239, 241 f., 247–249, 257, 259, 272, 283,
    288, 292
Verhalten 59–62, 72, 85, 131, 159, 162, 185,
    191 f., 194–196, 198, 202, 220, 275 f., 302
Viabilität 36 f., 41, 45, 49, 112, 117, 140, 145,
    170, 193, 236, 242, 245, 283

Wahrnehmung 17, 22 f., 25, 154, 262
Werte 43, 217, 230, 238, 240, 245, 252,
    256–258, 262 f., 267 f., 271–273, 281–283,
    286–288
Willensfreiheit 130, 134–137
Wirklichkeit 33–38, 40–42, 47–49, 51, 111,
    150, 156, 168, 172, 194, 202, 204, 208,
    237, 241, 245 f.

Informationen zum Autor

Prof. Dr. Holger Lindemann

Jahrgang 1970

- Diplompädagoge
- Doktor der Philosophie
- Habilitation mit der Venia Legendi für Bildungsmanagement und Sonderpädagogik
- systemischer Supervisor (SG/DGSF) und Organisationsberater
- zertifizierter Mediator

- Professor für Entwicklungspsychologie und Systemische Beratung an der Medical School Berlin
- Privatdozent der Sonderpädagogischen Psychologie an der Universität Oldenburg
- Leiter HafenCity Institut für Systemische Ausbildung (HISA), Medical School Hamburg
- freiberufliche Tätigkeit als Fortbildner, Supervisor, Mediator und Organisationsberater

- langjährige Erfahrung als Führungskraft und Einrichtungsleiter in der offenen Kinder-, Jugend- und Behindertenhilfe
- zahlreiche Veröffentlichungen zur systemisch-lösungsorientierten Beratung und Therapie, zu Schulorganisation und Schulentwicklung

Foto: Augenschmaus Photographie, Oldenburg

E-Mail: holger.lindemann@lindecon.de
Webseite: www.lindecon.de